书写人类发展传奇的重庆篇章

重庆市扶贫开发办公室编著

民生智库具体承担

中国言实出版社

图书在版编目（CIP）数据

书写人类发展传奇的重庆篇章 / 重庆市扶贫开发办
公室编著 . -- 北京：中国言实出版社，2021.11
　　ISBN 978-7-5171-3945-4

　　Ⅰ . ①书… Ⅱ . ①重… Ⅲ . ①扶贫—重庆—文集
Ⅳ . ① F127.719-53

中国版本图书馆 CIP 数据核字（2021）第 216253 号

书写人类发展传奇的重庆篇章

责任编辑：张　朕
责任校对：李　颖

出版发行：中国言实出版社
　　　　　地　　址：北京市朝阳区北苑路180号加利大厦5号楼105室
　　　　　邮　　编：100101
　　　　　编辑部：北京市海淀区花园路6号院B座6层
　　　　　邮　　编：100088
　　　　　电　　话：010-64924853（总编室）　010-64924716（发行部）
　　　　　网　　址：www.zgyscbs.cn　电子邮箱：zgyscbs@263.net

经　　销：新华书店
印　　刷：北京虎彩文化传播有限公司
版　　次：2022年12月第1版　　2022年12月第1次印刷
规　　格：710毫米×1000毫米　1/16　20.5印张
字　　数：297千字

定　　价：88.00元
书　　号：ISBN 978-7-5171-3945-4

编写组

主　　编：魏大学

执行主编：孙小丽　牛文伟

副 主 编：赵紫东　谭其华　杨　勇　陈　勇　皮永生

党的十八大以来，习近平总书记高度重视重庆脱贫攻坚工作。2016 年初，习近平总书记来到重庆考察。2018 年全国"两会"，习近平总书记参加重庆代表团审议。2019 年 4 月，习近平总书记亲临重庆考察调研脱贫攻坚工作，主持召开解决"两不愁三保障"突出问题座谈会。

在以习近平同志为核心的党中央坚强领导下，重庆干部群众团结一心、拼搏奋斗，赢得了脱贫攻坚圆满收官的伟大胜利。重庆脱贫攻坚案例是中国减贫奇迹的重庆篇章，是中华民族与贫困作斗争波澜壮阔史诗的光辉一页。

千年梦想，一朝梦圆。近年来，重庆把脱贫攻坚作为重大政治任务，坚决落实精准扶贫精准脱贫基本方略，全市尽锐出战，脱贫攻坚的力度、资金投入的强度、政策保障的厚度、社会参与的广度、工作开展的热度持续加强，取得了历史性、根本性、决定性成效，翻过了全面建成小康社会最后一座高山。

8 年精准扶贫、5 年脱贫攻坚。全市上下时刻牢记习近平总书记殷殷嘱托，全面落实党中央决策部署，感恩奋进、众志成城，埋头苦干、攻坚克难。在这场波澜壮阔、气壮山河的脱贫攻坚战中，重庆交出了一份硬核答卷：18 个贫困区县全部脱贫摘帽，1919 个贫困村全部脱贫出列，动态识别的 190.6 万建档立卡贫困人口全部脱贫，贫困人口全部实现"两不愁三保障"，与全国人民一道告别了绝对贫困，书写了山乡巨变的人间奇迹。

　　脱贫摘帽不是终点，而是新生活、新奋斗的起点。切实做好巩固拓展脱贫攻坚成果同乡村振兴有效衔接各项工作，让脱贫基础更加稳固、成效更可持续，实现人的全面发展和全体人民共同富裕仍然任重道远。伟大的脱贫攻坚精神正激励巴渝儿女以永不懈怠的精神状态、一往无前的奋斗姿态，向着幸福奔跑，奋力谱写重庆高质量发展、高品质生活新篇章。

民生智库课题组

2021 年 11 月

目 录

第一章　中国脱贫攻坚的重庆实践

重庆是我国最年轻、面积最大、人口最多的直辖市，在国家区域发展版图中占据着重要位置，是祖国西南地区重要的国家中心城市、历史文化名城、长江上游地区的经济中心，同时也是国家重要的现代制造业基地、综合交通枢纽、城乡统筹的特大型城市。习近平总书记高度重视做好重庆工作，对重庆发展提出殷切期望，多次亲临重庆视察指导。习近平总书记强调重庆是西部大开发的重要战略支点，处在"一带一路"和长江经济带的联结点上，要把重庆建设成为内陆开放高地、山清水秀美丽之地，要着力推进重庆高质量发展，不断创造高品质生活。

站在全面建成小康社会继而开启新时代中国特色社会主义现代化强国建设新征程的历史性时间节点，回望重庆"直辖"以来走过的历程，可以说，20多年间重庆经济社会发展与城市建设取得了可喜成绩，但也面临着多层面的问题与挑战。其一，重庆集大城市、大农村、大山区、大库区和少数民族地区于一体，协调发展任务繁重。重庆是唯一的大城市与大农村并存的直辖市，城乡二元矛盾、市域发展不平衡不充分问题突出，相对于持续快速发展的城市而言，重庆乡村地区经济发展和社会服务基础还非常薄弱。2014年初，重庆市全市仍有国家扶贫开发工作重点区县14个、市级扶贫开发工作重点区县4个，有扶贫开发工作任务的非重点区县15个，有贫困村1919个，"建档立卡"贫困人口165.9万人，贫困发生率7.1%[①]。因此，必须认识到重庆脱贫攻坚的"任务不轻"！农村贫困地区发展滞后，贫困人口占比较

[①] 重庆市扶贫办提供数据。

高，是重庆全面建成小康社会的突出短板，也是城乡融合发展的难点。其二，重庆地处三峡库区腹心地带，是长江上游生态屏障的最后一道关口，在国家生态文明建设中具有突出重要的意义，绿色发展任务繁重。重庆的生态环境守护得好不好，直接关系到全国 35% 的淡水资源涵养和长江中下游 3 亿多人的饮水安全。其三，重庆位于大巴山、巫山、武陵山、大娄山环绕地带，山地生态系统原本就具有非常高的脆弱性，加之人口众多、人地关系矛盾突出，重庆转变发展模式任务繁重。尤其是农业现代化领域，如何通过深度调整产业结构，走出一条人与自然和谐共生的现代化道路，不仅关系到农民增收，更关系到农业农村长远发展。最后，重庆具有雄厚的工业基础，综合交通区位优势明显，近年来随着国家长江经济带建设、"一带一路"建设、成渝经济圈建设等重大国家发展战略落地，重庆发展迎来了前所未有的重大机遇，可以说蓄势待发。毋庸讳言，重庆实现全面建成小康社会的目标任务，最大的短板在农村，最艰巨的任务是解决好贫困问题。同时，重庆城乡融合发展最大的潜力在农村，最大的后劲在农村。打赢打好脱贫攻坚战，关系到重庆能否确保与全国其他地区一道步入小康社会，更关系到下一个 30 年重庆高质量推进现代化建设。不难发现，对于重庆而言，全面建成小康社会阶段，最为关键的任务在于打好脱贫攻坚战。高质量打赢脱贫攻坚不仅关系到能否兑现全面小康不落一人的庄严承诺，也关系到重庆进一步提升发展质量，积蓄发展后劲。

专家组有幸参与到对重庆脱贫摘帽经验的总结研究工作中，经过反复沟通、反复酝酿，多轮深入实地调研，多次组织专题研讨，专家组一致认为：重庆脱贫任务重，但工作做得很出色，谱写了人类发展奇迹的重庆篇章。之所以能够取得巨大的历史性成就，得益于重庆坚持习近平新时代中国特色社会主义思想引领，特别是 2017 年 7 月以来，重庆深学细悟笃行习近平总书记关于扶贫工作重要论述和关于重庆工作的重要指示精神，切实以脱贫攻坚统揽经济社会发展全局，切实贯彻精准扶贫精准脱贫基本方略，通过全党全社会广泛参与，尽锐出战攻克深度贫困堡垒，确保"两不愁、三保障"突出问题得到全面解决。重庆脱贫攻坚巨大成就是中国特色社会主义反贫困道路的鲜活案例，展现出"中国之治"的强大效能，是可学可借鉴的有效经验。在接下来的内容中，我们首先简要介绍重庆脱贫攻坚的历史性成就，继而介绍其脱贫攻坚的主要做法与经验，最后讨论重庆案例带给我们的启示与思考。

第一节　重庆脱贫攻坚的历史性成就

在习近平新时代中国特色社会主义思想的指引下，重庆市委市政府牢记习近平总书记的殷殷嘱托，保持对"国之大者"心中有数，深刻认识到做好脱贫攻坚工作在重庆经济社会发展全局中突出重要的意义，坚持把脱贫攻坚作为重大政治任务和第一民生工程，坚决肃清扶贫领域孙政才恶劣影响和薄熙来、王立军流毒，强化思想武装，强化政治担当，做到尽锐出战，践行精准方略，大力度、超常规、高质量推进脱贫攻坚工作。党的十九大以来，全市党员干部脱贫攻坚的政治意识、责任意识、担当意识前所未有，脱贫攻坚举措、投入的资金、投入的精力前所未有，全市发生的变化、取得的成效、老百姓的获得感幸福感安全感前所未有！研究团队一致认为重庆脱贫攻坚最伟大的成就是历史性地消除了绝对贫困；最可喜的成果是大幅提高了贫困群众收入水平；最明显的变化是极大改善了农村生产生活条件；最明显的成效是加快了贫困地区发展；最深远的影响是有效提升了农村基层治理能力；最深刻的改变是显著提振了干部群众精气神。

一、历史性消除绝对贫困，脱贫群众收入显著提高

"不愁吃、不愁穿"是大巴山儿女千百年来的期盼。大巴山的儿女们勤劳、朴实，但受制于自然地理因素和发展条件限制，重庆贫困人口长期以来占据较高比重。2014年初，全市仍有国家扶贫开发工作重点区县14个、市级扶贫开发工作重点区县4个，有扶贫开发工作任务的非重点区县15个，有贫困村1919个，"建档立卡"贫困人口165.9万人，贫困

发生率 7.1%[①]。这些贫困人口，有较大比重分布在发展基础薄弱、生态环境脆弱和远离区域增长中心的连片特困地区。可以说，重庆脱贫攻坚任务重、难度大，质量要求高。经过脱贫攻坚的拼搏奋斗，截至 2020 年底，重庆全市 14 个国家扶贫开发工作重点区县、4 个市级扶贫开发工作重点区县全部脱贫摘帽，地处武陵山、秦巴山集中连片特困地区的 12 个区县摆脱贫困，18 个市级深度贫困乡镇发生翻天覆地的变化，区域性整体贫困得到有效解决。全市 1919 个贫困村脱贫出列，累计动态识别（含贫困家庭人口增加）的 190.6 万"建档立卡"贫困人口全部脱贫，所有贫困群众实现"两不愁"真不愁、"三保障"全保障。脱贫攻坚大幅提高了贫困群众收入水平，增强了人民的获得感、安全感和幸福感。全市 14 个国家扶贫开发工作重点区县农村常住居民人均可支配收入由 2014 年的 8044 元增加到 2020 年的 15019 元，年均增长接近 11%。"建档立卡"贫困人口人均纯收入由 2014 年的 4697 元增加到 2020 年的 12303 元，年均增幅 17.4%。通过脱贫攻坚的持续扶持，如今重庆实现了县县有主导产业、乡乡有产业基地、村村有增收项目、户户有脱贫门路。广大贫困群众腰包渐渐鼓了起来，说话更有底气，活得更有尊严，挂在嘴边最多的是"该享受的政策，我都享受了"、"现在条件好了，在村里也有活干，兜里随时不缺零花钱"。可以说，脱贫攻坚战的全面胜利，标志着重庆成功翻过了全面建成小康社会的最后一座高山，如期兑现了向党中央和全市人民的庄严承诺，一举完成了这项对中华民族、对整个人类都具有重大意义的历史伟业，民族复兴、国家富强、人民幸福的中国梦坚实向前迈出了一大步。

二、农村生产生活条件巨大改善，脱贫地区发展后劲明显十足

重庆集大城市与大农村于一身，城乡协调发展、融合发展的任务十分繁重。早在设立直辖市之初，中央就明确了重庆推动城乡融合发展的方向和目标。在过去 20 多年间，重庆的城市化率快速提升，区域经济总量和增速都表现不俗，但城乡协调发展和融合发展领域依然存在着明显短板。具

---

① 重庆市扶贫办提供数据。

体表现为乡村地区基础设施和基本公共服务较为薄弱，特别是偏远山区公共服务设施可及性较低，百姓生产生活存在多重不便；城乡间要素合理配置、公平流动的体制机制还没有完全建立起来，要素下乡的渠道还不够畅通，城市对乡村发展的带动潜能没有完全释放等。这些问题，不仅是城乡二元结构的问题，也带来了其他一些衍生问题，如生态环境保护难度大、农业产业化发展水平低等。可以说，如果这些问题长期得不到解决，必然影响人民群众的生活幸福感、获得感，必然影响重庆发展的质量。

脱贫攻坚期间，重庆聚焦乡村地区特别是贫困农村地区发展短板，整合资源集中投入，极大地改善了重庆农村生产生活生态条件。几年间，新修建农村公路 8.4 万公里，农村公路通车里程超过 16 万公里，所有行政村通上硬化路，村通畅率由 2015 年的 87% 提高至 100%。共计实施农村饮水安全巩固提升工程 2.1 万余处，农村集中供水率由达 88%、自来水普及率达 86%，农村贫困人口供水入户比例达 99.7%。完成贫困人口易地扶贫搬迁25.2 万人，改造农村危房 30.9 万户。建成村卫生室 9914 个，农村 5230 所义务教育阶段学校全部达标。所有贫困村通宽带、4G 信号全覆盖，农村电网供电可靠率达 99.8%。贫困群众出行难、饮水难、上学难、看病难、通信难等问题普遍解决。过去贫困地区"千面坡、万道梁，满山都是土坯房"、"吃水靠抬、煮饭靠柴、交通靠走、通讯靠吼"，如今已是"条条新路盘山梁、通组到户宽又畅，产业基地务工忙、户户住上安稳房"、"吃水不用抬、煮饭不用柴，小车开进来、雨天不脏鞋"的崭新面貌。

随着乡村基础设施和公共服务条件的持续改善，以及加大力度推进城乡之间的要素流动，重庆农村地区发展明显加快。"十三五"时期，重庆14 个国家扶贫开发工作重点区县、4 个市级扶贫开发工作重点区县 GDP 年均增速 7.6%，比全市平均增速高 0.4 个百分点。贫困区县农业产业结构有效调整，产业聚集度明显提升，每个贫困区县培育 1 个以上扶贫主导产业，新发展柑橘、榨菜、中药材、茶叶等扶贫产业 2151 万亩，其中 843 万亩在18 个贫困区县。尤其是武陵山区、秦巴山区等连片特困地区，发展面貌显著改变，过去"养儿养女不用教、酉秀黔彭走一遭"，如今基础设施"巨变"、产业发展"蝶变"、农民生活水平"质变"、人居环境"嬗变"、思想观念"转变"。贫困地区干部群众认为,"脱贫攻坚使当地发展提前了 10 年"。这些城乡协调发展方面取得的成绩,是脱贫攻坚成果的重要内容,毫无疑问为重庆下一个 30 年的发展奠定了坚实基础。

三、内生动力明显增强,铸就不朽脱贫攻坚精神

脱贫攻坚不能只靠外界帮扶,内生动力没有改善,即使凭空救济出来一个脱贫村,效果也是不会持久的。持续激发贫困人口内生动力,不断提升其自我可持续发展能力,才是稳定脱贫的长效之道。党的十八大以来,以习近平同志为核心的党中央高度重视脱贫攻坚工作,将其视为全面建成小康社会的底线目标和标志性指标,以前所未有的力度推进,各项投入前所未有,各界关注前所未有。可以说,有党的好政策支持,只要努力向前跑,就一定能够战胜贫困。只要有信心,黄土变成金。毋庸讳言,在脱贫攻坚之初,面对成倍增长的工作任务、不断叠加的政策措施,特别是一定时期内受到急功冒进思想干扰,扶贫干部认识上存在误区、工作上精准理念和精准方法掌握不够充分,以至于迟迟打不开局面,见不到成效,一度在重庆扶贫干部中间弥散着忧心、茫然,甚至懈怠和抵触的情绪。

2017 年 7 月陈敏尔同志任重庆市委书记,强调要通过加强学习提升认识,通过能力建设提升本领,深学细悟笃行习近平新时代中国特色社会主义思想,让精准扶贫方略在重庆落地生根。几年来,重庆广大党员干部吃苦耐劳、不怕牺牲,舍小家、为大家,用苦干实干演绎了一场场战天斗地的艰苦壮举,谱写了一曲曲感天动地的奋斗之歌,书写了一个个改天换地的英雄故事,涌现出杨骅、周康云、严克美、王贞六等一大批扎根基层、甘于奉献、带头致富的先进典型。全市累计表彰脱贫攻坚先进集体 249 个、先进个人 499 名,荣获全国脱贫攻坚奖的先进集体 2 个、先进个人 12 名,4100 多名优秀扶贫干部在脱贫攻坚中得到提拔重用。当代"愚公"巫山县竹贤乡下庄村村主任毛相林立下誓言:"山凿一尺宽一尺,路修一丈长一丈。这辈人修不出路来,下辈人接着修,抠也要抠出一条路来",毛相林同志带领村民花了 7 年时间,在绝壁上凿出一条长 8 公里的"天路",被中

宣部授予"时代楷模"称号，铸就了百折不挠的愚公精神。宁愿苦干、不愿苦熬的"黔江精神"在新时代脱贫攻坚中得到生动诠释和弘扬。贫困群众感恩意识越来越强，奔跑劲头越来越足，"既然党的政策好，就要努力向前跑"成为自觉行动，"脱贫摘帽不是终点，而是新生活、新奋斗的起点"成为普遍共识，无不发自内心感谢中国共产党、感恩习近平总书记。石柱县中益乡华溪村老党员马培清动情地说："翻身不忘毛主席，脱贫不忘习主席！"

四、干群关系明显改善，基层治理能力显著提升

脱贫攻坚是全面建成小康社会的"补短板工程"，同时也是重大的民生和民心工程。在重庆的走访调研，听得最多的是老百姓对干部的肯定、对党的感恩。石柱县的河嘴乡是三峡搬迁安置乡镇，脱贫攻坚之前由于长期没有条件有效解决搬迁安置遗留问题，当地上访事件多发，是远近闻名的"状子乡"，每年各类上访事件可以说是接连不断。在脱贫攻坚过程中，扶贫干部走村入户，主动关心百姓身边困难，分忧解烦、带领增收，一开始百姓心中还多有疑虑，逐渐被扶贫干部的真心、诚心感动和带动，几年下来乡里干群关系有了明显改善。在基层党组织的带领下，干群齐心谋发展，物质面貌精神面貌产生了巨大改观。

对于老百姓来说，身边事、烦心事有人管有人问，生活所需、所急能够得到及时响应，就能真切地感受到党的关怀和温暖，自然增进了对党的认同和感恩。脱贫攻坚留下的不仅仅是村里面更宽阔平整的水泥路，也不仅仅是支撑家计的产业项目，而是实实在在的真情、深情。这种情，既是百姓对党的情，也是党员干部对乡村对乡亲的情。"人心齐、泰山移"，干群齐心，党群一心，就没有什么解决不了的困难。可以说，脱贫攻坚扶到点上、扶到根上的过程，同时也是扶到百姓心里的过程。脱贫攻坚的直接目标是实现"两不愁、三保障"，解决绝对贫困问题，消除区域性贫困现象，其本身就是巨大的德政仁政和民生工程。实现脱贫攻坚预期目标是一项艰巨任务，这一过程不仅需要政策举措更加精准到位，同时需要系统性地完善市域治理体系，提升治理能力。具体来说体现在党建引领能力、政

府治理能力、市场机制活力和社会协同动力四个层面。党的领导是中国特色社会主义制度最突出特征和最大政治优势，是打赢脱贫攻坚战的政治保障和组织保障。在脱贫攻坚过程中重庆市党建工作有了系统提升，全市上下干部干事热情空前高涨，干事能力明显提升，基层党组织凝聚力战斗力显著增强，干群关系明显改善，为全面乡村振兴的组织振兴打下了坚实基础。从政府治理角度，在脱贫攻坚过程中，围绕着增强政策供给对多元化差异化需求回应能力提升，政策执行力提升，公共服务供给能力、营商环境改革等关键议题都有所突破。同时，通过实施各项改革、服务举措，市场部门的活力、经济增长对低收入人口增收带动能力明显增强。在社会治理领域，重庆具有"四大一少"的特征，市域社会治理任务十分繁重。特别是在城乡二元结构问题较为突出，构成了高质量发展的最大困难。基层治理能力薄弱，尤其是乡村矛盾多、队伍散、能力弱是脱贫攻坚之前面临的普遍现实，乡村涣散、衰弱，导致城乡融合发展的体制机制和政策体系难以有效建立和运转，更影响着乡村风貌和民众生活。脱贫攻坚实实在在解决百姓困难，回应百姓需求，贫困群众生产生活面貌明显改观，对好日子燃起了更加热烈的渴望和梦想。

第二节　重庆脱贫攻坚的历程与做法

重庆的脱贫实践，是全国脱贫攻坚的生动缩影，是中国减贫奇迹的实际体现。重庆脱贫攻坚战取得全面胜利，靠的是习近平总书记的领航掌舵，靠的是习近平新时代中国特色社会主义思想的科学指引，靠的是全市干部群众的艰苦奋斗，靠的是社会各界的倾力支持。几年来，重庆全市上下围绕高质量打赢打好脱贫攻坚战的总目标，聚焦重点、难点、薄弱点，坚持政府、市场、社会共同发力，统筹政策、项目、资金精准投入，狠抓责任、政策、工作全面落实，政治站位持续提高，思想认识高度统一，政策措施精准有力，责任体系压紧压实，社会动员广泛深入，体制机制改革创新，工作措施落细落实，谱写了中国特色扶贫道路的重庆篇章。

一、坚定不移把习近平总书记关于扶贫工作重要论述和视察重庆重要讲话精神作为根本遵循，坚决把总书记殷殷嘱托全面落实在重庆大地上

毋庸讳言，重庆在脱贫攻坚过程中走过一段弯路。表现为一定时期内，在思想上，没有深刻认识到打赢脱贫攻坚战的重大意义；在行动上，没有切实以脱贫攻坚统揽经济社会发展全局，贯彻精准方略不够扎实；在作风上，官僚主义形式主义问题突出，盲目设定不切实际的脱贫目标，从而导致了脱贫攻坚成效不佳、质量不高。

2017 年 7 月以来，重庆市委市政府把习近平总书记关于扶贫工作重要论述和视察重庆重要讲话精神作为做好脱贫攻坚工作的"源头活水"，在学深悟透、贯彻落实上下功夫。全市上下持续开展"学重要论述、强思想武装、促整改落实"等专项行动，举办学习贯彻习近平总书记关于扶贫工作重要论述专题研讨班、"不忘初心、牢记使命"主题教育学习研讨读书班等，分级分类组织扶贫干部培训 40.4 万多人次，切实用习近平总书记关于扶贫工作重要论述武装头脑、指导实践、推动工作，切实增强高质量打赢脱贫攻坚战的思想自觉和行动自觉。通过不断加强学习，重庆全市上下干部队伍形成正确的认识，深刻理解脱贫攻坚对于全面建成小康社会的突出重要意义，以及对于重庆高质量发展的巨大价值，为全市转变思想认识、转变工作作风打下了坚实的认识基础。同时，重庆市坚持对标对表习近平总书记重要论述要求和中央顶层设计决策部署，将贯彻精准扶贫精准脱贫的基本方略作为指导脱贫攻坚工作的指南和准则，实事求是，真抓实干，下足绣花功夫。一是根据重庆脱贫攻坚实际情况，以时任重庆市市委书记陈敏尔同志为班长的重庆市委果断决策，纠正过去盲目定目标、抢进度、赶工期的冒进主义、形式主义乱作为，对全市脱贫攻坚工作进度要求做出符合攻坚形势特点和攻坚质量要求的审慎调整。二是根据精准扶贫精准脱贫的要求，对全市脱贫攻坚工作进行多轮系统深入纠偏，确保精准方略能够落到实处。三是根据攻坚任务要求，加强攻坚力量，确保人财物的配置与脱贫攻坚需求相一致。实践表明，这一系列调整对于重庆脱贫攻坚工作

具有重要意义。随着中央各项决策部署在重庆落实落地，工作成效逐步显现，群众满意度明显提升，干部的干劲也更加高昂。

用心学懂，扎实做好，是重庆脱贫攻坚的突出特点。围绕着有序有力推动中央脱贫攻坚决策部署在重庆落实落地，重庆市委召开五届六次、八次全会专题部署脱贫攻坚，先后召开全市深化脱贫攻坚工作电视电话会议、全市精准脱贫攻坚战动员部署会议、全市解决"两不愁三保障"突出问题暨巡视考核整改工作专题会议等重要会议，系统持续研究部署脱贫攻坚工作。市委、市政府研究出台《关于深化脱贫攻坚的意见》《重庆市精准脱贫攻坚战实施方案》《关于打赢打好脱贫攻坚战三年行动的实施意见》《关于贯彻落实习近平总书记在解决"两不愁三保障"突出问题座谈会上重要讲话精神的实施意见》《重庆市解决"两不愁三保障"突出问题实施方案》等重要文件29个，市扶贫开发领导小组及市级相关部门研究制定产业扶贫、教育扶贫、健康扶贫、金融扶贫、易地扶贫搬迁、就业扶贫、扶贫队伍建设等政策文件100余个。各区县逐项细化实化政策措施和工作方案，全面构建系统设计、上下联动、配套完善的脱贫攻坚政策体系。各级干部开展"访深贫、促整改、督攻坚"行动。2020年，压茬开展定点攻坚战、百日大会战、收官大决战等战役，一个节点一个节点坚守、一个问题一个问题解决、一项工作一项工作推进，持续推动脱贫攻坚走深走实。正是这种驰而不息抓落实的实干精神，确保了脱贫攻坚各项工作不断取得胜利。

二、坚定不移把脱贫攻坚作为重大政治任务和第一民生工程，坚决扛起脱贫攻坚政治责任

习近平总书记强调，脱贫攻坚是全面建成小康社会的底线目标和标志性指标，是重大的政治任务和第一位的民生工程。对于重庆而言，坚决打赢打好脱贫攻坚战，既是"两个维护"的具体体现，也是践行共产党人初心、回应巴山儿女期盼的行动自觉，更是推动重庆高质量发展的重要路径和方法。2017年7月以来，重庆市委市政府切实按照习近平总书记的重要论述要求，坚定不移把脱贫攻坚作为重大政治任务和第一民生工程，坚决

扛起脱贫攻坚政治责任。始终把打赢脱贫攻坚战作为增强"四个意识"、坚定"四个自信"、做到"两个维护"的政治检验，切实增强脱贫攻坚紧迫感、责任感和使命感，把脱贫攻坚紧紧抓在手上、具体落实到行动上。

具体而言，围绕着把脱贫攻坚作为重大政治任务和第一位的民生工程，重庆市建立了完备的责任体系和监督考核体系。脱贫攻坚是一场硬仗，建立和完善组织体系，切实做到以上率下、责任到人，才能保证各项工作有序推进，重庆市持续压紧压实市级总体责任、区县主体责任、乡村两级直接责任，形成纵向贯通、横向联动的责任链体系。陈敏尔书记和唐良智市长担任"双组长"，率先垂范、以上率下，既挂帅、又出征，真抓、实做、严督，常态抓、盯着抓、一抓到底，带领带动全市上下尽锐出战、攻城拔寨。党的十九大以来，累计召开市委常委会会议52次、市政府常务会议51次、市扶贫开发领导小组会议及市委落实中央脱贫攻坚专项巡视反馈意见整改领导小组会议30余次，其中2020年召开市委常委会会议17次、市政府常务会议19次、市扶贫开发领导小组及整改领导小组会议8次，形成了四大班子领战督战的工作格局。重庆市委、市政府分管同志每周调度推进工作；市人大、市政协积极开展视察调研、民主监督，全力支持推动脱贫攻坚；22位市领导持续深入蹲点"促改督战"，在脱贫攻坚一线发现问题、破解难题、推动工作。各部门、各区县围绕着攻坚责任落实，主动作为、履职尽责。市级部门深入开展行业扶贫，全面参与深度贫困乡镇帮扶行动，全力推进脱贫攻坚。贫困区县建立落实"双组长制"，坚持以脱贫攻坚统揽经济社会发展全局，逐级签订脱贫攻坚责任书，区县党政主要负责人每月至少调研一次脱贫攻坚工作，区县党委常委会会议每月至少研究一次脱贫攻坚工作，区县党委政府每年向市委、市政府专项述职。脱贫攻坚阶段，深入开展书记遍访贫困对象行动，带领各级党员干部进村入户，有力推动各项工作落地落实。

围绕着脱贫攻坚任务目标落实，重庆市委市政府完善定性与定量、第三方评估与部门对账、集中考核与平时工作相结合的考评机制，提高脱贫攻坚在经济社会发展实绩考核中的权重，以最严格的考核确保脱贫质量过硬。通过邀请党代表、人大代表、政协委员、群众代表、民主党派和专家、记者全程监督，确保考核评估较真逗硬、公平公正。充分发挥市扶贫开发领导小组与市委巡视组、市委督查办、市政府督查办联动作用，健全专项巡视、集中督查、专项督查、专项巡查、暗访随访等多方式的督查督导体系。在全国率先开展脱贫攻坚巡视（察），市委分两轮对46个单位脱贫攻坚工作进行专项巡视，及时开展专项巡视"回头看"。组建16个由正厅局级干部任组长的督查巡查组，对33个有扶贫开发任务的区县和成员单位开展常态化督导。对所有有扶贫开发工作任务的区县开展全覆盖扶贫专项审计。针对工作滞后、问题较多的区县，由市扶贫开发领导小组成员单位主要负责同志带队开展专项巡查。

组织体系、责任体系、考核评估与督查检查制度的全面建立和完善，为重庆打赢脱贫攻坚战提供了有力的支撑和激励，各级党委组织凝心聚力，苦干实干，把脱贫攻坚抓实抓细，做到精准到位、扶到点上、扶到根上，扶到群众心里。

三、坚定不移把解决"两不愁三保障"突出问题作为最重要最紧迫的任务，坚决完成脱贫攻坚标志性指标和底线性标准

"两不愁、三保障"是脱贫攻坚的核心指标，是评价脱贫攻坚成效的关键。众所周知，国际上通常采用世界银行的每人每天1.9美元标准来界定绝对贫困，迄今为止没有一个发展中国家能够完全战胜绝对贫困。即使是发达的美国，每人每天收入低于1.9美元者也有相当的绝对数量。对标全面建成小康社会的目标，中国提出了"123"的贫困标准，即"1"：年收入不低于2010年不变价格2300元，至2020年这一标准为每人每年4000元；"2"：不愁吃、不愁穿；"3"：基本教育、基本医疗、住房安全有保障。从国际比较来看，中国的收入贫困标准按照人均购买力平均价计算高于世界银行标准，如果加上"三保障、一达标"的内容，则远超全球通行标准。可以说，"两不愁、三保障"目标的提出既体现了执政党解决绝对贫困问题的决心和信心，也显示着中国特色社会主义制度的优越性。

党的十八大以来，在习近平总书记的亲自部署、亲自谋划、亲自督战、亲自推动下，全党全社会广泛参与到脱贫攻坚中，经过不懈努力，

至 2018 年底，从全国范围看，"两不愁"目标基本实现，部分地区特别是深度贫困地区"三保障"还存在压力。"三保障"事关最直接的民生福祉，是困难群体最大的烦扰、最大的忧虑。能否切实解决好"三保障"问题，关系到全面小康的成色与质量。2019 年 4 月中旬，习近平总书记在重庆视察脱贫攻坚，并在重庆主持召开专题座谈会，研究部署解决"两不愁三保障"突出问题。习近平总书记的谆谆教导，为重庆党员干部做好相关工作鼓足干劲、坚定信心。以习近平总书记在重庆主持召开解决"两不愁三保障"突出问题座谈会为重大契机和强大动力，坚持定标施策、定向发力、定点消除、定网监测、定责问效，以精准精细的政策措施，确保"两不愁三保障"突出问题逐项逐户对账销号。

首先，强化义务教育保障，实现所有贫困家庭义务教育阶段的孩子不失学辍学。印发《关于精准开展义务教育控辍保学工作的通知》《关于进一步做好劝返复学学生教育教学管理工作的通知》等文件，强化政府法定职责，创新"1+N"联控联保责任体系，研发市级控辍保学动态管理平台，严格按照"全覆盖"要求，实施"一县一策""一人一案"，分类开展控辍保学工作。全市义务教育巩固率95%，较2015年提高1.6个百分点，实现所有贫困家庭子女义务教育阶段无因贫失学辍学。建立从学前到研究生各个教育阶段全覆盖、公办民办学校全覆盖、家庭经济困难学生全覆盖的资助政策体系，实施资助项目30多项，每年投入中央和市级资金逾50亿元，惠及贫困家庭学生400万人次以上。丰都县创新构建联控联保护学、应助尽助救助、关心关爱帮扶、育人质量提升等"五大机制"，高质量实现义务教育有保障，经验在《中国教育报》头版头条宣传报道。

其二，强化基本医疗保障，实现所有贫困人口有地方看病、有医生看病、看得起病。坚持治病、救助、防病多管齐下，坚持政府、市场、社会共同发力，着力构建防止因病致贫返贫长效机制，扎实推进健康扶贫落到实处。建立"三保险""两救助""两基金"多重医疗保障体系，贫困人口基本参保率、大病救治率、家庭医生慢病签约服务管理率、重病兜底保障率均达100%。全面实施分级诊疗、"一站式"结算和"先诊疗后付费"制度，贫困人口县域内就诊率达97.56%，住院自付费用在10%以内，门诊自付费用在 20% 以内，得了大病、重病基本生活不受影响。投入 21.8 亿元，加强县乡村医疗机构设施建设，实现乡乡都有标准化卫生院，村村都有标准化卫生室、合格村医，贫困区县远程诊疗服务全覆盖。在全国率先以省为单位统一开发贫困人口医疗救助"一站式"结算平台，实现基本医保、大病保险、民政救助、扶贫基金、商业保险互联互通，贫困人口身份自动识别，医疗费用报销金额自动核定，市内就诊医疗费用自动结算，市外就医只需申报一次。重庆健康扶贫工作 3 次在全国相关会议上作经验交流。彭水县探索推行基层医疗卫生机构集团化管理，建立完善基层互助共享、健康均衡发展"124"集团管理运行新机制，设立医疗救助"资金池"，增强基层医疗服务保障能力，健康扶贫工作被全国通报表扬，在全国综合医改培训会议上作经验交流。

其三，强化住房安全保障，实现所有贫困人口不住危房。实施建档立卡贫困户、农村低保户、农村分散供养特困人员、贫困残疾人家庭 4 类重点对象存量危房拉网式摸排，完成住房安全等级鉴定 84.8 万户，动态改造农村危房 30.9 万户，实现"危房不住人，人不住危房"。严格危房改造验收，加强质量管理和配套设施建设，注重保留民族特色和地方风格，实现住得安全、住得放心。大足区下好组织保障、精准识别、过程监管、对象排查"四步棋"；荣昌区坚持细字当头、稳字托底把好危房改造质量关，危旧房改造成效明显，受到国务院通报表彰。

最后，强化饮水安全保障，实现所有贫困人口有水吃、吃上放心水。累计投入 71.24 亿元，建成农村供水工程 44.9 万处，因地制宜解决水量、水质、用水方便程度、供水保证率等问题。出台《关于建立健全农村供水工程运行管护长效机制的意见（试行）》，建立健全农村供水工程运行管护长效机制。近 3 万处千人以下集中供水工程落实管护责任人，贫困区县落实公益岗位管水员 800 余名，全市千人以上工程水费收缴率达 91%，千人以下工程水费收缴率达 80.7%。梁平区以破解小型集中供水工程管护难题为攻坚方向，解决小型集中供水工程水质保障、长期运营、监督管理"三大难题"，形成了"规模化供水工程为骨干、小型集中供水工程为辅助、分散式供水工程为补充"的农村饮水安全格局，在全国农村供水工作交流推进会作经验交流。

如期保质解决好"两不愁三保障"问题，时间紧、任务重、质量要求高。重庆市委市政府通过建立完善工作机制，为实现"两不愁三保障"突出问题"常态化排查、智能化监测、动态化清零"提供了有力保障。一是全面推行"四访"工作法，做到常态化排查。组织开展干部走访、教师家访、医生巡访、农技随访，建立网格化管理体系，精准动态摸清"两不愁三保障"薄弱环节，分门别类建立问题台账。"四访"工作法作为地方标准在全市推行。二是建立"两不愁三保障"信息监测平台，做到智能化监测。依托全市精准扶贫大数据平台，分级分行业建立贫困学生资助信息平台、健康扶贫"一站式"结算平台、农村危房系统，通过"电子识别员"巡查排查情况，对监测户、边缘户按红色、黄色、蓝色三类风险进行预警。三是建立区县主体、部门联动、定期通报机制，做到动态化清零。每月由区县核实对账销号、市级部门比对研判督导、市扶贫开发领导小组通报，确保"两不愁三保障"问题第一时间发现、第一时间解决。奉节县推行驻村帮扶到户看院子、抬眼看房子、进门开柜子、伸手开管子、走近问身子、坐下问孩子"六子"工作法，精准解决"两不愁三保障"突出问题。

四、坚定践行精准扶贫精准脱贫基本方略，坚决推动政策精准落实落地

脱贫攻坚贵在精准、重在精准，成败之举在于精准。精准扶贫精准脱贫基本方略是中国特色反贫困理论的最新成果，是习近平总书记关于扶贫工作重要论述的要旨之一，是指引脱贫攻坚战的根本方法论和实践论。对于重庆而言，精准方略的指导性、科学性和实践性尤为突出重要。具体来说，在既往实践中，重庆扶贫工作同样存在底数不清、情况不明的情况，政策科学性和指向性不强，目标达成程度和质量缺乏清晰标准，政策供给与政策需求的错配现象较为突出。特别是重庆的贫困地区分布在大山区、库区、生态脆弱区，各区县乡村发展基础不同，制约因素各异，百姓发展愿望差别明显，如果做不到精准，则很难高质量实现脱贫攻坚目标。毫无

疑问，精准方略对重庆脱贫攻坚工作具有非常强的指导性和实践性，可以说精准方略能否落实落地，直接决定了重庆能否完成脱贫攻坚预期目标任务，能否兑现庄严承诺。实践中，重庆在深入学习习近平总书记关于精准扶贫精准脱贫工作重要论述的基础上，瞄准既有工作中存在的短板和不足，全面推进脱贫攻坚治理体系精细化精准化程度提升。

其一，摸清底数做到扶贫对象精准。精准识别是精准扶贫的基础性环节，只有摸清底数，才能找准对象、找准需求，进而做到科学决策、精准施策。围绕着找准扶贫对象，摸清减贫需求，重庆出台《重庆市扶贫对象动态管理办法》，明确了"四进七不进"操作细则和"两评议两公示一比对一公告"工作流程，建立扶贫对象精准识别承诺、部门数据比对共享、系统数据定期统计报告及漏评错评错退举报通报等工作机制。建立扶贫对象动态管理责任网格化、指导常态化、管理智能化机制，以行政村和村民小组为基本单元建立干部包村包户责任制，组建三级业务指导组和乡镇、村级扶贫工作站（室），落实扶贫信息员 1 万余名，开发精准扶贫大数据平台、脱贫达标联合认证系统、"两不愁三保障"调查系统、脱贫攻坚"回头看"系统，即时采集数据。每年对扶贫对象进行动态调整，累计动态识别建档立卡贫困人口 190.6 万人，贫困人口识别准确率、退出准确率均为100%，信息数据质量位居全国前列，多次在全国扶贫对象动态管理有关会议上作经验交流。

其二，需求为本做到项目安排精准。政策能不能解决问题，从根本上取决于决策是否科学，政策举措对政策需求的回应性高低好坏如何。项目安排精准是精准扶贫的关键环节，靶向施策才能"药到病除"。按照中央顶层设计，结合工作实际，重庆出台《关于建立完善区县级脱贫攻坚项目库的实施意见》，坚持管理扁平化、储备精准化、流程规范化、监测常态化、实施快捷化，严格实行负面清单管理，强化项目论证，优化入库程序，加强入库审查，做好动态调整，落实公告公示制度，建好管好脱贫攻坚项目库。2018—2020 年入库扶贫项目 4.2 万个。坚持"四个优先"，优先安排"两不愁三保障"项目、优先安排深度贫困区域和特殊贫困人群脱贫的项目、优先安排群众积极性高的项目、优先安排前期工作较好的项目，提前做好项目计划安排。三年累计实施扶贫项目 3.8 万个。入库项目从贫困区县、贫困乡镇和贫困农户的发展需要出发，将区域发展与精准扶贫有效结合，将发展良好环境与补齐短板拉长长板相结合。

其三，管好用好做到资金使用精准。管好用好扶贫资金，产生最大政策绩效是财政扶贫资金管理使用的原则和要求，专项扶贫资金带动行业扶贫资金和社会扶贫资金，精准投放到脱贫攻坚主战场，精准到区域、到项目、到人，有效监管阳光扶贫，是资金使用精准的应有之一。为此，重庆坚持扶贫资金切块备案制，资金总量精准到区域，工程项目精准到村，保障性措施精准到户到人，强化扶贫资金使用绩效。坚持"谁主管、谁使用、谁监管""上下联动、归口管理"的原则，建立健全"一法、五规、十项制度"为主体的扶贫资金项目监管制度体系。"一法"，即《重庆市农村扶贫条例》；"五规"，即《重庆市财政专项扶贫资金管理实施办法》《重庆市财政扶贫资金绩效评价办法》《重庆市财政扶贫资金使用和项目实施程序规定》《重庆市工程类扶贫项目监督管理办法》《重庆市扶贫资金监督管理办法》；"十项制度"，即切块备案制、专账专户制、竞争入围制、公告公示制、联席会议制、信访投诉制、义务监督制、审计监察制、追踪问责制、绩效考评制，从机制制度上管好项目资金。

其四，靶向扶持做到措施到户精准。选准项目、用好资金是精准扶贫的必要条件，同时做到措施到村到户"滴管式"作业，才能高质量实现预期的脱贫攻坚目标。重庆市把产业扶贫作为根本之策，构建以"山地农业、山地旅游"为主导的扶贫产业发展布局，推动人口下山、产业上山、游客进山、产品出山，18 个贫困区县创建市级以上特色农产品优势区 21 个、现代农业产业园 11 个、"一村一品"示范村 433 个。培育乡村旅游扶贫示范乡镇 75 个、示范村（点）453 个。认定涉贫农业龙头企业 998 家，创建国家和市级示范合作社 733 个，发展家庭农场 2.3 万个，培育致富带头人 7208 名，直接带动贫困户 2.2 万户。选聘 2.87 万名产业发展指导员到户指导产业发展。探索试点"产业村长"带领产业发展新路径。全市扶贫产业到户 46.7 万户，覆盖 90% 以上贫困户。通过深入推进"三变"改革试点，11.9 万贫困人口成为股东。贫困区县全部建立县级电子商务公共服务中心，建设乡镇村电商服务站点 3300 余个，培育农村电商带头人 3900 余人，累计发放扶贫小额信贷资金 89 亿元，惠及贫困户 24.82 万户次，获贷率 52.96%。2020 年新增发放 14.86 亿元，惠及贫困户 4.41 万户次。统筹推进生态保护与脱贫攻坚，把易地扶贫搬迁作为斩断穷根的重大举措。完成搬迁 25.2 万人，建成集中安置点 253 个。强化搬迁后续扶持，持续抓好就业帮扶、产业扶贫、社区融入、完善配套等工作。集中安置点特色产业覆盖搬迁贫困户 3890 户 14175 人，覆盖率达 93.3%。为 6258 户搬迁户解决"菜园地"2298 亩。引导有就业意愿、就业能力搬迁贫困劳动力就业 10.65 万人，实现搬迁户零就业家庭动态清零。同时，加大贫困地区生态保护修复力度，大力发展森林康养等生态产业，推动产业生态化、生态产业化，实施林业科技扶贫示范项目 46 项，建成森林康养基地 29 处、森林乡村 1449 个、森林人家 3460 多家，生态护林员岗位选聘贫困群众26037 人。为阻断贫困代际传递，重庆高度重视做好教育扶贫工作。投入资金 56.26 亿元，全面实施农村义务教育薄弱环节改善和能力提升工作，贫困地区办学条件明显改善。定向招聘"特岗教师"6463 名，培养"全科教师"8615 名，培训乡村教师 10.6 万余人次。把社会保障作为打赢脱贫攻坚战的兜底防线。将符合条件的 25 万贫困人口纳入低保保障，落实"低保渐退""单人户入保"等制度，实现应保尽保。建立社会救助标准自然增长和物价上涨联动机制，农村低保标准较 2016 年增长 65%，特困人员供养标准较 2016 年增长 34%。推行农村失能半失能特困人员相对集中供养，实施特困供养 1.26 万人。对符合条件的贫困人口代缴城乡居民养老保险费，全市131 万应参保贫困人员养老保险实现"应保尽保"。上述政策的组合拳，直接与贫困村和建档立卡贫困户减贫需求与发展意愿相结合，形成了区域发展和社会保障与精准施策有效结合的政策体系，这些好政策产生了实实在在的稳定脱贫成效，赢得了人民的满意和认可。

其五，精锐出战做到因村派人精准。驻村工作队和第一书记是脱贫攻坚精准施策的前线尖刀，选好用好驻村工作队和第一书记，是打赢打好脱贫攻坚战的重要人才队伍依托。重庆市坚持将选优严管实训驻村干部作为打通脱贫攻坚"最后一公里"的桥梁，出台《关于贫困村驻村工作队选派管理的实施意见》，通过双向式对接、集团式选派，把有担当、有情怀、有本事的精兵强将派到脱贫攻坚一线。采取"自下而上提需求、自上而下派干部、组织部门审核把关"双向选择、供需对接，"菜单式"精准选派驻村干部，做到精准配对、人岗相宜。选派第一书记4491名，其中市级单位选派443名。为持续推进驻村工作队和第一书记的攻坚能力，重庆采取市级示范培训、区县集中轮训、乡镇常态集训，实现在岗驻村干部培训全覆盖的立体式能力建设模式，确保能干、会干。在日常管理方面，建立完善到岗签到、在岗抽查、双向考勤、工作例会、工作纪实等制度，实行与派出单位项目、资金、责任"三个捆绑"，督促驻村干部扎根在基层，沉在村里干。几年来，驻村干部不仅是攻坚的尖兵，在脱贫攻坚前线发挥了重要作用，也进一步增进了干部的群众观点和工作能力，增进了党员干部与人民的情谊，为乡村振兴培养和积蓄了人才。

最后，质量至上做好脱贫成效精准。打赢脱贫攻坚战是执政党对人民的庄严承诺，关乎全面建成小康社会的成色与质量。脱贫成效必须精准、求是，经得起历史检验，赢得人民认可。重庆健全区县自查、市级检查、第三方评估、认可度调查"四位一体"评估退出机制，严格退出标准和程序，确保成熟一个退出一个。严格对照"两不愁三保障"标准，落实"一出三不出"要求，开展多部门联合认定"脱贫达标"，夯实贫困户退出工作，确保脱真贫、真脱贫。

五、坚定不移把攻克深度贫困作为重中之重，坚决啃下深度贫困硬骨头

深度贫困是脱贫攻坚必须攻克的最后堡垒，解决好深度贫困问题不仅是赢得脱贫攻坚战的必然要求，也是检验人民立场和治理能力的试金石。对于重庆来说，虽然没有国家级深度贫困县，但秦巴山区、武陵山区的连片贫困问题依然十分突出，生态脆弱、资源瘠薄，基础设施和公共服务供给水平和供给能力低，当地百姓生产生活还存在不少困难。同时，即使在发展基础较好的区县，也存在着一些深度贫困乡镇和深度贫困村。这些深度贫困乡镇和深度贫困村实现脱贫，不仅关系到脱贫攻坚

目标能否如期保质实现，关系到重庆能否兑现庄严承诺，同时关系到重庆未来发展的信心和发展的质量。可以说，重庆深度贫困总量不多，但任务不轻！

陈敏尔同志高度重视深度贫困地区脱贫攻坚战，多次强调打赢深度贫困地区脱贫攻坚战，要与时俱进深化认识，增强做好工作的思想自觉和行动自觉。要深刻认识贫困人口不多但任务不轻，深刻认识调整目标进度，更要积极进取，深刻认识脱贫攻坚必须精准到人头、统筹到区域，认真对照"两不愁、三保障、一达标"要求，下足"绣花"功夫，集中力量攻坚，高一格脱贫，快一步致富。在攻坚决胜的方法路径上，陈敏尔书记强调，破解深度贫困问题，需要坚持深度发力。一是要深度改善贫困地区生产生活生态条件，加快路、水、电、讯、房和环保等基础设施建设，补齐短板，破解瓶颈，打通"最后一公里"，让山里人走得出、山外人进得来、货能卖到山外、群众生活更便捷。二是要深度调整产业结构，立足资源禀赋和市场需求，积极发展乡村旅游业，大力发展绿色农产品生产加工，加快发展农村电商，促进农业"接二连三"，提高产业规模化、组织化、市场化程度，让贫困群众在产业链上增收受益，分享更多红利。三是要深度推进农村集体产权制度改革，创新扶贫体制机制，积极探索"资源变资产、资金变股金、农民变股东"的"三变"改革，推行"龙头企业合作社农户"等生产组织方式，让更多贫困户参与，让更多村级集体经济增长，促进农业增产、农民增收、生态增值。四是要深度落实各项扶贫惠民政策，推动易地扶贫搬迁、社会保障、教育、医疗等政策到村到户到人，提高政策含金量，增加群众获得感。深度贫困攻坚是场硬仗。做好深度贫困乡镇脱贫攻坚工作，要抓好规划制定，注重扶贫与发展联动，做到长短结合、切实可行。抓好项目落地，坚持边规划、边实施，抓紧启动一批群众迫切需要的项目，加大项目推进力度，确保有进度有形象。抓好资金统筹管理，管好用好扶贫资金，加大监督执纪问责力度，严肃查处扶贫领域的腐败问题。抓好队伍建设，选优配强乡党委和村"两委"班子，精准选派村"第一书记"，发挥基层党组织战斗堡垒作用，发扬特别能吃苦、特别能奉献的作风，把脱贫攻坚工作抓得更加精准扎实有效[①]。

在陈敏尔同志的亲自领战督战下，重庆全市上下聚焦深度贫困，深入贯彻落实习近平总书记在深度贫困地区脱贫攻坚座谈会上的重要讲话精神，紧扣"四个深度发力"，集中力量补短板、强弱项、促发展。其一，紧盯两大集中连片特困地区强力攻坚。实施秦巴山片区、武陵山片区区域发展与扶贫攻坚"十三五"规划，统筹加大片区交通、水利、能源、通信等基础设施建设，建成投运巫山机场、仙女山机场，开通兰渝、渝怀、渝利、黔张常铁路，加快推进郑万、渝湘高铁，奉节至湖北建始、巫溪至开州、渝湘高速扩能等高速公路项目建设，促进"一区两群"区域协调发展。秦巴山、武陵山两个片区涉及 12 个贫困区县全部脱贫摘帽、1290 个贫困村全部脱贫出列、116.7 万贫困人口全部脱贫，分别占全市的 66.7%、67.2%、61.2%。加大对城口、巫溪、酉阳、彭水 4 个贫困程度较深的县倾斜支持力度，4 县累计落实财政专项扶贫资金 84.5 亿元，统筹整合财政涉农资金 177 亿元。其二，紧盯 18 个深度贫困乡镇定点包干。参照国家深度贫困县识别标准，精准识别 18 个市级深度贫困乡镇，实行"定点包干"机制。一是在组织指挥上，坚持"四个一"标准。即组建 1 个指挥部（市领导任指挥长）、落实 1 个市级扶贫集团、派驻 1 个驻乡工作队（厅级领导任队长）、制定实施 1 个脱贫规划，从市级责任部门和帮扶单位选派深贫乡镇驻乡驻村干部 158 名。二是在攻坚任务上，做到"四个深度"发力。即深度改善生产生活生态条件、深度调整农业产业结构、深度推进农村集体产权制度改革、深度落实各项扶贫惠民政策。三年共投资 69.44 亿元，实施项目 2071 个。三是在脱贫效果上，发生了"四个深刻变化"。即基础设施改善、人居环境整治、扶贫产业发展、干部群众精神面貌提升发生翻天覆地变化，贫困发生率从 2015 年的 18.24% 下降到零，群众满意度达到 99.3%，既攻克深贫堡垒，又有机衔接乡村振兴，在有效衔接上探索了路子、树起了样子。如石柱县中益乡牢记总书记殷殷嘱托，按照"巩固、提升、可持续"

---

① 重庆日报：《陈敏尔在石柱县中益乡调研时强调深化认识 深度发力 坚决打赢深度贫困乡镇脱贫攻坚战》，2017 年 8 月 30 日。

要求，集中火力攻坚，建立运转高效、调配有力的领导机制，精准到户到人、统筹到村到乡到区域的扶持机制，行动迅速、集中攻坚的作战机制，严格逗硬、推动有力的督导机制，创造了可复制、可推广的经验。其三，紧盯100个贫困村定点攻坚。2020年，对贫困人口相对较多，在"两不愁三保障"、基础设施、产业发展、人居环境、公共服务等方面存在明显短板弱项的100个行政村实施定点攻坚。由区县集中优势兵力，统筹整合资源，组织对定点村进行督导，对特殊困难群众实行重点综合帮扶，切实帮助定点村补齐短板弱项。100个村共整合资金5.8亿元，安排扶贫项目6617个，有效提高了脱贫攻坚质量。最后，紧盯特殊困难群体定项帮扶。针对贫困病人、残疾人、老人等特殊困难群体，落实"增强版"帮扶措施，加大医疗救助、低保兜底等力度，增派帮扶干部，确保脱贫路上一个不少。落实残疾人"两项补贴"，助推9万余名贫困残疾人脱贫。健全农村"三留守"人员关爱服务体系，实施乡镇敬老院改造项目398个，实施农村失能特困人员集中照护机构改造项目23个，集中照护机构覆盖50%以上区县。3400多名孤儿、2800多名事实无人抚养儿童基本生活得到有效保障。

在深度贫困攻坚中，重庆坚持"四个紧盯"、"四个深度发展"，终于实现了"四个深刻转变"。回望重庆攻克深度贫困堡垒的历程与经验，最核心的在于坚定不移地以习近平总书记新时代中国特色社会主义思想为指引，坚守初心、坚持人民观点，充分发挥中国特色社会主义道路的政治优势和制度优势。这些经验弥足珍贵，对于克服新征程中的艰难险阻具有重要的价值和意义。

六、坚定不移把防止返贫致贫摆在突出位置，坚决巩固拓展脱贫攻坚成果

脱贫任务完成后，不能马上撤摊子、甩包袱，要切实做好巩固拓展脱贫攻坚成果工作，确保脱贫成效真实稳定可持续。习近平总书记多次强调防返贫工作的极端重要性。从学理层面来看，做好防治返贫是兑现庄严承诺的必然要求，是精准方略的自然延伸。重庆市高度重视该项工作，始

终坚持扶上马、送一程，及时制定出台《关于巩固拓展脱贫成果的实施意见》，从提高脱贫质量上入手，在增强发展能力上着力，在完善长效机制上突破，全面巩固拓展脱贫成果，切实防止返贫致贫。

具体来说，重庆从七个方面着手，解决好防止返贫、巩固脱贫成果的关键问题。

一是，严格落实"四个不摘"要求。贫困区县党政正职和分管同志在脱贫攻坚期内保持稳定，市委有针对性地选派66名优秀干部充实国家扶贫开发工作重点区县领导班子，选优配强乡镇党政正职1597名，保持驻村帮扶干部总体稳定。持续保持投入力度不减，2020年落实各级财政专项扶贫资金67.4亿元，比上年增加7.2亿元、增长11.9%，其中市级资金22.89亿元、比上年增长19.2%。持续发挥审计、纪检（监察）、督查等作用，采取集中督查、明察暗访、蹲点督导等方式，常态化加强脱贫攻坚责任、政策、工作"三落实"监督，推动各项工作落地。

二是，建立健全防止返贫监测和帮扶机制。出台《关于建立防止返贫监测和帮扶机制的实施意见》，明确监测范围、监测方法、帮扶措施等。建立三级监测体系，压实监测责任，实现"一对一"监测，及时跟进落实产业、就业及综合保障等帮扶举措。精准识别脱贫监测户10095户32441人、边缘户11892户34242人。构建"精准脱贫保＋产业扶贫保＋防贫保"三保联动保险扶贫体系，依托保险机制让脱贫户稳定脱贫有保障。

三是，扎实开展脱贫攻坚总攻"十大专项行动"。围绕巩固脱贫成果总要求，进一步巩固提升脱贫攻坚成果，大力开展健康医疗扶贫、产业扶贫、乡村旅游扶贫、就业扶贫、消费扶贫、扶贫小额信贷及金融扶贫、易地扶贫搬迁后续扶持、生态扶贫、社会救助兜底、"志智双扶"等脱贫攻坚总攻"十大专项行动"。由市级行业主管部门牵头，逐一制定工作方案，清单式明确任务举措。建立每月调度、定期通报工作机制，扎实推进各项举措落实落地。

四是，彻底整改问题提升脱贫质量。把发现问题、解决问题贯穿始终，紧盯中央脱贫攻坚专项巡视及"回头看"反馈问题、国家和市级脱贫攻坚成效考核指出问题、"不忘初心、牢记使命"主题教育检视问题以及日常督查、审计等各类监督检查发现问题，奔着问题去，揪着问题改，一体挂单落实整改。

五是，持续不断激发内生动力。制定《深入开展扶志扶智工作激发贫困群众内生动力的实施意见》，深入开展"志智双扶"，通过实施精神扶贫、着力提升技能素质、引导健康文明习惯、优化政策兑现方式等举措，引导和激发贫困群众从"要我脱贫"向"我要脱贫"转变，营造自力更生、脱贫光荣、勤劳致富的良好氛围。建立脱贫荣誉制度，强化典型示范，开展"感动重庆十大人物""富民兴渝贡献奖""中国好人"等评选活动，开展"决战决胜、奋斗有我"脱贫攻坚故事征集宣讲活动，营造学先进、当先进的浓厚氛围。深化"爱心进农家"文明单位扶志扶智行动，综合运用产业、就业、文教、捐赠等手段，实施项目 1100 余个，开展活动 7.7 万场，受益群众 72.5 万人次。围绕"一户一人一技能"目标，累计开展贫困劳动力实用技术及技能培训 123 万余人次，有效提高贫困群众致富能力。深入推进移风易俗"十抵制十提倡"，发挥村规民约作用，所有村均建立村民议事会、红白理事会、道德评议会等群众组织。此外，创新扶贫资金到户补助方式，将补助资金与具体生产经营活动挂钩，全面推行财政扶贫资金改补为奖、改补为贷、改补为股、改补为保、改补为酬"五改"，变"平均分配"为"多干多补"，变"现金补贴"为"风险补偿"，变"无偿补助"为"有借有还"，变"松散带动"为"股权激励"，变"不劳而获"为"劳有所获"，让有意愿、有能力的贫困群众得到实实在在的扶持，防止大水漫灌，防止政策养"懒汉"，以经济手段激发贫困群众内生动力。

六是，着力防范扶贫领域风险。建立扶贫小额信贷风险补偿金 8.8 亿元，健全"政府＋银行＋保险＋助贷员"风险防控体系，探索"一自三合"的金融扶贫试点，实现贷前贷中贷后风险防控。建立贫困户产业发展动态监测、季度更新机制，创新设立"产业精准扶贫保"，防范产业发展风险。完善涉贫舆情处置预案，畅通 12317 信访渠道，把涉贫舆情风险化解在萌芽状态。

七是，统筹推进疫情防控与脱贫攻坚决胜收官。2020 年是脱贫攻坚的决胜收官之年，任务原本就十分艰巨，年初爆发的新冠肺炎疫情席卷全国，给脱贫攻坚增加了巨大难度的挑战，疫情得到初步控制又遇到了百年不遇的洪涝灾害。重庆临近湖北，加之山地生态脆弱，疫情和洪涝灾害给重庆脱贫攻坚带来考验更为严峻。面对突如其来的新冠肺炎疫情和百年不遇的洪涝灾害，市委、市政府接续谋划开展定点攻坚战、百日大会战、收官大决战，强化攻坚态势，全力化解疫情灾情对完成脱贫攻坚目标任务的影响。及时成立化解疫情灾情影响专项小组，有针对性地出台70余条政策措施，建立疫情影响应对情况周评估、月报告、月通报制度，没有出现因疫因灾致贫返贫情况。2020年8月，李克强总理到重庆考察时，对重庆市统筹打好战疫情、战复工、战贫困、战洪水"四场大战"给予充分肯定。具体来说，重庆主要围绕如下几个方面推进工作：第一，做好贫困劳动力"稳岗就业"工作。落实从"家门口"到"厂门口"全程跟踪服务，实现务工就业76.17万人，较上年增加6.2万人，有就业意愿的实现全就业；开发公益性岗位就近安置贫困人口9.8万人，较去年增加4.1万人；创办扶贫车间436家，吸纳贫困人口就业4029人。开州区通过"点对点"运输、"线搭线"外联、"人跟人"帮扶，全力解决贫困群众外出务工出行和就业难题，输送4.23万贫困劳动力区外就业，超过2019年外出务工人数。第二，帮助和支持涉贫龙头企业稳步开工复工。通过出台支持中小企业共渡难关20条、支持新型农业经营主体渡难关促发展12条政策举措，帮助全市998家带贫龙头企业全部开工复工。12032个扶贫项目全部开工，"两不愁三保障"项目全部完工。第三，多举措推动贫困地区滞销农畜产品销售。大力开展消费扶贫行动，战疫战灾防滞销，建立贫困地区农产品滞销预警机制，开展直播带货、电商扶贫、产销对接，推动贫困地区农产品对接大市场、搞活大流通、提振大消费。投放消费扶贫智能专柜1717台，建成重庆消费扶贫馆，全力打造中国西部消费扶贫中心，建成线上线下消费扶贫企业及地方馆54个、消费扶贫专区333个。疫情期间滞销农畜产品1.37亿元全部销售，今年全市共销售扶贫产品55.4亿元。第四，扎实有效开展帮扶工作。组织20余万帮扶干部创新开展精准帮扶，驻乡驻村工作队和第一书记全部及时到岗到位。对确诊新冠肺炎贫困人口按低保标准2倍发放临时救助金，为贫困人口提供新冠肺炎专属商业保险，免费发放防疫物资，确保贫困群众基本生活不受影响。落实专项资金，及时解决因灾造成贫困户饮水安全问题 6321 户、住房安全问题 689 户，将因灾造成特殊困难的 5 户 22 人纳入监测户、边缘户进行重点帮扶。綦江区面对 80 年来最大洪灾，第一时间预警调度、第一时间摸清底数，24 小时内对因灾严重影响收入、房屋受威胁的 6 户贫困户实施临时救助，帮助受灾群众恢复生产重建家园，无 1 人伤亡，无 1 人因灾致贫返贫。

七、坚定不移把构建"大扶贫"格局作为重要政治和制度优势，坚决动员和凝聚脱贫攻坚合力

脱贫攻坚时间紧、任务重，质量要求高，要如期保质打赢脱贫攻坚战，发挥好中国特色社会主义制度的政治优势和制度优势是重要的保障。按照习近平总书记的部署要求，脱贫攻坚阶段，大扶贫工作的体制机制更加完善，各方打赢脱贫攻坚战的动力和信心空前高涨。构建和完善大扶贫工作格局为动员和凝聚攻坚合力提供了有力支撑。脱贫攻坚阶段，重庆市始终坚持政府主导、社会动员、各方参与，完善结对帮扶机制，拓展社会参与机制，构建形成专项扶贫、行业扶贫、社会扶贫"三位一体"的大扶贫格局。在深化鲁渝协作、深化中央定点单位帮扶、深化市内结对帮扶和深化社会力量帮扶等多个层面全方位发力。

其一，深化鲁渝扶贫协作。按照中央部署，山东与重庆是东西扶贫协作省份，重庆市委、市政府高度重视东西扶贫协作工作，专题研究鲁渝扶贫协作工作 42 次，陈敏尔书记带头开展互访对接，开展互访 9 次，召开高层联席会议 9 次，区县、市级部门主要负责同志每年赴山东开展对接。山东省累计向重庆提供财政援助帮扶资金 21.9 亿元，实施援建项目 1281 个，动员社会力量捐款捐物近 4 亿元。成立山东·重庆扶贫协作产业合作联盟，引导 106 家山东企业到重庆贫困区县投资兴业，完成投资 14.23 亿元，建设产业园区和现代农业、文旅产业示范基地 69 个。开展"十万吨渝货进山东""十万山东人游重庆"行动，消费扶贫协作帮助销售重庆扶贫产品 8.5 亿元，山东省来渝旅游 260.32 万人次。共建扶贫车间 136 个，通过劳务

协作累计帮助重庆 1.1 万余名贫困人口转移就业或就近就地就业。两地互派挂职和交流党政干部 225 名，互派教师、医生、农技人员等专业技术人员 3761 名，培训各类专业技术人员 15.8 万余人次。

其二，深化中央单位定点扶贫。把定点扶贫工作纳入市级脱贫攻坚成效考核内容，市政府每年听取一次中央单位定点扶贫工作汇报。每年召开中央单位定点扶贫重庆工作座谈会、中组部赴渝挂职干部座谈会、中央单位定点扶贫挂职干部座谈会。9 家中央单位投入帮扶资金 23.47 亿元，引进帮扶资金 45.14 亿元，精准实施各类项目 1277 个；帮助培训基层干部 17174 名、技术人员 44104 名；采购贫困地区农产品 6965.1 万元，帮助销售 3.1 亿元；选派扶贫干部 52 名。

其三，深化市内结对帮扶。结合直辖市体制特点，在脱贫攻坚中积极探索以城带乡、以工补农机制。一是市级扶贫集团帮扶。组织 375 家市级单位组建 18 个市级扶贫集团，由市领导挂帅结对帮扶 18 个深度贫困乡镇及贫困区县，累计投入帮扶资金 50.63 亿元。二是国企定点帮扶。将 8 个民主党派市级机关纳入市级扶贫集团，分别对口帮扶 1 个贫困县和 1 个深度贫困乡镇。组织 36 家市属国有企业投入帮扶资金 20.4 亿元帮扶贫困程度较深的县。三是区县结对帮扶。组织主城都市区 18 个区结对帮扶 14 个国贫区县，落实帮扶资金实物量 22.7 亿元，累计协助引进项目落地 145 个。

其四，深化社会力量参与帮扶。重庆将 8 个民主党派市级机关纳入市级扶贫集团，分别对口帮扶 1 个贫困县和 1 个深度贫困乡镇，支持民主党派围绕脱贫攻坚开展重点民主监督。组织 2299 家民营企业参与"万企帮万村"精准扶贫行动，投入资金 30.97 亿元帮扶 1975 个村。深化"一起奔小康"扶贫志愿服务行动，发布扶贫志愿服务项目 1.5 万余个，发动 1.4 万多个志愿服务组织和爱心企业参与，开展志愿服务活动 9.15 万场次，受益贫困群众 570 万人次。引导社会组织捐赠资金 26.77 亿元，开展各类公益扶贫项目及活动 4700 多个，惠及困难群众 274 万人次。

这些努力为重庆打赢脱贫攻坚战凝聚了最广泛的合力，在市委坚强有力领导下，专项扶贫、行业扶贫、社会扶贫三位一体的"大扶贫"工作格局不断巩固和完善，涌现出一批典型人物、机构和先进事迹。全社会共同关心关注欠发达地区发展的共识和行动取得了显著成绩。

八、坚持做好巩固拓展脱贫成果与乡村振兴有效衔接工作

党的十八大以来，习近平总书记站在即将迎来中国共产党成立一百周年，实现全面建成小康社会第一个"百年奋斗目标"的历史性时间节点，亲自谋划、亲自部署、亲自指挥、亲自督战，动员全党全社会广泛参与，尽锐出战全力以赴推进脱贫攻坚，确保贫困地区和贫困人口同步进入小康社会。面向新中国成立一百周年，全面建成社会主义现代化强国，实现中华民族伟大复兴中国梦的历史方位，习近平总书记在党的十九大报告中提出了实施乡村振兴战略。习近平总书记指出，实施乡村振兴战略是关系全面建设社会主义现代化国家的全局性、历史性任务，坚持把实施乡村振兴战略作为新时代"三农"工作的总抓手，坚持走中国特色乡村振兴之路，为实施乡村振兴战略提供坚强的政治保证。要坚持农业农村优先发展，按照产业兴旺、生态宜居、乡风文明、治理有效、生活富裕的总要求，建立健全城乡融合发展体制机制和政策体系，加快推进农业农村现代化。巩固拓展脱贫攻坚成果与乡村振兴有效衔接，不仅是为了实现党对人民做出的庄严承诺，也是习近平新时代中国特色社会主义思想中的精准扶贫精准脱贫方略的深层次延伸，更是为了更好实现脱贫攻坚与乡村振兴的有效衔接，为实现 2035 年远景目标打下的坚实基础。

重庆市组建专班开展"加强脱贫攻坚与乡村振兴有效衔接"专题调研，初步形成《关于加强脱贫攻坚与乡村振兴衔接的实施意见》。制定《开展脱贫攻坚与实施乡村振兴战略有机衔接试点工作方案》，选择 3 个区县、18 个乡镇、18 个村开展"三级试点"。坚持优先完成脱贫攻坚任务"这一时序"，把巩固脱贫成果、防止返贫作为衔接"首要任务"，突出规划、政策、工作、保障"四个衔接"，重点在建立动态监测和帮扶机制、提升完善农村基础设施、延长扶贫产业链条、大力推进农村人居环境改善、不断改善农村公共服务、发展壮大村级集体经济、激发贫困户和农村群众脱贫致富内生动力、探索建立扶贫资产管理和营运机制、加强农村人才队伍和基层组

织建设等10个方面进行探索。18个深度贫困乡镇既攻克深贫堡垒，又有机衔接乡村振兴，在有效衔接上探索了路子、树起了样子。2020年7月，胡春华副总理到重庆调研并主持召开部分省区市脱贫攻坚与乡村振兴战略有机衔接工作座谈会，对我市开展衔接试点工作给予肯定。

九、坚定不移把抓党建促脱贫作为关键一招，坚决强化组织保障和作风保障

党的领导是中国特色社会主义制度的突出政治优势，历史经验一再表明，在农业农村工作领域，党的领导力直接决定着工作推动是否顺利、是否有成效。在脱贫攻坚过程中，重庆不仅把抓党建作为为脱贫攻坚提供坚强组织保障、作风保障的关键一招，同时将脱贫攻坚作为转变作风的攻坚战，以作风攻坚推动脱贫攻坚，在脱贫攻坚中锤炼干部、夯实战斗堡垒。

其一，全面加强基层党组织建设。基层党组织是推动各项工作落实的重要堡垒，农村基层党组织能力的强弱，直接关系着各项政策举措能否落实落地、取得实效。脱贫攻坚阶段，重庆把脱贫攻坚作为"不忘初心、牢记使命"主题教育的重要内容和实践载体，用脱贫攻坚成果检验主题教育成效。持续优化提升农村带头人，每年组织对村"两委"运行特别是党组织书记履职情况进行全覆盖研判，调整充实村党组织书记1427人。每年全覆盖轮训村党组织书记，培养储备村级后备力量2.1万名。发展农村年轻党员1.13万名，招录选调生1897名到基层一线工作。在贫困区县挑选240名贫困村党组织书记，到山东结对市县综合实力较强的村（社区）开展为期3个月的挂职学习。建立落实村干部固定补贴动态增长机制。全面推行"四议两公开"，全覆盖设立村务监督委员会，不断提升基层治理水平。大力实施本土人才回引工程，围绕引得回、留得住、干得好"三个环节"，突出本土大中专毕业生、外出成功人士"两个重点"，回引贫困村本土人才挂职、创业，破解农村治理人才匮乏问题，打造一支不走的扶贫工作队。

其二，切实加强扶贫机构和干部队伍建设。印发《关于进一步加强扶贫干部队伍建设的通知》，选优配强扶贫工作力量，大胆使用脱贫攻坚一线优秀干部，完善真情关心爱护扶贫干部措施。结合区县机构改革，18个

贫困区县全部单设扶贫办，15个非重点区县全部在农业农村部门加挂扶贫办牌子，区县扶贫开发机构人员行政编制增加51%、事业编制增加43%，169个扶贫任务重的乡镇单设扶贫办或扶贫开发服务中心，确保扶贫机构人员配备与工作任务相适应。

其三，深入开展脱贫攻坚宣传引导。以"把习近平总书记的殷殷嘱托全面落实在重庆大地上"专题统揽，开展"在行动""看效果"大型系列报道，扎实推动习近平总书记重要讲话精神落地生根、开花结果。精心组织开展习近平总书记视察重庆一周年系列宣传活动。每年组织开展脱贫攻坚先进典型评选表彰，召开脱贫攻坚表彰大会，举行开先进事迹巡回报告会，为决胜脱贫攻坚营造良好氛围。

最后，持续深化扶贫领域腐败和作风问题专项治理。扎实开展扶贫领域腐败和作风问题专项治理，制定《重庆市扶贫领域监督执纪问责七项制度》《重庆市2018年至2020年开展扶贫领域腐败和作风问题专项治理的工作方案》《坚决纠正形式主义突出问题为基层减负的具体措施》等文件。市纪委监委设立第八纪检监察室，专司以脱贫攻坚为重点的民生监督工作。加大监督执纪问责力度，扎实开展扶贫领域"以案四说""以案四改"，严肃整治搞花拳绣腿、弄虚作假等形式主义、官僚主义，认真落实基层减负措施。

第三节　重庆脱贫攻坚样本的经验与启示

回望重庆脱贫攻坚的8年历程，特别是2017年7月以来脱贫攻坚领域的巨大变化的突出成绩，深刻感受到重庆样本所蕴含的经验和启示。正如陈敏尔书记在重庆脱贫攻坚总结表彰大会上的讲话指出，打赢脱贫攻坚战，最根本的是始终坚持以习近平同志为核心的党中央集中统一领导。只要坚决做到"两个维护"，坚决听从习近平总书记指挥，坚决贯彻党中央决策部署，工作就有底气，发展就有希望，事业就能顺利，就一定能够战胜前进道路上的任何艰难险阻。打赢脱贫攻坚战，最本质的是自觉践行以人民为中心的发展思想。只要我们始终坚定人民立场，千方百计地解决人民群众最关心最直接最现实的利益问题，一件事情接着一件事情办，一年接着一年干，就一定能够推动共同富裕取得更为明显的实质性进展。打赢脱贫攻坚战，最关键的是充分发挥社会主义制度集中力量办大事的政治优势。只要我们始终坚持党的领导、坚定不移地走中国特色社会主义道路，就一定能够办成更多像脱贫攻坚这样的大事难事，不断从胜利走向新的胜利。打赢脱贫攻坚战，最管用的是坚定贯彻精准扶贫方略。只要我们坚持精准的科学方法、落实精准的工作要求，坚持用发展的办法解决发展不平衡不充分的问题，就一定能够为经济社会发展和民生改善提供科学路径和持久动力。打赢脱贫攻坚战，最有效的是不断激发贫困群众的内生动力。只要我们始终坚持为了人民、依靠人民，把人民群众中蕴藏着的智慧和力量充分激发出来，就一定能够不断创造出更多令人刮目相看的人间奇迹。打赢脱贫攻坚战，最可贵的是大力弘扬和衷共济、团结互助的传统美德。只要我们坚定文化自信、坚守道德追求，深入践行社会主义核心价值观，不断激发全社会向上向善的正能量，就一定能够为各项事业新发展提供不竭的精神力量。打赢脱贫攻坚战，最重要的是着力锤炼过硬的作风能力。只要我们坚持实干兴邦、实干惠民，就一定能够把社会主义现代化建设的蓝图一步步变成现实。重庆脱贫攻坚的波澜壮阔历程，书写了人类发展奇迹的重庆篇章。重庆样本再一次深刻表明，坚持党的领导是办好中国事情的关键，中国共产党具有强大的引领力、组织力和执行力；坚持共同富裕的发展道路是中国特色社会主义的本质要求，也是共享发展、多方共赢的关键；坚持发挥中国特色社会主义制度的制度优势，是战胜各种艰难险阻赢得胜利的关键；推进精细化治理能力提升，是适应新时代要求的必然选择，精准方略既是人民观点的体现，也是有效治理的根本；持续激发内生动力，是真脱贫、可持续脱贫的路径和方法，激发内生动力要综合施策；凝聚广泛合力是办成大事的必备条件，要充分运用好政府、市场、社会三种资源、三种机制；真抓实干、较真碰硬是推进工作效率和工作成效的有力保障。这些经验来之不易，对于乡村振兴同样具有借鉴意义。

一、坚持党的全面统一领导

中国共产党的领导是中国特色社会主义最本质的特征，是中国特色社会主义制度的最大优势。坚持和完善党的领导，是办好中国事情，不断开创中国特色社会主义事业新境界的根本经验，也是凝聚人心、汇聚力量、攻坚克难，创造一个又一个人间奇迹的根本保障。重庆脱贫攻坚样本的经验再次深刻表明，只有增强"四个意识"，坚定"四个自信"，做到"两个维护"，时刻与以习近平同志为核心的党中央保持高度一致，自觉深学细悟笃行习近平新时代中国特色社会主义思想，自觉贯彻落实中央决策部署各项顶层设计，才能够有效推动经济社会各项事业前行，才能够不断回应人民对美好生活的期盼，实现中华民族伟大复兴梦想，践行共产党人初心使命。脱贫攻坚的重庆样本表明，面对中国特色社会主义现代化强国建设进程中的各类艰难险阻，坚持党的领导，保持正确的发展方向是赢得胜利的必然要求。百年来，中国共产党初心不变，人民立场历久弥坚，人民对美好生活的向往就是中国共产党人的奋斗目标。这就要求我们的各项工作要坚持以人民为中心的发展理念，坚决同各种错误思想错误认识作斗争，时刻把人民利益摆在最前，要做到实事求是、踏踏实实。党的领导是无比坚强的引领力、组织力和执行力的根本，是把人民对美好生活的向往转化为现实的最可靠的领导力量。在脱贫攻坚过程中，我们克服了众多艰难险阻、攻克了一个又一个坚固堡垒，最核心的经验在于坚持了党的领导。

二、坚持走共富发展道路

共同富裕是社会主义的本质要求，是中国特色社会主义现代化道路的根本特征。工业革命以来，人类社会开启了探索现代化方案的历程，在数百年的实践中孜孜以求实现发展的有效道路。然而，不得不承认，关于如何推动中国这样一个人口超过13亿的大国走向现代化强国，如何避免西方现代性所衍生的人与人、人与自然的关系异化问题，求索新型的可持续发展的现代化方案，仍然没有成熟的样本可以参照。在此意义上，中国特色社会主义现代化道路的伟大实践，不仅是找到了符合中国国情与特点的发展道路，也为人类通向不同于一切旧式现代性道路的新型现代化探索了经验。在脱贫攻坚过程中，随着反哺农村的力度不断增加，随着发展共享机制的普遍建立，不仅实现了预期的减贫目标，资本、金融、劳动力、土地等要素的组合也更加有效率、有活力，农业产业化逐渐形成了有效的经验和模式。可以预见，这些经验对于乡村振兴具有重要的借鉴价值，在实现共享发展、共同富裕的过程中，必将能够开创不同于旧式现代性的新发展模式。

三、坚持发挥中国特色社会主义制度优势

重庆脱贫攻坚难度大、任务重，脱贫攻坚不仅要完成好"两不愁、三保障、一达标"的总体目标，还要为重庆城乡融合发展和全面乡村振兴补短板、打基础。不断战胜一个又一个艰难险阻，完成这些艰巨任务，发挥好制度优势是关键。从重庆脱贫攻坚实践来看，无论是深度贫困攻坚、解决两不愁、三保障突出问题，还是守护绿水青山，走好山地特色农业现代化发展道路，聚力攻关是最重要的经验之一。

四、坚持精准扶贫方略推动治理体系现代化

贫有百样、困有千种。高质量实现脱贫攻坚预期目标，离不开下一番"绣花"功夫。可以说，精准扶贫、精准脱贫的基本方略为打赢打好脱贫攻坚战提供了理念基础和方法遵循。在实践精准扶贫精准脱贫基本方略的过程中，国家减贫治理体系现代化水平和治理能力密集提升，同时也带动了相关领域治理精细化水平。可以说，精准扶贫方略不仅是打赢脱贫攻坚战的不二法门，也是做好新时期治国理政各项工作的有效指引。持续推进国家治理体系精细化，才能不断地服务好人民的多元化需求，从而实现更高质量的发展。

五、坚持激发内生动力

内生动力是实现可持续脱贫的根本，精准扶贫与传统"救济式扶贫"最大的区别在于强调不断增强内生动力，提升造血能力。重庆激发内生动

力的经验表明，扶贫与扶志扶智要统筹推进，要改善贫困村和贫困人口的发展环境、提升发展能力，要积极弘扬奋斗脱贫光荣的文化和精神，要形成"党的政策好，我要努力往前跑"的自觉和自信。用美好生活的期望来点燃奋斗愿望，用实实在在的资产建设、能力建设来提升发展能力鼓舞发展信心，用精准精细的帮扶来帮助低收入群体不断激发和释放潜能。这些经验，对于国际减贫领域促进参与式发展的难题具有重要的启示意义，对于乡村振兴战略实施具有借鉴价值。

六、坚持凝聚广泛合力

多方合力，万众一心是中华民族的优良传统，也是中国特色社会主义制度优势的最充分体现。伟大的事业离不开凝心聚力的拼搏奋斗，凝聚广泛合力的过程不仅是统筹动员各方资源的过程，也是让各行动主体有序参与，更好发挥作用的过程。要通过体制机制创新，解决如何动员、如何参与、如何围绕同一目标共同发力。我们看到，在脱贫攻坚过程中，不仅政府、市场和社会力量之间的协同性明显提升，聚焦精准方面也形成了较为成熟的经验。这充分证明了中国体制巨大的凝聚动员能力和创新能力。

七、坚持求真务实较真碰硬

习近平总书记在全国脱贫攻坚表彰大会讲话中强调，"一分部署，九分落实，真抓实干、埋头苦干保证了脱贫攻坚战打得赢、打得好。"之所以能够赢得脱贫攻坚的圆满决胜收官，敢于较真，苦干、实干是确保成效和质量的关键。求真务实、较真碰硬，充分展现了执政党的朴实情怀和求是精神，在脱贫攻坚中重庆持续与官僚主义、形式主义问题作斗争，建立最严格的考核评估制度，狠抓督查落实、执纪问责，目的就在于将党的政策落实落地，让老百姓得到实惠。这些经验，是党的建设和政府治理的重要创新举措，弥足珍贵。

专家组在两年多的时间里，四访重庆，行走在大巴山深处，深入西秀黔彭武陵山腹地；所见所感令人振奋！重庆脱贫攻坚的历史性成就，体现在高质量实现了既定的脱贫目标；体现在城乡融合发展迈出坚实步伐；也体现在重庆人的精气神焕然一新，不断创造美好生活的信念愈发坚定；还体现在党群干群关系更加亲近，跟党走、感党恩道出了脱贫人口的心声。用当地百姓的话来说，最大的改变是农民的笑脸更多了，人更自信了。可以预见，在新时代中国特色社会主义现代化强国建设新征程上，重庆正在谱写共同富裕的新成就，不断书写中国发展奇迹的重庆篇章。

黄承伟，国务院扶贫办中国扶贫发展中心主任、北京大学贫困治理研究中心主任，研究员、博士生导师

吕　方，华中师范大学社会学院教授、博士生导师

李小宁，北京市普惠公益民生研究院院长、民生智库执行理事长、秘书长、研究员

第二章　坚持党对脱贫攻坚的全面领导

　　贫困是一种与人类进程相生相伴的现象，是困扰全球经济社会发展的顽疾，摆脱贫困一直是困扰全球发展和治理的突出难题。在反贫困的道路上，仅仅靠市场力量来完全解决贫困问题基本上很难达到，这是贫困一直在困扰人类发展进程中难以消除的顽疾所在。究其根源，同贫困和市场经济之间深层次的矛盾密不可分。人们对贫困的认识从初期的单纯物质缺失出发的收入贫困，到具有更加丰富内涵包括健康和教育在内的能力贫困理论，后来又进一步发展到涵盖脆弱性、社会排斥等更为宽泛的权利贫困。虽然人们对贫困的认识在不断加深，但从贫困形成的根源上看存在一个共同特征，那就是贫困是由于资源、人力资本等要素禀赋不足或缺失造成的效率或效用低下所形成的，而市场经济这只看不见的手会把资源配置到最有效率的地方，而不是效率低下的贫困地区或贫困群体。因此，这对深层次的矛盾导致贫困难以用市场的单一力量来解决，甚至市场这种无形的力量可能会把资源源源不断地配置到发达地区和富裕者群体，产生虹吸效应，使穷的越来越穷，富的越来越富，贫富之间产生一道难以逾越的鸿沟。基于上述原因，反贫困斗争就需要一种核心力量，这种力量能够代表最广大人民的诉求，相比资源效率最大化更追求最大公平化，这样才能在反贫困道路上起主导作用，是最根本的政治保证。中国共产党就是这种力量在现实中的实践者，中国共产党成立之初就代表中国最广大人民的根本利益，始终和人民站在一起。

　　面对贫困这一难中之难、固中之固，中国共产党从来没有停下同贫困做斗争的步伐，我们党从成立之日起就坚持把为中国人民谋幸福、为中华民族谋复兴作为初心使命，团结带领中国人民为创造自己的美好生活进行长期艰苦的奋斗。从新民主主义创造摆脱贫困的政治条件到新中国成立后打下摆脱贫困、改善人民生活的坚实基础，特别是 2012 年以来，中国共产党把脱贫攻坚摆在治国理政的突出位置，把脱贫攻坚作为全面建成小康社会的底线任务，组织开展的声势浩大的脱贫攻坚人民战争，脱贫攻坚取得举世瞩目的历史成就。2021 年 2 月 25 日，习近平总书记在脱贫攻坚总结表彰大会中正式向全世界宣告，经过 8 年的不懈奋战，中国脱贫攻坚战取得了全面胜利，现行标准下 9899 万农村贫困人口全部脱贫，832 个贫困县全部摘帽，12.8 万个贫困村全部出列，区域性整体贫困得到解决，在中国共产党的坚强领导下完成消除绝对贫困的艰巨任务，创造了又一个彪炳史册的人间奇迹，这是中国共产党的伟大光荣。实践证明，我们党具有无比坚强的领导力、组织力、执行力，党的领导是抵御风险挑战、聚力攻坚克难的根本保证。深刻把握中国特色反贫困理论，坚持党对脱贫攻坚的全面领导是我国脱贫攻坚战取得全面胜利的根本原因。

作为中国西部唯一直辖市，重庆集大城市、大农村、大山区、大库区和少数民族于一体，2014 年初，按照以 2013 年末农民家庭人均纯收入低于 2736 元为标准，全国在新一轮建档立卡共识别确认贫困人口 9899 万人，重庆市识别确认贫困人口 165.9 万人，贫困发生率 7.1%，在全国识别贫困村 12.8 万个，重庆市识别贫困村 1919 个，全国 14 个集中连片特困地区中，秦巴山、武陵山两大国家级连片特困地区在重庆汇集，脱贫攻坚难度可想而知。为打好这场脱贫攻坚战，重庆坚持党对脱贫攻坚的全面领导：思想上，深入学习贯彻习近平总书记关于扶贫工作的重要论述和视察重庆重要讲话精神，真抓实干对标对表党中央、国务院部署和国务院扶贫办工作要求，脱贫攻坚工作稳步推进；行动上，强化政治担当，以上率下坚决扛起脱贫攻坚政治责任，强化目标标准，强化问题整改，强化精准方略，强化脱贫质量，尽锐出战、真抓实干落实党中央的决策部署。

第一节　为打赢脱贫攻坚战提供强大的思想武器

重庆深入贯彻习近平总书记关于脱贫攻坚的重要论述和视察重庆重要讲话精神，扎实推动习近平总书记扶贫重要论述在思想上往深里走，往心里走，往实里走。以学习打头，以学习贯穿，以学习带动。用心学进去，用情讲出来，用力做起来，坚定不移强化思想武装。

一、深入学习习近平总书记关于扶贫工作的重要论述

思想是行动的先导和动力，思想的清醒必然带来行动的自觉，思想的偏差必然带来行动的谬误。2013 年 11 月，习近平总书记在湖南省湘西州十八洞村考察时首次提出"精准扶贫"概念，之后，多次对精准扶贫作出重要论述，精准扶贫成为我国脱贫攻坚的基本方略。党的十八大以来，习近平总书记对打赢脱贫攻坚战始终牵挂于心，亲自挂帅、亲自出征、亲自部署、亲自督战脱贫攻坚工作，先后围绕脱贫攻坚发表了一系列重要讲话，作出一系列重要指示批示，形成了关于扶贫工作的重要论述，精准扶贫内涵不断丰富和完善。这些重要论述是习近平新时代中国特色社会主义思想的重要组成部分，为全党全社会奋力夺取脱贫攻坚全面胜利提供了强大思想武器。

重庆市始终坚持以习近平总书记关于扶贫工作重要论述和系列重要指示批示以及视察重庆重要讲话精神统揽重庆脱贫攻坚工作，坚持把这些讲话精神入脑入心，加强思想武装，全力提高重庆各级干部抓扶贫的政治自觉，提升扶贫干部的政策水平和专业能力。在实践中，围绕开展专题培训和专题调研，深入学习习近平总书记关于脱贫攻坚的重要论述，确保党中央脱贫攻坚重大决策部署在重庆落实细化、实化和具体化。

（一）开展专题培训，从上到下凝聚思想共识

开展"学重要论述、强思想武装、促整改落实"专项行动，按照行动要求，重庆制定扶贫干部年度培训计划，采取分级分类组织学习和全覆盖

开展培训相结合的方式，将习近平总书记关于扶贫工作的重要论述，特别是 2019 年 4 月在重庆主持召开的解决"两不愁三保障"突出问题座谈会上的讲话以及 2020 年 3 月在决战决胜脱贫攻坚座谈会上的讲话等重要精神作为重庆区县党政主要负责人、分管负责人和区县扶贫办班子成员、市级行业部门负责人、18 个深度贫困乡镇驻乡工作队员、基层扶贫干部和贫困村干部、乡镇领导班子成员、村"两委"成员、驻村干部等进行专题培训。为更好地开展专题培训，重庆市编印《习近平扶贫论述摘编》"口袋书"，全市扶贫干部人手一册，全市各级党委（党组）将《习近平扶贫论述摘编》作为中心组重要内容学习，作为各级扶贫培训必修科目。经过系统性学习，各级干部政治自觉、思想自觉和行动自觉持续增强，从上到下拧成一股绳。

重庆忠县为更好地开展专题培训，专门出台《关于聚焦打好精准脱贫攻坚战加强干部教育培训的实施方案》，把习近平总书记关于脱贫攻坚的重要论述作为全县各级党组织中心组学习、干部自主学习的重要内容以及支部主题党日学习主题，全力提高各级干部抓扶贫工作的政治自觉。同时，把习近平总书记关于扶贫的工作重要论述作为"不忘初心、牢记使命"主题教育的重要内容。

（二）持续开展专题调研，在实践中彰显思想伟力

重庆在脱贫攻坚工作中认真贯彻习近平总书记关于扶贫工作的重要论述，深刻领会习近平总书记深入开展脱贫攻坚调研的示范作用，围绕中央关于脱贫攻坚重大决策部署和重庆工作要求贯彻落实情况，在前期深入 18 个贫困区县进行蹲点"促改督战"专项行动的基础上，作为后续延伸和持续，开展"访深贫、促整改、督攻坚"活动，对重庆脱贫攻坚工作做到心中有底、心中明白，增强政策靶向性。按照习近平总书记提出的六个精准要求，重庆组织各级各部门领导干部、驻乡驻村干部和帮扶责任人按照"走访不漏户、户户见干部"的要求，把习近平总书记关于扶贫工作的重要论述、党的扶贫政策与解决贫困群众"两不愁、三保障"紧密结合起来，广泛听取意见，深入调查分析，把贫困群众的所思所想所忧融入脱贫具体措施中。在专题调研中，全面走访未脱贫建档立卡贫困户，详细了解贫困户的家庭情况、致贫原因、帮

扶措施、投入产出、帮扶责任、脱贫时序等方面的情况。同时，为把习近平总书记关于扶贫工作的重要论述中强调的脱真贫、真脱贫落到实处，重庆抽查走访已脱贫户，对在义务教育、基本医疗、住房安全、饮水安全方面还存在的疑点进行核实，核实是否存在虚假脱贫、数字脱贫和潜在返贫等情况。

在实践中，重庆的一项突出工作是把脱贫人口中不符合建档立卡户标准的脆弱性人群作为关键一环纳入重要调研对象。我国在脱贫攻坚中，界定贫困户和非贫困户主要是以收入为主要指标，但这样的界定有时会把不符合建档立卡标准却存在多维贫困的人口排除在外，而这些人群又极易陷入贫困。考虑到这一实际情况，重庆在专题调研过程中，重点围绕收入水平略高于建档立卡贫困户的边缘人口进行考察，从政策支持、长效扶贫产业发展、激发群众内生动力、脱贫攻坚与乡村振兴的衔接、建立健全防止返贫和巩固脱贫长效机制、2020 年后减贫扶贫工作等方面，深入调查分析，提出对策建议，真正把习近平总书记关于反贫困的重要论述在巴蜀大地落实落细，彰显思想之伟力。

二、营造浓厚脱贫攻坚氛围

重庆作为全国脱贫攻坚的重要战场，14 个集中连片特困地区中的武陵山、秦巴山集中连片特困地区覆盖重庆 12 个区县，区域性贫困与"插花"式贫困并存，脱贫难度可想而知。为全面战胜贫困这一难中之难、坚中之坚，重庆全方位、多角度营造"积极奉献、拼搏进取、攻坚拔寨"的浓厚脱贫攻坚氛围，从思想上形成了统一共识，进一步坚定干部群众打赢脱贫攻坚战的信心和决心。扎实抓好脱贫攻坚宣传工作，为决战脱贫攻坚强化思想引领，使"人人要脱贫、谋脱贫、帮脱贫"的观念深入人心，进一步振奋精神、鼓舞士气，加快脱贫致富步伐，共同打赢脱贫攻坚战。

（一）通过开设专题专栏、推出系列重点文章，扩大理论宣传成效

重庆依托中央和市级主流媒体，开设"脱贫攻坚进行时""聚焦脱贫故事""跟着党报去扶贫"等专题专栏，创办《重庆扶贫专报》《深度贫困乡镇脱贫攻坚简讯》，及时宣传重庆脱贫攻坚涌现出的先进典型、先进经验，搭建工作交流平台，持续放大脱贫攻坚的影响力和带动力。推出系列重点

理论文章，注重内涵凝练精神，围绕脱贫攻坚工作的思想内核，市委理论学习中心组、市政府党组理论学习中心组、重庆市中国特色社会主义理论体系研究中心等在重庆日报连续刊发《坚持以总书记关于扶贫工作重要论述为指引 大力度高质量如期打赢打好脱贫攻坚战》《高质量高标准做好巡视"后半篇文章"》《深刻认识习近平总书记关于扶贫工作重要论述的重大意义》等理论文章；在人民日报刊发《为乡村振兴注入文化动能》《赋权赋能脱贫攻坚　保障贫困人口尊严》；在经济日报刊发《解决"两不愁三保障"突出问题需"对症下药"》《微商经济助力脱贫攻坚大有作为》；在红旗文稿刊发《牢牢把握脱贫攻坚的三个关键》。

（二）采取多种形式，广泛开展理论宣讲

重庆市、区县成立宣讲团，广泛宣讲习近平总书记关于扶贫工作重要论述，宣传党中央、国务院关于脱贫攻坚的决策部署以及市委、市政府脱贫攻坚具体举措，宣传党和政府各项惠农富农政策，让群众明政策、知实惠。截至 2020 年 4 月，分别开展集中宣讲 172 场次、1.24 万余场次、开展基层微宣讲 2.39 万余场次。在宣讲过程中，通过丰富的宣讲形式与群众深入交流互动，每场宣讲活动都配合摆放一套习近平总书记关于扶贫工作的重要论述展板、发放一套扶贫政策解读手册、开展一场表演，通过"讲""演""展"相结合方式，增强宣讲的吸引力和感染力。各地区积极创新宣传形式，比如合川区编印发放《合川区脱贫攻坚应知应会基础手册》，梁平区文艺志愿服务小分队现场展演以扶贫为主题的小品、歌曲、舞蹈、灯戏，彭水县用快板、"三句半"解读习近平总书记关于扶贫工作的重要论述，奉节县在宣讲中适时开展扶贫政策有奖问答。

三、以思想自觉引领贫困地区行动自觉

新中国成立以来，我国进行了多轮反贫困战略，从简单通过民政系统分配防灾救灾物品和劳保用品到一体两翼为主为载体的扶贫方式，这些扶贫方式主要强调外部帮扶，侧重的是输血式扶贫，忽略了贫困群众的主观能动性，缺少贫困群众自身要脱贫的内生动力，难以形成造血功能。随着贫困形成机理发生变化，贫困已经不仅仅表现为物质贫困，还有思想上的

贫困。因此，在精准扶贫过程中，如何实现输血向造血转换，激发贫困群众的内生动力就成为脱贫攻坚能否按质按时的关键因素之一。正如习近平总书记指出，贫困地区的发展要靠内生动力，只有群众本身具有强烈的脱贫内生动力，有脱贫奔小康的行动自觉，才能迸发脱贫奔小康的源动力和驱动力。激发贫困群众的内生动力，实现"输血"向"造血"的转换是新时代中国特色反贫困的显著特征。

在脱贫攻坚中，重庆以思想自觉引领贫困地区行动自觉，着重培育贫困群众主体意识，在脱贫中不当观众、不当闲人、不当懒人，破除思想障碍、畏难情绪和等靠要思想顽疾，"授人以鱼不如授人以渔"，扶贫同扶志扶智相结合，培养贫困群众自力更生实现脱贫致富的意识，提高帮扶对象和脱贫群众自我发展能力，激发他们立足自身、依靠自身实现脱贫的信心和决心。实践中，选取典型发挥榜样示范带动作用、提升贫困群众致富技能和能力等多种方式，让贫困群众树立对美好生活的信心，充分调动贫困群众的积极性、主动性、创造性，自动自发地为脱贫致富行动起来，使农民从要我脱贫变为我要脱贫，精神风貌发生翻天覆地的变化。习近平总书记曾说过，脱贫致富贵在立志，只要有志气、有信心，就没有迈不过去的坎。重庆通过举办多种活动，激发贫困群众的内生动力，重庆市委和区县党委组建宣讲团开展集中宣讲 12600 余场次，组织驻村工作队、致富带头人、大学生村官、百姓名嘴等，通过"农民夜校""讲习所"等开展"六个一"宣传活动 6600 余场次，组织开展"榜样面对面"脱贫攻坚先进典型宣讲、杨骅先进事迹巡回报告会 5800 余场次，把习近平总书记对贫困群众的关心关怀和党中央精神传递到千家万户[1]。仅 2020 年就通过举办"身边的脱贫故事""榜样面对面""家风润万家"等各种活动 21000 场，引导贫困群众摒弃"等靠要"思想，为高质量全面完成脱贫攻坚任务提供强大的精神动力。（见表 1）。

---

[1] 重庆扶贫办提供材料。

表1　2020年重庆"志智双扶"专项行动概况

活动名称	场次
"身边的脱贫故事"微访谈	3000
"榜样面对面"宣讲活动	3000
开展送演出进基层	1000
农村实用技术培训	3000
组织梦想课堂	3000
"家风润万家"活动	3000
"新农村新生活"培训	3000
"法律进乡村"活动	2000
总计	21000

数据来源：重庆乡村振兴局

一方面，加强正面宣传引导，破除"等靠要"思想，杜绝"不思进取，不劳而获"现象。重庆各区县、各深度贫困乡镇通过脱贫攻坚农民夜校、院坝会、党课等方式，积极宣传中央关于脱贫攻坚工作的奋斗目标、重点工作和具体措施，让老百姓了解扶贫政策，提高群众对脱贫攻坚工作的知晓度，提高贫困群众的思想认识，为打赢脱贫攻坚战注入强大精神动力。同时，把工作做到农民的心坎里去，与贫困群众面对面畅谈脱贫攻坚、乡村振兴，扶起脱贫志气，并且向贫困群众传授必要的生产生活知识和技能充实本领，增强勤劳致富的信心决心，为脱贫攻坚提供可持续发展的动力。

另一方面，选取基层典型，发挥榜样的引领作用。重庆聚焦33个区县和18个深度贫困乡镇，分层分类从帮扶干部、驻村第一书记、脱贫户、致富带头人、深度贫困乡镇干部、贫困村"两委"主要负责人中广泛发现、推出1000余名脱贫攻坚身边榜样，覆盖近10个行业类别，全市建立"市、区（县）、乡镇"三级联动工作机制，塑造脱贫攻坚先进典型的特色品牌，点面结合选树脱贫攻坚先进典型，形成群体性示范带动效应。其中，精心选取市级典型，从点上立起标杆，经过层层推荐、逐级把关，先后选出"把生命奉献给脱贫攻坚事业的驻村第一书记"杨骅、"单腿撑起温暖幸福家的残疾妇女"廖良琼、"建设美丽乡村的民间河长"何波等18名市级先进典型。

在发挥典型引领作用中，重庆探索出两个好的做法：一是用好先进典型"榜样面对面"宣讲队伍，从受全国、市级表彰的脱贫攻坚先进个人中遴选勤劳务实、自立自强、精准脱贫的9名帮扶对象为典型，组建"榜样面对面"脱贫攻坚先进典型市级宣讲团，深入18个深度贫困乡镇开展集中宣讲活动，用他们的事迹引导贫困群众树立正确的价值观、人生观，培育艰苦奋斗、自力更生的精神，鼓励带动贫困群众困而思进、竞相致富，各区县还通过官方网络平台现场直播宣讲活动，受到广大网友的好评和点赞。二是"以小见大"，用扶贫干部日常工作的小切口映射出脱贫攻坚宏伟事业的大主题。675名扶贫先进典型结合自身经历讲好脱贫故事，从亲身经历出发，用事实说话、用案例说话、用故事说话，交流扶贫工作思考、分享扶贫工作经验，现场宣讲超过2566场次，直接受众近48万人次。

故事链接 | ——"榜样面对面"

2019年1月30日，重庆市黔江区"榜样面对面"脱贫攻坚先进典型宣讲活动走进金溪镇长春村，来自脱贫攻坚战线的3位代表分别讲述了发生在脱贫攻坚中的感人事迹和成功经验，宣讲接地气、有温度，赢得了现场观众阵阵掌声。宣讲代表龚万秋是一名残疾人，但他身残志坚，谈到自己的脱贫经历，龚万秋感慨万千地说，"激发内生动力是脱贫的关键所在。身为一个有残疾的人，我一度对脱贫完全没有信心，多亏政府的鼓励和支持，帮助我发展养殖业。这几年，我不仅成功脱贫，还逐步走向富裕。"残疾人宣讲代表龚万秋结合亲身经历，讲述了自己的脱贫历程。听完宣讲，贫困户李振孝激动地说："听了大家的脱贫故事，不仅增强了我的脱贫信心，更为我提供了产业发展的经验。新的一年，我将依靠勤劳的双手改变贫困面貌。"

第二节　构建决战决胜脱贫攻坚
坚强有力的组织体系

在人类历史上，贫困一直是困扰社会发展的一个重大难题。中华民族自古追求丰衣足食，在《诗经·大雅·民劳》有"民亦劳止，汔可小康"的憧憬，也有"安得广厦千万间，大庇天下寒士俱欢颜"的情怀，但只有在中国共产党的领导下，几千年以来追求的梦想才变为现实，向往才化为奇迹，这是人类反贫困史上的伟大奇迹，我国为世界减贫事业贡献了中国力量、中国智慧和中国方案。

党的十九大以来，重庆始终把脱贫攻坚作为重大政治任务和第一民生工程，对脱贫攻坚工作高度重视，积极落实中央脱贫攻坚方针政策，努力履行脱贫攻坚主体责任，全面加强组织领导，构建决战决胜脱贫攻坚坚强有力的组织体系，强化支撑保障，全力以赴打好脱贫攻坚战。习近平总书记指出，"致富不致富，关键看干部"，重庆在这场脱贫攻坚战中，聚焦人这一关键因素，按照尽锐出战的要求，持续推动干部政策向脱贫攻坚一线倾斜、干部力量向贫困地区集聚，把好钢用在刀刃上。

一、构建自上而下的脱贫攻坚领导组织体系

重庆严格落实"市负总责、部门联动、区县主抓"责任机制。坚持以上率下，持续压紧压实市级总体责任、区县主体责任、乡村两级直接责任，形成纵向贯通、横向联动的责任链体系。一是书记市长亲力亲为。重庆市委书记和市长担任"双组长"，率先垂范、以上率下，既挂帅、又出征，真抓、实做、严督，常态抓、盯着抓、一抓到底，带领带动全市上下尽锐出战、攻城拔寨。党的十九大以来，累计召开市委常委会会议52次、市政府常务会议51次、市扶贫开发领导小组会议及市委落实中央脱贫攻坚专项巡视反馈意见整改领导小组会议30余次，其中2020年召开市委常委会会议17次、市政府常务会议19次、市扶贫开发领导小组及整改领导小

组会议 8 次。二是四大班子领战督战。市委、市政府分管同志每周调度推进工作；市人大、市政协积极开展视察调研、民主监督，全力支持推动脱贫攻坚；22 位市领导持续深入蹲点"促改督战"，在脱贫攻坚一线发现问题、破解难题、推动工作。三是建强三级班子，打造脱贫攻坚"火车头"。把选优配强县乡村三级班子作为打好脱贫攻坚战的关键，不断强化一线攻坚力量。

县级层面，强调强化和调整并重，一方面，强化贫困区县领导班子统揽力，按照中央"不脱贫不调整、不摘帽不调离"要求，保持重庆 14 个贫困区县党政正职稳定；另一方面，调整充实贫困区县领导力量，注重提升专业能力、专业精神，从市级相关部门选派 19 名专业型干部充实区县党政领导班子，着力建设堪当脱贫攻坚重任的前线指挥部。

镇级层面，加强贫困乡镇领导班子战斗力。对贫困乡镇领导班子重点研判、重点配备，选好配强乡镇领导班子特别是党政正职。重庆为 127 个脱贫攻坚任务重的乡镇增配 1 名领导职数，要求有脱贫任务的乡镇有 1 名领导专职分管脱贫攻坚。此外，遴选 57 名区县机关事业单位优秀年轻干部、专业技术人员挂任贫困乡镇党政副职，真正做到"把好钢用在刀刃上"，着力培养造就一支懂农业、爱农村、爱农民的"三农"工作队伍。

村级层面，充分发挥驻村帮扶干部扶贫一线的生力军作用。贫困村是脱贫攻坚的重要战场，村级扶贫的成效在很大程度上决定了整个脱贫攻坚的成效。贫困村通常地理位置偏远，长期以来基础设施薄弱，恰恰是脱贫攻坚最薄弱的一环，仅靠当地村级组织和干部队伍来完成脱贫攻坚任务，非常艰难。2017 年以来，重庆市着力把"最能打的人"派到脱贫攻坚一线，切实加强驻村干部管理，积极发挥驻村干部作用。强化对驻村干部选派，从市属单位、33 个有扶贫开发任务的区县选派优秀干部驻村担任第一书记、驻村工作队队员，实现了县级以上各级机关、国有企业、事业单位选派优秀干部下到一线全覆盖。在对驻村干部的分工上，按照"因岗定人、人岗相适"原则，精准分类、因需选派第一书记及驻村工作队。比如，对基层党组织软弱涣散、班子不团结的村，注重选派党建工作经验丰富、善于抓班子带队伍的干部；对缺乏产业发展路子的村，注重选派熟悉现代农业、市场营销、乡村旅游等方面的干部；对基础设施薄弱的村，注重选派熟悉村镇规划、项目建设等方面的干部；对矛盾信访突出的村，则注重选派熟悉群众工作、处理复杂问题能力较强的干部，一系列举措为打赢打好脱贫攻坚战奠定了基础。

因村选派贫困村"第一书记"1918 名、驻村工作队员 5622 名，落实结对帮扶干部 19.9 万人。

二、建设坚强稳固、扎实有力的农村基层党组织堡垒

习近平总书记指出，要加强农村基层组织建设，使党支部更好地发挥战斗堡垒作用，成为带领农民群众脱贫致富的主心骨，把乡亲们的事情办好。[①] 帮钱帮物，不如帮助建个好支部，这是老百姓的心声。

农村党组织是脱贫一线的核心力量。重庆市着眼于建强农村带头人队伍、回引本土人才、强化党组织政治功能，切实提升农村基层党建工作质量，为打赢脱贫攻坚战夯实战斗堡垒。

建强农村带头人队伍，强化贫困村两委班子领导力。重庆市制发《农村带头人队伍整体优化提升行动方案》，坚持每年对所有村"两委"班子的运行情况特别是党组织书记履职情况开展全面排查，建立村班子成员不齐不强情况台账，制定调整优化方案，对职位空缺、不胜任、不合格、不尽职的及时补充调整到位。建立落实村干部人选资格审查和处理协作机制，制定"十不选"负面清单，实行村党组织书记县级备案管理规定，对所有村"两委"成员严格联审，坚决把不符合条件的人员挡在门外。为充实贫困村带头人后备队伍储备，重庆市以乡镇为单位，为每村培养储备后备力量 1-2 名。为提高农村带头人能力素质，市委组织部对民族地区和革命老区的村党组织书记进行全员培训，各区县每年对所有村党组织书记开展轮训。严格执行村"四务"公开晒、村财民理乡代管、党员干部亲属涉权事项公开，账清气正民风变。

---

① 2017 年 1 月，习近平总书记在春节前夕赴河北张家口看望慰问基层干部群众的讲话。

　　大力回引农村本土人才，建设一支"不走的工作队"。为逐步破解农村人才匮乏、结构老化、村干部能人难选等难题，重庆市大力实施农村本土人才回引计划，以乡镇为单位定期对本乡本土大中专毕业生、外出务工经商人员等开展摸底调查，点对点动员他们回村挂职任职、创新创业，着力把一大批熟悉农村、了解农村、对农村有深厚感情的优秀人才引回来。建立健全农村优秀人才引得回、留得住、用得好的良性机制，制定"三给"政策包，即给待遇、给扶持、给出路，对回村挂职本土人才，参照村专职干部标准发放报酬，并严格落实待遇正常增长；把政策扶持作为吸引本土优秀人才返乡的重要手段，从土地流转、融资担保、贷款贴息等方面给予扶持；对条件成熟的本土人才按程序选入村"两委"或选聘为专职干部，担任村党组织书记或村委会主任，专职干部满一定年限可参加乡镇公务员、事业编制人员定向招考。

　　强化基层党组织政治功能，充分发挥政治引领力。重庆不断加强工作机制建设，大力推动基层党组织组织生活规范化，包括全面实行支部主题党日活动，组织党员参加"两学一做"学习教育、"不忘初心，牢记使命"主题教育、党史学习教育活动、"三会一课"活动民主议事活动，严明党的纪律，严格党员教育管理，烧旺组织生活熔炉。同时，健全完善党务信息管理系统，建立完善党组织和党员信息库，探索党员组织关系网上转接，提高党员管理信息化水平。

故事链接 2——破解"矮子堆里选高个" 把人才引回来

　　重庆开州区把年龄 35 周岁以下，有意愿返乡就业创业的本土本乡退役军人、大中专毕业生、外出成功人士、本地致富能手 4 类人员作为重点回引对象，建立起超过 1.2 万人的回引对象数据库。由乡镇街道、村社区结合数据库人员信息和村级干部队伍需求，采取电话联络、座谈联谊、主动登门拜访、解决家庭困难、宣传创业政策等方式，"点对点"动员，鼓励他们回村任职、创业发展。

　　大进镇关坪村村民何正华在外经商多年，成为某建材品牌的区域总代理。2019 年 7 月，大进镇党委书记张太雷亲自登门拜访何正华，极力邀请他回家为父老乡亲服务。何正华被张太雷的诚意打动，把生意交给合伙人打理，当选为关坪村党支部书记，扛起关坪村脱贫攻坚事业的大旗。在何正华的带领下，关坪村引入龙头企业发展中药材，扶贫成效明显。

三、形成层层抓落实的责任体系

习近平总书记强调，推进脱贫攻坚，关键是责任落实到人，重庆在压紧压实脱贫攻坚主体责任上下功夫通过层层传导压力，推动形成一级抓一级、层层签订脱贫攻坚责任书、巩固脱贫成果责任书、层层抓落实的局面，汇聚起脱贫攻坚的强大合力。

压紧压实脱贫攻坚主体责任，为打赢脱贫攻坚铺就坚实地基。重庆市各级各部门坚持从本级整改抓起，以上率下、带头整改，党员干部切实承担起在脱贫攻坚工作上的应尽责任，针对历史遗留问题，坚持"新官管旧账"，接续做好整改工作。通过召开巡视整改专题民主生活会的形式，聚焦巡视发现的问题，把自己摆进去、把职责摆进去、把工作摆进去，剖析思想、查摆问题、对照问题找差距，真认账、真反思、真整改、真负责，真正把脱贫攻坚的主体责任扛稳、抓牢、做实。对那些在脱贫攻坚中领导不力、不抓不管的行为，多方发力，不仅追究直接责任、主体责任，也追究领导责任、监督责任。知责任千钧之重，担责任万分之实，只有在压紧压实脱贫攻坚主体责任上体现高质量，才能为真正打赢脱贫攻坚这场硬仗铺就坚实地基。

深入落实市、县、乡、村四级书记齐抓共管责任制，建立健全横向到边、纵向到底的责任体系。重庆切实担负起"省负总责"的政治责任，切实落实双组长制。建立市扶贫开发领导小组双组长制，由市委书记和市长任组长，市委副书记任常务副组长，4 位市领导任副组长，41 个部门一把手为成员。区县上，33 个有扶贫开发工作任务的区县扶贫开发领导小组全部实行区县委书记和区县长双组长制，区县一级党政主要负责同志要把主体责任、第一责任扛在肩上，把工作做实，把承诺兑现好。乡村两级要负起直接责任，抓好抓实项目到村、资金到户、措施到人。同时，建立区县党政主要领导向市扶贫开发领导小组专题述职制度。建立脱贫攻坚重点工作台账，实行工作推进项目化、清单化。健全常态督查、排名通报、约谈督办、追责问责等督查督办制度，完善区县党委、政府扶贫成效考核办法和实施细则，建立年度集中考核和平时工作情况相结合的考核机制，强化考核结果运用。

第三节　建立真脱贫脱真贫的监督体系

一、健全问责激励机制

重庆在脱贫攻坚阶段不断健全问责激励机制，坚持严管与厚爱相结合。严管是激励的基础、保障，激励是严管的出发点、落脚点，两者相辅相成、辩证统一。坚持严管和厚爱结合、激励和约束并重，既严肃整治脱贫攻坚中的不担当不作为，又激励保障脱贫攻坚干部敢于担当、真干实干，才能为按时按质完成脱贫攻坚任务提供有力保障。

（一）严管脱贫攻坚中的不担当不作为，下足绣花功夫倒逼区县主要领导和驻村干部抓好脱贫攻坚

出台《重庆市区县党委和政府扶贫开发工作成效考核办法》和《深度贫困乡（镇）驻乡驻村干部管理试行办法》，从严开展对区县主要领导进行考核评估，对考核结果靠后的区县由市委领导约谈，坚决扛起区县党政主要领导在脱贫攻坚中党政一把手的第一责任。重庆在这场攻坚战役中，极少数一线扶贫干部存在与原岗位工作脱钩的现象，一些干部对脱贫工作态度消极，工作不力，个别干部甚至不作为、慢作为、乱作为、假作为，在具体工作中没有做到时间到位、精力到位、工作到位，针对这些现象，出台《深度贫困乡（镇）驻乡驻村干部管理试行办法》为一线扶贫干部划出了红线、亮出了底线、竖起了高压线。重庆市县两级组织、扶贫部门对本级选派第一书记和驻村工作队员实行备案管理，建立专门台账，切实抓到人头。派出单位对选派干部进行跟踪管理，定期听取汇报，经常到村指导。

严格落实下乡签到、在岗抽查、工作例会、工作纪实等工作制度，促使驻村干部每月 2/3 以上的时间沉在乡村扎实干，对不务实、不负责、不合格的，坚决予以撤换，不得纳入评优评先范围等等。指导各区县开展驻村工作队员和第一书记履职情况调研，严格执行召回制度。对于 33 个有扶贫开发任务的区县成立驻村工作领导小组，坚持定期召开驻村工作队队长会议，了解进展、交流经验、解决问题。驻村工作队坚持定期向驻村工作领导小组报告思想、工作、学习情况。

（二）厚爱一线扶贫干部，健全多重保障机制

对一线扶贫干部严管的同时，也要厚爱那些长期坚守在脱贫攻坚一线的基层干部，为扶贫干部提供更多的关心和关爱。重庆要如期打赢脱贫攻坚战，任务艰巨，时间紧迫，加上致贫原因复杂，问题千差万别，工作难度非常大，扶贫干部远离家人长期驻扎在扶贫工作第一线，承受着巨大的工作压力和心理压力。为使一线扶贫干部能够沉下心来工作，重庆不断完善健全经费、待遇补贴、培养使用等多重保障机制，积极为基层一线扶贫工作者创造良好工作、生活和成长条件，保障他们的合理待遇，增强他们的责任感、使命感和荣誉感，让他们在脱贫攻坚战中更有"干头"，更有"奔头"。

重庆市扶贫办每年为 18 个深度贫困乡镇安排项目管理费各 20 万元，区县每年为每个驻村工作队统筹安排不少于 2 万元的工作经费，同时，督促派出单位为第一书记每人每年安排不低于 1 万元的工作经费，实行驻村干部与派出单位项目、资金、责任"三捆绑"，做到一个干部派下去，整个单位帮起来。突出关心关怀，干部驻村期间，在原单位的待遇与同类同级人员一致，由派出单位参照差旅费中伙食补助费标准按实际驻村天数发放生活补助，同时根据派驻地区同类同级人员的地区性津贴标准给予适当补助，安排定期体检，办理任职期间人身意外伤害保险。另外，重庆市持续加大基层投入力度，加强村级组织运转经费保障，推动人往基层走、钱往基层投、政策往基层倾斜，建立村干部待遇保障正常增长机制，从 2017 年起将村党组织书记、村委会主任补贴标准提高到不低于本区县上年度农村居民人均可支配收入的 2 倍，全市平均增幅达 48%。落实村干部参加社会保险缴费补助、意外伤害保险、正常离任补贴、村级组织办公经费、服务

群众专项经费等，激励他们工作安心、稳心、用心。

二、做好脱贫绩效监督

为避免主体责任淡、落实措施空、监督主体难、责任追究软等问题出现，重庆坚守底线思维，健全风险防控体系，做好脱贫绩效监督。

重庆严格脱贫攻坚工作考核，建立健全脱贫攻坚常态化督查巡查和约谈机制，组建 16 个督查巡查组，对全市 33 个有扶贫任务的区县、市级有关部门开展督查巡查，综合运用纪检监察、审计、舆论等监督手段，为全面完成脱贫攻坚任务提供作风保障。同时，重庆还建立最严格的考核评估和督查巡查工作体系，邀请党代表、人大代表、政协委员、群众代表、民主党派和专家、记者全程监督，确保考核评估公平公正。

充分发挥市扶贫开发领导小组与市委巡视组、市委督查办、市政府督查办联动作用，健全专项巡视、集中督查、专项督查、专项巡查、暗访随访等督查督导体系。其中，在全国率先开展脱贫攻坚巡视（察）及"回头看"，对有扶贫开发任务的区县和成员单位开展常态化督导，对有扶贫开发工作任务的区县开展全覆盖扶贫专项审计，针对工作滞后、问题较多的区县开展专项巡查。2020 年底，重庆继续在脱贫攻坚"收官大决战"中开展"驻村干部回村看看""帮扶干部与贫困户谈脱贫""涉贫信访走访化解"三项活动，推动各级干部保持攻坚态势，善始善终、善作善成，确保如期高质量打赢打好脱贫攻坚战。

三、确保脱贫政策措施落细落实

重庆坚持以脱贫攻坚统揽经济社会发展全局，通过一系列的制度安排，确保中央、市脱贫政策措施落细落实。重庆把各级干部组织起来，形成上下联动的指挥作战体系、纵横协作的业务技术保障体系和贯穿全程的监督问责体系，保证攻坚任务落实下去，使政策含金量转化为群众的获得感。把脱贫攻坚同区域发展协同起来，破解产业基础薄弱、基础设施建设滞后、公共服务供给不足三大瓶颈，增强贫困地区自我发展能力，确保把整体贫困攻下去。紧盯 18 个深度贫困乡镇定点包干、紧盯 100 个贫困村定点攻坚、紧盯特殊困难群体定项帮扶等硬核措施，都是重庆确保脱贫政策措施落细落实的点睛之笔。

重庆打赢脱贫攻坚战，最管用的经验和启示是坚定贯彻精准扶贫方略。辩证唯物主义是中国共产党人的世界观和方法论，打赢打好脱贫攻坚战，既需要正确的世界观，又需要科学的方法论。习近平总书记提出的精准扶贫、精准脱贫基本方略是扶贫理念的重大创新，是目标导向与问题导向相统一、战略性与可操作性相结合的科学方法论。重庆坚持将"精准"二字贯穿到脱贫攻坚全过程各环节诸方面，强化靶向治疗、对症下药，坚持因地制宜、因户施策，确保扶到点上、扶到根上。认真落实"六个精准"，深入实施"五个一批"，切实解决"四个问题"，做到精准识别扶贫对象"不错不漏"、精准安排扶贫项目"带贫惠贫"、精准使用资金"规范高效"、精准安排措施到户"靶向施策"、精准落实因村派人"务实管用"、精准检验脱贫成效"严评实考"，把精准方略落到实处。

第四节　健全高质量脱贫的制度体系

一、完善脱贫攻坚工作机制

重庆在脱贫攻坚过程中按照区域进行细分，实现网格化管理。在扶贫对象精准方面，把扶贫对象动态调整列为各级党委政府的"一把手工程"，落实"分级负责、部门联动"机制，落实签字背书制度。

各区县建立领导干部"包乡、包村、包户"责任制，坚持以村为基本单元，将一个村作为一个网格区域，将所有村民划片包干，做到网格到户、责任到人，驻村工作队、帮扶责任人、村支两委共同立下"军令状"，确保精准识别"应进必进"。为保证贫困人口脱贫的真实性，严格实行签字背书制度，逐级签订扶贫对象精准识别精准退出承诺书，坚持"谁识别、谁把关、谁签字、谁负责"，精准识别工作与村干部的待遇挂钩、奖惩挂钩，适时开展督查、通报和约谈。出台《重庆市扶贫开发建档立卡工作考核办法》，将对象精准度、系统信息精确度、日常工作进度等指标细化量化成考核指标，建档立卡数据质量考核分值占 50%。为实现动态管理规范化常态化，专门出台《重庆市扶贫对象动态管理办法》。

建立行业部门联动机制，每季度召开一次联席会议，每月比对一次数据信息，做到政策标准及时对接，统计数据适时共享。建立贫困户脱贫达标联合认证制度，开发"脱贫达标联合认证系统"，针对拟脱贫对象，经村民小组、村级"两评议两公示"后，村级对初选拟脱贫户在系统中标注"预脱贫"，乡镇负责核定收入、行业部门负责实地核实"两不愁三保障"落实情况，并在系统中予以确认，区县扶贫办综合判定是否脱贫。建立系统数据统计分析通报制度，委托第三方机构经常性开展数据质量分析，每月 5 日前通报区县建档立卡上月数据质量，形成比学赶超的工作氛围。定期编制《扶贫建档立卡统计资料（快报数）》《扶贫开发数据分析报告》，为脱贫攻坚决策提供数据服务。建立乡镇扶贫工作站、村级扶贫工作室，组建区县、乡镇、村三级扶贫信息员队伍，区县扶贫部门扶贫信息员 2—3 名、乡镇 2 名、村级 1 名，并进行统一管理、定期培训、上岗认证。重庆市共注册扶贫信息员 5946 名，实现村信息员全覆盖。组建市、区县、乡镇三级扶贫对象动态管理业务指导组，编印操作手册，细化指标解释，录制操作视频，规范档案管理，加强顶层设计和业务指导，确保动态管理政策标准一致、工作口径一致。

二、落实专项巡视落实机制

重庆坚持问题导向，严格对标对表，确保巡视反馈问题条条改到位、事事有回音、件件有着落。针对巡视指出的"产业扶贫质量不高、贫困户受益不明显""落实易地扶贫搬迁政策存在偏差""对处理生态保护和脱贫双赢有关问题统筹研究不够""推动落实脱贫攻坚责任制不到位""市属单位选派驻村工作人员少，区县扶贫机构干部配备不足"等问题，重庆建立整改工作"三个清单"。市委逐一对照中央专项巡视反馈意见，研究制定整改方案，提出 56 条、175 项具体整改任务，明确问题清单、任务清单、责任清单，做到定人、定责、定目标，定时间、定任务、定标准，将巡视反馈点到的所有问题逐一对象化、项目化，做到项目不漏、事项准确，建立整改工作台账。

重庆强化纪委监委监督主力军作用，把监督挺在前面，层层传导压力，督促各级党委、政府履行主体责任，集中整治扶贫领域腐败和作风问题，依规依纪依法处置相关问题线索和信访案件，保持查办高压态势。强化职能部门在脱贫攻坚中的行业监管责任，印发《加强扶贫领域腐败案件审查调查的意见》，开展扶贫领域监督执纪问责制度落实专项督查，组织纪检监察干部扶贫领域监督执纪问责专项培训，强化考核，完善专项治理工作例会制度。

健全完善常态长效的行业扶贫监管机制。严格落实巡视整改主体责任，严肃整改工作纪律，统筹抓好各类监督检查与专项巡视发现问题整改，坚持同步抓好解决当前突出问题与建立长效机制相结合，坚决纠正重部署轻督导、整改不落实、就事论事等问题，影响和制约脱贫攻坚的突出问题得到有效解决。

三、建设合理有效的激励保障机制

重庆坚持在脱贫攻坚一线考察识别干部，树立实干创实绩、有为才有位的用人导向。在用人导向上，一方面畅通基层扶贫干部晋升渠道。对长期投身脱贫攻坚且年度考核称职以上的企事业专技人员，在职称评审上纳入"绿色通道"特殊人才申报范围。同时，通过定向选调、考录、招聘等方式，探索拓展农村基层干部、本土人才、"三支一扶"人员等发展空间，充分调动扶贫一线干部积极性。另一方面，完善扶贫实绩考核机制。大幅度提高脱贫攻坚工作在经济社会发展考核中的权重，对重点、非重点贫困区县的脱贫攻坚考核正向分值分别提高到20分、10分，专项倒扣分值提高到10分；探索开展驻乡驻村扶贫干部专项考核，单列驻乡驻村扶贫干部年度考核指标，将优秀等次比例提高至30%，全面掌握干部实际表现。

强化对一线扶贫人员激励保障，完善落实关心关爱措施。通过政治上关心、工作上支持、心理上关怀、待遇上保障，激励重庆广大扶贫干部在脱贫攻坚中干事创业、担当作为。一是做细关心关爱。强化政策支持，出台《关于激励干部充分展现才干、大力创新创业的十条措施》《关于关心基层扶贫干部保障安全工作的通知》等，为驻乡驻村扶贫干部购买人身意外伤害保险，完善村干部养老、医疗等社会保险政策，落实定期谈心谈话、休假体检、抚恤优待等具体措施，建立因公牺牲党员干部家属帮扶长效机制，切实解决因公殉职扶贫干部家庭后顾之忧，让扶贫干部安心安身安业。二是做实选树先进。定期表彰一批扶贫工作先进集体、先进个人，开展其他评选表彰时向一线扶贫干部倾斜，今年3名个人和石柱县荣获全国脱贫攻坚奖，1名个人、1个集体作为脱贫攻坚先进获评第九届全国人民满意的公务员（集体），市级表彰脱贫攻坚先进集体50个、先进个人100名。举办"在希望的田野上"乡村振兴报告会、优秀共产党员先进事迹报告会等活动，大力宣传杨骅、周康云等先进典型，以榜样力量激励扶贫干部打赢脱贫攻坚战。三是落实基层减负措施。严格执行督查检查考核年度计划和审批报备制度，明确市县部门不得随意要求乡镇填表报数、层层报材料，解决过度"痕迹管理"问题，清理规范"一票否决"事项，让基层扶贫干部从繁文缛节、文山会海中解脱出来，心无旁骛搞扶贫、抓落实。

第五节　重庆坚持党对脱贫攻坚全面领导取得的成效、经验启示和展望

2017年脱贫攻坚以来，重庆市在加强党对脱贫攻坚全面领导取得重大成效，培养了一大批真正懂农业、爱农村、爱农民的"三农"干部队伍，优秀的脱贫攻坚干部不断涌现；过去存在的基层党组织软弱涣散的现象得到根本性改善，基层党组织堡垒作用不断得到夯实；农民对脱贫攻坚有着高度认可感，中国共产党全心全意为人民服务的初心得到充分体现，巩固了我党的执政根基。在这场波澜壮阔、气壮山河的脱贫攻坚斗争中，重庆集聚了磅礴力量，形成了一系列可复制、可推广的经验启示，为巩固脱贫攻坚成果，推动脱贫攻坚和乡村振兴的有效衔接，提供了重要支撑和保障。

一、取得的成效

（一）一批真正懂农业爱农村爱农民的"三农"干部队伍逐步形成

党的十九大报告提出，要培养造就一支懂农业、爱农村、爱农民的

"三农"工作队伍，特别是"懂"和"爱"两个字，彰显了党对农村工作领导的新途径。脱贫攻坚以来，重庆扶贫干部走入贫困群众中间，大部分扶贫干部的驻村时间都超过两年，生活工作都在贫困村里面，一直站在重庆脱贫攻坚第一线，为了尽快地让老乡们摘掉贫困的帽子，扶贫干部已经把贫困地区当成了自己的"第二故乡"。真正走入农村，扶贫干部对农业、农村、农民的感情更加带有泥土的芬芳，所作所为更加符合农村实际。正如重庆扶贫干部中的普通一员，一位重庆"90后"驻村干部杨夕漫在扶贫日记中记录了广大扶贫干部在扶贫过程中，有深入贫困乡村的真实感受，体会到扶贫工作中的辛酸不易，但更多的是对乡村最诚挚直白的热爱。

扶贫干部在脱贫工作中积极思考谋划脱贫良策，激发贫困群众内生动力，发展扶贫长效产业，防止已经脱贫的群众又重新陷入贫困。许许多多的扶贫干部在扶贫工作中锻炼出了一身本领，其中，必备的基本技能必不可少，包括走访贫困户、宣讲政策、谋划产业、引进资源等等，同时，在实践过程中积极主动作为，用情用爱帮助贫困地区的发展，为贫困群众解决实际困难，余德海就是其中的一员。

2013 年，余德海放弃了在外蒸蒸日上的事业，回到家乡重庆巴南区麻柳嘴镇水淹凼村当起了村书记。刚回村时，给他的第一印象就是"地无百步平，人无挨家富"，除了山还是山。面对困难，余德海并没有退缩。他白天到田间地头和贫困户家中，与贫困户零距离接触、谈心，详细了解他们的家庭情况和困难之处，经过一段时间的摸排走访，把村里410 户村民、21 个贫困户家底摸了个透，例如谁家擅长做腊肉、谁家有多少亩地、谁家擅长养鸡养猪等等，他都心中有数。为让老百姓看到实实在在的好处，他决定带领村里的贫困户发展生态农业，如何把农特产品卖个好价钱呢，采取了"微商"这种新型消费模式。为让大家了解到水淹凼村的生态农业，他精心拍摄了贫困户家的农产品照片和视频，发到朋友圈和抖音。后来，在新媒体上做起了"生态配送"店，他还自学了摄影、写作，拍出的农特产品照片令人垂涎欲滴，写出的宣传词更加生动活泼。为扩大影响力，他还积极动员其他帮扶干部一起加入宣传大军。

（二）基层党组织的堡垒作用不断夯实

一方面，脱贫攻坚使重庆党群干群关系明显改善，党在农村的执政基础更加牢固。重庆扶贫干部舍小家为大家，因为常驻贫困地区，照顾不到家庭、孩子、父母，为早日脱贫，常年加班加点，5+2、白加黑已成为工作的常态，扶贫干部在扶贫中任劳任怨，困难面前豁得出，关键时候顶得上，把心血和汗水洒遍巴蜀地区的千山万水、千家万户。

另一方面，重庆在攻克贫困顽疾时，集中整治739个软弱涣散村（社区）党组织，农村基层党组织已经建设成为团结动员和带领群众脱贫致富的坚强战斗堡垒。在抓党建促脱贫中得到锻造，凝聚力、战斗力不断增强，"帮钱帮物，帮助建了个好支部"，农村基层党组织过去存在的基层干部年龄老化、文化普遍较低，部分村干部思想固化等短板得到明显改善，基层治理能力明显提升，农村基层党组织建设成效显著。

重庆在抓党建促脱贫中涌现出了一批先进党支部，开州大进镇红旗村党支部就是其中一个。2018年5月，红旗村传来挖机、压路机等大型机械的轰鸣声。村里在上级的支持下，启动实施旅游道路改扩建项目。为保证施工进度，村党支部把办公室搬进了施工项目部，全力协调处理矛盾纠纷。最后，仅用80天便建好了这条长达5.3公里的旅游道路，跑出了脱贫致富的"大进速度"。总结这么快的速度时，党支部书记郑代发感慨道："这么快就建好旅游道路，归功于我们有一个有战斗力的党支部。"

（三）人民群众对中国共产党执政能力的高度认可

习近平总书记指出，感情是一个非常本质的东西，带着感情做事，那是一种温暖，群众看得见、摸得着、体会得到。脱贫攻坚8年来，重庆累计选派5800个驻村驻乡工作队、5.71万名驻村工作队员和第一书记，20余万名结对帮扶干部扎根一线，他们以热血赴使命、以行动践诺言，有31名同志将生命定格在征服贫困的路上。

正是重庆广大党员干部吃苦耐劳、不怕牺牲、舍小家、为大家的奉献精神，在这场波澜壮阔、气壮山河的脱贫攻坚战中，重庆交出了一份硬核答卷：18 个贫困区县全部脱贫摘帽，1919 个贫困村全部脱贫出列，动态识别的 190.6 万建档立卡贫困地区总体面貌发生历史性巨变，行路难、吃水难、用电难、通信难、上学难、就医难都得到普遍解决，村村通公路，99.7% 的贫困户喝上自来水，贫困人口全部脱贫，贫困人口全部实现"两不愁三保障"，解决了绝对贫困，贫困地区整体面貌发生历史性巨变，脱贫攻坚的阳光普照巴渝大地。重庆贫困地区的广大群众无不发自内心感谢共产党，感恩习近平总书记。

位于海拔 1100 米大山深处的重庆市深度贫困乡、革命老区石柱土家族自治县中益乡，贫困户向大忠、邹小珍夫妻要求入党的事儿成了佳话，夫妻俩不忘党恩，夫妻同行，郑重地向党组织递交《入党申请书》。每每有人到他的新房子来，他俩都要带人参观，向来人倾诉自己的心里话："党的政策好，我们现在吃得饱穿得暖，又修起了新房子，娃娃读书不花钱，还有补助，医疗也无后顾之忧，生活真是一天比一天好！""党的恩情永不忘，我要努力奔小康！"向大忠夫妻又有了新的奋进目标。

二、重庆坚持党对脱贫攻坚全面领导的经验启示

（一）重庆坚持党对脱贫攻坚战全面领导，最根本的经验和启示是始终坚持以习近平同志为核心的党中央集中统一领导

中国共产党是一个全心全意为人民服务、为人民谋幸福的伟大政党，这是脱贫攻坚取得举世瞩目成绩的重要保证。重庆在脱贫攻坚战中以习近平新时代中国特色社会主义思想为指引，始终坚决贯彻党中央决策部署。尤其在 2019 年习近平总书记亲临重庆考察调研后，重庆上下牢记习近平总书记的殷殷嘱托，深学笃用习近平总书记关于扶贫工作重要论述和视察重庆重的要讲话精神，用实干兑现承诺，坚决对标对表党中央要求，形成高度的政治自觉、思想自觉和行动自觉，以脱贫攻坚总揽经济社会发展全局，大力度、超常规、高质量推进脱贫攻坚工作。

（二）重庆坚持党对脱贫攻坚全面领导，最本质的经验和启示是自觉践行以人民为中心的发展思想

习近平总书记曾经说过，江山就是人民，人民就是江山，共产党

这种执政为民的情怀在脱贫攻坚中得到了生动诠释。党的十八大以来，习近平总书记一再强调坚持以人民为中心的发展思想，把增进人民福祉、促进人的全面发展作为发展的出发点和落脚点，而脱贫攻坚就是对以人民为中心这一根本问题的深刻回答。重庆在脱贫攻坚战中牢记共产党人的初心和使命，始终坚定人民立场，一切为了人民，一切依靠人民，胜利的成果也惠及广大人民，坚持按照"两不愁""三保障"要求，把同人民群众切身利益相关的问题千方百计地解决好，贫困群众的事无小事，重庆广大扶贫干部通过一点一滴、一丝一毫的务实努力，按照一乡一镇、一村一户的精准施策，攻克了一个又一个贫中之贫、坚中之坚，没有让一个贫困户落在后面，脱贫攻坚取得了重大历史性成就。

在脱贫攻坚这场气壮山河的战斗中，为了巴蜀贫困群众早日摆脱贫困，重庆有31名同志将生命定格在脱贫攻坚的征程上，杨骅、周康云、何亨明就是他们中的代表。忠县金鸡镇傅坝村第一书记、驻村工作队队长杨骅把贫困村当作自己的家，殉职在扶贫岗位上；"请党把最艰苦的工作、最危险的任务交给我，哪怕是刀山火海，我也敢闯！"开州区关面乡泉秀村党支部书记扎根基层37年，最终倒在扶贫路上；"我时间不多了，多干一点是一点。"巫山县司法局办公室主任、双龙镇安坪村驻村工作队员何亨明疾病缠身却奋力一搏帮助贫困村推进脆李产业、蘑菇产业，这是他病逝前留下的话。他们用生命诠释了共产党人的初心使命，巴蜀大地的人民将永远铭记。

（三）重庆坚持党对脱贫攻坚的全面领导，最有效的经验和启示是以思想自觉引领行动自觉，不断激发贫困群众的内生动力

从反贫困道路上来看，输血式的扶贫方式存在着"治标不治本"的痼疾，如果无法形成造血功能，脱贫效果就无法形成可持续性，在很大概率上还存在"养懒人"、争夺扶贫资源的"精英俘获"等现象，贫困群众极易重新陷入贫困。因此，如何统筹物质贫困和精神贫困，激发贫困群众的内生动力就成为脱贫攻坚中的关键一环。

重庆坚持党对脱贫攻坚的全面领导，最有效的经验启示是以思想自觉

引领行动自觉，始终坚持为了人民、依靠人民，把人民群众中蕴藏着的智慧和力量充分激发出来，转化为行动上的动力。在脱贫攻坚中，重庆探索出一条"志智双扶"扶贫道路。加强正面宣传引导，破除"等靠要"思想，杜绝"不思进取，不劳而获"现象，把"我要脱贫"的正确价值观树立起来。同时，选取典型，采取"院坝会""榜样面对面"等多种形式，发挥榜样的引领作用，形成"我愿脱贫"的强烈意愿。最后，通过着力提升技能素质等举措，激发出贫困群众"我能脱贫"的强烈信心。多举措、多渠道并举，引导和激发贫困群众从"要我脱贫"向"我要脱贫"转变，营造自力更生、脱贫光荣、勤劳致富的良好氛围。正如武陵山集中连片特困地区的黔江区群众以"宁愿苦干、不愿苦熬"的劲头，将内生动力转化为生产力，化天堑为通途、变山区为景区、促"穷窝"变"金窝"，创造出了令人刮目相看的人间奇迹。

（四）重庆坚持党对脱贫攻坚的全面领导，最关键的经验和启示是高效、系统的扶贫体系作为重要保障

在脱贫攻坚过程中，重庆把各级干部组织起来，一级做给一级看，一级带着一级干。市委书记、市长带头落实脱贫攻坚"双组长制"，市领导定点包干18个深度贫困乡镇及所在区县，各级各部门层层签订责任书，"五级书记"打头阵，全力扛起脱贫攻坚重任，形成上下联动的指挥作战体系。

反贫困绩效的评估和监督为确保脱真贫、真脱贫"保驾护航"，重庆健全问责激励机制，做好脱贫绩效监督，对脱贫攻坚过程中的不担当不作为严肃整治，对脱贫攻坚干部敢于担当、真干实干进行激励。健全高质量脱贫的制度体系，特别是完善脱贫攻坚工作机制、落实专项巡视落实机制，针对存在的各种问题进行专项整治，确保重庆按期按质完成脱贫攻坚任务。

三、前景展望

中国共产党一经成立，就把实现共产主义作为党的最高理想和最终目标，义无反顾地肩负起实现中华民族伟大复兴的历史使命，团结带领人民

进行艰苦卓绝的斗争，经历新民主主义革命、社会主义建设以及改革开放，实现从站起来、富起来到强起来的伟大历史改变。特别是习近平总书记领导全国人民历经 8 年的脱贫攻坚，消灭了现行标准下的绝对贫困，解决了困扰我国千年的贫困顽疾，谱写出气吞山河的壮丽史诗，为中华民族伟大复兴注入了最伟岸的力量和最鲜明的底色。

反贫困道路上，相比资本主义国家政党，中国共产党可以集中力量办大事，这是社会主义政党的优越性。重庆在脱贫攻坚过程中坚持党的全面领导取得了重大成效，这些经验和启示也将为后续党在推进脱贫攻坚同乡村振兴的有效衔接中发挥积极作用。

2020 年 3 月 6 日，习近平总书记在决战决胜脱贫攻坚座谈会上强调："脱贫摘帽不是终点，而是新生活、新奋斗的起点，要接续推进全面脱贫与乡村振兴有效衔接"。为实现乡村的全面振兴，要深入贯彻习近平新时代中国特色社会主义思想，紧扣新时代中国社会主要矛盾的变化，以人民为中心，坚持和加强党的全面领导。

中国共产党是中国特色社会主义事业的领导核心，处在总揽全局、协调各方的地位。2021 年，我国将开启全面建设社会主义现代化国家的新征程，把实现乡村全面振兴，缩小贫富差距，促进全体人民共同富裕摆在更加重要的位置。在接下来的工作中，我们党将加大治理相对贫困的力度，建立解决相对贫困的长效机制，这要求我国必须继续发挥党的领导这一最大的制度优势，健全和完善总揽全局、协调各方的党的领导制度体系，强化党的领导在制度集成创新方面的核心作用，将制度优势转化为治理效能。

李良艳，广东省委党校经济学部副教授

第三章 以脱贫攻坚统揽经济社会发展全局

2015 年 11 月，习近平总书记在中央扶贫开发工作会议上指出：脱贫攻坚任务重的地区党委和政府要把脱贫攻坚作为"十三五"期间头等大事和第一民生工程来抓，坚持以脱贫攻坚统揽经济社会发展全局。脱贫攻坚开展以来，重庆市以统揽全局为引领，树立以脱贫攻坚统揽经济发展全局的使命感、责任感和紧迫感。重庆市通过凝聚全党全社会脱贫攻坚思想共识、构建统揽性的治理体系、整合财政涉农资金、将脱贫攻坚嵌入经济发展、营造关心贫困氛围的丰富实践，高质量地完成了脱贫攻坚任务。

第一节 凝聚全党全社会脱贫攻坚思想共识

2019 年 4 月 16 日，习近平总书记深入石柱县中益乡实地了解脱贫攻坚情况，并主持召开了解决"两不愁三保障"突出问题座谈会，对解决"两不愁三保障"突出问题作出部署。总书记指出，实地了解了重庆脱贫攻坚进展和解决"两不愁三保障"突出问题情况，"对重庆的脱贫攻坚工作有了些直观的感受""对重庆的脱贫工作，我心里是托底的"。习近平总书记多次强调，他最担心、最揪心、最不托底的事情就是扶贫。这既充分体现了以习近平同志为核心的党中央坚持以人民为中心的发展思想，又体现了对重庆的关心、希望和嘱托。习近平总书记在视察重庆期间，对重庆市扶贫工作作出了重要指示，为重庆市的脱贫攻坚工作指明了前进方向、提供了根本遵循。

一、加强学习习近平总书记关于扶贫工作重要论述

（一）扎实组织学习宣讲、强化思想武装。

一是扎实组织专题学习。重庆市委理论学习中心组带头示范学习，围绕学习贯彻习近平总书记关于扶贫工作重要论述、在解决"两不愁三保障"突出问题座谈会上的重要讲话和视察重庆系列重要讲话精神，开展个人自学、蹲点调研、专题辅导报告、集体学习研讨等，先后召开市委常委会会议17次、市政府常务会议19次、市扶贫开发领导小组会议5次，开展脱贫攻坚干部教育培训616期、17.6万人次，各级干部政治自觉、思想自觉和行动自觉持续增强。二是广泛开展理论宣讲。将习近平总书记关于扶贫工作重要论述和视察重庆重要讲话精神纳入"不忘初心、牢记使命"主题教育，市、区县成立宣讲团，分别开展集中宣讲172场次、1.24万余场次，开展基层微宣讲2.39万余场次。市委宣传部部务会成员带头参加市委宣讲团宣讲12场次，推动学习贯彻往深里走、往心里走、往实里走。三是深化理论研究阐释。推出系列重点理论文章，以市委理论学习中心组、市政府党组理论学习中心组等名义在《重庆日报》连续刊发《坚持以总书记关于扶贫工作重要论述为指引 大力度高质量如期打赢打好脱贫攻坚战》《高质量高标准做好巡视"后半篇文章"》《深刻认识习近平总书记关于扶贫工作重要论述的重大意义》等理论文章。在人民日报刊发《为乡村振兴注入文化动能》《赋权赋能脱贫攻坚 保障贫困人口尊严》；在经济日报刊发《解决"两不愁三保障"突出问题需"对症下药"》《微商经济助力脱贫攻坚大有作为》；在红旗文稿刊发了《牢牢把握脱贫攻坚的三个关键》等。

（二）加强学习宣传工作，营造全社会学习的浓厚氛围

扎实办好"脱贫攻坚进行时——学论述抓整改促落实"专栏，大力宣传全市上下深入学习贯彻习近平总书记关于扶贫工作的重要论述、全面整改落实中央脱贫攻坚专项巡视反馈意见的进展成效、生动实践。大力宣传扶贫战线优秀干部、自力更生脱贫典型的先进事迹，推出《学深悟透习近平总书记关于扶贫工作重要论述 坚决打赢脱贫攻坚战》等一批评论言论，《H5访深贫促整改督攻坚 蹲点促改去哪》等一批新媒体产品。编辑出版

《贯彻习近平总书记关于扶贫工作重要论述实践故事》，创作展演一批以习近平总书记关于扶贫工作重要论述为内容的文艺节目，解读一批群众关心的扶贫政策，举办一批脱贫攻坚成果展览。

二、以习近平新时代中国特色社会主义思想指导脱贫攻坚工作

习近平总书记长期对扶贫事业的高度关注以及早期直接在地方参与和领导具体的扶贫开发工作，形成了一系列宗旨清晰、思路明确、操作性强的有益经验，习近平新时代中国特色社会主义思想在民生领域的具体体现[1]为发展中国特色扶贫开发理论作出了新贡献，习近平总书记关于扶贫工作的重要论述为打赢脱贫攻坚战的胜利提供了根本遵循。重庆市充分认识到脱贫攻坚任务的艰巨性和重要性，深入学习贯彻习近平总书记关于扶贫工作的重要论述，贯彻落实习近平总书记考察重庆并主持召开解决"两不愁三保障"突出问题座谈会上的重要讲话精神，以及关于重庆"两点"定位[2]、"两地""两高"[3]目标、发挥"三个作用"[4]和营造良好政治生态要求，切实把习近平总书记关于扶贫工作重要论述作为打赢打好脱贫攻坚战的指导思想和根本遵循，把"两个维护"体现在行动上、落实在工作中，并形成了一套既极富特色又卓有成效的战贫之策。

科学合理制定脱贫方案，重视脱贫标准质量。重庆市对标对表党中央确定的时间节点，紧密结合贫困区县实际，实事求是地合理确定脱贫进度，把解决"两不愁三保障"突出问题作为基础性战役、底线性任务、标志性指标。全体市领导重走习近平总书记视察走过的路，召开全市脱贫攻

---

① 雷尚君，张彬斌. 习近平新时代中国特色社会主义思想指导精准脱贫攻坚战[J]. 学习与探索，2018(10):23-31.
② 注释：重庆是西部大开发的重要战略支点，处在"一带一路"和长江经济带的联结点上。
③ 注释：要求重庆建设内陆开放高地，成为山清水秀美丽之地，在建设"两地"的基础上，努力推动高质量发展、创造高品质生活。
④ 注释：努力在国家区域发展和推进新时代西部大开发形成新格局中，确立重庆发展的历史方位；在推进共建"一带一路"、形成对外开放新格局中，书写重庆内陆开放的价值定位；在推进长江经济带绿色发展中，体现重庆上游责任的时代站位。

坚现场工作会议，对解决"两不愁三保障"突出问题再研究、再部署。各分管市领导聚焦解决"两不愁三保障"突出问题，分别主持召开产业扶贫、就业扶贫、消费扶贫、易地扶贫搬迁、义务教育、基本医疗、住房安全、饮水安全等现场推进会，分线出击、汇聚合力。

调整优化目标计划，聚焦解决深度贫困问题。重庆市按照"三高一低三差三重①"识别标准，在全市14个国家级重点县中甄选出18个深度贫困乡镇。针对每个深度贫困乡镇专门制定了专项脱贫攻坚规划，并将资金与资源向深度贫困乡镇倾斜。首先，通过基本医疗保障、教育控辍保学、易地扶贫搬迁、饮水安全工程等，注重扶贫政策的覆盖范围和公平性，推动"两不愁三保障"的基本生活保障政策落实到位；其次，通过发展特色效益农业项目、创办扶贫车间和开发公益性岗位，多措并举着力增加群众收入，全市建档立卡贫困人口人均纯收入由2014年的4920元增加到2020年的11581元，年均增幅15.34%。再次，重庆突出强化补齐深度贫困乡镇的基础设施、基本公共服务和人居环境建设短板，提升区域性深度贫困的发展条件，提升脱贫攻坚质量。

加强和改善党的领导，夯实脱贫攻坚根基。重庆市重视加强和改善基层党组织建设，常态化开展软弱涣散基层党组织整顿，完善和落实抓党建促脱贫的体制机制。为了加强基层党组织的干部队伍建设，区县党政主要负责同志履行第一责任人责任，乡镇、村两级要负直接责任，除了保持贫困区县党政正职稳定、选优配强乡镇领导班子外，牵头部门全力参与到脱贫攻坚中来，从市属单位新选派"第一书记"，打造了一支全面过硬的扶贫工作队伍，为脱贫攻坚提供了有力的组织保障。为了充分调动贫困群众的积极性、主动性、创造性，通过回引本土人才，培育选好当地致富带头人，建立乡土人才数据库和致富带头人信息台账，着力打造一支"不走的扶贫工作队"。

---

① 注释：贫困发生率高、贫困人口占比高、贫困村占比高，人均可支配入低，基础设施差、生存环境差、主导产业带动能力差，低保五保残疾等贫困人口脱贫任务重、因病致贫人口脱贫任务重、贫困老人脱贫任务重。

三、把学习成果转化为贫困县区、市属各部门脱贫攻坚的行动

作为中国西部唯一的直辖市，重庆集大城市、大农村、大山区、大库区于一体，中国两大国家级连片特困地区（武陵山和秦巴山区）在重庆汇集。武陵山区和秦巴山区的集中连片贫困地区横贯渝东南、渝东北，贫困县的生产总值和人均可支配收入水平都处于重庆38个区县中排名靠后的位置，其中深度贫困地区是重庆脱贫攻坚战的最薄弱环节，这些地区发展的基础条件薄弱、致贫原因复杂、减贫成本较高，面临的脱贫任务严峻繁重。脱贫攻坚关乎国计民生，也是重大的政治战略任务，重庆市坚定不移地以脱贫攻坚统揽发展全局，与"不忘初心、牢记使命"主题教育紧密结合，更加突出和充分体现政治站位和尽锐出战，把工作重点重心、主要时间精力、注意力和执行力向脱贫攻坚聚焦，持续将人力物力财力向脱贫攻坚集中，干部主要精力向脱贫攻坚转移，统筹推进深度贫困乡与非深度贫困乡、贫困村与非贫困村、贫困户与非贫困户各项工作落细落小落实。

贫困区县聚焦脱贫攻坚，全面压实脱贫攻坚政治责任。严格落实"双组长"制，县委、县政府每月研究一次脱贫攻坚工作，调整充实县扶贫开发领导小组，每两个月召开一次领导小组会议，高位推动脱贫攻坚工作。深入实施三级书记遍访贫困对象行动，县委书记遍访乡镇（街道）、贫困村；乡镇（街道）党（工）委书记、所有村党支部书记全部实现遍访辖区贫困户。各县级部门和机关企事业单位全面动员，各乡镇（街道）严格落实脱贫攻坚主体责任，广泛开展"访深贫、促整改、督攻坚"活动。各乡镇（街道）主要负责人于年底进行脱贫攻坚专项述职。优化考核评价体系，充分发挥好考核"指挥棒"的作用，不断提高脱贫攻坚成效考核分值，实行县级部门与所帮扶的乡镇（街道）"捆绑"考核。

市属各部门全力以赴支持区县脱贫攻坚。市委常委会班子、市政府党组带头，33个区县、32个市级部门召开专题民主生活会，主动认领区对口区县脱贫攻坚存在的问题，深刻剖析根源，狠抓工作落实。20余万干部开展为期一年的"访深贫、促整改、督攻坚"活动，点对点推动脱贫攻坚政策措施"户户清"。重庆市制定《脱贫攻坚总攻"十大"专项行动方案》，深

入推进健康医疗扶贫、产业扶贫、就业扶贫、消费扶贫、乡村旅游扶贫、扶贫小额信贷及金融扶贫、易地扶贫搬迁后续扶持、生态扶贫、社会救助兜底、"志智双扶"等专项行动。

第二节　构建统揽性的治理体系

重庆市把"市县抓落实"的领导机制和工作体制落到实处，认真落实"领导小组 + 专项小组 + 定点包干"责任体系，压紧压实各级党委和政府主体责任，明确各行业部门的属事责任，为脱贫攻坚提供坚强的政治保障。

一、坚持各级主要领导抓扶贫的制度

（一）自上而下形成责任清晰、合力攻坚的责任体系

重庆市按照国务院部署和国务院扶贫办工作要求，研究推动脱贫攻坚工作，严格落实"一把手"领导责任、扶贫工作团团长定点包干责任。坚持以上率下带头干，市委常委和有关市领导深入 18 个贫困区县和深度贫困乡镇担任指挥长并开展"定点攻坚"行动，14 个区县党政主要领导担任副指挥长，蹲点调研、指导督促、包干推动脱贫攻坚工作，市级部门选派 18 名厅级干部任深度贫困乡镇驻乡工作队长，分级分类部署推动脱贫攻坚工作。以各级党委书记遍访贫困对象行动为统揽，带动全区所有乡镇街道有区级领导蹲守、村村有乡镇领导驻村、社社户户有干部入户、每户贫困户有专人对接帮扶，市扶贫开发领导小组定期不定期召开会议，迅速学习贯彻落实习近平总书记扶贫开发最新理论成果，及时研究解决脱贫攻坚中遇到的重难点问题，根据任务需要，及时调整充实成员单位构成，保持了一村一队、队伍稳定。截至 2020 年 6 月，33 个区县党委书记遍访贫困村 1889 个、乡镇党委书记遍访贫困户 47.1 万户、村党组织书记遍访贫困户 47.78 万户，做到"走访不漏户、户户见干部"。

（二）加强监督指导，推动脱贫攻坚责任落实

开展对乡镇街道、区级部门单位的脱贫攻坚成效考核，保持脱贫攻坚

占比经济社会发展实绩考核 40% 的权重不变。坚持与各乡镇街道、行业部门签订巩固脱贫成果责任书，把抓党建促脱贫攻坚情况作为乡镇街道党委（党工委）书记抓基层党建工作述职评议考核的重要内容，开展脱贫攻坚专项述职，不断完善考核机制，持续加强巡察督查，把巡视整改与开展"不忘初心、牢记使命"主题教育、专项整治漠视侵害群众利益问题等工作紧密结合，加强对各类督查发现问题整改的监督，对国家脱贫攻坚成效考核、市纪委监委集中督查等发现的问题进行归类梳理，列出问题清单跟踪督改问效，以严格的督查考核问责倒逼责任落实。持续深化党建促脱贫攻坚，围绕深学笃用习近平总书记扶贫重要论述、掌握脱贫攻坚政策举措、运用精准帮扶方式方法等，开展贫困村党组织负责人全覆盖培训，不断提升贫困村党组织政治功能和组织功能，提高村级党组织脱贫攻坚能力和责任担当。

二、落实扶贫开发领导小组制度和多部门参与的行业扶贫制度

在扶贫开发领导小组制度中，领导小组组长由党政主要负责同志担任，有利于在脱贫攻坚的过程中重庆市扶贫开发领导小组统筹推进、协调部署相关工作，与各行业部门建立工作联动机制，其动员能力、组织能力和协调能力大大增强，打破了以往各部门之间的行政壁垒与信息阻塞。

（一）加强组织领导，建立部门主动衔接的联动机制

重庆市扶贫开发领导小组印发《脱贫攻坚定点攻坚实施方案》，对 18 个深度贫困乡镇，贫困发生率较高或基础设施、产业发展等方面存在短板弱项的 100 个村开展定点攻坚行动。重庆市委书记、市长带头，22 名市领导到所联系的贫困区县和深度贫困乡镇开展定点攻坚，督战一体、既督又战，在一线推动脱贫攻坚工作。市级相关部门和各区县党政主要负责同志到攻坚乡镇和村蹲点作战。各行业部门主动对接脱贫攻坚工作，充分发挥资源优势、行业优势和专业优势。深化完善产业扶贫、教育扶贫、健康扶贫、金融扶贫、资产收益扶贫、易地扶贫搬迁等政策举措 10 余项。特别是针对贫困家庭大学生资助、易地扶贫搬迁、医疗救助等政策进行了细化完善。市级各部门立足本职、主动作为，按照部门职责落实扶贫开发责任，实现部

门专项规划与脱贫攻坚规划有效衔接，充分运用行业资源加快推动行业精准扶贫十大行动，全面参与深度贫困乡镇帮扶行动，全力助推全市脱贫攻坚。如城乡建设部门综合运用政策红利，重点解决贫困群众住房安全和建房欠债问题。贫困户、深度贫困户建房补助不低于每人1.2万元、1.5万元，以搬迁建房负债不超标为底线，实施易地扶贫搬迁贫困户农房整宗地收益权收储，对于自筹资金和投工投料能力极弱的特困户，通过多种方式兜底解决[①]。

（二）推动非贫困县平衡发展的包容性政策

紧紧围绕脱贫攻坚目标任务，切实瞄准贫困村贫困户，针对致贫返贫的主要原因和如期脱贫的突出问题，重庆市扶贫开发领导小组制定《关于巩固拓展脱贫成果的实施意见》，建立健全动态监测、持续帮扶、"志智"双扶、扶贫项目运管、社会力量帮扶、脱贫攻坚与乡村振兴衔接等方面巩固成果，围绕非重点区县贫困人口稳定脱贫、持续发展，市扶贫领导小组办公室下发《关于更加重视并切实抓好非贫困村贫困户精准帮扶工作的通知》，要求高度重视非贫困村均衡发展，将非贫困村的扶贫工作纳入区县经济社会发展和区域发展格局中统筹谋划，特别是处于贫困与非贫困边缘的行政村均衡发展问题。开展深化贫困村提升工程，统筹推进重点区县与非重点区县、贫困村与非贫困村帮扶发展，一体解决区域性整体贫困和插花贫困。

（三）实现扶贫工作主流化

2020年4月25日，重庆市扶贫开发领导小组印发《全市脱贫攻坚"百日大会战"方案》(渝扶组发〔2020〕9号)，围绕会战剩余贫困、疫情影响、问题整改、成果巩固、普查基础、数据质量等六项重点工作开展脱贫攻坚"百日大会战"活动。在此期间，区县党委和政府分管扶贫工作的负责同志将80%的工作精力放在脱贫攻坚，60%以上的工作时间在乡镇和村社，所有驻乡、驻村干部和结对帮扶干部全部进村入户，在一线发现问题、研

---

① 关于进一步做好脱贫攻坚工作的建议—重庆人大网 http://www.ccpc.cq.cn/home/index/more/u/jygk/id/212154/r/1.html.

究工作、落实政策。高质量开展"普查试点"，成立以市政府分管领导任组长的脱贫攻坚普查试点工作领导小组，下设 5 个小组，抽调 65 名工作人员集中办公。编制"1+7+2"综合试点实施方案，国家脱贫普查办作为范例向各省（区、市）推荐。组织 3 个跨县异地普查工作组，对黔江、云阳、奉节 3 个试点区县、6 个乡镇、88 个行政村、890 户贫困户开展现场登记试点。制定《脱贫攻坚普查综合督导方案》，形成 16 个督导工作组，分片分县监测普查推进情况，强化普查过程管理，规范普查工作程序，确保普查工作扎实、结果真实。

三、强化驻村第一书记和驻村帮扶制度

驻村帮扶作为贫困治理的重要手段，在实现精扶贫精准脱贫目标的过程中发挥着重要的作用。贫困地区的党支部普遍存在建设水平总体不高的问题，习近平总书记多次强调"因村派人要精准"，即驻村"第一书记"加入农村党支部建设工作，可以大大提升贫困村党建促发展的能力，充分发挥党支部在推动打赢脱贫攻坚战中的战斗堡垒作用。重庆市委、市政府深入贯彻落实习近平总书记关于驻村帮扶工作的重要指示，扎实做细驻村帮扶工作，提升了驻村帮扶的减贫成效。

（一）着力健全制度机制

对标对表中共中央办公厅、国务院办公厅印发的《关于加强贫困村驻村工作队选派管理工作的指导意见》等文件要求，先后制发《关于加强贫困村驻村工作队选派管理工作的实施意见》《重庆市深度贫困乡（镇）驻乡驻村干部管理试行办法》《关于进一步做实做好驻村帮扶工作的通知》《关于关心基层扶贫干部保障安全工作的通知》《关于进一步加强扶贫干部队伍建设的通知》等政策文件，从选、育、管、用等方面建立起一套较为完备的制度，为做细做实全市驻村帮扶工作奠定了基础。

（二）着力选好驻村干部

加大市级选派力度，开展需求调查，制定增派方案，严把人选条件，脱贫攻坚以来共有 5800 个驻乡驻村工作队、5.71 万名驻村工作队员（含第一书记）、20 余万名结对帮扶干部扎根一线，实现了县级以上各级机关、国

有企业、事业单位选派优秀干部对33个有扶贫开发任务区县全覆盖。按照"因岗定人、人岗相适"原则精准选派，对缺乏产业发展路子的村，注重选派熟悉现代农业、市场营销、乡村旅游等方面的干部；对基础设施薄弱的村，注重选派熟悉村镇规划、项目建设等方面的干部；对矛盾信访突出的村，则注重选派熟悉群众工作、处理复杂问题能力较强的干部 ①。

重庆围绕深学笃用习近平总书记关于扶贫工作重要论述、掌握脱贫攻坚政策举措、运用精准帮扶方式方法等，开展驻乡驻村干部全覆盖培训。市级层面先后3次举办市属单位选派驻乡驻村干部培训班，于2019年举办贫困村第一书记市级示范培训班16期、培训1355人。重庆保持选派干部相对稳定，在脱贫攻坚期内保持驻村干部稳定作出明确规定，要求至2020年底，要保持驻村干部相对稳定，原则上不作大调整、大轮换。各区县认真抓好落实，保持了一村一队、队伍稳定，做到了人员不撤离、帮扶力度不削弱。

（三）着力从严监督管理

制发《关于加强贫困村驻村工作队选派管理工作的实施意见》《深度贫困乡（镇）驻乡驻村干部管理试行办法》，市县两级组织、扶贫部门对本级选派第一书记和驻村工作队员实行备案管理，建立专门台账，切实抓到人头。33个有扶贫开发任务区县建立驻村工作领导小组，坚持定期召开驻村工作队队长会议，了解进展、交流经验、解决问题。驻村工作队坚持定期向驻村工作领导小组报告思想、工作、学习情况。派出单位对选派干部进行跟踪管理，定期听取汇报，经常到村指导。严格落实到岗签到、在岗抽查等制度，促使驻村干部每月2/3以上时间沉在乡村扎实干。指导各区县开展驻村工作队员和第一书记履职情况调研，严格执行召回制度，倒逼驻村干部下足绣花功夫抓好脱贫攻坚。

（四）着力加强激励保障

强化经费保障，市扶贫办每年为18个深度贫困乡镇安排项目管理费各

---

① 重庆驻村干部大山深处守初心 http://www.moa.gov.cn/xw/qg/201908/t20190819_6322741.htm.

20 万元，区县每年为每个驻村工作队统筹安排不少于 2 万元的工作经费。督促派出单位为第一书记每人每年安排不低于 1 万元的工作经费，实行驻村干部与派出单位项目、资金、责任"三捆绑"，做到"一个干部派下去，整个单位帮起来"。突出关心关怀，干部驻村期间，在原单位的待遇与同类同级人员一致，由派出单位参照差旅费中伙食补助费标准按实际驻村天数发放生活补助，同时根据派驻地区同类同级人员的地区性津贴标准给予适当补助，安排定期体检，办理任职期间人身意外伤害保险。建立因公牺牲党员干部家属帮扶长效机制，并对因公牺牲扶贫党员干部家属实行一对一联系、定期走访慰问。

第三节　为脱贫攻坚提供有力的财政保障

党的十八大以来，习近平总书记在多个场合论述了扶贫资金支持的重要意义，他强调加强对贫困地区的财政支持力度、支持扶贫开发资金投入贫困地区的社会事业和项目发展，同时也要注重提高对扶贫资金的投入、配置和管理效率，这为财政扶贫资金的使用和管理提供了理论指导。国家层面围绕财政扶贫资金的使用和管理、财政涉农整合资金和财政扶贫资金绩效评价做出指导性的意见和要求。重庆市坚持贯彻遵循习近平总书记关于财政扶贫资金提出的重要要求，把脱贫攻坚摆在财政支出优先保障的位置，结合自身发展条件并根据每年贫困县摘帽和贫困人口减少情况，进一步细化了财政专项扶贫资金管理和评价办法，适时调整了区县脱贫攻坚项目库建设、对涉农资金整合进行以区县为单位开展试点探索，切实有效地发挥了政府财政投入在扶贫开发中的主导作用，并建立起扶贫资金长效机制，财政扶贫资金支出的规模、结构和方向体现出规范性、精准性和有效性的特征，为取得脱贫攻坚战的胜利提供了强有力的物质保障。2019 年、2020 年，重庆市先后两年的财政专项扶贫资金绩效评估均荣获全国"优秀"等次。

表1　脱贫攻坚期间国家、重庆市财政扶贫资金相关政策梳理

	政策文件名称
国家	《中央财政专项扶贫资管理办法》(财农〔2017〕8号)
	《关于转发财政部、国务院扶贫办、国家发展改革委扶贫项目资金绩效管理办法的通知》(国办发〔2018〕35号)
	《关于做好2019年贫困县涉农资金整合试点工作的通知》(财农〔2019〕7号)
	《关于进一步做好县级脱贫攻坚项目库建设的通知》(国开办发〔2019〕7号)
	《关于做好2020年财政专项扶贫资金、贫困县涉农资金整合试点及资产收益扶贫等工作的通知》(财农〔2020〕4号)
	《在贫困县统筹整合使用财政涉农资金试点工作中大力推广以工代赈方式的通知》(发改办振兴〔2020〕32号)
重庆市	《关于完善区县脱贫攻坚项目库建设的实施意见》(渝扶组办发〔2018〕35号)
	《重庆市扶贫资金项目公告公示实施办法》(渝扶组办发〔2018〕57号)
	《重庆市工程类扶贫项目监督管理办法(试行)》(渝府办发〔2018〕132号)
	《重庆市扶贫项目资金绩效管理办法》(渝府办发〔2018〕157号)
	《关于做好2019年贫困区县涉农资金整合试点工作的通知》(渝财农〔2019〕8号)
	《关于进一步规范区县脱贫攻坚项目库建设的通知》(渝扶组办发〔2019〕46号)
	《关于进一步明确2019年贫困区县涉农资金整合试点部分政策口径和工作要求的通知》(渝财农〔2019〕102号)
	《关于积极应对新冠肺炎疫情影响加强财政专项扶贫资金项目管理工作确保全面如期完成脱贫攻坚目标任务的通知》(渝扶办发〔2020〕11号)
	《坚决保障脱贫攻坚任务圆满完成扎实推进脱贫攻坚项目建设的六条措施》(渝扶组办发〔2020〕14号)
	《关于加强扶贫资产管理工作的意见(试行)》(渝扶组发〔2020〕15号)
	《关于做好2020年财政专项扶贫资金管理、贫困区县涉农资金整合试点及资产收益扶贫等工作的通知》(渝财农〔2020〕16号)
	重庆市财政局等5部门关于修订完善《重庆市财政专项扶贫资金管理实施办法》的通知(渝财农〔2020〕27号)

一、不断调整与优化国家和市财政扶贫资金支出

（一）财政扶贫资金的投入趋于科学合理

脱贫攻坚以来，重庆市的国家和市财政资金的投入规模持续增强，投入结构趋于合理。2015—2020年，全市各级财政专项扶贫资金317.6亿元（中央资金128.3亿元、市本级资金101亿元、区县本级投入88.3亿元）、年均增长11.8%，2020年重庆投入市级以上财政专项扶贫资金50.6亿元，其中市级资金23亿元、同比增长20%。在资金投入安排中，重庆首先是快速拨付到位，财政专项扶贫资金通过国库集中支付到贫困户或项目实施方等最终收款人，破解了限制资金使用的阻碍因素。从财政扶贫资金的投入方向来看，一方面，首先聚焦"两不愁三保障"的基本问题，落细落实低保、医保、养老保险、困难救助等综合社会保障政策，在坚持现有标准、应保尽保解决突出问题的基础上，以贫困地区和贫困人口的实际动态需求为导向，如2020年初，重庆市高度关注、研判分析疫情带来的冲击和影响，为解决贫困人口生活困难、涉贫企业复工经营困难采取有针对性的措施扶持；另一方面，为巩固脱贫攻坚成果，会同相关部门开展产业发展、就业培训、易地扶贫搬迁后续扶持、社会融入和"志智双扶"等帮扶行动。

（二）财政扶贫资金投入的精准性显著提升

注重财政扶贫资金与脱贫攻坚项目库的精准对接。一是完善资金拨付和项目实施管理机制，把项目建设和资金使用流程落到每一个时间节点上，严格打表管理。二是优化扶贫资金使用领域。按照"四个优先"原则，即优先安排"两不愁三保障"项目、优先安排深度贫困区域和特殊贫困人群脱贫的项目、优先安排群众积极性高的项目、优先安排前期工作较好的项目，提前做好项目计划安排，切实解决"资金等项目"问题。三是对脱贫攻坚项目动态清理审核。通过委托第三方机构，采取集中审查与实地核查相结合，对33个区县纳入项目库管理的近2万个扶贫项目逐一进行审查，重点审查项目库申报程序是否合规、受益对象和建设地点是否精准、建设内容是否精准、建设任务及投资是否精准、实施主体是否精准、群众

参与和带贫机制是否精准、绩效目标是否精准、项目前期工作和实施进度安排是否精准。四是设立负面清单。盲目提高脱贫标准、与减贫目标不直接和与贫困户自身发展不密切、群众不知晓、未进行充分论证、未建立带贫减贫机制、未编制绩效目标、对生态环境保护造成负面影响等10个方面的项目，一律不得纳入项目库。

创新财政专项扶贫资金精准到户机制。为了增强财政扶贫资金的投入使用效能，重庆市聚焦财政扶贫资金的瞄准对象，基本瞄准单位逐步精准到贫困家庭和贫困人口，同时探索了财政扶贫资金"五改①"试点，将补助资金与具体生产经营活动挂钩，既丰富扶贫资金精准到户方式，又激发贫困群众内生动力，市级以上财政专项扶贫资金到户到人比例超过70%。

一是改"补"为"奖"，变"平均分配"为"多干多补"。通过以奖代补、先建后补、事后奖补等办法，引导贫困群众发展产业。区县设立生产性奖补资金，贫困群众从事生产经营活动，在具备一定基础、规模和效益后，给予一定的资金奖励。推广以劳动换积分、以积分换物品的"爱心公益超市"等自助式帮扶做法。如城口县设立800万元劳务经济奖补资金，对符合条件的建卡贫困人员，按照每户每年劳务收入的5%给予最高不超过1000元的绩效奖补。二是改"补"为"贷"，变"现金补贴"为"风险补偿"。为贫困户提供"3年以内、5万以下、免抵押、免担保、基准利率"的信贷支持，解决贫困群众发展产业资金短缺难题。三是改"补"为"保"，变"资金补助"为"保费补贴"。形成了"精准脱贫保＋产业脱贫保＋边缘人群防贫保"三保联动的保险扶贫格局②。四是改"补"为"股"，变"松散带动"为"股权激励"。全面推行农业项目财政补助资金股权化改革，涉农

---

① 注释：改补为奖、改补为贷、改补为保、改补为股、改补为酬。

② 注释："精准脱贫保"参保对象为所有建档立卡贫困户，以个人为单位参保，保费100元/人•年；"产业脱贫保"参保对象为18个深度贫困乡镇范围内发展产业建档立卡贫困户，以户为单位参保，保费200元/户，保额1.5万元/户；"边缘人群防贫保"参保对象为巫溪、黔江、南川三个试点区县常住农村的非建档立卡农村人口且无商品房、车、经商办企业、公职人员的"四类人员"，采取无固定对象集体打捆购买方式。市级、区县财政专项扶贫资金以及其他社会捐赠资金，针对贫困户参加的相关商业保险，根据情况予以一定保费补贴。

区县每年安排不少于 3000 万元，在不改变资金使用性质及用途的前提下，将财政补助给农业企业和农民合作社的发展类、扶持类资金等，量化为所涉村集体、农民和贫困户股份，结合土地入股发展农业产业化经营。五是改"补"为"酬"，变"不劳而获"为"劳有所获"。通过财政扶贫资金一次性建设补助、带动就业示范奖补等方式，引导企业在贫困村发展扶贫车间，吸纳贫困家庭劳动力就近就业。针对贫困人口开发扶贫类、基层社会服务类等公益性岗位。

（三）财政专项扶贫资金绩效考核评价机制日趋完善

财政专项资金的投入是否有效、投入结构是否合理与财政资金运行的全过程密切相关。为了增强财政专项扶贫资金投入使用的导向和激励作用，重庆市通过不断调整财政专项扶贫资金绩效考核评价机制，为进一步调整和优化国家和市财政扶贫资金支出提供了有利参考。重庆市根据国家和市级财政专项扶贫资金的政策指向分类量化了绩效平均指标，并根据减贫带贫效果对财政专项扶贫资金绩效评价指标进行修订优化，主要包括对中央财政资金及市、县级配套支持的扶贫资金的投入、安排、监管、使用成效和加减分（调整指标）四个维度，这四个维度涵盖了财政资金运行的全过程的内控要素，每个维度对应了具体的考核指标。资金投入主要评价区县级财政投入强度，这是开展脱贫攻坚项目的基础条件。资金安排和资金监管主要评价资金下达的时效性和各级政府的责任落实情况，这是减贫项目进展的关键因素。财政专项扶贫资金使用成效的分值作为资金绩效评价体系中的关键指标，所占比重高达 72%，是优化国家和市财政专项扶贫资金支出的重要参考标准，其中资金的精准使用作为扶贫项目效益的重要指标，所占比重为 40.28%，其项目的主要指标包括数量、质量、时效、成本，以及经济效益、社会效益、生态效益、可持续影响和服务对象满意度等，综合评价了核查项目的效益情况，也为财政扶贫资金的支出方向提供了充分而有力的验证。调整指标的加分项重点考核在调动贫困群众内生动力、覆盖特殊贫困区域和人口中，区县对财政专项扶贫资金使用和分配的相关机制创新情况，为下一步优化财政专项扶贫资金的支出结构提供了方向。

表 2　重庆市财政专项扶贫资金绩效评价指标体系

序号	指标	指标满分	指标评价值及得分
	合计	100	基础分100分（调整指标最高加5分，最高减5分）
（一）	资金投入	8	主要评价区县本级财政资金投入情况
1	区县本级预算安排财政专项扶贫资金投入	4	18个工作重点区县（含已摘帽区县）按基数考核。
			2.非重点区县。①按基数考核。②按比例考核。
	资金分配的合理性、规范性	4	评价区县是否按照相关管理办法合理、规范、高效分配资金。
（二）	资金安排	5	主要评价资金安排的时间效率
2	资金安排进度	5	主要评价区县安排下达资金、并录入扶贫开发信息系统之日止之间的时长。
（三）	资金监管	15	主要评价扶贫资金监管责任落实情况
3	信息公开、公告公示制度建设和执行	10	分区县、乡镇、村三级进行评价。
4	监督检查制度建设和执行	5	评价区县监督检查制度建设及开展检查情况，包括检查效果和问题整改等。
（四）	使用成效	72	主要评价资金使用对减贫脱贫的效果
5	年度资金结转结余率	15	评价截至年底中央、市、区县各级财政专项扶贫资金实际未支出结转到下年的资金。
6	财政涉农资金统筹整合使用成效（只适用于18个试点区县）	16	评价落实贫困区县涉农资金整合政策情况。
7	贫困人口减少和贫困村退出	12	评价区县年度脱贫任务完成情况。
8	精准使用	29	评价项目效益的完成情况，抽查一定金额比例的当年实施项目和以前年度实施的财政专项扶贫资金及其他涉农资金统筹整合项目。
（五）	加减分指标		主要评价扶贫资金机制创新和违规违纪情况

　　资料来源：根据重庆市财政局庆市扶贫开发办公室关于调整《重庆市财政专项扶贫资金绩效评价指标评分表》的通知内容整理。

与此同时，重庆市采取日常绩效监管与年终绩效评价相结合、扶贫和财政部门业务指导与第三方机构常态督导相结合的方式，从资金绩效目标的设定审查，到资金分配拨付和使用报账，全面建立扶贫资金绩效台账，实现绩效评价常态化。资金绩效评价结果作为每年年度财政资金分配的重要依据，并纳入重庆市对区县党委和政府脱贫攻坚工作成效考核中。为积极发挥绩效评价的正向激励作用，对扶贫资金使用效率高、扶贫成效突出的区县给予适当奖励。2019 年，重庆市获得的国家财政专项扶贫资金绩效的奖金为 3.41 亿元，并对排名靠前的城口、巫溪等 26 个区县进行了奖励。

二、推动贫困县涉农资金的县级统筹整合改革

在脱贫攻坚中，重庆市致力于科学合理地配置和使用财政涉农资金，通过推动贫困县涉农资金的县级统筹改革，统筹整合各项涉农资金，以开展贫困区县统筹整合使用财政涉农资金试点工作为重要契机，进一步创新体制机制，加强监督管理，形成了"多个渠道引水、一个龙头放水"的扶贫投入新格局，有力支持了贫困区县集中财力打赢脱贫攻坚战，大大提升了扶贫资金的使用效率和规模效应，并成为扶贫资金的重要组成部分，这既是提高减贫成效的现实要求，又满足了县域公共物品和服务的实际需要。

（一）涉农资金整合力度和结构

重庆市在 14 个国家扶贫开发重点区县全面开展贫困县涉农资金统筹改革，在涪陵区、南川区、潼南区、忠县这 4 级扶贫开发工作重点区县进行市级涉农资金统筹整合试点改革。与此同时，重庆市根据贫困县摘帽情况，适时调整贫困区县涉农资金整合试点政策口径。2019 年尚未退出的贫困村全部处于城口、巫溪、酉阳、彭水等未摘帽贫困县，重庆市财政局、扶贫办两部门联合发文要求在保障未退出贫困村达到退出标准的前提下，可用于贫困发生率较高、贫困人口规模较大的非贫困村，按照涉农资金整合政策实施扶贫项目，其他已摘帽的贫困区县以巩固脱贫攻坚成果为指向，将资金适当用于垃圾收集、污水处理等农村人居环境整治项目。同时，在中央和市级纳入整合范围资金的分配上，规定 2019 年和 2020 年的

未摘帽贫困县的资金总体增幅不得低于该项资金的全市平均增幅。2017年—2020年，全市贫困区县统筹整合财政涉农资金达400.6亿元，主要用于基础设施建设、农业产业发展、人居环境整治等扶贫项目，极大地改善了贫困地区和群众的生产环境和生活条件，是扶贫资金的重要来源，有力地保障了贫困区县集中财力脱贫攻坚。

（二）涉农资金的整合措施和成效

建立健全涉农资金整合工作机制。建立部门联合办公制度，重庆市扶贫开发领导小组办公室印发《关于健全区县财政涉农资金统筹整合方案备案审查和反馈机制的通知》，规范区县资金整合方案的编制、上报、审核、反馈、通报等流程。市扶贫开发领导小组办公室牵头，每季度召开一次财政涉农资金统筹整合涉及市级部门联席会议，强化对扶贫项目运行和资金使用情况的全过程监督。完善涉农整合资金方案审查反馈、部门季度联席会议制度，100个村共整合资金5.8亿元，用于贫困区县农村基础设施和扶贫产业发展，有效提高了脱贫攻坚质量。区级涉农部门负责具体实施，按受益区域和对象，对资金安全、项目验收、资金使用绩效下放到乡镇负责。从涉农资金整合工作机制体系来看，市级相关部门既负责统一部署谋划，也通过考核、审查加大了对整合工作的落实力度。

在政策范围内精准规范使用扶贫资金。进一步加强"负面清单"管理，强化项目带贫绩效。不得将各级财政专项扶贫资金及其他整合资金用于美化、亮化、绿化等各类"造景"工程、形象工程，不得用于驻乡、驻村工作经费以及脱贫攻坚普查相关经费，不得用于对失能弱能贫困群众之外的其他对象进行简单发钱发物和简单入股分红。贫困区县可适当安排涉农整合资金，用于以村容村貌干净整洁为目标的必要的农村人居环境整治项目，但不得用于工程建设或提档升级需求。各区县建立返贫监测预警和动态帮扶机制以及接续推进减贫的工作经费不得在中央财政专项扶贫资金中列支，对口帮扶资金通过现有相关资金渠道解决。委托第三方机构对入库项目逐一审查，建立政府采购"绿色通道"，对项目库建管实行全程动态监管。2018年—2020年全市共纳入扶贫项目4.2万个、投资581亿元。

三、拓展扶贫资金渠道

长期稳定的财政扶贫投入机制是保证扶贫政策长期稳定、实现可持续减贫的首要条件。金融扶贫是促进贫困地区和贫困人口可持续发展的有力措施，也是脱贫扶贫资金渠道的重要途径。重庆市构建了金融扶贫与精准脱贫对接的政策体系，通过科学高效配置金融资源创建金融扶贫示范区，涵盖农业发展银行、农业银行、建设银行等开发性和政策性金融，积极创新金融业务和产品，着力防范扶贫领域风险，在很大程度上解决了财政扶贫资金匮乏的难题。

（一）完善金融扶贫的政策体系

在重庆市扶贫办的带领下，推动出台了《重庆市规范和完善扶贫小额信贷管理实施细则》等政策文件，制定印发《关于进一步做好扶贫小额信贷工作指导的通知》，持续政策宣传推广力度，引导督促各区县积极推动扶贫小额信贷精准投放、应贷尽贷，助力贫困户积极发展产业增收脱贫。召开全市非贫困区县扶贫小额信贷工作座谈会，深入万州区、大足区等10余个区县开展调研，通过院坝会、现场办公会、田间地头交流等方式，加强政策宣传，听取意见建议，研究破解政策实施中的难点、痛点、堵点，累计发放扶贫小额信贷资金89亿元，惠及贫困户24.82万户次，获贷率52.96%。2020年新增发放14.86亿元，惠及贫困户4.41万户次。

（二）创新金融扶贫产品供给和服务模式

引导金融机构累计发放生源地助学贷款超过10亿元、支持家庭困难学生达13.5万人，创业担保贷款余额42亿元，累计支持2.6万人创业发展，有力发挥了金融产品对解决"两不愁三保障"突出问题的支持作用。推动银行、保险、担保等金融机构推出"丰都牛肉贷""金叶贷""助农贷"等特色扶贫、乡村振兴金融产品超40种；稳步推进保险资金支农融资试点，惠及贫困户3300余户；推广"精准脱贫保"等配套产品，167万贫困人口受益。持续引导银行业通过设立物理网点、自助机具、移动终端等方式，完善农村基础金融服务，全市行政村基础金融服务覆盖率达到100%；推动设立38家村镇银行，实现涉农区县全覆盖。在扶贫小额信贷基础上，进一步支持县域涉农人口金融需求，2020 年累计放贷 59.1 亿元、服务涉农人口 10.6 万人。推动证券机构发挥网点资源和专业服务优势，大力推动贫困地区企业上市融资，2020 年推荐 4 家农业企业进入储备库，重庆三峡银行完成 A 股 IPO 上市辅导工作。

（三）建立金融扶贫风险防控机制

市级有关部门拟定出台了《重庆市扶贫小额信贷补偿金暂行管理办法》，并推动各区县建立风险补偿机制，督促区县按照扶贫小额信贷银政合作协议，及时按比例到位风险补偿金，并加强动态补充。建立扶贫小额信贷风险补偿金 8.8 亿元，健全"政府 + 银行 + 保险 + 助贷员"风险防控体系，探索"一自三合"金融扶贫试点，实现贷前贷中贷后风险防控。为提高贫困户信用的评价等级，积极发挥驻村工作队、第一书记、村两委和帮扶责任人等力量，推动各区县建立扶贫小额信贷助贷员制度，强化对贫困户的贷前调查、贷中审查、贷后检查，规范存量贷款使用和新增贷款发放，并逐户做好教育引导工作，增强贫困户信用意识，引导贫困户按期偿还贷款，防范违约风险。督促金融机构健全信息化监测体系，及时动态跟踪资金使用情况，为防范风险隐患提供数据支撑。

第四节　把脱贫攻坚嵌入经济发展之中

对于贫困程度较深、贫困人口较多的地区而言，将脱贫攻坚嵌入经济发展之中，既是完成脱贫攻坚任务的现实需要，也是实现经济高质量发展的动力源泉。脱贫攻坚战略自实施以来，重庆市结合有大城市、大农村的市情特点，其城市化水平落后于城市经济的发展水平，由于地形多山地，贫困地区的地缘较为分散、难以聚集，结合自身的发展条件和基础，重庆市将解决贫困问题内嵌至经济社会发展全局，因地制宜围绕强化产业、就业、消费扶贫进行的一系列工作，促进贫困地区的资源优势有效转化为经济发展和产业发展优势。重庆市坚持把产业扶贫作为实现稳定脱贫的根本之策，大力培育扶贫主导产业，建立完善利益联结机制，通过发展生产增加贫困户收入，在减贫方面取得了前所未有的成绩和突破。重庆市 14 个国家贫困区县农村常住居民人均可支配收入由 2014 年的 8044 元增加到 2019 年的 13832 元，年均增长率为 11.7%，并高出同期全国平均增幅 2 个百分点。受疫情影响，2020 年全市贫困地区农村常住居民人均可支配收入 15019 元，比上年增长 8.6%，收入增幅有所放缓，扣除价格因素，实际增长 6.1%。

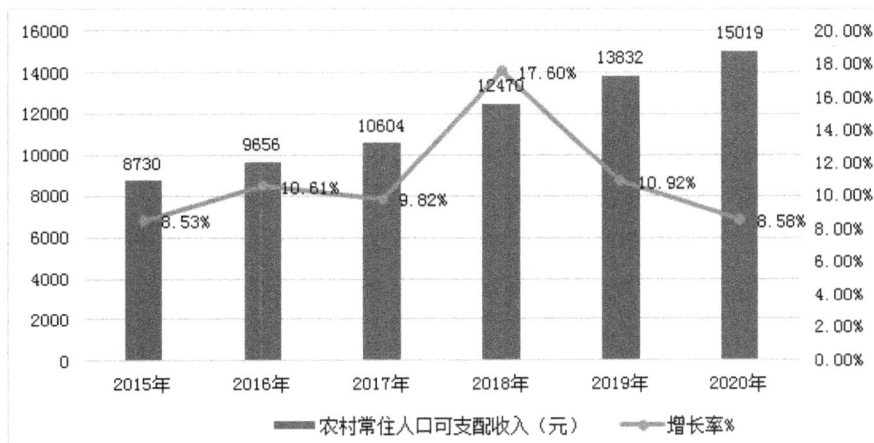

图 1　2015—2020 年重庆市 14 个国家扶贫开发工作重点区县农村常住人口可支配收入

　　在建档立卡贫困人口中，90% 以上得到产业和就业扶贫支持。贫困县域经济的整体发展水平上了一个新的台阶，18 个贫困区县 GDP 年均增速为 8.2%，比同期全市平均增幅高 0.1 个百分点，现代山地特色高效农业的发展也促进了县域经济产业结构的优化升级，为贫困地区的经济发展创造了益贫式的发展环境。

一、利用大都市特点和优势，实现大城市带动大扶贫

（一）扎实推进产业就业精准扶贫

　　产业就业精准扶贫是实现贫困地区可持续发展的重要路径。重庆市始终把产业扶贫作为政治任务，在做大做强主导产业的同时，因地制宜发展起各种特色产业，并稳步推进贫困区县基础设施建设，夯实了产业发展的

基础。为进一步提高优质农产品的竞争力和影响力、畅通生产供给与市场需求，重庆市开展的商标品牌强农行动打造了巫山脆李、奉节脐橙、涪陵榨菜、丰都肉牛、汇达柠檬等扶贫特色产业品牌。通过"三变"改革试点、"三社"融合发展加强与贫困户的利益联结机制，将产业奖补政策细化实化产业到村到户。在脱贫攻坚后期，继续推动柑橘、茶叶、中药材等特色产业向贫困地区拓展。尤其做好"一村一品"创建，以村为基本单位，发挥本地资源优势，着力提高农业产业的规模化和组织化程度。

1. 培育"山地农业、山地旅游"为主导的特色扶贫产业体系。吸引如资本、技术、人才等要素的聚集，也会改善地区基础设施条件，将地区资源优势创造产业和经济价值，建立以"山地农业、山地旅游"为主导的特色扶贫产业体系，推动柑橘、榨菜、柠檬、生态畜牧、生态渔业、茶叶、中药材、调味品、特色水果、特色粮油、特色经济林等全市重点特色产业向贫困地区延伸。因地制宜在18个贫困区县创建"一村一品"示范村335个，推行资产收益、土地流转、资金入股等多种产业扶贫利益联结方式，选聘产业发展指导员2.41万人，扶贫产业覆盖有劳动能力的贫困户95%以上。推动每个区县培育2—3个主导产业。将贫困乡镇、贫困村产业发展纳入现代山地特色高效农业统一规划，每个贫困村发展1个以上增收产业、有劳动能力和发展意愿的贫困户自主选择发展1个以上产业增收项目，做到村村有扶贫产业、户户有增收项目。对2018年以来带贫主体实施的产业扶贫项目进行清理，完善收益分配机制。对贫困村中的"空壳村"每村安排20万元资金，支持发展壮大新型集体经济。

2. 依托商标品牌强农行动助推特色产业发展。品牌建设是贫困地区特色农产品产销对接的重要路径，是贫困地区农业产品特色化、规模化和标准化的表现。打造农产品品牌不但可以提高产品的核心竞争力，还能促进当地农民收入的提高、农业产业结构的转型和经济的增长[①]。重庆市构建了全品类农产品区域公用品牌、特色农产品品牌和农业企业品牌为主的农

---

① 徐大佑，郭亚慧. 农产品品牌打造与脱贫攻坚效果——对贵州省9个地州市的调研分析[J]. 西部论坛，2018,28(03):100-106.

产品品牌体系，覆盖了全市 33 个有扶贫开发任务和 18 个重点贫困乡镇，大大提高了贫困村扶贫产品的附加值和市场竞争力。结合资源优势培育注册农产品商标和地理标志，组织商标服务机构面向贫困地区开展商标公益服务，在一定程度上也助推了贫困地区生产设施条件、产地环境、品种资源的改善和提升。积极引导贫困地区加强农产品商标地理标志的使用管理，推动建立以商标为纽带的"公司＋商标（地理标志）＋农户"的产业化经营模式，提高农民组织化水平，促进产业规模化、品牌化发展。如中益乡华溪村通过村集体经济组织申请使用"蛮王寨"商标后，其种植的水稻"溢价效应"明显，售价从每公斤 4 元上涨至 8.76 元，促成了华溪村水稻种植从农户分散种植到规模种植的转型升级。

3. 构建完善产业发展与贫困户利益联结机制。重庆市充分运用贫困户的生产性资源，因地制宜创新完善农户利益联结机制，农业农村委制定出台了《关于健全完善产业发展与贫困户利益联结机制的意见》《关于进一步完善产业扶贫带贫机制防止"一股了之""一分了之"的通知》，探索了资产收益、土地流转、资金入股、房屋联营、务工就业、产品代销、生产托管、租赁经营等 8 种利益联结方式，引导贫困户多种形式参与扶贫产业发展，解决了贫困人口的稳定增收问题。一是主体带动到户。大力培育新型经营主体，开展招商引资活动，帮助贫困区县引进龙头企业。全市 1918 个贫困村有 1890 个村建立农民专业合作社，占比 98.5%。累计实施产业扶贫项目 2 万余个，带动贫困户近 42 万户。二是改革惠及到户。深入推进"三变"改革。试点村贫困人口入股耕地 4718 亩，人均量化资产 8322 元，每年为贫困人口人均创造 500 元财产性收入。开展整市推进农村集体产权制度改革试点，已有 4197 个村、22697 个组完成改革任务，分别占村、组总数的 45%、32%，确认集体经济组织成员 1286 万人（次），量化资产 163 亿元，有 2668 个集体经济组织实现登记赋码。三是土地入股发展农业产业化经营。通过土地入股，帮助每个有劳动能力和发展意愿的贫困户直接参与到产业发展中来，对没有劳动能力的贫困户，鼓励通过土地入股等方式参与产业发展，逐步夯实贫困户稳定增收的基础。四是发展新型农村集体经济。制定出台《关于发展壮大村级集体经济的指导意见》，并于 2016—2018

年投入财政资金 10.44 亿元，支持 2924 个村通过产业带动、资源开发、租赁经营、服务创收、项目拉动等方式，发展壮大集体经济，2020 年，全市 172 个行政村集体经济收入平均达 19 万元。

4. 多措并举促进贫困人口就业创业。重庆采用产业发展奖补的办法引导、鼓励、支持贫困户自主创业、发展产业，对自主发展产业的、入股（或委托）村集体经济组织或其他新型经营主体发展产业的贫困户，凡达到产业规模奖补基数要求的，一经乡镇核查验收合格并公示无异议，及时按 2500 元 / 户的标准兑付奖补，一律实行"以奖代补、先建后补、建好即补"。同时深入开展当地致富能人创业先进事迹宣讲、身边贫困户增收脱贫典型现身说法，切实调动和激发贫困户发展产业增收脱贫的内生动力。在促进就业方面，成功就业的贫困人员可领取一次性求职创业补贴、跨区域就业交通补助，累计帮扶贫困人员就业 3 万人；在鼓励创业方面，正在创业的贫困人员可申请创业贷款，并享受政府贴息；在技能培训方面，贫困人员可免费参加培训并获得生活费补助。仅 2020 年以来，全市已累计向贫困劳动力和吸纳贫困劳动力就业企业发放系列就业奖补资金超过 3 亿元，向有创业需求的贫困劳动力发放创业担保贷款超过 1.5 亿元。

（二）依托电商新业态推动消费扶贫

重庆市的贫困地区地形多为山地，尤其是集中在武陵山片区和秦巴山区的深度贫困乡镇，当地的农副产品普遍存在因交通物流不通、市场信息闭塞带来的销售不畅问题。为实现贫困地区供需双方的有效对接，重庆市将电子商务作为实现精准扶贫、精准脱贫的重要抓手和利用新技术新模式助推扶贫攻坚的有效手段，大力实施电商扶贫行动，帮助贫困地区完善交易系统、物流供应链及金融服务等市场体系，为农户对接市场、开拓市场资源提供了有利条件；充分发挥电商平台的服务优势，在拓展贫困地区农特产品销售渠道、促进农村产业转型升级等方面作用明显，促进了贫困地区的产业发展和农民增收，14 个国家级贫困区县农村电商网络零售额增长迅速，在实现贫困人口脱贫、贫困县摘帽的阶段性任务中发挥了积极的推动作用。电商消费扶贫的发展具有外部的正向溢出效应，通过各项有利资源信息融入农村，也刺激了重庆市贫困地区的非农业部门发展，打破了贫困地区之间的封闭关系，降低了深度贫困地区"贫困亚文化"的负面影响。

1. 健全农村物流基础设施建设，实现供给端和需求端的有效对接。推动各贫困区县和深度贫困乡镇实现区县有中心、镇有站的全覆盖目标，建成村服务点 3371 个（其中贫困村服务点 1295 个），帮助公共服务中心、乡镇服务站点成为农村流通"加油站"、产销衔接"枢纽站"、电商品牌"加工站"，贫困地区电商服务能力明显增强。强化物流配送服务，加快贫困地区县域物流资源整合，切实解决工业品下行"最后一公里"和农产品上行"最初一公里"难题。各贫困区县均建成仓储物流配送中心，实现了乡镇快递全覆盖，物流配送降本增效作用逐步显现。电商平台的构建是提升农产品供需有效匹配的重要手段，重庆市推动建设了市级农村电商综合服务平台"村村旺"、特色平台中国·有牛网等平台建设，为全市电商扶贫提供数据分析、产销对接、金融服务等支撑。

2. 建立电商扶贫常态工作机制，形成了消费扶贫的多元治理格局。充分发挥行业组织力量，通过成立重庆电商扶贫联盟，深化贫困区县与大型电商企业的扶贫交流合作，组织开展电商扶贫现场对接活动，推动市内外电商企业、行业协会与贫困区县、乡镇对接，实现"一对一""多对一"帮扶。在做好贫困地区产品的联盟方面，开发建设"重庆爱心购"平台，依托一户一码等实现精准到乡、精准到村、精准到户、精准到人，统筹各电商企业力量对贫困区县、贫困乡镇、贫困群众的农特产品、旅游商品等进行集中营销。重庆市每年召开电商扶贫现场观摩会，积极推动电商扶贫工作交流。总结编印了《全市电子商务发展暨电商扶贫工作典型案例汇编》，供贫困区县、涉农电商企业参考借鉴。持续开展"重庆电商扶贫在行动"融媒体宣传推广活动，着力挖掘电商扶贫带头人，切实讲好电商扶贫故事，充分发挥典型示范带动作用。

二、城乡融合，推动乡村旅游扶贫嵌入式发展

重庆市的连片特困地区旅游资源丰富，主要有生态自然景观资源、田园景观资源以及乡村遗产和社会文化资源。以习近平总书记提出的绿水青

山就是金山银山的理念为指导，重庆市充分发挥集大山大水和多元文化于一体的优势，运用嵌入式思维大力发展乡村旅游扶贫，通过三变改革（资源带动、市场带动、股权带动），促进山区变景区、产品变商品、农民变股东，既推动了贫困地区产业结构的转型升级，也带动了区域经济社会的发展，提高了贫困人口参与发展的能力。武隆区将特色生态资源转化为脱贫攻坚优势，化解了贫困地区喀斯特地貌的发展短板，并得到了习近平总书记的肯定。

强化资源带动，促进山区变景区。重庆市先后制定出台《重庆市乡村旅游扶贫规划》《重庆市乡村旅游扶贫产业项目实施意见》，立足区县资源禀赋，结合贫困村分布和布局，规划乡村旅游功能区域，为避免同质化发展，结合全市交通建设"三年会战"、旅游"厕所革命"，大力实施乡村旅游扶贫"六改三建一美化"，着力改善基础设施、公共服务和人居环境。强化市场带动，促进产品变商品。围绕旅游产品、乡村旅游特色产业，支持和引导各类社会资本参与乡村旅游扶贫开发，引进龙头企业整合旅游资源资产资金，建立"政府引导、集体经营、农户参与"的旅游新机制，成立专业合作社，通过劳动务工、农产品收购代销等方式带动贫困群众脱贫增收。创新推出"乡村旅游＋农产品"模式。强化股权带动，促进农民变股东。一是资源入股。村级集体和农户以资源入股企业或专业合作社，科学测算、统一标准折股量化，每年按持股比例分红。二是资产入股。村级集体和农户将公共设施、建筑物及土地附着物等资产作为股金入股，按所持股权比例享受收益。三是资金入股。创新财政资金投入机制，积极开展资产收益扶贫股权量化改革，采取"转股到社、配股到户、按股分红、脱贫退出、滚动发展"方式，将财政扶贫资金入股发展乡村旅游，企业（合作社）、村级集体、贫困户按5:1:4的比例持股并享受分红收益。

旅游扶贫的发展促进了产业结构的优化升级，培育乡村旅游扶贫示范乡镇75个、示范村（点）453个，并带来更多的劳动力就业机会，促使更多的农村劳动力实现非农就业，工业和服务业的快速发展为农业产业转型升级奠定了基础。位于武陵山集中连片特困地区的武隆区，依托良好的生态环境和丰富的旅游资源，按照"深耕仙女山、错位拓展白马山、以点带面发展乡村旅游"思路大力发展全域旅游，把山区变为景区、田园变为公园、农房变为客房、产品变为礼品，是"三带促三变"改革的示范样本。

专栏 3-1　武隆区：让美丽风景变为脱贫致富的美好"钱景"

武隆区于 2002 年被确定为国家扶贫开发工作重点县，2011 年被确定为武陵山连片特困地区重点县。武隆区把发展乡村旅游与实施脱贫攻坚相结合，走实产业生态化、生态产业化"两化路"。

一、聚焦"山水"发展全域旅游

突出全景式打造。围绕加快建设"世界知名旅游目的地""全国优质旅游示范区"和"全国文旅融合示范区"总体目标，健全完善了"一心一带五区一网"的全域发展规划布局，把仙女山、白马山、芙蓉江、大溪河、桐梓山等主要贫困区域纳入，明确时间表、路线图，确保在旅游人次和综合收入稳定增长的同时，充分发挥对百姓的增收带动作用。

引导"全社会参与"。设立每年 2000 万元旅游发展资金，出台系列扶持政策，引导发展小加工、小手工、小养殖、小修理、小运输、小中介、小餐饮、小旅店、小农场、小林场等涉旅"十小企业"，鼓励各类市场主体组建旅行社、酒店、旅游服务公司等，切实让一切创造社会财富的源泉充分涌流。目前，全区共发展涉旅工商户 5621 家、涉旅企业 530 余户。

推进"全方位服务"。加快旅游服务国际标准化建设，为游客提供全方位、人性化的服务，游客满意度连年位居重庆首位。总投资 87 亿元实施"交通三年行动计划"，构建了覆盖全区的旅游交通枢纽和换乘体系。度假区、主要景区景点等免费 WIFI 全覆盖，与腾讯公司联合打造了全国首个区域级智慧旅游平台"一部手机游武隆"。深入推进"1+3+N"旅游综合执法体制改革，维护良好旅游秩序，打造"诚信旅游"。

二、大力发展"旅游+"融合产业

深化旅游业供给侧结构性改革，丰富产业业态、延伸产业链条，加快从"门票经济"向产业经济转型升级，提高旅游业对群众脱贫增收的辐射效应。

实施旅游＋文化。坚持"以文为魂"，深入挖掘和保护传承优秀传统文化、地域文化、民俗文化、民族文化等，在为旅游业注入文化内涵的同时，又有效促进了助推脱贫攻坚的作用发挥。比如，浩口乡田家寨通过深入挖掘该村苗族文化和蜡染文化，成功申报为国家级传统村落，田家寨也成为远近闻名的民族文化旅游示范点，带动了周边60多户、230余名群众通过销售农特产品、提供餐饮和住宿服务等实现了增收。

实施旅游＋体育。依托自然山水风光和奇异多样的喀斯特地貌这些独有的户外运动资源，加快发展低空飞行、徒步露营、户外拓展、山地赛事等项目，积极推进体育与生态旅游融合发展，建成了仙女山体育场、民俗赛马场和一批自驾露营基地、青少年户外活动基地、夏训拓展基地等，被评为首批"国家体育旅游示范基地"。

实施旅游＋工业。一方面，着力生态环境特别是世界自然遗产地保护，积极争取并以重庆市政府名义出台了《重庆武隆喀斯特世界自然遗产保护办法》，编制了《世界遗产地保护管理规划》，严格实施环保准入，坚决杜绝和严格治理工业生产对生态环境带来的破坏。另一方面，大力发展水电、风电、页岩气等清洁能源和鸭江老咸菜、羊角豆干、羊角醋、土坎苕粉等农副产品深加工产业，切实将工业发展与生态旅游有机结合起来，既为游客提供丰富的工业旅游参观体验项目，又让游客能带走更多的"武隆好礼"。

三、健全贫困人口参与受益机制

探索廊道带动型增收模式。按照"建一处景点、引一批企业、活一带经济、富一方群众"的思路，确立了仙女山旅游扶贫带、白马山旅游扶贫带、石桥湖旅游扶贫带、桐梓山旅游扶贫带四个旅游黄金廊道，建成集交通组织、空间整合、产业集聚、形象展示等为一体的扶贫开发示范区。仙女山片区 7 个乡镇、50 个行政村、近 5 万农民人均纯收入 12000 元以上。

探索集镇带动型增收模式。整合资金 5.9 亿元，大力推进高山生态扶贫搬迁，依托旅游集镇建成移民新村 169 个，搬迁安置 10951 户、38331 人。引导高山移民和集镇居民大力发展家庭公寓、快捷酒店、商品销售、特色美食等旅游商贸服务。

探索景区带动型增收模式。高度重视景区原住民的生产生活，在景区进出通道等区域建设专门的创业区和农特产品销售一条街，引导景区周边农民发展特色小吃、特色农家、农产品销售、旅游商品销售等商业，景区及周边 2 万农民通过旅游实现了直接或间接就业。

三、生态保护助推脱贫攻坚实现"双赢"

重庆市特殊的地理位置，对保障三峡库区乃至整个长江经济带生态安全具有重要意义[①]，辖区内的优良生态环境也是重要的资源禀赋之一。重庆市深学笃用习近平生态文明思想和推动长江经济带发展的系列重要讲话精神，坚持以人民为中心的发展理念，将生态保护作为一切经济发展的工作遵循，科学把握生态保护与脱贫攻坚项目发展的关系，保持加强生态环境保护建设的战略定力，坚决防止破坏生态的行为发生，致力于建设山清水秀美丽之地，实现了经济、生态和民生的协调发展。

1. 强化顶层设计，以生态环境保护助力脱贫攻坚。制定《统筹解决生态保护和脱贫双赢的指导意见》，以问题为导向谋划长远，坚持生态优先，用好用足国家现有的法律法规和相关政策，对加快完善已建扶贫项目后续

---

① 邓伟，刘红，袁兴中，等.三峡库区水源涵养重要区生态系统格局动态演变特征 [J]. 长江流域资源与环境,2015,25(4):661-668.

工作、加快推进在建拟建扶贫项目落地等方面提出分类处置意见，确保基层干部统筹推进脱贫攻坚和生态环境保护工作有信心、有底气、有办法。

2. 坚持因地制宜，推动贫困地区绿色发展。一是科学推进扶贫项目建设。制定《生态保护与脱贫攻坚双赢工作方案》，开展实地核查，对涉及自然保护区"两不愁三保障"扶贫项目，建立工作台账，明确工作重点，对在建、拟建项目，按照"一案一策"原则，逐一提出处置意见。二是加大贫困区县专项资金投入。2019 年，向 14 个贫困区县切块下达中央农村环境整治专项资金 8850 万元；争取市财政支持，向 18 个深度贫困乡镇下拨环保脱贫攻坚资金 900 万元，有力地支持了各区县脱贫攻坚工作。三是指导支持产业发展。加强与发改委、农业农村委、扶贫办等部门沟通衔接，对扶贫产业项目开通绿色审批通道，靠前做好环评手续办理相关服务工作。及时掌握扶贫项目动态，本着"帮着办"的原则，对贫困区县和 18 个深度贫困乡镇的规划环评在环保技术和政策等方面提供咨询免费服务和指导。

3. 打好污染防治攻坚战，增强贫困群众生态环境获得感。紧紧围绕习近平总书记"解决好人民群众反映强的突出环境问题"要求，聚焦坚决打好污染防治攻坚战，不断提升贫困地区生态环境质量。一是加强污水治理，全面建成乡镇污水处理设施 1584 座。建设乡镇和农村污水管网 4288 公里，实施乡镇和农村污水处理设施技术改造 189 座。其中，14 个贫困区县建设污水管网 2324 公里，实施污水处理设施技术改造 29 座。二是强化饮用水安全监测，出台《关于建立健全农村供水工程运行管护长效机制的意见（试行）》，建立健全农村供水工程运行管护长效机制，累计投入 71.24 亿元，建成农村供水工程 44.9 万处，水源频次达标率均为 100%。三是结合中央生态环保督察工作，紧盯群众身边的环境问题。

第五节　营造关心关注贫困的社会氛围

重庆市积极响应习近平总书记发出的"全党全社会要继续共同努力，

形成扶贫开发工作强大合力"①的号召，将脱贫攻坚作为一项系统工程加以推进，这既是扶贫开发工作的实际需要，也是中国特色社会主义制度优越性的生动体现。重庆市积极营造了全党全社会关心贫困群众、支持贫困地区的良好氛围，充分调动了社会各方面力量参与脱贫攻坚工作的积极性和主动性，探索创新了多样化的社会扶贫模式和机制，政府、市场和社会协同发力，"全社会协同发力"的扶贫减贫格局逐步形成。

一、用好国家东西部扶贫协作和定点帮扶机制

鲁渝协作助推脱贫攻坚取得实效。深入落实习近平总书记关于东西部扶贫协作重要讲话精神，推动东西部扶贫协作提质增效，山东省扶贫协作重庆市，明确了 14 个地市对口帮扶重庆 14 个国家扶贫开发工作重点区县。鲁渝扶贫协作逐步形成了以政府援助、人才支持、产业合作、劳务协作、消费扶贫和社会帮扶为主要内容的工作体系。山东省累计向重庆提供财政援助帮扶资金 21.9 亿元，实施援建项目 1281 个，动员社会力量捐款捐物近 4 亿元，其中 2020 年落实财政援助资金 7.17 亿元，实施项目 385 个，社会捐赠 1.56 亿元。财政援助资金和社会捐赠资金呈逐年递增的态势，资金投入力度前所未有。在产业合作中，重庆市出台的《关于支持鲁渝扶贫协作的若干政策》为山东企业落户、共建产业园区、援建扶贫车间提供了有利的政策条件。在劳务协作中，强化 18 个深度贫困乡镇基层公共就业服务平台建设，大大提升了区域性公共就业服务能力，化解了劳动力供需质量结构性矛盾。与此同时，重庆针对输出到山东就业的劳动力、困难家庭学生落实相应的补助政策，为贫困地区人力资本的提升创造了有利条件。

深化中央单位定点帮扶。水利部、中国农业银行、中国进出口银行等 9 家单位对口帮扶重庆，充分发挥部门、行业优势，按照帮扶区县的需求，围绕贫困户产业帮扶、技能培训、贫困学生勤工俭学帮扶、金融支持制定实施年度帮扶计划，截至 2020 年底，9 家中央单位投入帮扶资金 23.47 亿

---

① 习近平：全党全社会继续共同努力 形成扶贫开发工作强大合力.http://cpc.people.com.cn/n/2014/1018/c64094-25859556.html.

元，引进帮扶资金 45.14 亿元，精准实施各类项目 1277 个；帮助培训基层干部 17174 名、技术人员 44104 名；采购贫困地区农产品 6965.1 万元，帮助销售 3.1 亿元。作为中央企业的三峡集团，积极搭建了与贫困区县的合作交流渠道，并建立良性互动的工作机制，这既是将制度优势有效转化为治理效能的充分体现，也是中央机关参与地方扶贫实践的创新典范。

专栏 3-2　三峡集团定点帮扶巫山的扶贫实践

　　三峡集团充分发挥水电、基建的行业优势，与巫山县的发展需求、资源优势有机结合，创新了"企地共建"的治理模式。双方本着"真诚帮扶、注重实效、长期合作、共同发展"的原则，坚持"扶基础、扶产业、扶项目、扶智力"四大板块环环相扣，助力巫山县整体脱贫摘帽，持续巩固脱贫成效。补齐基础设施短板，助力集中安置点及配套设施建设、"四好农村路"建设、饮水工程建设。注入产业发展动能，自 2019 年起，每年帮助巫山寻求不低于 20 万人次的游客增量，开启"三峡坝区—巫山"旅游线路，培育新的经济增长点。支持光伏产业。三峡集团优先选择巫山，建设 195 兆瓦光伏发电项目，总投资约 10 亿元，首期 20 兆瓦已于 2018 年 12 底并网发电。加强重大项目长远规划布局。立足巫山资源优势，不断加强生态、新能源等重大项目的规划布局，为脱贫成效巩固夯实基础。智志双扶激活力。加大人才智力支持良性互动的工作机制，三峡集团持续派出挂职干部 14 人，帮助联系项目，协调脱贫攻坚工作，深入乡镇指导，联系深度贫困户，帮助贫困户发展产业和就业提供信息，架起中央定点帮扶工作"桥梁"。加大教育扶贫力度。援建巫山职教中心科技图书楼、巫山妇女儿童活动中心，扩展兴隆中学教学阵地，在支持巫山开展农民实用技术培训的同时，对全县基层干部集中开展能力提升培训。

全国对口支援重庆三峡库区建设。全国 16 个省（直辖市）、7 个大城市与三峡重庆库区，紧紧围绕《全国对口支援三峡库区合作规划（2014—2020年）》的要求，各省致力于加强库区的公路、铁路、电网、基础设施建设，为库区经济发展和产业结构调整奠定了坚实基础。如浙江省对口支援涪陵区、万州区，重点打造移民小区帮扶项目和农村移民安置区精准帮扶项目，2019年以来，援助资金逐年递增到8%，增强城市社区的配套功能。为提高库区公共服务和民生保障能力，在民生保障项目中重点向教育、卫生、教育等民生所需的项目倾斜，着力补齐和完善因移民迁建带来的民生"短板"，大大提升了库区基本公共服务城乡均等化水平。各省在对口支援三峡库区的建设中，在经济合作、产业发展、民生改善等方面统筹规划布局，为推进助推重庆脱贫攻坚和城乡一体融合发展创造了有利条件。

二、完善市内"扶贫集团+国企定点+区县结对"帮扶机制

重庆市深入贯彻精准扶贫方略，为促进省域内的区域协调发展、实现全面打赢脱贫攻坚战的目标，于2018年、2020年先后出台了《重庆市人民政府办公厅关于优化区县对口帮扶机制的实施意见》和《重庆市脱贫攻坚定点攻坚实施方案》，督促指导扶贫集团、市级相关部门对"定点"乡镇、村进行攻坚，以产业合作、劳务协作、人才支援、资金支持等为重点推进对口帮扶协作，并确定用于深度贫困乡镇和贫困村基础设施建设、易地扶贫搬迁群众后续发展的年度帮扶资金，不得低于60%[1]。2020年，重庆市组织437家市级单位组建18个市级扶贫集团，结对帮扶18个深度贫困乡镇及所在贫困区县，组织38家市属国有企业帮扶4个未摘帽县，主城区都市圈18个区县结对帮扶14个国家贫困区县，落实对口帮扶实物量4.2亿元。

根据扶贫集团成员单位自身优势，坚持因地制宜、因势利导，结合对口帮扶乡镇优势资源禀赋，有计划、有针对性地制定帮扶措施、安排帮扶项目，最大限度地发挥帮扶政策、资金、项目的使用效益。在教育扶贫方

---

[1] 对口帮扶补短板 协力脱贫奔小康 .http://www.cpad.gov.cn/art/2020/8/26/art_42_182988.html.

面，建立教育扶贫基金，要求各有关区县每年安排部分资金用于解决贫困大学生实际困难问题，对建档立卡贫困家庭户子女就学资助实行全覆盖，从根本上阻断贫困的代际传递问题。在医疗扶贫方面，建立贫困医疗救助基金，要求各有关区县每年安排部分资金用于实施医疗扶贫救助，给建档立卡贫困户购买医疗保险，加大对因病致贫特别是重大疾病的救助力度，并实现贫困户医疗救助全覆盖。在金融扶贫方面，充分发挥金融机构的优势，大力开展金融扶贫工作，成立或注入担保机构，扩大扶贫贴息贷款规模，切实解决好贫困户贷款难的问题。在产业扶贫方面，要求各有关区县每年安排部分资金用于产业扶贫，建立农业龙头企业、农民合作社、专业大户与贫困户的利益联结机制，支持贫困户发展产业，确保持续稳定脱贫，使市级扶贫集团对口帮扶深度贫困乡镇脱贫攻坚工作真正落到了实处、取得了实效。

国有企业定点攻坚。重庆市国资系统连续五年每年筹集 4 亿元扶贫开发资金用于城口、巫溪、酉阳、彭水四个国家级贫困县的脱贫攻坚项目。在贫困区县实施基础设施、产业发展、商贸物流项目 170 余个，完成投资 172 亿元；在坚决打好污染防治攻坚战方面，坚持生态优先、绿色发展，组建广阳岛公司打造"长江风景眼、重庆生态岛"，推广运营新能源公交车 1 万余辆等[1]。除了直接提供扶贫开发资金，重庆国资系统还将加大扶贫开发项目贷款和担保增信。近年来，重庆市国资委所监管的金融企业，已为全市 18 个开展脱贫攻坚的区县投放贷款 4000 亿余元，提供担保增信 1000 亿余元[2]，补齐深度贫困地区"三农"领域突出短板，同时市属国有重点企业招聘的部分岗位，向贫困大学毕业生（含普通高职）倾斜。

在区县结对帮扶中，重庆市坚持全市"一盘棋"的发展理念，配套建立考核评价、工作督导、横向生态补偿等制度机制，围绕产业扶贫、智力扶贫、公益扶贫等帮扶措施，建立全面、长期、稳定的合作关系，推动资

① 回眸"十三五"·砥砺再奋进 | 年均增长 9.1%！重庆市属国企五年迎来五个"新变化".https://baijiahao.baidu.com/s?id=1682160863584462466&wfr=spider&for=pc.
② 重庆市国资系统筹集 4 亿元国资扶贫开发资金助力重庆脱贫攻坚—权威发布—中国报道网．http://qwfb.chinareports.org.cn/fpgy/20200610/67954.html.

金、人才、技术等要素资源向贫困村流动，助推贫困村特色旅游、优势农业、人力资本等资源向城市流动。依托受助区县主导产业和优势特色资源，引导帮扶区企县在旅游产品开发、农产品产销、外包生产服务、产业基地共建等方面开展协作。鼓励企业采取直接捐赠、设立扶贫公益基金等形式，以援建水电道桥、卫生设施、文化场所等方式，帮助结对村补齐基础设施"欠账"，改善村容面貌。

发挥社会力量慈善资源。在脱贫攻坚后期，剩余的贫困人口、贫困村面临的挑战仍然艰巨，要进一步保持扶贫政策的稳定性和持续性，就要坚持和完善多元主体参与体系，现如今社会力量已成为参与扶贫开发、提升扶贫绩效的主力军。重庆市动员各民主党派、民营企业、社会组织等社会各方面力量，在创新扶贫模式、激发贫困群众的内生动力、推动大城市大农村融合发展等方面进行了一系列探索，构建了政府、社会协同推进的大扶贫工作格局，充分彰显了中国特色社会主义制度的优越性。

发挥统一战线的特殊优势。重庆市制定并实施《关于支持各民主党派市委会开展脱贫攻坚民主监督工作的实施方案》，结合各党派自身专业、人才特点和资源条件，支持市级各民主党派分别对接 8 个贫困区县，近两年全市统一战线共组织投入资金近 34 亿元，重点围绕贫困地区和特殊贫困人口脱贫、严格落实现行扶贫标准、加强扶贫领域作风建设、提高脱贫攻坚质量等问题开展民主监督，增强民主监督的针对性实效性。充分发挥民主党派界别特色优势，如民革市委会发挥法制界别优势，协助完善脱贫攻坚的政策法规；民盟市委会发挥各领域专家的智力优势，围绕"产业扶贫""金融扶贫""教育扶贫"等提建议，形成提案 3 件，被全国政协、市政协立案采用；民建市委会发挥密切联系经济界的特色优势，率企业家会员、产业规划专家开展产业扶贫调研，成功推动了酉阳县、奉节县的深度贫困乡镇发展脆桃种植、鹌鹑和生猪养殖等产业项目。

民营企业和社会组织积极履行社会责任。"万企帮万村"精准扶贫行动是民营企业家贯彻落实习近平新时代中国特色社会主义思想的生动实践。为民营企业搭建参与脱贫攻坚、履行社会责任的良好平台，积极引导民营企业、商协会组织参与帮扶，2299 家民营企业参与"万企帮万村"行动，结对帮扶 1975 个村，其中贫困村 1161 个，投入资金 31.97 亿元。引导社会组织捐赠资金 8.28 亿元，极大地增强了全市精准扶贫的主体力量，社会扶贫网注册爱心人士 80.3 万人、贫困户 46.4 万户、管理员 1.3 万人，对接成功率达 80% 以上。

发挥共青团的组织优势，充分动员社会力量共同参与"脱贫攻坚青春建功行动"。重庆市团委充分整合"山茶花"扶贫接力、山东对口支援重庆等项目资源，大力开展青年志愿服务，累计选派 1120 名脱贫攻坚青年志愿者，赴 14 个扶贫开发重点区县和 18 个深度贫困乡镇到村开展驻村帮扶；指导扶贫开发重点区县就近就便招募志愿者，与贫困地区分散供养特困人员结对常态化开展志愿服务；建立"青年文明号"助力脱贫攻坚"一票否决"机制，推动 408 个市级"青年文明号"集体结对帮扶 546 户贫困户。大力开展青少年关爱帮扶，帮助青少年成长成才。实施爱心助学项目、爱心助教项目、拓展贫困地区教育平台，并加强贫困地区未成年人保护，开展"零犯罪学校""零犯罪社区"创建工作。与多家单位共同举办"农行杯"中国青年电商农产品销售大赛，推动秀山秦橙、湖南冰糖橙、云南水果玉米、陕西猕猴桃等农产品秒变电商"爆款"。探索建立"电商＋贫困户"利益联结机制，依托电商大数据以销定产，引导电商选手与贫困地区签订包销订单，实现农产品生产精细化管理，推动优质农产品上网进城。

第六节　启示与建议

当前，重庆市已高质量地完成脱贫攻坚任务，但 18 个深度贫困乡镇和脱贫基础比较薄弱的 100 个贫困村的自我发展能力不足，仍存在一些不稳定的脱贫人口囿于低水平的生计系统，可供选择的生计方式狭窄，自身抗逆力较差，则需要在政府、社会提供的抗逆资源、服务和政策的作用下得以加强。下一步围绕切实巩固脱贫成果、推动县域经济社会实现高质量发展。继续通过发展特色产业、推进产业体系化及产业资本持续增值，实现脱贫人群的可持续性和稳定脱贫、不返贫，产业要素聚合性、稳定发展持续性和脱贫实效性有待增强，助推减贫发展的长效机制还需要纵深性拓展和深化，做好同乡村振兴有效衔接各项工作。以"十四五"时期巩固拓展脱贫攻坚成果为行动目标，实现农户家庭的资产增值、效益最大化和生计结果的可持续发展。

在区域大发展中提升扶贫产业。产业兴旺作为后脱贫时代产业扶贫的升级版，要顺势而为在巩固脱贫攻坚的基础上进一步把农村产业做好做强[①]。在推进脱贫攻坚和乡村振兴战略的过程中努力构建以产业发展为基础支撑的精准脱贫长效机制，良好的政府治理、服务和扶持是产业扶贫健康运行的基本支撑[②]。针对已经发展成熟的产业，政府发挥作用的重点领域应是注重产业发展的风险防范、技术提升、人才培养、拓展升级等方面，同时引导产业发展走向市场化道路，提高产业发展的市场适应性和竞争力；对于刚刚起步的扶贫产业，要继续实现产业扶贫的系统性拓展，围绕产业发展的要素组合、模式构建等方面进行系统的拓展和优化，对小农户提供技术指导、技能培训、资金扶持等社会服务，如此才能破解为脱贫而脱贫的短期化弊端。在产业发展上坚守生态与发展两条底线，着力打造现代山地特色农业产业体系，各乡镇（街道）结合海拔、气候等实际，着力推进生态产业融合发展，切实增强产业发展的持续性、稳定性和长效性。

建立稳定就业长效脱贫机制。稳定的收入是可持续脱贫长效发展的基本保障，也是居民可持续消费能力的基本前提。在脱贫攻坚过程中培养的技能型劳动力，以及越来越多的返乡青年群体是县域高质量发展的人才的后备保障。要注重产业结构升级和劳动力结构调整的同步发展，不断完善职业教育与技术技能培训，加快培育能够适应产业发展的新型职业农民与产业工人，即以培育农户的综合经营能力为目标，农户不仅仅要具备基础的生产技能，同时也需要决策能力、营销能力、获取市场信息能力等。在与

① 左停，刘文婧，李博.梯度推进与优化升级：脱贫攻坚与乡村振兴有效衔接研究 [J].华中农业大学学报（社会科学版），2019(05):21-28+.
② 刘红岩.中国产业扶贫的减贫逻辑和实践路径 [J].清华大学学报（哲学社会科学版），2021,36(01):156-167+205.

山东省开展的劳务协作中，要进一步增强劳务协作的针对性和精准性，建立专人联系服务机制，负责贫困劳动力信息收集，对贫困劳动力的动态信息进行追踪。培育有规模的劳务品牌，借助品牌效应带动有组织的劳务输出数量，发展本地劳务品牌，带动更多人实现转移就业。针对扶持弱能群体的稳定就业，建立公益岗位扶贫的长效化机制。明确公益性岗位的补贴和绩效标准；严格落实岗前培训制度，做好上岗前的培训工作。此外，返乡青年这一群体也是贫困地区产业发展的重要人才，政府和相关部门可以充分联合社会力量为返乡创业青年争取更多资源支持，营造有力的发展条件和创业环境。

把巩固拓展脱贫成果、推进乡村振兴战略与构建"内循环"的新发展格局统筹起来。乡村振兴是推动我国经济内循环发展的重要力量，内循环也是实现乡村振兴的有力保障，产业链和供应链作为"内循环"核心，也是连接双循环的纽带，提高产业链和供应链的匹配度，是推动经济内循环相互促进的关键环节。重庆市作为承东启西、左右传递的枢纽，具有战略枢纽和节点功能的位置优势，要紧紧抓住新发展契机，实现生产和消费需要稳定的产业结构，提高产业链和供应链的现代化水平。完善农业产业价值链，进一步提高农产品供给能力和质量，拓宽农产品流通和销售渠道，同时要重视进一步培育农村消费需求。

推动区域经济协调发展，扎实推进共同富裕。继续发展壮大村集体经济，当前渝东南和渝东北贫困山区的村集体经济还比较薄弱，可持续发展的集体经济收入项目、资源和资产较少，需要健全村集体资产盘活机制。支持将闲置的国有资产以"零租金"形式交由村集体单独经营或与其他市场主体合作经营，经营所得归村集体所有，探索集体土地、闲置土地开发效益，增加村集体经济的经营性收入总量。党的十八大以来，重庆在统筹城乡发展、推进新型城镇化方面取得了显著进展，但城乡发展不平衡不充分的矛盾仍然突出，要健全一区两群[①]协调发展机制，其中，渝东北和渝东南位两地多为贫困区县、重点生态区县，城镇化率较低，是城乡二元结

---

① 注释："一区"指重庆主城都市区，该区域包括渝中、大渡口等21个区和万盛经开区，"两群"指渝东北三峡库区城镇群和渝东南武陵山区城镇群。

构矛盾的典型代表。在推动城乡基础设施一体化中，补齐"两群"区县在交通、水利等方面的短板；推动产业升级中，主城都市区与"两群"区县建立协作关系，促进资金、技术、市场、资本等要素的横向对接。统筹区域协调发展和城乡基本公共服务均等化，在推进城镇化的过程中引导城镇基础设施向农村延伸，推动城乡互联互通。推进基本公共服务有利于将扶贫工作由经济领域拓展到社会领域，即补齐教育、就业、医疗、养老服务等方面的短板，不断完善欠发达区县的基本公共服务体系。

左停，中国农业大学国家乡村振兴研究院副院长、人文与发展学院教授

第四章　全面落实精准扶贫方略

党的十八大以来，以习近平同志为核心的党中央把脱贫攻坚工作纳入"五位一体"总体布局和"四个全面"战略布局，充分发挥政治优势和制度优势，坚持精准扶贫精准脱贫基本方略，坚持中央统筹、省负总责、市县抓落实的工作机制，作出一系列重大部署和安排，全面打响脱贫攻坚战。重庆市全面落实习近平总书记关于扶贫工作的重要论述和视察重庆重要讲话精神，坚持把脱贫攻坚作为头等大事和第一民生工程，坚持精准扶贫精准脱贫。通过构建责任体系、扶贫工作机制、脱贫工程等举措全面落实精准扶贫方略，脱贫攻坚工作进入力度最大、措施最实、效果最好的时期，并取得了巨大成就。

第一节　构建贯彻精准扶贫方略的责任体系

重庆市在落实精准扶贫方略的过程中，结合自身区域发展特征，不断完善精准扶贫精准脱贫的工作责任体系，为打赢脱贫攻坚战提供了坚实的制度支撑和保障。通过思想引领、政策体系、工作机制等，明确了"扶持谁、谁来扶、怎么扶、如何退"的脱贫攻坚工作责任机制，形成了思想认识更统一、政策措施更精准、责任体系更明确、脱贫成效更显著的工作格局。

一、以底线思维推动落实精准扶贫方略

重庆市立足区域贫困状况，坚持精准谋划、高位推动精准扶贫方略。市级主管部门和区县细化精准扶贫精准脱贫工作方案，举办专题培训班，优化政策供给，对标对表推动扶贫开发政策落地，通过精准发现"两不愁三保障"问题、精准分类施策、精准评估退出，保证了精准脱贫成效，形成了具有重庆特色的经验模式。

一是坚定不移聚焦精准，扎实推动"三保障"及饮水安全问题全面实现。一方面精准识别贫困群体。依托精准扶贫大数据平台，开发"两不愁三保障"子系统，分级分行业建立"两不愁三保障"监测平台，对接健康扶贫医疗救助"一站式"结算平台、贫困学生资助信息平台、农村危房系统，构建市级信息共享机制，动态监控问题解决进展，实现"两不愁三保障"基本信息动态化数字化管理。另一方面精准落实政策措施。义务教育有保障方面：建立了"一人一案"控辍保学机制，制定《重庆市家庭经济困难学生认定办法》，开发学生资助管理信息平台，实现控辍保学和教育资助全程动态管理。基本医疗有保障方面：建立了"三保险""两救助""两基金"医疗保障体系，贫困人口基本医保实现了"应保尽保"。"一站式"结算平台全面运行，"先诊疗后付费"扩大到所有医保定点公立医院，贫困区县人民医院和中医院均达到二级医院标准，远程医疗服务实现了全覆盖。住房安全有保障方面：对农村存量危房开展了全覆盖摸排和安全等级鉴定，实施贫困户等4类重点对象危房改造，实现了危房动态清零。饮水安全有保障方面：实施了农村饮水安全巩固提升工程，全面开展饮水安全"回头看"，实行饮水安全挂牌制度，全面完成了贫困人口饮水安全问题销号。

二是强化精准施策分类指导，务求脱贫攻坚政策实效。重庆市认真学习领会习近平总书记在重庆视察时关于"扶贫开发成败系于精准，要找准'穷根'、明确靶向，量身定做、对症下药，真正扶到点上、扶到根上"的重要指示精神，针对贫困群众致贫原因，因户施策、精准滴灌，确保产业带动、搬迁安置、转移就业、教育资助、医疗救助、低保兜底等到户到人措施落实到位。

二、坚持政策、规划、考核"三位一体"政策体系

重庆市坚持政策、规划、考核"三位一体"同谋划、同推进，全面聚焦脱贫人口，确保各项扶贫政策精准落实到户到人。

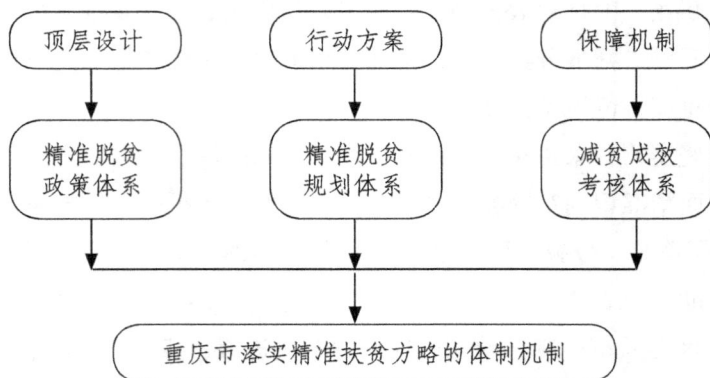

```
┌─────────┐      ┌─────────┐      ┌─────────┐
│ 顶层设计 │      │ 行动方案 │      │ 保障机制 │
└────┬────┘      └────┬────┘      └────┬────┘
     │                │                │
     ▼                ▼                ▼
┌─────────┐      ┌─────────┐      ┌─────────┐
│ 精准脱贫 │      │ 精准脱贫 │      │ 减贫成效 │
│ 政策体系 │      │ 规划体系 │      │ 考核体系 │
└────┬────┘      └────┬────┘      └────┬────┘
     │                │                │
     └────────────────┼────────────────┘
                      ▼
        ┌─────────────────────────────┐
        │ 重庆市落实精准扶贫方略的体制机制 │
        └─────────────────────────────┘
```

图 1　重庆市精准扶贫体制机制

一是完善政策体系。按照党的十九大"实施七大战略、打好三大攻坚战"的部署要求，重庆市委、市政府研究出台《精准脱贫攻坚三年行动计划》；紧扣脱贫攻坚新形势、新任务、新要求，制定《关于深化脱贫攻坚工作的意见》和《调整重庆市国家扶贫开发工作重点区县脱贫摘帽计划的方案》《深度贫困乡（镇）定点包干脱贫攻坚行动方案》《重庆市脱贫攻坚问题整改工作方案》"一文三案"。市扶贫开发领导小组全面开展精准扶贫精准脱贫"回头看"，深化完善产业扶贫、教育扶贫、健康扶贫、金融扶贫、资产收益扶贫、易地扶贫搬迁等政策举措 10 余项。特别是针对贫困家庭大学生资助、易地扶贫搬迁、医疗救助等政策进行了细化完善，将从 2018 年起启动实施。各区县坚持"双向对接、量身定做"，逐项细化实化政策措施和具体操作方案，全面构建起了"1+1+3+N"深化脱贫攻坚政策体系。

二是完善规划体系。围绕脱贫攻坚总目标，扎实编制"规划图"、落实"任务表"、控制"时间点"。重庆市先后编制"十三五"脱贫攻坚规

划、秦巴山片区区域发展与脱贫攻坚"十三五"规划、武陵山片区区域发展与脱贫攻坚"十三五"规划、深度贫困地区脱贫攻坚规划、扶贫产业发展规划、旅游扶贫发展规划等总体规划和行业扶贫规划近 10 个，为精准扶贫精准脱贫提供强有力支撑和引领。同时，按照部门职责，分项分年度将规划任务逐一分解到 40 余个部门和区县，逐级逐项建立规划落实台账，定期掌握进度、通报情况，推动各级各部门锁定目标、正排工序、倒排工期，把握时间节点有力有效抓好落实。对工作滞后、效果较差的，派出专门工作组"点对点"督导，确保各项工作任务跟上进度、达到标准。

三是完善考核体系。重庆市坚持把从严要求贯穿到脱贫攻坚工作全过程、各环节，完善区县党委和政府扶贫开发工作成效考核办法，提高脱贫攻坚工作在区县经济社会发展实绩考核中的占比。完善区县自查、市级交叉检查、第三方评估、认可度调查"四位一体"的考核评估及退出验收程序，邀请党代表、人大代表、政协委员、群众代表、民主党派和专家、记者全程监督，成立专门督查组开展巡回督查，确保考核评估较真逗硬、公平公正。强化考核结果运用，坚持将脱贫攻坚考核结果与干部任用挂钩，严格执行脱贫攻坚一票否决和捆绑考核，未完成年度减贫任务、违反扶贫资金管理使用规定、脱贫退出弄虚作假搞"数字脱贫"、扶贫领域存在违法违纪行为的，坚决"一票否决"。

三、压实脱贫攻坚工作政治责任

重庆市坚持把脱贫攻坚放在全面建成小康社会和重庆经济社会发展大局中来谋划考虑，把扶贫开发作为"第一民生工程"和"三农"工作头等大事来抓，把脱贫责任作为政治责任进行全力落实。

一是强化领导、夯实责任。重庆市坚决按照中央统筹、省负总责、市县抓落实的责任机制，迅速调整领导小组，及时落实市委书记、市政府市长"双组长制"，5 名市领导担任副组长、41 个市级部门主要负责人为成员。33 个有扶贫开发工作任务的区县和各乡镇同步落实"双组长制"，全面加强组织领导。严格落实党政一把手负总责的责任制，层层签订脱贫目标责任书和脱贫成果巩固责任书，四级书记齐抓共管，一抓到底。市委书记、市长带头履行第一责任人责任，全体市领导身先士卒、靠前指挥，开展脱贫攻坚专项督查、调研、指导。市委市政府多次召开扶贫开发专题会和扶贫开发领导小组会议、研究制定具体政策措施，市人大常委会开展脱贫攻坚专题询问，市政协开展扶贫提案办理民主评议。市级各部门立足本职、主动作为，加快推动行业精准扶贫十大行动，全面参与深度贫困乡镇帮扶行动，全力助推脱贫攻坚。贫困区县坚持以脱贫攻坚统揽经济社会发展全局，

二是传达责任、明确职责。按照重庆市委、市政府《实施意见》部署，将"三年行动"的117项重点任务逐一分解到53个牵头部门、55个参与单位，明确任务书、路线图、时间表。对深度贫困乡镇、所有贫困村的班子逐一分析研判，及时调整加强。贫困区县以脱贫攻坚统揽全局，成立以区县委书记为组长的脱贫攻坚工作领导小组，组建脱贫攻坚指挥平台，区县委常委会每月至少研究一次脱贫攻坚工作。传导压力，上下联动，把责任落实到区县、到乡镇、到村、到户、到人，稳扎稳打，做到区县主抓、部门协作、乡镇抓落实、任务到村、责任到人。市级各部门特别是领导小组各成员单位树立责任意识和看齐意识，立足本职，主动作为，全力助推脱贫攻坚工作。

第二节　完善落实"六个精准"扶贫机制

精准扶贫方略是脱贫攻坚的基本方略，"六个精准"又是落实精准扶贫方略的前提基础。"六个精准"即扶贫对象精准、项目安排精准、资金使用精准、措施到户精准、因村派人精准、脱贫成效精准，覆盖了扶贫对象识别、帮扶和管理等各环节，用精准理念贯通了扶贫开发全流程，改革了以往的扶贫思路和方式，变大水漫灌为精准滴灌，使扶贫资源供给与扶贫对象需求得到有效衔接。重庆市围绕"六个精准"扶贫工作机制，全面细化部署，使扶贫脱贫工作全面精准落实。

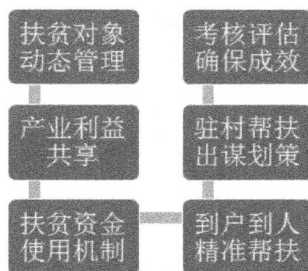

图 2　重庆"六个精准"帮扶示意图

一、建立扶贫对象动态管理"三化"机制

重庆市在扶贫对象识别精准方面，建立了扶贫对象动态管理"三化"机制。坚持责任网格化、指导常态化、管理智能化，以行政村和村民小组为基本单元建立干部包村包户责任制，组建三级业务指导组和乡镇、村级扶贫工作站（室），落实扶贫信息员超过 1 万名，开发精准扶贫大数据平台、脱贫达标联合认证系统、"两不愁三保障"调查系统、脱贫攻坚"回头看"系统，即时采集数据，减轻基层负担。贫困人口识别准确率、退出准确率均为 100%。

一是开展自查自纠。2017 年以来，针对审计、第三方评估、督查巡查以及脱贫攻坚检查验收等工作中发现的"扶贫对象不够精准"等问题，重庆市着眼于全方位解决问题，深挖根源，举一反三、查漏补缺。坚持以"一个区域、一个群体"为重点，进行地毯式搜索、拉网式排查，为确保信息精准，通过年度动态管理，进一步更新完善贫困村《村表》《自然村表》《户表》《扶贫手册》及各类档案资料。特别是针对"就地农转非"特殊困难群体，在全面摸底排查的基础上，参照农村建卡贫困户的识别标准和帮扶政策，对"整户转、原地住，未享受任何城镇居民的政策、'两不愁三保障'问题尚未解决"的家庭以及贫困户中部分家庭成员"农转非"未纳入扶贫信息系统的 12.4 万人，全部纳入扶贫信息系统，落实了帮扶政策。

二是全面完成动态调整。按照国家统一部署，2017 年 11 月，重庆市全面启动扶贫对象动态调整工作。期间，组织督查巡查组全面深入乡镇村，解剖麻雀、蹲点指导，确保动态调整工作有序开展。完善"四进、七不进、一出、三不出"标准和"八步四公示"程序，通过逐户调查和大数据比对，建立贫困监测机制，设置贫困动态监测点，累计对9000余户农户和2800多户贫困户进行动态监测，把握贫困发生规律和发展趋势，及时跟进精准帮扶举措。

三是建立动态管理机制。全面有序推进重庆市扶贫大数据系统建设，加强与公安、民政、住建、房管等部门的数据比对，推动扶贫信息综合平台建设，实现扶贫数据互通共享。建立贫困动态监测和跟踪管理机制，按照"扶上马、送一程"要求，对已脱贫95.3万贫困人口继续实行台账式管理，落实帮扶政策和结对干部，持续享受到人到户精准扶持政策，确保脱贫人口稳定脱贫、不再返贫。建立防止返贫动态监测和帮扶机制，防止脱贫人口返贫、边缘人口致贫。截至2020年6月底，已识别脱贫监测户有10031户32402人、边缘户有11836户34329人，占现有建档立卡贫困人口的3.97%。

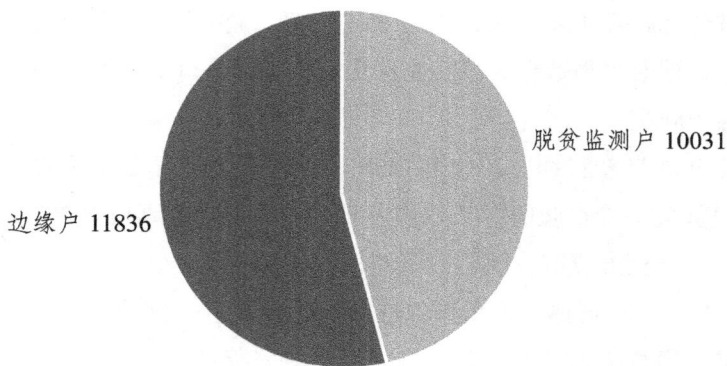

图3　重庆市动态监测户

专栏：重庆市扶贫对象精准识别标准

重庆市扶贫对象识别工作以是否解决"两不愁、三保障"为基本原则，以农民家庭年人均纯收入是否达到或超过国家现行扶贫标准为基本标准，严格按照"四进七不进、一出三不出"具体标准进行识别。

对贫困户的认定以"四进七不进"为标准。具备下列条件之一，可作为今年新增或返贫对象评定为贫困户，即"四进"：一是家庭年人均纯收入未达到国家现行扶贫标准的农户；二是因缺资金有子女无法完成九年制义务教育的农户；三是无房且自己无能力修建的农户，或只有一套常住房已经存在安全隐患，自己却无力修建的农户；四是因家庭成员患重大疾病或长期慢性病等，扣除各类政策救助后，自付医疗费仍然很高，导致家庭处于国家扶贫标准以下的农户。对不能评定为贫困户的情形也有明确规定，即"七不进"：一是 2017 年家庭年人均纯收入高于当地平均水平的农户；二是 2014 年以来购房或修建新房，或高标准装修现有住房（不含因灾重建、高山生态扶贫搬迁和国家统征拆迁房屋）的农户；三是家庭拥有或使用享受型轿车、船舶、工程机械及大型农机具的农户；四是家庭办有或投资企业，长期雇佣他人从事生产经营活动，并在正常经营正常纳税的农户；五是家庭成员中有正式编制的财政供养人员、村四职干部（有重大致贫原因的村干部除外）家庭；六是举家外出一年及一年以上，收入明显高于当地平均水平的家庭；七是其他明显不符合扶贫开发对象标准的情形。

对贫困户的退出以"一出三不出"为标准。"一出"即现有建档立卡贫困户中，具备下列条件的，必须列为 2017 年脱贫户退出。即：2017 年家庭年人均纯收入超过国家扶贫标准，有稳定的收入来源，并真正实现了义务教育、基本医疗、安全住房三保障，饮水安全和生活用电问题已经解决，不因患重大疾病、长期慢性病等大额医疗费用支出而返贫的贫困户。"三不出"。现有建档立卡贫困户中，具备下列条件之一的，不能作为 2017 年脱贫户退出。即：一是农户家庭人均纯收入没有稳定超过国家扶贫标准，没有稳定实现"两不愁三保障"的家庭；二是虽然享受了扶贫政策，但尚未明显见效的家庭；三是当年新识别或返贫的贫困户原则上不能退出。

二、强化产业与农户利益联结共享机制

重庆市在项目安排精准方面，深入开展产业专项扶贫，坚持立足区域特色产业，采取"一村一策、一户一法"，针对贫困人口主要致贫原因，扎实推进产业扶持脱贫。出台《关于大力发展特色产业促进精准脱贫的意见》，制订"菜单式"产业项目清单，建立"双对接、双选择"产业扶贫机制。截至2020年底，累计组织、培育超过5000家龙头企业参与产业扶贫；累计落实现代特色效益农业专项资金超过5亿元，推动柑橘、生态渔业、草食牲畜等七大特色产业链覆盖带动贫困人口超过70万人；因地制宜发展林果药桑菜、鸡牛羊兔蜂和电商、乡村休闲旅游"10+2"特色扶贫产业，累计覆盖带动贫困人口超过100万人；建立精准劳务对接机制，采取"村提名单、第三方供菜单、企业签订单、政府买单"的方式，累计培训贫困人口超过20万人次、致富带头人超过3万人次，带动贫困人口实现产业就业超过20万人。

同时，重庆市全面开展产业项目发展与农户收益分配机制，采取参股入社、配股到户、按股分红、脱贫转股、滚动使用的方式量化到贫困户，同时引导贫困户以土地、农房、现金或小额贷款入股龙头企业和合作社，通过土地流转、保底分红、优先务工、循环收益等渠道，增加租金、股金和薪金收入。建立"借款启动、奖补巩固、信贷提升"的金融＋产业联动扶贫机制，解决贫困户产业发展资金难题。

专栏：重庆市城口县扶贫产业与农户利益联结机制

重庆市城口县按照精准到户到人工作机制，全面落实产业就业扶贫惠民政策。把提高脱贫质量放在首位，推动产业扶贫惠民政策落到户头、落到人头，帮助贫困群众稳定增收，助推经济社会健康发展。

一是产业扶贫"带得动、见实效"。因地制宜发展城口山地鸡、中药材、中蜂等"七大扶贫产业"，采取"先建后补、以奖

代补、不建不补"的方式，2019 年兑现到户产业补助 2927.65 万元。积极探索"贫困户＋产业扶贫基地""贫困户＋新型农业经营主体""贫困户＋村级集体经济组织"三类利益联结机制，培育发展农业龙头企业 52 个、培育新型经营主体 641 个，建立产业基地 194 个，90% 的贫困户与市场主体建立利益联结。实施"土地流转带动、务工带动、入股带动、技术服务带动、订单收购带动、加工增值带动、农业产业化联合体带动、财政补助优先配置带动、收益分配倾斜带动、参与发展带动"10 种带动方式，确保每个产业扶贫项目都有稳固的利益联结机制。强化产业发展技术培训，加快培育现代青年农场主和新型农业经营主体带头人，培养农村各类实用人才 3800 人，培育新型职业农民 3000 余人，青年农场主 40 余名，特聘农技员 6 人。

二是就业扶贫"有平台、有技能"。强化职业技能培训。精准把握贫困培训需求，创新"课堂讲授＋模拟实训＋政策讲解＋后续服务"相结合的培训模式，全面推行"培训—就业—服务"工作新机制，2019 年培训建卡贫困户 1977 人，稳定就业 1620 人。落实就业扶贫补贴。兑现务工人员绩效奖补 744.15 万元，为 325 名贫困人员发放转移就业交通补贴 17 万元。加强劳务协作。动态建立全县就业状况和就业需求实名登记机制，精准掌握劳动力就业、培训需求，做到"底数清、情况明"。集中开展"春风行动""就业援助月""百企进村送万岗"等专场招聘会 11 场，开展"送岗位、送政策、送服务"三送活动 15 次，2019 年实现转移就业 35578 人，其中贫困人员 11919 人。开发规范公益性岗位。针对有就业意愿的"三无一有"（即无法离乡、无业可扶、无力脱贫、有劳动能力）的贫困户，按需求科学合理地开发农村保洁、保绿、护林、护路、护河、护线等公益性岗位。2019 年过渡安置就业困难人员 6233 人（其中贫困人员 5957 人），实现劳动就业增收，助推就业事业、公益事业管护。积极创建扶贫车间。创建就业扶贫（示范）车间 8 个，帮助 195 人实现就近就地就业，其中就业贫困人员 76 名。

三、探索财政扶贫资金"五改"机制

重庆市为提高资金使用效益，积极探索财政扶贫资金"五改"精准到户机制。推行财政专项扶贫资金改"补"为"奖""贷""保""股""酬"，到户补助资金与贫困户参与生产经营活动挂钩，激发贫困群众内生动力，确保有劳动能力的贫困家庭至少有一个产业项目，参与产业发展的贫困群众有风险保障机制，防止大水漫灌，防止政策养"懒汉"。

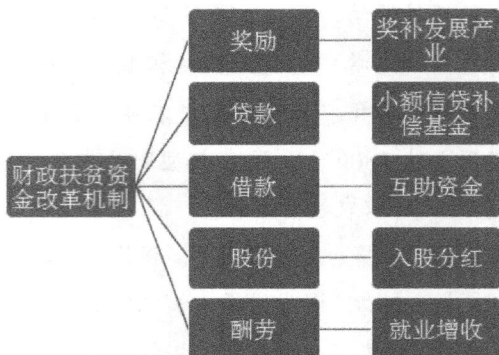

图 4　重庆扶贫资金"五改"机制

重庆市探索将财政扶贫资金的补助改为奖励、贷款、借款、股份、酬劳的"五改"机制，以此丰富扶贫资金精准到户方式，放大财政资金杠杆作用，提高减贫效益。一是改补为奖，改变简单发放产业发展补助资金的做法，制定项目清单，设计多种增收模式和政策支持方式，通过先建后补、事后奖补等方式，引导贫困户发展产业；二是改补为贷，把现金补贴变为风险补偿，用财政扶贫资金支持建立扶贫小额信贷风险补偿金，为贫困户提供"3年以内、5万以下、免抵押、免担保、基准利率"的信贷支持，解决贫困群众发展产业资金短缺难题；三是改补为借，在有条件的贫困村组建资金互助社，建立一支可周转使用、滚动发展的生产发展资金，使其成为农村金融扶贫的有效补充；四是改补为股，将财政补助给农业企业和农民合作社的部分类别资金，量化为村集体、农民和贫困户股份，结合土地入股发展农业产业化经营；五是改补为酬，通过财政扶贫资金一次性建设补助、带动就业示范奖补等方式，引导企业在贫困村发展扶贫车间，吸纳贫困家庭劳动力就近就业。

同时，2015—2020 年，重庆市累计投入各类扶贫资金 1004 亿元，其中：各级财政专项扶贫资金 317.6 亿元（中央资金 128.3 亿元、市本级资金 101 亿元、区县本级投入 88.3 亿元）、年均增长 11.8%；贫困区县统筹整合财政涉农资金 400.6 亿元；东西部扶贫协作资金 21.9 亿元；中央单位定点扶贫资金 23.47 亿元；市内对口帮扶资金 93.58 亿元；社会帮扶资金 57.82 亿元；发放扶贫小额信贷资金 89 亿元。将涉农的 16 项中央专项资金、17 项市级专项资金纳入统筹整合范围，由贫困区县政府根据脱贫攻坚需要统筹安排，形成多个管子进水、一个龙头出水的格局，调动了区县积极性，提高了资金使用绩效。坚持扶贫资金切块备案制，资金总量精准到区域，工程项目精准到村，保障性措施精准到户到人。坚持"谁主管、谁使用、谁监管""上下联动、归口管理"的原则，建立健全扶贫资金项目绩效管理、工程类扶贫项目监管、扶贫项目招投标管理、扶贫资金项目公示公告、农村义务监督员等监管制度，从机制制度上管好项目资金。

四、细化到户到人帮扶举措

重庆市在精准识别贫困群体基础上，严格对标"六个精准"，深化"五个一批"措施，到村到户到人精准帮扶。一是发展生产脱贫一批。不断增强以"山地农业、乡村旅游"为主导的特色扶贫产业覆盖带动力，新培育农业产业和乡村旅游经营主体和引导龙头企业参与产业扶贫，探索建立土地流转、资金入股、房屋联营、务工就业、保底分红、产品代销等带贫益贫机制，让贫困群众从产业链上受益。二是易地扶贫搬迁脱贫一批。按照"搬得出、稳得住、逐步能致富"要求，"十三五"期间，累计易地搬迁安置贫困群众 26 万人。四是发展教育脱贫一批。完善从学前教育到高等教育全覆盖资助政策，落实各类教育资助资金和开展"定向式"技能培训。五是社会保障兜底一批。设立健康扶贫医疗基金，构建"七重医疗保障体系"，贫困人口住院费用自付比例降至 10% 以内。

2020 年 5 月，针对不同群体的致贫原因，为顺利如期打赢脱贫攻坚战，重庆市在 2020 年出台了《脱贫攻坚总攻"十大"专项行动方案》，强化精准帮扶，助力脱贫攻坚。重庆市脱贫攻坚总攻健康医疗扶贫专项行动方案、重庆市脱贫攻坚总攻产业扶贫专项行动工作方案、重庆市脱贫攻坚总攻就业扶贫专项行动工作方案、重庆市脱贫攻坚总攻消费扶贫专项行动工作方案、重庆市脱贫攻坚总攻乡村旅游扶贫专项行动工作方案、重庆市脱贫攻坚总攻扶贫小额信贷及金融扶贫专项行动工作方案、重庆市脱贫攻坚总攻易地扶贫搬迁后续扶持专项行动工作方案、重庆市脱贫攻坚总攻生态扶贫专项行动工作方案、重庆市脱贫攻坚总攻社会救助兜底脱贫专项行动工作方案、重庆市脱贫攻坚总攻"志智双扶"专项行动工作方案。十大专项行动方案的出台，保质保量完成了精准脱贫目标任务。截至 2020 年第，重庆市 14 个国家级贫困区县、4 个市级贫困区县全部脱贫摘帽，1919 个贫困村全部脱贫出列，贫困发生率由 2014 年的 7.1% 降至 0.12%。

五、建立"选训管"一体化驻村干部机制

重庆市为提高因村派人精准性和帮扶的有效性，建立了"选训管"一体化驻村干部机制。加强以村级党组织为核心的基层组织建设，按照"因岗定人、人岗相适"原则，分类选派贫困村"第一书记"和大学生村官。坚持"双向选择、供需对接""领导干部驻偏村、党群部门驻弱村、经济部门驻穷村、综治部门驻乱村"和"集团式""菜单式"精准选派驻村干部，采取市级示范培训、区县集中轮训、乡镇常态集训等方式实现在岗驻村干部培训全覆盖，建立了到岗签到、在岗抽查、工作例会、工作纪实、双向考勤等制度，确保驻村干部在村在岗、履责有为。同时，重庆市大力实施本土人才回引工程。围绕引得回、留得住、干得好"三个环节"，突出本土大中专毕业生、外出成功人士"两个重点"，回引贫困村本土人才挂职、创业，破解农村治理人才匮乏问题，打造一支不走的扶贫工作队。

专栏：重庆市开州区紧扣"选、训、扶、管" 强力推进致富带头人培育工作

重庆市开州区把致富带头人培育工作作为贫困地区人力资源开发的重中之重，坚持"能人引路，带贫致富"的思路，在"精确筛选、精心培训、精准扶持、精细管理"四个环节深度发力，强力推进致富带头人培育工作，实现在家贫困人口"闲人变忙人""等靠要变主动干"的转变，为提高脱贫质量、巩固脱贫成果奠定坚实基础。目前已培育498名致富带头人，带动1862名贫困群众实现稳定增收。

一、精确筛选，找准苗子。一是拟定标准"海选"。通过驻村工作队、村干部进村入户走访，筛选创业基础好、具有领办能力、带动至少3户贫困户的人才，广泛发现苗子，建立了海选对象的人才库，确保符合基本条件的一个不漏。二是聚焦重点"优选"。引导外出创业成功人员利用资金技术信息优势返乡发展，储备"返乡"致富带头人。注重从贫困村的村干部、党员、种养业大户等群体中选人，储备"本土"致富带头人。三是规范程序"严选"。坚持"自下而上、公开公示"原则，按照"本人申请、村上推荐、驻村工作队考察、乡镇审核、区级备案"程序，精准选择贫困村致富带头人。

二、精心培训，提升素质。一是大力实施"双培"。加大致富带头人培训力度，通过送培训进农村、进致富带头人的领办项目点，提高贫困人口劳动技能。二是优选培训机构。公开招标6所区级扶贫培训基地校，安排培训经验丰富、后期指导和跟踪服务到位的学校承担致富带头人培训任务。三是科学制定计划。根据贫困村需求和致富带头人领办项目情况，实行"供需对接、缺啥补啥"。四是加强培训协作。实行"走出去、送上去"培训，组织贫困村致富带头人赴山东省参加培训；选送致富带头人参加市扶贫办组织的中蜂养殖、水果种植等培训班。

三、精准扶持，提高质量。一是构建"1+6"政策体系。区政府办印发《培育贫困村致富带头人实施方案的通知》，区级部门根据职责，制定带贫奖补、就业创业、产业发展、电商扶持、金融扶持等6个文件，形成完备的政策扶持体系，做到政策有保障、落实有措施。二是建立带贫激励机制。以带动贫困户增收为导向，鼓励致富带头人通过"务工就业、土地流转、入股分红、利益分红"等方式带贫。三是落实配套扶持政策。强化产业扶持，从事种养殖业的致富带头人从2019年贫困村产业发展资金中直接受益，按照基地建设、产地加工等成效给予差异化奖补。

四、精细管理，良性发展。一是动态管理。实行"一人一档"管理，动态调整评定星级。定期核查带贫效果，适时修改完善数据信息。二是签订"两书"。致富带头人与乡镇签订带贫责任书，与所带动的贫困户签订带贫协议，增强带贫约束力。三是跟踪服务。延伸后期指导，安排区内专家团队，对口联系致富带头人，帮助制定发展规划、提供技术服务。四是强化考核。乡镇承担致富带头人培育工作主体责任，纳入脱贫攻坚年度成效考核，作为督查督导的重要内容，对培育数量、参训、扶持等情况下发通报。

六、完善贫困退出考评体系

为保证贫困退出精准，重庆市不断完善检查验收体系，确保脱贫成效经得起历史和实践检验。进一步优化区县自查、市级抽查、第三方评估、满意度调查"四位一体"检查验收程序，坚决杜绝数字脱贫、假脱贫、被脱贫。围绕"两不愁三保障"标准，坚持定量与定性相结合，建立"五看"验收评价办法，即看贫困户家庭、看贫困村发展、看帮扶实效、看脱贫程序、看档案资料，杜绝贫困退出"唯收入"问题，严把脱贫质量关。

一是借鉴科学理论，形成更为可行的评估指标。重庆市制定了科学的贫困退出机制，对于贫困区县退出条件，主要判断标准是看其贫困发生率是否低于3%。而对于贫困村的退出标准除了看其贫困发生率是否低于3%，同时还要参考评价"八有"标准（有特色主导产业，有硬化村社公路，有便民服务中心，有落实社保政策到户的具体措施，有整洁的村容村貌，有坚强有力的村级班子，有稳定的驻村工作队，有结对帮扶机制），评估贫困村的基础设施、产业发展、公共服务、社会保障等方面的建设情况。对于贫困户的退出标准，确定为贫困人口不愁吃、不愁穿，义务教育、基本医疗和住房有保障，家庭年人均纯收入稳定越过国家扶贫标准线。对于贫困发生率的计算，根据登记贫困发生率，结合实际检查中产生的漏退、错退、漏评、错评的数量和比例，经量化后测算出该区域的实际贫困发生率。对于贫困户收入的判断，重点核算其人均纯收入，结合统计部门人均纯收入和人均可支配收入的计算方法，统筹考虑贫困户的实际情况来进行核算，同时结合其"两不愁""三保障"的情况进行判断，是对于医疗等一些必要支出过大的拟脱贫户、脱贫户，严格其退出条件，必须动态纳入贫困户中。对于群众满意度的调查，主要是测量其对扶贫工作成效的满意情况，除此之外，为了确保扶贫脱贫的长效机制，评估内容中还科学设置了一些了解贫困户退出后的诉求，比如需要政府在产业、社保、医疗、就业、培训、资金等方面哪些还要继续给予帮扶，确保其稳定脱贫，不会出现返贫。

二是细化评估内容，实施更为严格的评估程序。在评估方法上采取了专项调查、抽样调查和实地核查等方式，对相关考核指标进行评估，充分发挥社会监督作用。在抽样调查上充分考虑贫困区县、贫困村、贫困户的样本分布，在方法测算上充分采用专家咨询法、层次分析法来设置评估指标体系和满意度测算体系。为了确保评估结果的真实客观，重庆市对贫困退出的评估机构的程序实施标准化，所有抽样的贫困户都是当场开封，并且采用身份识别证件明确其是否为本人。另外还实施更为严肃的评估纪律，确保其评估过程和结果不受任何人的干扰，加大督察巡查的力度，不接受地方和基层的请吃，其评估全过程对媒体和社会公开，使各项脱贫数据更加可靠、更加公正。

第三节　全面实施"五个一批"脱贫工程

"五个一批"即发展生产脱贫一批、易地扶贫搬迁脱贫一批、生态补偿脱贫一批、发展教育脱贫一批、社会保障兜底一批，是精准扶贫方略的核心内容。"五个一批"脱贫措施是针对贫困多维性的制度设计，重庆市根据区域贫困实际和贫困人口的具体情况，强化脱贫工程落实。早在 2017 年 8 月，重庆市实现了"五个一批"贫困群众全覆盖，随后，不断进行补充和完善，使其成为高质量整体脱贫摘帽和解决区域性整体贫困的有力抓手。

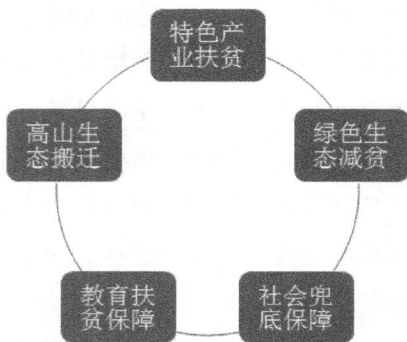

图 6　重庆"五个一批"精准扶贫工程

一、发展特色扶贫产业

产业扶贫是促进贫困群众增收致富和可持续减贫的关键方式。重庆市基于区域特色产业优势、深化产业扶贫，强化以"山地农业、山地旅游"为主导的特色扶贫产业覆盖带动和利益联结。因地制宜在 18 个贫困区县创建"一村一品"示范村，通过推行资产收益、土地流转、资金入股等多种产业扶贫利益联结方式，选聘产业发展指导员等方式，使扶贫产业覆盖有劳动能力的贫困户 100%，做到村村有扶贫产业、户户有增收项目。对 2018 年以来带贫主体实施的产业扶贫项目进行清理，完善收益分配机制。对贫困村中的"空壳村"每村安排 20 万元资金，支持发展壮大新型集体经济。

一是每个贫困区县打造 2—3 个特色扶贫产业。支持贫困村做强一个主导产业，培育一个知名品牌，建成一个运行规范的农民专业合作社，培养一批农民致富带头人，构建一套带贫益贫机制。截至 2020 年底，在 18 个贫困区县创建了超过 300 个"一村一品"示范村，每个贫困村发展了 1 个以上贫困群众参与度高的特色主导产业，至少建立 1 个产业基地，产业覆盖在家有劳动能力的贫困户达到 100%。对成功创建"一村一品"示范村的，在切块区县的农业产业发展资金中给予了以奖代补。

二是实施重点龙头企业奖补政策。打造了一批年销售收入过亿元的龙头企业，优先支持带动建卡贫困户稳定就业和发展生产增收的企业。截至 2020 年底，在 18 个贫困区县新发展农业产业化龙头企业超过了 200 家，其中新发展市级以上龙头企业 50 家。

三是鼓励基层供销社、农业龙头企业、贫困村集体经济组织等创（领）办农民专业合作社。重点发展了股份合作型、加工型、营销型、服务型农民专业合作社。到户财政扶贫资金和社会帮扶资金可作为股金入股农民专业合作社。开展农民专业合作社清理，加强规范化建设。截至 2020 年底，在 18 个贫困区县创建了接近 500 个示范合作社，使每个贫困村有农民专业合作社带动，有产业发展项目和意愿的贫困户都加入农民专业合作社。

四是支持贫困农户依托主导产业兴办家庭农场，加盟或兴办农民合作社。引导贫困农户自愿以农村土地经营权等多种要素入股，组建农村新型股份合作社。支持和引导贫困地区做大做强一批农民合作社联合社。有力支持了农民工、大中专毕业生等返乡下乡创业，带领贫困户发展生产。继续组织龙头企业精准扶贫活动，开展结对帮扶、村企共建。推行"合作社＋家庭农场（农户）＋贫困农户""龙头企业＋基地＋合作社＋贫困户"等带动模式。截至 2020 年底，贫困区县市级以上龙头企业超过 500 家，农民合作社超过 2 万家，实现了一镇一龙头带动、一村一合作社引领、一户一新型主体帮扶。

五是以村为单位设置产业指导员，以到户帮扶干部为主体，主要从驻村工作队队员和第一书记、结对帮扶干部、村组干部中选聘。落实贫困村、贫困户产业发展指导员制度。每村综合设置了1—2名产业指导员，每个主导产业至少设置了1名产业指导员，产业类型分散的按每10—20户贫困户设置了1名产业指导员。

六是组建完善产业扶贫技术专家组，各区县从涉农高等院校、农业科研单位、农技推广机构、农村乡土人才中遴选一批专家，每个产业组建了3人以上专家组，开展产业扶贫咨询和技术指导服务。

七是推进土地入股、财政投入股权量化改革、资产收益扶贫，引导贫困户、村集体、合作社、龙头企业组建农业产业化联合体。构建了完善农民专业合作社带动贫困户增收与享受产业扶贫政策挂钩机制，优先支持带动贫困户占比较高的合作社和贫困户土地入股的股份合作社实施农业产业项目。推广了股份合作、订单帮扶、生产托管、资产收益等有效做法。探索了财政扶贫资金改补为奖、改补为保、改补为贷、改补为股、改补为酬等方式。推进了农村"三变"改革试点，扩大试点范围。农业财政补助资金股权化改革投资项目要向贫困村倾斜，优先量化到贫困户。实施了土地流转、资金入股、房屋联营、务工就业、保底分红、产品代销等带贫益贫机制。

二、实施高山生态搬迁

高山生态扶贫搬迁是改善贫困群体发展基础、彻底斩断穷根的重要举措，重庆市按照"搬得出、稳得住、逐步能致富"要求，将搬迁对象聚集于居住在深山、石山、高寒、荒漠化、地方病多发等生存环境差、不具备基本发展条件，以及生态环境脆弱、限制或禁止开发地区的农村建档立卡贫困人口。同时做好生态扶贫搬迁的搬迁、安置、发展等各项工作。截至2020年底，全面精准地完成了国家下达重庆市的25万建卡贫困人口易地扶贫搬迁任务，居住在"一方水土不能养活一方人"地方的建卡贫困户实现了"愿搬尽搬"；搬迁精准率、住房面积达标率、搬迁入住率、搬迁脱贫率均达到了100%。

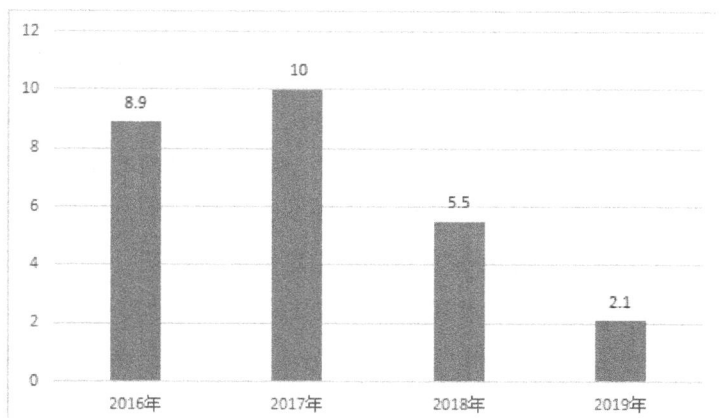

图7 "十三五"时期重庆市易地扶贫搬迁规模（万）

注：数据根据全国易地扶贫搬迁年度报告整理

在安置方式方面，重庆市统筹考虑水土资源条件和城镇化进程，采取集中与分散相结合的安置方式。其中，集中安置主要包括行政村内就近集中安置、建设农民新村集中安置、依托小城镇或工业园区安置、依托乡村旅游区安置、"五保"集中供养安置等；分散安置主要包括"插花"安置、投亲靠友等。

在搬迁后续扶持发展方面，建立"双对接、双选择"的农业产业到户机制，为农业安置为主的搬迁贫困户量身定制"菜单式"产业项目清单，确保每户搬迁建卡贫困户都有一份菜园地、一个增收项。对搬迁贫困户给予产业扶贫、就业扶贫等政策全覆盖。建设一批集中安置点社区管理服务站，完善800人以上安置点的社区服务机构，推动社区管理向小型安置点延伸，确保社区管理服务全覆盖。

专栏：重庆市"12543"工作路径深化易地扶贫搬迁

按照"市负总责、区县主体"原则，重庆市发展改革委更加注重解决好就业、增收、社保等长远生计问题，努力让搬迁户"一步住上新房子、逐步过上好日子"。

一、尊重"群众意愿"，确定搬迁规模和方式。坚持把"群众自愿"作为工作底线，充分尊重搬迁群众意愿，在年度规模的确定上，完全尊重区县及搬迁群众意愿，2016年、2017年、2018年、2019年将区县申报的建卡贫困人口搬迁规模均足额进行了保障。在搬迁安置方式上，不搞强迫命令，在有条件的地区结合乡村规划建设和产业发展实际，依托原有集镇、社区、村落等进一步改善生产生活条件，鼓励和引导搬迁户自愿选择集中安置。

二、守住"两条红线"，严格控制建房面积和大额负债。建立易地扶贫搬迁对象信息报备制度和核查机制，由区县按照"成熟一批、报备一批"的要求，在搬迁工程建设实施前，将搬迁对象名单、建房面积、迁出地、迁入地等信息进行报备。同时委托第三方机构对2018年搬迁户开展常态化、全覆盖核查，确保搬迁质量。坚持"双管齐下"解决大额负债问题，在积极推进宅基地复垦并加快地票交易的同时，针对重庆市"地票"特殊情况，缓解群众建房资金压力，创新出台《"十三五"易地扶贫搬迁建卡贫困户农房整宗地收益权收储实施方案》和《关于加强指导"十三五"易地扶贫搬迁贫困户农房整宗地收益权收储工作的通知》。

三、推进"五个集中"，积极打造集中安置市级示范工程。积极推进集中安置市级示范点建设，集中安置搬迁1915户8717人，其中：建卡贫困人口929户5230人，随迁进入安置点的非建卡贫困人口866户3487人。市统筹资金按照总安置人口给予每人10000元后续发展资金、每人8000元给予随迁非建卡贫困人口建房补助。同时，重庆市公布"十三五"时期新建易地扶贫搬迁集中安置点名单281个，为集中安置点办理建设用地手续提供基本依据。

四、建设"四好住房"，坚持搬迁户居住安心。及时印发支持易地扶贫搬迁安置用地的通知和支持易地扶贫搬迁安置点规划建设的通知，对集中安置点规划选址、用地手续办理、地质灾害评估等工作进行要求。探索优化搬迁住房建设模式，制定深化易地扶贫搬迁统规统建工作指南，为易地扶贫搬迁建设提供参考。联合印发全面开展农村住房安全等级鉴定工作的通知，对易地扶贫搬迁住房全面开展安全等级鉴定，确保住房质量安全。加强住房建设质量安全管理，市扶贫领导小组办公室印发易地扶贫搬迁工程质量安全管理监督指导工作市级部门任务分工，进一步落实质量安全监管责任。

五、绘就"三美家园"，加强基础设施建设和后续扶持措施。积极完善搬迁安置区配套基础设施，落实融资资金用于解决安置区水、电、路等基础设施和教育、卫生、文化等公共服务设施建设。积极落实后续扶持措施，按照"搬得出、稳得住、能脱贫"目标，出台了《关于加强易地扶贫搬迁后续工作的实施意见》（渝发改地〔2019〕1135号）、《关于切实抓好易地扶贫搬迁后续产业发展的通知》（渝农发〔2019〕80号）和《关于进一步加强"十三五"易地扶贫搬迁拆旧复垦和农房收储相关工作的通知》（渝规资〔2019〕930号）。通过微信公众号信息采集系统，全面摸清易地扶贫搬迁人员就业状况和就业需求，全力落实后续扶持工作。

三、落实生态补偿机制

重庆市充分发挥绿水青山的生态优势，使其转化为推动贫困群体增收的经济优势。在加强生态保护的前提下，充分利用贫困县区生态资源优势，结合国土绿化提升行动和农村产业结构调整，发展特色种养业、特色经果林、生态发游等产业，通过土地流转、入股分红、合作经营、劳动就业与自主创业等方式建立了紧密的利益联结机制，拓宽了贫困人口增收渠道。

一是在确保耕地保有量和基本农田保护任务前提下，将25度以上坡耕地、重要水源地15—25度坡耕地、陡坡梯田、严重石漠化耕地、严重污染耕地、移民搬迁撂荒耕地纳入新一轮退耕还林还草工程范围，对符合退耕政策的贫困村、贫困户实现了全覆盖。

二是采取专业合作社、村民自建和以工代赈等方式，组织贫困人口参与退耕还林还草、天然林保护、石漠化治理等生态工程，提高贫困人口参与度。政府投资实施的重大生态工程，优先吸纳具有劳动能力的贫困人口参与工程建设。支持在贫困区县增加开发了生态公益性岗位，以森林和湿地为重点，帮助能胜任岗位要求的贫困人口参与了生态管护工作。

三是探索贫困地区生态综合补偿工作，研究地区间建立横向生态补偿制度。鼓励纳入碳排放权交易市场的重点排放单位购买贫困地区林业碳汇。截至 2020 年底，支持有扶贫任务的 33 个区县实施营造林 627 万亩、岩溶治理 280 平方公里、水土流失治理 580 平方公里；选聘使用生态护林员 25000 人；推动非国有林生态赎买试点 10000 亩。

四是精准选聘和规范管理生态护林员，强化上岗技能培训，推进生态护林员规范管理，仅在 2020 年，在建卡贫困户中精准续聘生态护林员 19000 名、精准开发生态护林岗位 6000 个。

五是落实森林生态效益补偿，累计向有扶贫任务区县足额拨付森林生态效益补偿补助 4 亿元以上，督促及时兑付到农户。扩大森林生态横向补偿改革试点，协调和组织有关区县新增签约森林生态横向补偿 1 单以上，促进了更多贫困区县享受生态资源红利。同时深化非国有林生态赎买改革试点，增加了城口、巫山等区县试点。

六是将重庆市不少于 60% 的重点生态工程指标安排到贫困区县，并允许向有条件实施的贫困乡村和贫困户倾斜。新增的生态护林岗位开发指标，优先支持了居住在自然保护区核心区和缓冲区、属于易地扶贫搬迁并具有护林能力和愿望的建卡贫困人员护林。对与自然保护区管控要求不一致的建设项目，按国家统一要求和部署办理。确因扶贫项目需要，按照《统筹解决生态保护和脱贫双赢的指导意见》（渝环〔2019〕169 号）处理。支持生态产业贷款贴息补助政策，优先帮助贫困地区相关企业恢复生产经营。在疫情防控期间，对扶贫重点项目急需开工建设使用林地等手续的，开辟了绿色审批通道，优化简化了行政审批服务，提前介入、主动服务，采取"网上办""邮寄办""预约办"等多种方式，充分保障了项目建设和企业复工复产。

四、阻断贫困代际传递

实施教育扶贫工程是阻断贫困代际传递的重要手段。重庆市通过建立教育保障机制，推动教育资源向贫困区县倾斜，实施高寒地区学校"暖冬计划""学前教育三年行动""普通高中发展促进计划"等工程，全面改善贫困农村中小学教育薄弱学校办学条件。健全了从学前教育到高等教育全覆盖资助政策，统筹实施了贫困大学生"雨露计划"，有力推动了教育扶贫，取得了切实成效。

在学校建设方面，重庆市通过多种措施提升教育教学硬件建设。一是全面推进贫困地区义务教育薄弱学校改造工作，重点加强乡镇寄宿制学校和乡村小规模学校建设，支持和引导优质学校与薄弱学校通过信息化实现结对帮扶。在贫困地区优先实施教育信息化2.0行动计划。二是实施学校标准化建设工程，推进乡镇寄宿制学校建设和功能室建设，落实床铺、食堂、饮用水、厕所、浴室等基本生活条件，保障信息化、音体美设施设备和教学仪器、图书等配备到位，确保到2020年，各区县两类学校办学条件达到基本标准。三是实施领雁工程、委托管理和捆绑结对发展，促进城乡学校一体化发展；对贫困区县不足100人的小规模学校（含教学点）按100人核定公用经费；寄宿制学校公用经费在非寄宿制学校标准上每生提高了200元。四是将普通高中建设项目、普通高中改造计划等优先支持贫困区县。

在教师队伍建设方面，重庆市重点通过提升教师待遇、提高乡村教师业务素质等方式改善贫困地区教育教学质量。一是改善贫困地区乡村教师待遇，落实乡村教师岗位生活补助政策。继续实施农村义务教育阶段学校教师特设岗位计划，推进义务教育阶段教师校长交流轮岗工作。鼓励通过公益捐赠等方式，通过设立贫困地区优秀教师奖励基金，表彰了一大批长期扎根基层的优秀乡村教师。二是加强贫困区县农村学校、乡村薄弱学校中小学师资队伍补充，引导和鼓励高校毕业生到基层工作。三是加强区县研训机构建设，实施"国培计划"，重点针对百人以下小规模学校教师开展送教下乡培训；促进校长教师交流轮岗，重点引导优秀校长、教师到薄弱学校工作。四是建立完善乡村教师岗位生活补助动态调整机制，将乡村教师岗位生活补助与校长教师交流轮岗、岗位职称改革等工作有机结合起来。督促指导区县按照统一城乡教职工编制标准，全面完成编制核定并向农村学校倾斜，完善了动态调整机制。在职称评审、岗位设置中落实好倾斜政策，畅通了乡村教师职务岗位晋升渠道。五是实施贫困区县乡村教师岗位生活补助制度，统一了贫困区县城乡教职工编制标准，职称评聘向贫困区县学校倾斜。实施了贫困区县农村义务教育阶段学校"特色岗位教师""三区"支教等支教计划，实施了"免费师范生计划"、农村小学"全科教师"培养计划等贫困区县教师培养计划。六是实施"三大专项计划"和高中贫困毕业生定向培养（全科医生）招生计划、免费学前师范生和全科教师计划。高校专项计划精准到贫困区县，市属大专院校每年定向招收一定名额的贫困户子女。

在发展职业教育方面，重庆市通过做好精准培训、岗位对接，提升职业教育培训的水平。一是推动职业教育到村到人，帮助贫困户"两后生"全面接受中、高职业教育。二是在产业集聚区、工业园区、经济开发区等区域支持办好一批职业院校。支持举办了"三二分段制"或"五年一贯制"教育，实施中等职业教育协作计划，提高了贫困区县中职学生生均公用经费市财政补助标准。

五、有效防止致贫返贫

作为精准扶贫的一部分，低保惠民政策等社会保障制度在脱贫攻坚和巩固脱贫成果中的作用越来越重要。重庆市基于"两线合一"政策实践，筑牢了贫困群体的基本生活保障，有效化解了致贫返贫风险。通过健全与经济社会发展和居民收入相适应的农村低保增长机制，按照"就高不就低"原则，累计使符合条件的20余万名贫困人口全部纳入低保保障，实现应保尽保。对纳入低保兜底的贫困人口，严格按照"两不愁三保障"要求进行重点扶持。

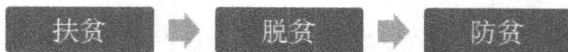

扶贫　➡　脱贫　➡　防贫

图 8　重庆市精准扶贫流程图

专栏：重庆市完善制度兜牢底线，
切实保障贫困人口基本生活

按照习近平总书记关于扶贫工作重要论述及在解决"两不愁三保障"突出问题座谈会上的重要讲话精神，重庆市民政部门紧紧围绕打赢脱贫攻坚战这一战略目标，采取措施，筑牢底线，切实保障贫困人口基本生活。

一、完善兜底"渐退制度"，筑牢基本生活保障底线，确保兜好底。按照国务院办公厅转发《民政部等部门关于做好农村最低生活保障制度与扶贫开发政策有效衔接的指导意见》精神，重庆市积极加强农村低保制度与扶贫开发政策在对象、标准、管理方面的有效衔接，对符合低保条件的农村贫困人口实行政策性保障兜底。同时，进一步建立了低保渐退制度，对纳入农村低保的建档立卡贫困人口，因家庭收入发生变化，家庭月人均收入超过低保标准但低于2倍低保标准的，给予6个月的渐退期。截至2019年11月底，重庆市低保兜底保障23.05万人，占重庆市农村低保总人数的40.1%，累计支出低保金9.1亿元。对14019名家庭收入超过低保标准的兜底保障贫困人口实施了渐退。

二、完善兜底"分户制度"，筑牢重点群体保障防线，确保兜牢底。按照民政部、财政部、国务院扶贫办《关于在脱贫攻坚三年行动中切实做好社会救助兜底保障工作的实施意见》精神，重庆市针对未脱贫建档立卡贫困户中靠家庭供养的重度残疾人、重病患者等完全丧失劳动能力和部分丧失劳动能力的贫困人口，在脱贫攻坚期内，专门实行单人户纳入低保保障政策，加大重病、重残等符合条件贫困人口兜底保障，切实解决了重病、重残等符合条件的贫困人口基本生活。截至2019年11月底，重庆市分户保障4924名未脱贫建档立卡贫困户中重残、重病贫困人口。

三、完善兜底"调标制度"，筑牢基本生活标准增长线，确保兜住底。为保障困难群众生活水平与重庆市经济社会发展水平同步提升，重庆市建立了社会救助标准自然增长机制。2019 年，经市委、市政府同意，市民政局会同市财政局根据上年度城乡居民人均消费支出增长幅度同步调整了最低生活保障标准。2019 年，重庆市农村低保标准达到每人每月 440 元（5280 元／人／年），高于扶贫标准线 1530 元，切实保障了贫困人口基本生活困难问题。在此基础上，重庆市还建立了社会救助和保障标准与物价上涨挂钩联动机制，2019 年 4—11 月连续 8 个月启动联动机制，对城乡低保对象、特困人员发放物价临时补贴，确保困难群众基本生活不因物价上涨而降低。

四、完善兜底"专项制度"，筑牢各类专项救助统筹线，确保兜密底。通过统筹协调相关职能部门各类专项救助政策，切实缓解困难群众医疗、住房、教育等困难问题。因病致贫的低保兜底对象纳入资助参保、住院救助、大病救助、扶贫济困医疗基金等医疗救助政策；因学致贫的低保兜底对象纳入学费减免、住宿费减免、免费教科书、助学贷款等教育救助政策；因住房困难返贫的低保兜底对象纳入危旧房改造等住房救助政策。对遭遇突发事件、意外伤害、重大疾病等导致基本生活陷入困境，其他社会救助制度暂时无法覆盖，或者救助之后基本生活暂时仍有严重困难的返贫对象，给予临时救助，及时保障好贫困人口基本生活，切实发挥临时救助在脱贫攻坚兜底保障中的作用。

第四节　确保高质量精准脱贫

重庆市为确保按时完成脱贫攻坚任务，不断完善和细化精准扶贫方略，将精准贯穿于识别、帮扶、退出全过程，有效杜绝了数字脱贫虚假脱贫，同时立足建档立卡大数据平台，持续做好精准信息保障工作。重庆市通过实施精准扶贫精准脱贫基本方略，坚持区域发展与精准到户、普惠政策与特惠政策、持续输血与稳定造血、能力开发与社保兜底相结合，实施了"十大扶贫行动"和"六个一批"精准到人到户措施，建立了统筹城乡扶贫开发长效机制，有力保证了精准脱贫攻坚战取得全面胜利。

一、全面落实精准扶贫方略

以往扶贫采取大水漫灌的办法，贫困人口难以受益，党的十八以来，实施了精准扶贫、精准脱贫的方略，做到了"六个精准"，实施"五个一批"。精准扶贫方略的核心是从实际出发，找准扶贫对象，摸清致贫原因，因地制宜，分类施策，开展针对性帮扶，实现精准扶贫、精准脱贫。重庆市全面落实精准扶贫方略，为新时代打赢脱贫攻坚战提供了根本思想遵循。

精准扶贫方略是重庆市打赢脱贫攻坚战的行动指南。精准扶贫方略是习近平新时代中国特色社会主义思想的重要组成部分，内涵丰富，意旨高远，是打赢脱贫攻坚战的重要理论指引和思想指南。重庆市在全面建成小康社会的阶段过程中，认真学习、深刻领会习近平总书记"精准扶贫、精准脱贫"思想，为决胜全面建成小康社会夯实了思想基础。

精准扶贫方略是重庆市提升扶贫质量的有力保证。对扶贫对象实行精细化管理，对扶贫资源实现精确化配置，对扶贫对象实行精准化扶持，确保扶贫资源真正用在扶贫对象身上、真正用在贫困地区。扶贫要注重精准发力，在"精准"二字上下功夫，必须在精准施策上出实招、在精准推进上下实功、在精准落地上见实效。重庆市坚持精准扶贫、精准脱贫方略，通过加大对困难群众精准帮扶力度，把帮扶资金和项目重点向贫困村、贫困群众倾斜，扶贫、脱贫的措施和工作做到了精准，实现了因户施策、因人施策。按照习近平总书记的精准扶贫工作要求，强化目标责任，把精准扶贫、精准脱贫基本方略进行细化落实，认真落实每一个项目、每一项措施，凝聚发挥了政府、集体和个人力量，确保了困难群众同步进入全面小康社会。

二、精准有效杜绝数字脱贫虚假脱贫

重庆市在落实精准扶贫方略过程中，始终做到将"精准"二字贯彻落实于贫困群体识别、帮扶、退出全过程，精准理念始终贯穿于脱贫的各项要求、思路、方法中，有力推动了精准脱贫工作取得切实成效，有效避免了数字脱贫和虚假脱贫。重庆市从"精准识别"到"精准帮扶"，再到"精准退出"，串联起了精准扶贫的全过程，每一个环节都盯住了靶心绷紧弦，坚守扶贫主战场。

"精准识别"一户都不能落。重庆市通过建档立卡确保扶贫工作不留死角、不漏一户、不错一人。对贫困人口开展精准识别和建档立卡，使贫困数据实现了到村到户到人。有了建档立卡，精准识别便有据可循，贫困群体便能准确帮扶，重庆市扶贫开发工作进入"滴灌式"精准扶贫新阶段。

"精准帮扶"一项都不能缺。重庆市立足精准识别的建档立卡大数据系统，分析致贫原因，因时、因势、因户、因人精准帮扶施策。不仅仅是通过易地搬迁扶贫，产业扶贫、旅游扶贫、电商扶贫等精准帮扶举措，也利用贫困地区特色优势发挥出精准效能。

"精准退出"一个都不能少。重庆市实施最严格的考核评估，确保脱贫过程扎实，脱贫结果真实。对贫困户、贫困村、贫困县退出的标准和退出程序公开。贫困户退出，走好民主评议、核实认可、公示公告程序。贫困村退出，走好调查核实、予以公示、公告退出程序。贫困县退出，走好县级申请、市级初审、省级核查、公告公示、上报审批、接受检查、批准退出程序。这些举措巩固提升了扶贫成效、脱贫效果，建立了稳定的脱贫长效机制，确保少返贫、不返贫。

三、建立巩固脱贫攻坚成果大数据平台

重庆市按照关于开展建档立卡常态化动态管理工作的相关要求，开展建档立卡常态化动态管理工作，及时纳入新致贫和返贫人口，及时采集录入自然变更人口等工作，建立了建档立卡大数据平台，为推动精准扶贫精准脱贫提供了坚实的信息保障。

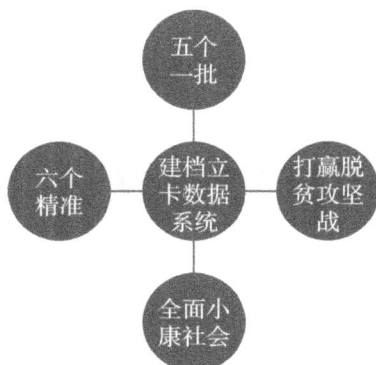

图9　重庆建档立卡数据系统基础性作用

一是建档立卡工作实现电子化管理，保证数据真实。重庆市依托建档立卡大数据平台创新扶贫开发手段，建立覆盖农村人口的数据库，实现数据信息与国家、市、县、乡和村五级数据无缝对接，并且与各相关部门之间实现数据信息互联互通、共享，有力地消除部门间"信息孤岛"。通过大数据平台生成收入测算表和扶贫手册，实行电子化管理，规范扶贫手册和收入测算表填写，改善了基层干部加班加点准备材料，有效防止纸质材料涂改痕迹明显，避免出现集中精力干重复低效的工作，科学、高效地集成信息，提升基层工作效率，为基层减负。

二是建档立卡数据实现部门共享，保证信息准确。重庆市建档立卡大数据管理平台通过与市级其他部门数据平台精准对接，建立信息核对功能，直接反馈国家扶贫开发系统错误信息，可以及时进行修改。大数据平台通过建设精准台账、扶贫措施、脱贫成效、大数据分析、手机APP、系统管理六大模块，确保管理对象台账翔实、扶贫措施落实明确、脱贫成效展现明晰、数据分析支撑有力、移动采集快捷简便、平台使用友好简洁。基于精准扶贫信息化建设成果，通过多部门、多渠道扶贫信息汇聚，纵向贯通县乡村户人、横向关联教育、卫健、医疗、住建、民政等行业部门多源数据。大数据管理平台提供防贫预警、贫困监测、绩效考核等功能，可随机抽取扶贫对象进行筛选比对核实，对扶贫户实施扶贫项目的情况进行跟踪性监督检查。扶贫工作实现了精准监督常态化，确保精准扶贫工作按照目标任务、时间节点高效推进落实。

第五节　重庆市精准扶贫特色经验与发展展望

自精准扶贫方略落实以来，重庆市全面落实党中央、国务院决策部署，深入贯彻习近平总书记关于扶贫工作重要论述和视察重庆重要讲话精神，因地制宜落实落细精准扶贫方略，顺利如期打赢了脱贫攻坚战，向党和人民交出一份满意的重庆精准扶贫工作答卷，并取得了卓有成效的经验启示。

一、特色经验

重庆市在落实精准扶贫方略、打赢脱贫攻坚战过程中，始终强化思想引领、确保脱贫攻坚工作沿着争取方向前进。通过落实"六个精准"和"五个一批"工作要求，重点在政策落实上下功夫。把精准理念贯彻于扶贫脱贫全过程，积极作为，推进脱贫攻坚，确保圆满完成精准脱贫目标任务。

一是以精准扶贫方略引领思想行动，确保脱贫攻坚正确方向。重庆市各级党委政府强化看齐意识，牢牢把握新阶段精准扶贫、脱贫攻坚规律，自觉向党中央看齐，向习近平总书记看齐，深入学习、全面贯彻习近平总书记关于扶贫工作重要论述，确保中央决策部署在重庆落地生根。通过深学笃用精准扶贫精准脱贫方略，做到真学真懂真信真用，确保脱贫攻坚正确方向；通过压紧夯实各级各部门脱贫攻坚政治责任，确保人员到位、责任到位、工作到位、效果到位；通过坚持目标标准，精准落实政策，既不降低标准，也不吊高胃口，确保现行标准下脱贫攻坚质量。

二是以六个精准贯彻新时代扶贫开发要求，促进精准理念贯彻落实。重庆市把精准到人统筹到区域扶贫开发作为基本思路。严格按标准、按程序进行动态调整和建档立卡，强化精准识别专项督导，确保扣好了"第一颗扣子"。通过把扶贫大数据平台作为基础工具。加快推进扶贫大数据平台建设，实现部门数据"聚、通、用"，推动大数据、智能化更好地服务脱贫攻坚，发挥好"统计分析、预警监测、趋势研判、绩效评估、动态管理"

等应用服务作用。加大因村因户精准施策力度，深化推进十大行业精准扶贫行动和六个精准帮扶措施，打通政策落地"最后一公里"。加快贫困地区基础设施、主导产业、公共服务等重大项目建设，切实为实施精准扶贫奠定良好基础。

三是以"五个一批"全面落实精准扶贫方略，提高扶贫脱贫质量。重庆市通过建立解决"两不愁三保障"突出问题协调推进机制，定期召开联席会议，共享信息、对账数据、分析问题、完善措施、推动落实。强化市级行业部门"主管责任"，重点落实"五个一批"脱贫工程，成立了产业扶贫、就业扶贫、安全饮水、义务教育、基本医疗、住房安全等 6 个专项小组，由分管市领导挂帅，市级主管部门牵头，明确工作标准和支持政策，督促指导区县抓好落实。通过落实精准扶贫行动，切实提升了扶贫成效和脱贫质量，使重庆脱贫攻坚工作取得了巨大成就。

二、发展展望

党的十九届五中全会提出，实现巩固拓展脱贫攻坚成果同乡村振兴有效衔接。"十四五"规划就乡村振兴具体路径进行了细致谋划。重庆市在全面打赢脱贫攻坚战之后，高度重视脱贫攻坚与乡村振兴有效衔接工作，在参考落实精准扶贫方略的有益经验基础上，制定了《开展脱贫攻坚与乡村振兴有机衔接试点工作方案》，全力巩固提升重庆市脱贫攻坚成果。

第一，落实"四个不摘"，保持精准扶贫政策稳定。一是责任更紧更实。保持贫困区县党政正职和分管同志稳定，继续在原岗位工作。签订巩固成果责任书，提高脱贫攻坚工作在经济社会发展考核中的权重。二是政策供给加力。市扶贫开发领导小组制定《关于巩固拓展脱贫成果的实施意见》，建立健全动态监测、持续帮扶、"志智"双扶、扶贫项目运管、社会力量帮扶、脱贫攻坚与乡村振兴衔接等巩固成果、防止返贫六大机制。深化贫困村提升工程，统筹推进重点区县与非重点区县、贫困村与非贫困村帮扶发展，一体解决区域性整体贫困和插花贫困。三是帮扶持续不断。贫困村、贫困户脱贫后帮扶保持稳定，驻村工作队、第一书记继续保持，实现帮扶责任网格化、指导常态化、管理智能化。四是监管慎终如始。建立防止返贫动态监测和帮扶机制，防止脱贫人口返贫、边缘人口致贫。为农村边缘人口购买"防贫返贫保"，从健康、产业、财产等方面构建防止返贫致贫风险保障机制。

第二，提升产业扶贫质量，发挥产业精准帮扶与乡村振兴有效衔接的支撑作用。一是发展到村到户产业。以打造"一村一品"为基础，通过引导每个贫困村发展特色产业，推动壮大村集体经济产业实体。引导贫困户通过市场主体参与中长期产业，兼顾推动小养殖、小买卖、小作坊、小庭院"四小经济"等短平快产业，长短结合发展产业，有效提升贫困户生产经营性收入。二是完善产业扶贫利益联结机制。通过优化产业发展与贫困户利益联结机制，探索推广"龙头企业 + 合作社 + 基地 + 农户""创业致富带头人 + 农户互助合作"等模式，促进脱贫户持续稳定增收。通过发挥好扶贫龙头企业和新型农业经营主体的带贫益贫作用，培育一批市级、区县级扶贫龙头企业，推动农民专业合作社规范化建设。

第三，做好衔接试点工作，推动精准扶贫政策与乡村振兴政策衔接。一是按照试点工作方案要求，探索规划、政策、工作等衔接，抓好巩固扩大脱贫攻坚成果、发展壮大乡村产业等 8 项重点任务，推动试点工作取得实效。通过探索在实施乡村振兴战略中加强扶贫工作的政策举措，总结研究一批推进措施、总结一批典型经验、形成一批有效机制。二是有序推进各项政策措施衔接。在 2020 年后按照国家有关要求，对现行精准扶贫政策举措系统梳理、调整完善。推动乡村振兴的相关政策措施优先在重庆贫困地区实施。研究制定重庆巩固脱贫攻坚成果"十四五"规划，与乡村振兴相关政策做好衔接。三是探索建立解决相对贫困的长效机制。保持过渡期内精准扶贫政策稳定，让脱贫成果持续稳定、巩固提升。研究相对贫困人口后续帮扶政策，认真谋划解决相对贫困的重点项目、重点工作，推动开展建立解决农村相对贫困长效机制试点工作，与乡村振兴相关政策做好结合，利用精准扶贫数据探索建立解决相对贫困长效机制。

张　琦，北京师范大学中国扶贫研究院院长、教授、博士生导师

张　涛，北京师范大学中国扶贫研究院

第五章 攻克深度贫困问题

习近平总书记在山西太原主持召开深度贫困地区脱贫攻坚座谈会并发表重要讲话，指出脱贫攻坚本来就是一场硬仗，而深度贫困地区脱贫攻坚是这场硬仗中的硬仗，强调要重点研究解决深度贫困问题，以解决突出制约问题为重点，强化支撑体系，加大政策倾斜，聚焦精准发力，攻克坚中之坚，确保深度贫困地区和贫困群众同全国人民一道进入全面小康社会。重庆市认真学习贯彻习近平总书记重要讲话精神，确定深度贫困地区，精准识别深度贫困群体，出台重点支持政策，高位建构帮扶体系，加大支持力度，深度贫困地区脱贫攻坚取得重要成效。

第一节 攻坚之困：重庆市深度贫困的生成逻辑

一、重庆深度贫困问题的空间扫描

党的十八大以来，党和国家将脱贫作为全面建成小康社会的底线任务和标志性指标，一场全国范围内的脱贫攻坚战就此开展，力度之大、规模之广、影响之深，前所未有。为此，重庆市确立了18个深度贫困乡镇，精准识别其深度贫困的原因、特点、脱贫难点，以集中火力攻克坚中之坚、难中之难。

所谓深度贫困，就是贫困程度更深，脱贫难度更大。从全国的区域分布上看，深度贫困地区集中在革命老区、民族地区、边疆地区和连片特困地区等区域，生存条件恶劣、致贫因素多样、基础设施和公共服务设施薄弱、村两委成员能力弱、经济发展长期滞后、社会文明程度低、人力资源水平低、生态环境脆弱。重庆深度贫困地区也不例外。2017 年 8 月，重庆市委召开常委会议专题研究深化脱贫攻坚工作，调整了脱贫攻坚的节奏和脚步，聚焦深度贫困，在全市范围内重新按照贫困发生率高、贫困人口占比高、人均可支配收入低等标准精准识别了 18 个深度贫困乡镇，重点攻克深度贫困地区脱贫攻坚。18 个深度贫困乡镇分别是：石柱县中益乡、奉节县平安乡、巫溪县红池坝镇、丰都县三建乡、云阳县泥溪镇、城口县鸡鸣乡、巫山县双龙镇、武隆区后坪乡、城口县沿河乡、巫溪县天元乡、开州区大进镇、万州区龙驹镇、酉阳县浪坪乡、彭水县大垭乡、黔江区金溪镇、彭水县三义乡、酉阳县车田乡、秀山县隘口镇。18 个深度贫困乡镇总人口 31.3 万，其中建档立卡贫困户 14638 户 56031 人；行政村 173 个，其中建档立卡贫困村 91 个。这些地处重庆武陵山、秦巴山国家连片特困地区，是重庆的"贫中之贫"，是重庆脱贫攻坚向纵深推进的"主战场"。

二、重庆深度贫困问题的致因分析

对深度贫困乡镇脱贫攻坚中的制约因素进行总体性判断，主要从主体、客体两方面进行。客体方面，恶劣的自然环境、落后的经济社会发展条件、传统历史文化的制约是深度贫困问题的主要原因所在；主体方面，人口受教育水平低、思想意识观念落后、技术型人才匮乏等大大限制了地区发展。

（一）自然地理环境恶劣，可使用资源贫乏

武陵山区和秦巴山区横贯渝东南、渝东北，山大坡陡、沟壑纵横、土地瘠薄、自然条件恶劣。与以往集中连片的扶贫不同，深度贫困以乡镇为攻坚单位，18 个深度贫困乡镇分布在 14 个区县，主要分布于渝东北的大巴山、巫山山区，以及渝东南的武陵山区等复杂的山区地形之中。

以武陵山为例，武陵山是典型的大山区，或是深山峡谷，或是丘陵沟壑，山抱山、山环山，地形复杂。例如城口县沿河乡的房屋主要集中在高山之间的谷底，形成"九山半水半分田"的特点，秀山县隘口镇则是"三岔两沟一平坝"的地形。深度贫困乡镇受山区地形地势的影响，基本生活在海拔较高的高原性山地上，武陵山区海拔在 600 米以上的高原性山地更是占 80% 以上。

自然灾害的频发又加剧了这些贫困乡镇的困境，武陵山、大巴山等山区气候多样，大部分地区容易发生自然灾害，由于贫困人口的抗灾能力弱，"因灾致贫""因灾返贫"成为造成山区贫困人口数量居高不下的主要原因之一。一些乡镇甚至有"十年九灾"的说法，风灾、雨灾、旱灾是主要灾害。例如酉阳县浪平乡，过去常由于汛期雨量集中导致洪灾。频发的自然灾害除了对农业生产造成影响外，还会破坏基础设施，使基础设施的建设难以为继。

（二）经济水平低下，产业结构单一

2017 年重庆全市地区生产总值达到 19500.27 亿元，其中渝北区、九龙坡区、渝中区三个区的 GDP 超过了 1100 亿元，而 18 个深度贫困乡镇所在区县的经济总量则明显较小。所涉及的区县除万州区 GDP 总量达到了 965.8 亿元，开州区 399.6 元，其余区县均小于 300 亿，城口、巫溪以48.8 亿、87.2 亿元的经济总量名列重庆所有区县的倒数第一、第二。经济总量从侧面反映了地区的贫困程度，也是影响地区脱贫的重要因素。所在区县的 GDP 总量尚且在全市名列末尾，更不用说具体乡镇的经济发展水平。

18 个深度贫困乡镇以农业为主导产业，产业结构相对单一。从总体上来看，山区以农业为主，第二产业、第三产业在当地经济中所占的比例远远低于全国平均水平。且农业现代化水平很低，很多乡村的生产方式依然依赖于人力和畜力，依然停留在自给自足的传统的小农经济阶段，缺乏现代化、规模化农业生产。主导产业缺乏或带动作用力不强，导致地方产业发展面临困难，难以推动经济发展。大部分的深度贫困乡镇第二、三产业薄弱，有的乡镇尽管在产业扶贫的政策引导下发展了一些产业，但产业发展速度较慢，对于经济的推动作用并不明显。农民增收渠道单一，支撑贫困农民增收的扶贫产业没有真正形成，多数贫困村的农民收入主要靠粮猪型传统农业和外出务工，"种田饱肚子、养猪喂孩子、打工盖房子"的现象普遍存在。

（三）基础设施落后

深度贫困乡镇多位于山区，复杂的地形、较高的海拔客观上导致了基础设施的相对落后，山高坡陡，信息闭塞，交通困难，基础设施薄弱，农户生产和生活条件十分恶劣。如重庆石柱县中益乡地处偏远、交通不便，近一半的群众生活在海拔千余米的高山上，住房多为土木结构，有的破旧不堪，甚至存在垮塌隐患。巫溪天元乡，位于山坳中的村庄由于西溪河的阻碍一直交通受阻，直到2016年才通过修桥解决了基本的出行难题。自然地理环境的恶劣极大地限制了区域经济的发展。深度贫困乡镇的经济发展水平较低、区县经济总量较小导致贫困乡镇往往缺乏足够的资金用于基础设施建设，地理环境的制约又使得这些位于山区的贫困乡镇兴建基础设施时需要花费比平原地区更多的费用，自然灾害的频发又容易破坏好不容易修好的设施。交通路网稀疏、通达性较差、道路等级低、基础设施欠账严重制约了这些深度贫困乡镇的减贫脱贫步伐。2012年全市仍有171个村、4535个村民小组未通村级公路，有2443个行政村通而不畅，偏远农村未通村级路或通而不达、晴通雨不通情况比较突出。有2万余个自然村仅通人行便道。不仅交通，电力及通信设施也相对落后，位于大山深处的乡镇缺乏足够的通信基站，对外通信不便。水电供应同样是一块短板。

（四）社会事业发展滞后

深度贫困乡镇中，以教育、医疗、社会保障为主要内容的公共事业发展长期滞后，由此导致当地人口受教育水平较低、疾病发生率较高、社会保障体系薄弱，严重制约当地经济社会发展。在深度贫困地区，总体接受教育水平较低，人均教育年限低，教育观念相对落后，义务教育适龄人口的辍学率明显高于全国平均水平。文化程度不高导致劳动力素质低，只能从事低收入的工作，低收入意味着抗风险能力较弱。贫困乡镇的医疗资源短缺，全市23%的行政村没有卫生室，32.4%的行政村无合格村医，因病致贫现象较为常见。

三、重庆深度贫困问题的特点

（一）贫困范围的规模性：三高一低

重庆市深度贫困乡镇是按照国家确定深度贫困县的标准精准识别出来的，与以往的国家级贫困县相比，深度贫困乡镇具有地域范围更小、扶贫对象更精准、扶贫难度更大等特征，因而具有"三高一低"的特点：贫困发生率高、贫困人口占比高、贫困村占比高、人均可支配收入低。2017 年被确认为深度贫困乡镇时，18 个乡镇的贫困发生率从高到低依次为：石柱县中益乡、奉节县平安乡、巫溪县红池坝镇、丰都县三建乡、云阳县泥溪镇、城口县鸡鸣乡、巫山县双龙镇、武隆区后坪乡、城口县沿河乡、巫溪县天元乡、开州区大进镇、万州区龙驹镇、酉阳县浪坪乡、彭水县大垭乡、黔江区金溪镇、彭水县三义乡、酉阳县车田乡、秀山县隘口镇。以其中的龙驹镇为例，经过多年的扶贫实践后，其 2017 年下下村的贫困发生率依然高于 13%，最高的黄显村贫困发生率为 25.45%。由此可见，深度贫困乡镇贫困人口占比多，贫困具有规模性。

（二）贫困程度的纵深性：三差三重

深度贫困乡镇，顾名思义，其贫困不是轻度的、浅层的贫困，而是重度的、深层次的贫困。在资源禀赋和基础方面，重庆市的深度贫困地区具有一般性贫困地区的生存环境差、基础设施差、主导产业带动能力差三个方面的重要表征，且更为突出，贫困程度远远高于其他地区。重庆市深度贫困地区在脱贫任务方面具有"三重"的特点，即低保五保残疾等贫困人口脱贫任务重、因病致贫人口脱贫任务重、贫困老人脱贫任务重等。

（三）贫困类型的多样性：多维贫困

重庆市深度贫困乡镇的贫困类型往往不是单一的，而是多样的，彼此交叉融合。衡量一个地区或个体是否贫困的标准是多维度的。深度贫困乡镇的贫困既表现为最基本的经济贫困，也表现为能力贫困、权利贫困等。经济贫困体现在经济收入的低下，能力贫困主要体现为文化资本、人口素质等较差，权利贫困体现为参与村庄规模的机会不足等等。这些贫困是交织在一起共存的。

第二节　攻坚之策：重庆市攻克深度贫困的实践

恶劣的自然环境、落后的经济社会发展条件、相对较差的基础设施、较低的人口受教育水平、落后的思想意识观念等是 18 个深度贫困乡镇发展的限制条件，影响着乡镇的经济发展与居民生活水平的提高，是脱贫攻坚的关键。近年来，重庆市政府与社会各界针对深度贫困乡镇出台了一系列政策、措施，在体系建设、基础设施改善等方面作出了巨大的努力。

一、构建多元主体扶贫体系

从新公共管理学的视角来看，扶贫实际上也属于公共物品的范畴，既然是一种公共物品，除政府外，企业、社会组织、公众等都是其供给主体。扶贫本质上是一种以贫困对象需求为导向的社会行动，是政府、市场与社会三方主体共同进行贫困治理的过程，通过有机融合政府的制度化扶贫优势和社会的灵活性扶贫优势，对多重扶贫资源进行有效整合，从而实现共同的扶贫目标。

（一）以政府为主导

社会参与的多元主体体系显然仍以政府为主导，政府发挥着顶层设计和政策引领的作用。重庆市针对深度贫困问题实行了"定点包干"机制，组建了深度贫困乡镇脱贫攻坚工作指挥部，坚持"四个一"机制，即组建1个指挥部（市领导任指挥长）、落实1个市级扶贫集团、派驻1个驻乡工作队（厅级领导任队长）、制定实施1个脱贫规划，从市级部门和帮扶单位选派深贫乡镇驻乡驻村干部158名。由政府来提供扶贫这种具有明显正外部性的公共物品，不仅能有效解决市场失灵，完善公共产品与服务建设，还能充分调动社会力量，为贫困地区经济发展提供良好的"硬件条件"。重庆市组织了375家市级单位组建18个市级扶贫集团，由市领导挂帅结对帮扶18个深度贫困乡镇及贫困区县，累计投入帮扶资金50.63亿元，其中2020年投入直接帮扶资金7165万元。

（二）以市场为主力

市场主体在政府的引导下参与扶贫，并且日益发挥着不可替代的作用。市场主体在脱贫攻坚中的作用既包括为贫困地区捐赠物资、提供就业、援助建设，也包括运用市场机制解决贫困地区的发展问题。从援助方面来讲，重庆市国资委组织38家市属国有企业积极参与全市脱贫攻坚工作。2015—2017年累计捐投1663亿元，共有约两千家民营企业和商业协会组织参与精准扶贫行动。银行作为市场主体更是在金融扶贫方面起到了巨大的作用。以农业发展银行重庆分行为例，推广运用"三区三州"差异化支持政策，采取降低准入门槛、执行特惠利率等举措，加大信贷支持力度，深入对接深度贫困乡镇脱贫攻坚规划，仅 2019 年就新审批深度贫困乡镇贷款 4 笔、投放贷款 3.64 亿元，实现对 18 个深度贫困乡镇审批贷款全覆盖。作为一种重要扶贫方式的消费扶贫也充分体现了市场的作用。消费扶贫是社会各界通过购买来自贫困地区和贫困人口的产品与服务，帮助贫困人口增收脱贫的一种扶贫方式，也是全社会助力推进乡村振兴的重要手段，本质上是市场经济条件下的"你卖我买"的商品和服务的交易行为。

（三）社会力量参与协作

为了助力乡村脱贫和优化农村公共服务供给模式，国家和地方政府一直以来都在积极引导社会力量参与协作。重庆市组织 2299 家民营企业参与"万企帮万村"精准扶贫行动，投入资金 30.97 亿元帮扶 1975 个村。深化"我们一起奔小康"扶贫志愿服务行动，发布扶贫志愿服务项目 1.5 万余个，发动 1.4 万多个志愿服务组织和爱心企业参与，开展志愿服务活动 9.15 万场次，受益贫困群众 570 万人次。引导社会组织捐赠资金 26.77 亿元，其中2020 年捐赠超 9 亿元，开展各类公益扶贫项目及活动 4700 多个，惠及困难群众 274 万人次。金科集团主动投入 5.38 亿元，开展产业扶贫、消费扶贫、就业扶贫、教育扶贫、公益慈善扶贫、医疗扶贫等，辐射带动 11 个区县近3 万名群众脱贫增收，荣获全国脱贫攻坚先进集体荣誉称号。

二、推进农村基础设施建设

（一）推行易地搬迁

易地搬迁扶贫是解决基础设施建设问题的方式之一，重庆深度贫困乡镇及下辖村社多处于山区，地形复杂、海拔较高，生态环境脆弱，自然灾害频发。不少贫困村山高路远，推进基础设施建设往往需要耗费平坦地区几倍的人力物力财力，且付出巨大成本建设的基础设施难免面临着被自然灾害破坏的风险。因此，这种情况下易地搬迁扶贫能让深度贫困地区的居民摆脱原来的致贫原因，在新的环境下脱贫致富。搬迁前充分尊重群众意愿，将群众自愿作为工作底线。搬迁后积极完善搬迁安置区配套基础设施，落实融资资金用于解决安置区水、电、路等基础设施和教育、卫生、文化等公共服务设施建设。

（二）改善人居环境

紧扣"住房安全有保障"底线任务，优先满足基本居住条件，同步改善农村人居环境，建设整洁庭院和美丽宜居村庄，不仅房屋安全舒适，而且环境整洁有序。2018年，市住房城乡建委下达18个深度贫困乡镇改善农村人居环境市级示范片20个，每个补助450万元共计9000万元，重点用于净化、绿化、亮化、美化、文化等，提升了贫困村的村容村貌，提振了贫困群众脱贫致富的"精气神"。云阳县泥溪镇实施易地搬迁安置114户，C、D级危房改造127户，农村土坯房改造52户，基本解决贫困群众住房安全保障问题。

（三）改善交通条件

深度贫困乡镇的道路欠账是一个普遍现象，交通问题成为制约其脱贫的重要因素，因此，改善交通条件势在必行。重庆市各区政府对基础设施进行了相当大的投入，一方面改善了乡镇中关系民生的乡道，一方面完善了乡镇与外界交流的公路，推动乡镇内外的资源、信息流动。以彭水县三义乡为例，驻乡工作队牵头编制了《三义乡脱贫攻坚规划》，一大批基础设施"补短板"项目启动，经过近三年的建设，全乡通村达组的路网体系已经建成，人们出行更为方便、往来更加频繁。

（四）优化水电网络设施

制定了《重庆市农村贫困人口饮水安全保障工作实施方案》，分类明确工程措施。对水量不达标的，采取增大供水管径等措施，增大来水量；对水质不达标的，集中供水工程通过配套完善净化消毒设施，分散供水工程通过生物慢滤等措施解决浊度超标问题，并引导用水户饮用煮沸水；对用水方便程度不达标的，将供水管网延伸到院、到户；对供水保证率不达标的，通过引调水、联网供水、购置户用水柜等措施增大工程调剂和调节能力，增强供水稳定性。

三、创立现代化特色产业发展模式

（一）以市场为导向谋划产业发展

深度贫困地区的产业扶贫坚持以市场为导向，因势利导发展适合本地的特色产业。在产业规划发展中做到三个突出：一是突出区域化，按照差异化竞争思路，加快发展和壮大"一乡一品""一村一品"，逐步形成具有本地特色的主导产业带。二是突出精品化，鼓励和引导重点村围绕市场、围绕效益、围绕订单、围绕中心城区建设调整产业结构，提高农产品的附加值和竞争力。三是突出规模化，按照市场化运作方式做大产业规模，鼓励农户以土地入股的方式组建产销合作社，提升农民在产业发展中的主体性地位，着重抓好贫困村扶贫产业种植、养殖示范基地建设。

（二）产业覆盖到户，大力发展特色产业

一是探索多种产业到户方式。采取"公司＋农民合作社＋基地＋贫困户""农民合作社＋基地＋贫困户"等有效做法，通过基地带动、主体带动、项目带动等方式，动员组织贫困户直接参与发展增收产业。二是推行"双对接、双选择"产业到户机制。主导产业规划布局与贫困村贫困户需求对接，贫困村贫困户产业选择与主导产业规划对接；根据主导产业特点和对投入、技术等方面的要求，精准选择自愿参与的农户及参与方式；制订"菜单式"产业项目清单，指导有劳动能力的贫困农户自主选择。如开州区组织13个产业技术首席专家，推出24种增收模式，分类指导贫困户选定增收模式和产业。

（三）构建多样性市场化扶贫融资新模式

构建多样性市场化扶贫融资新模式。根据扶贫项目的不同性质，采取切实可行的投融资方法，拓宽资金来源渠道，改变财政资金单一投入的传统模式。一是设立涉农产业贷款担保专项基金。政府用"有形之手"，制定更有针对性的扶贫政策。积极整合涉农产业政策性资金，归集打捆专项基金，明确规定基金用于涉农产业贷款，严格实行专款专用。及时对接金融机构，充分发挥基金杠杆作用，引导金融资本向涉农产业流动，解决成型的涉农产业专业合作社、龙头企业发展中贷款需求。充分利用小额贷款

扶贫项目的良好机制，积极引导贫困户发展生产，脱贫致富。二是制定涉农产业财税优惠政策。研究出台差别化的税费实施细则，对从事农产品生产、加工的企业、个体户按最低税率计征相关税费，对符合政策的涉农项目实行财政奖补，激发民间参与涉农产业的积极性，做大做实涉农产业。

（四）企农结合助推市场化扶贫新模式

市场化精准扶贫，就要积极鼓励并高效引导社会力量扶贫潜能向贫困地区汇聚，构建"人人皆愿为、人人皆可为、人人皆能为"的开放式的扶贫新格局，建立市场化扶贫方式。主要是引进农业发展的龙头企业，主动寻求与大企业、大集团合作的结合点和切入点，拓展更宽的合作领域，形成紧密的合作关系，争取更多的支持和帮助；建农产品基地，通过订单的方式与贫困村贫困户签订产品供应合同、产品收购合同和技术帮扶合同，以企业为龙头点对点帮扶村组，改变过去老百姓种什么亏什么的现象。目前已探索出资产收益、土地流转、资金入股、房屋联营、务工就业、产品代销、生产托管、租赁经营等8种利益联结方式，引导贫困户多种形式参与扶贫产业发展。

（五）建立产业扶贫四级精准指导体系

建立市、区县、镇（乡）村、贫困户四级产业到户精准指导制度。市级层面：抽调市内100余名技术专家，组建18个产业扶贫工作技术指导组，定点联系指导33个有扶贫任务区县和18个深度贫困乡镇，每季度至少开展一次实地调研指导；组建9个产业技术创新团队，联合开展技术攻关和服务指导。区县层面：14个国家扶贫工作重点区县组建技术专家组101个、专家459名，加强规划和项目论证服务，定期不定期深入镇村开展产业技术指导。镇（乡）村层面：充分发挥基层农技人员、致富带头人作用，建立帮扶机制，指导和带动贫困户发展增收产业。农户层面：建立贫困户产业发展指导员制度，全市选聘产业发展指导员15838人，帮助贫困户落实产业项目、协调技术指导、帮助产品销售等。

四、深化农村集体产权制度改革

农村集体经济作为农村经济的一部分，也是国民经济的重要组成内容，发展农村集体经济对农业增产、农民增收作用巨大，对贫困地区脱贫、缩小城乡差距、实现乡村振兴都具有极大的战略意义。但从当前农村集体经济发展现状来看，还存在诸多问题，而导致这些问题的原因便是农村集体产权制度的不合理不完善。深化农村集体产权制度改革，能够有效助力脱贫攻坚。

（一）明细产权，保障农民的财产权利

农村集体资产产权模糊主要体现在产权"主体"模糊、"成员"资格模糊、集体组织与成员权利与义务模糊三个方面，因此，在实践中，农村集体产权模糊常常导致政府与农民就农地控制权展开激烈的争夺；在农地发展权缺失的前提下，交通沿线、毗邻经济发达地区的农户倾向于持有农地，进而抑制了农地流转；在集体建设用地流转交易中则常常面临集体负责人的"寻租"行为，进而产生较高的交易费用。同时，农地产权权属及其范围不清晰，还会增加交易缔约过程中的评估费用、议价费用、执行费用以及资产套牢风险，耗散农地交换价值，从而约束农地流转。对重庆市农村集体产权改革来说，首要的工作就是明晰产权，政府通过相关条例明晰集体"成员"资格，将农村各类资源资产重新确权颁证，使农村各类资产权属归属清晰。然后，以村组为单位建立农村集体经济股份合作社，并完善合作社内部治理机制，解决集体资产"虚置"的问题。

（二）组建农村集体经济股份合作社

在产权明晰的前提条件下，将土地经营权、林地经营权、宅基地使用权、财政扶贫资金等以股权方式纳入新型集体经济组织管理范围，再依托产权交易平台按照集体资产不同的类别、形态，采用托管经营、自主经营、合作经营、折资入股等方式发展壮大集体经济，进而增加了集体组织成员的股权收益。18个深度贫困乡镇积极探索资源变资产、资金变股金、农民变股民"三变"改革，建立"龙头企业＋村集体经济组织＋合作社＋农户"的发展模式和利益联结机制，带动农户积极参与，组建新型农村集体经济组织，成立农民专业合作社。例如城口县沿河乡在征询群众意愿的基础上，依靠村级经济组织和专业合作社等新型农业经营主体，继续鼓励群众通过租赁、互换、转让、入股等形式，统一流转土地、统一技术管理、统一设施配套，分村发展笋竹、花菇、小黑木耳等产业，村村打造产业基地。

（三）以股权为纽带，探索资产收益扶贫新路径

以集体经济组织、企业等现代组织为依托，提升了财政涉农资金的使用效率；以股权为纽带，加强了项目实施主体与农户的利益联结机制，使得农户成为农村特色产业、集体设施的主人。以石柱县中益乡为例，中益乡探索"入股、代管、联营"合作模式，深度推进农村集体产权制度改革。一是推动土地和劳动力入股合作：农户以土地承包经营权、劳动力等作价入股，农业企业、专业合作社以生产物资及技术指导等入股，村集体经济组织以生产过程协调服务、争取政策支持等入股，经营周期结束后农户、经营主体、村集体经济组织分别按50%、44%、6%的比例分红。二是推动资金入股合作：村集体以财政补助和社会捐赠资金、集体资产等作为公司启动资本金，成立具有独立法人资格的集体股份公司，由村干部和村民共同管理，公司化经营农业产业项目。三是推动代种代管合作：通过"互惠契约"锁定各方权责，公司利用产业补助资金购买种苗，为农户"代种代管"，丰产后按农户70%、业主25%、村集体经济组织5%分红。四是推动以房联营合作，引进县农旅公司以货币出资入股，农户利用宅基地和共享产权房屋入股，民宿公司统一经营，经营收入由农户与公司5:5分红。

第三节　攻坚之效：重庆深度贫困治理的伟大成就

经过近几年来的不断实践，重庆市深度贫困乡镇已经高质量完成脱贫任务，18个深度贫困乡镇发展面貌实现了由"三高一低三差三重"向高质量脱贫与乡村振兴有效衔接转变。91个贫困村全部脱贫出列，累计动态识别的1.6万户6.3万名建档立卡贫困人口全部脱贫。建档立卡贫困人口人均纯收入由2014年的4221元增加到2020年的12359元，年均增幅19.61%。深度贫困乡镇与全市同步消除了绝对贫困，甩掉了深度贫困的帽子。

一、基础设施和公共服务短板明显改善

基础设施落后是制约不少深度贫困乡镇发展的瓶颈。因此，深度改善生产生活生态条件，全面补齐基础设施短板，是破解深度贫困乡镇发展困境的当务之急。几年的脱贫攻坚，18个深度贫困乡镇群众生产生活条件实现了由"吃水靠抬、煮饭靠柴、交通靠走、通讯靠吼"向"煮饭不用柴，小车开进来、雨天不脏鞋"转变。所有行政村通水泥路，家家户户有硬化路；实现4G信号全覆盖，农村电网供电可靠率达99.8%；饮水安全保障率达到100%，5户以上集中供水率达到99.4%；适龄儿童义务教育入学率达到100%；累计实施贫困人口易地搬迁9991人、危房改造5000户；所有贫困村均有标准化卫生室和合格村医，医保参保率、村医服务覆盖率均实现100%，贫困群众出行难、饮水难、上学难、看病难、通信难等问题普遍解决。如平安乡，经过脱贫攻坚实践终结了"吃水靠天、消水靠洞"的无奈，打破了"出门要翻山、出村要出县"的阻隔，改写了"一面坡、两道梁，满山都是土坯房"的历史。短短几年内，全乡群众100%吃上了自来水、100%住上了安全房，全面实现村村通、组组畅、户户联。

武隆区后坪乡，地处武隆、丰都、彭水交界处，从武隆到后坪车程在3个小时左右，是全区最边远、交通最落后、产业最欠缺的贫困乡。但这个边远偏僻小乡却是群山中的"聚宝盆"，集聚有天坑、溶洞等自然遗产，有风景如画的高山湖泊、原始森林、石林，以及苗寨风情等人文景观，但由于交通"瓶颈"的制约，这些丰富的资源只能沉睡，无法成为支撑当地经济发展的经济动力。为了尽早让村民吃上"旅游饭"，武隆区规划两年内打通S204梁彭路、S421江后路2条大通道。据后坪乡党委书记宗小华介绍，两条省道建成后，后坪至武隆城区及丰都、彭水县城的距离均不足70公里，车程在1小时左右，实现"半小时进高速、1小时到武隆"的目标。同时，规划再建成27条92.1公里网络公路和客运站。打通交通"瓶颈"后，后坪乡将重点打造旅游业，打造特色旅游名片镇，通过生态宜居的高山民族风情小镇，实现老百姓稳定脱贫全面小康。

二、基层组织保障体系日趋完善

18 个深度贫困乡镇农村基层组织实现了由"软、弱、散、乱"向"得人心、能打仗、打胜仗"转变。18 个驻乡工作队、172 个驻村工作队、1137 名工作队员、3000 余名帮扶干部扎根一线，舍小家、为大家，涌现出"全国劳动模范"王祥生、"全国脱贫攻坚先进个人"韦永胜、"全国乡镇卫生院优秀院长"蒋凤以及"背包书记"田杰、"教育书记"田富、"点子书记"全克军等一大批先进典型。91 个贫困村党组织由"后进"变为"先进"，基层党组织战斗堡垒作用明显增强，基层干部素质能力有效提升。农村基层党组织更加强化壮大，发挥着巨大的作用，原本软弱涣散的基层党组织在扶贫过程中被整顿并改变。重庆市在全覆盖开展贫困区县、深度贫困乡镇、村"两委"班子回访研判，集中整治软弱涣散村党组织 739 个，村党组织书记、村委会主任补贴标准增幅超 40%。农村致富能手、退役军人、外出务工经商返乡人员、农民合作社负责人、大学生村官等群体中具有奉献精神、吃苦耐劳、勇于创新的优秀党员被选配到村党组织书记岗位上，基层党组织的战斗堡垒作用不断增强。

三、产业促进增收能力不断提升

18 个深度贫困乡镇产业发展实现了由苞谷、红苕、洋芋"三大坨"向一二三产融合发展转变。农业产业结构有效调整，产业聚集度明显提升，每个深度贫困乡镇至少培育 2 个以上扶贫主导产业，新发展柑橘、榨菜、中药材、茶叶等扶贫产业 314 万亩，特色产业对贫困户覆盖率达 100%，粮经比例从 2017 年初的从 9:1 到目前的 4:6，特色产业发展初见成效。组建新型农村集体经济组织 21 个，成立农民专业合作社 297 个，引进龙头企业 118 家。落实财政资金股权化改革 1.8 亿元，受益贫困户达 6000 余户。2020 年，172 个行政村集体经济收入平均达 19 万元。以彭水县三义乡为例，三义乡地处武陵山腹地，是典型的高寒冷凉贫困山区。"两山夹一槽"、海拔垂直落差达 1230 米是该乡的典型特征。过去全乡农户主要依靠种植土豆、玉米、红薯传统"三大坨"传统作物维持生计，2017 年全乡贫困发生率高达 11.6%，全乡 6 个村均为"空壳村"。深化脱贫攻坚以来，三义乡针对本地致富带头人能力有限的实际，引入外来合作企业的负责人和培育本地产业发展的带头人作为"产业村长"，以市场为导向、以"三变改革"为利益联结纽带与村集体经济合作并带领贫困群众，建设产业基地、发展特色产业、创立扶贫车间，2019 年全乡 6 个村的村集体经济平均收入达到了 10.7 万元，贫困群众直接增收人均达到 1150 元，探索出了一条稳定的产业脱贫路。

四、脱贫群众获得感和精神风貌大大改观

18 个深度贫困乡镇干部群众精神面貌由"等靠要，推着走"向"既然党的政策好，就要努力向前跑"转变。在脱贫攻坚的过程中，随着认知与行动的改变，贫困人口的精神世界也得到充实和升华，发生了从内而外的深刻改变。显然，脱贫攻坚不仅使贫困群众拓宽了增收渠道、增加了收入，而且唤醒了贫困群众对美好生活的追求，极大提振和重塑了贫困群众自力更生、自强不息，勤劳致富、勤俭持家，创业干事、创优争先的精气神，增强了脱贫致富的信心和劲头。脱贫攻坚打开了贫困地区通往外部世界的大门。交通基础设施的改善打通了贫困地区与外界的联系，公共文化事业的发展丰富了贫困群众的精神文化生活，网络的普及让贫困群众增长了见识、开阔了视野。18 个深度贫困乡镇所有行政村均健全完善了村规民约，设立乡贤讲理堂、道德评议会、红白理事会等 378 个，评选"五好家庭"6.3 万余户次，217 个"老光棍"当上了"新郎官"。广大贫困群众感恩意识越来越强，奔跑劲头越来越足。2017 年 8 月以来，18 个深度贫困乡镇先后 5 次在全国性会议上交流脱贫攻坚先进经验，人民日报、新华社、央视新闻等中央主流媒体宣传报道 410 余次（篇）。3 年来 18 个深度贫困乡镇贫困群众对脱贫攻坚满意度均达 99% 以上。社会主义核心价值观广泛传播，贫困地区文明程度显著提升。

深度贫困乡镇的群众也享受到了金融扶贫的政策红利。住在奉节县平安乡的周维琼，"因病辍学"在 2015 年被评为贫困户。平安乡是奉节最边远的乡镇之一，距离城区近 80 公里路程，传统种植收益微薄。周维琼一边做

烟草育苗管理员，一边种地。2017年，奉节县金融扶贫政策进一步放宽，所有曾建档立卡的贫困户均有资格享受政府红利，政府、银行共担风险，为有意愿的贫困户提供政府全额贴息、免担保、无抵押贷款，金额最高5万元，贷款期限为1至3年。在平安乡政府和曾经的帮扶责任人的帮助下，周维琼取得了5万元的免息贷款，用于发展辣椒种植，并与该乡天安农业公司达成合作，所有产出由天安公司保底回收。"种辣椒见效快，只需要4个月就能变现，按照市场价格，预计能有1万元左右的纯收入。我同天安公司合作，也不用担心没销路。"周维琼算了笔账，加上烟草公司的管理员工资，现在她一个人每年能有3万多元的收入。等辣椒出产以后，大棚仍有几个月的闲置，周维琼打算到时候种大白菜，年收入又能多一些。

重庆深度落实各项扶贫惠民政策，全面增强群众获得感。重庆结合深度贫困地区健康扶贫需求，制定了包括卫生基础设施设备建设、加强人才队伍培育、强化公共卫生服务等6大类13项具体帮扶措施，使深度贫困地区基本公共卫生服务指标接近全市平均水平。为完善深度卫生基础设施设备，重庆市要按照乡镇卫生院、村卫生室标准化建设要求，对深度贫困乡镇医疗机构查漏补缺，为每个乡镇配备1台救护车，并完善乡镇卫生院中医馆等中医综合服务区建设。为改善深度贫困乡镇卫生院条件，加强远程医疗能力建设，推行贫困人口"先诊疗后付费"结算机制；将丧失劳动能力、失去自我发展能力的深度贫困户纳入农村最低生活保障范围，通过民政低保"兜底"保障其基本生活；推动文化扶贫，统筹1亿元资金，重点用于全市深度贫困乡镇的"三建六送"项目，为18个深度贫困乡镇每个建设一个电影院或室内固定放映厅。

第四节　攻坚之得：重庆市深度贫困问题治理的经验

一、坚持党的引领作用，高位推进

（一）坚持党的引领作用，组织保障到位

坚持和加强党的领导，提高政治站位，是打赢打好脱贫攻坚战的重要保证。坚持和加强党的领导，是做好一切工作的根本保证。重庆市一以贯之地按照习近平总书记视察重庆重要讲话和亲临石柱视察重要指示精神，不断加强村级党组织和干部自身建设，增进群众感情，提高治理能力和服务群众能力，迅速凝聚起了强大的脱贫攻坚合力，在工作最吃紧的时候找到了最科学最精准最有效的"招数"，最后在有限时间内解决了"老大难"、啃下了"硬骨头"。

重庆市政府在脱贫过程中坚定不移地抓党建促脱贫，时时刻刻坚持党的引领作用，将学习习近平总书记关于扶贫工作重要论述和视察重庆重要讲话精神纳入中心组学习重点内容和党建考核重要内容。与此同时，开展习近平总书记关于扶贫工作重要论述系列宣传宣讲活动，市领导带头宣讲，通过"课堂式大集中、互动式小分散"方式，市委和区县党委组建宣讲团开展集中宣讲12600余场次。各级干部政治自觉、思想自觉和行动自觉持续增强。

1. 加强基层党组织建设。全覆盖开展贫困区县、深度贫困乡镇、村"两委"班子回访研判，集中整治软弱涣散村党组织739个。新发展农村党员9649名。村级组织办公经费补助标准实现翻番，村书记（主任）补贴标准增幅超过40%。

2. 关心关爱一线扶贫干部。区县扶贫机构人员行政编制增加51%、事业编制增加43%，169个扶贫任务重的乡镇单设扶贫办或扶贫开发服务中心。贫困区县新招录乡镇公务员1231名。单列名单跟踪培养脱贫攻坚一线优秀年轻干部，年度考核对驻乡驻村干部进行单列并适当提高优秀等次比例。提拔重用脱贫攻坚干部1179名。切实解决11名因公殉职扶贫干部家庭的后顾之忧，大力宣传杨骅、周康云等先进典型。3人、1个集体荣获全国脱贫攻坚奖，市级表彰脱贫攻坚先进集体50个、先进个人100名。

3. 深化扶贫领域腐败和作风问题专项治理。坚持"三个区分开来"，查处扶贫领域腐败和作风问题1791件2615人，开展社会经济组织骗取扶贫财政补贴问题集中整治、惠民资金"一卡通"等专项整治，开展扶贫领域"以案四说""以案四改"，以精准监督推动精准扶贫。

4. 切实减轻基层负担。用好精准扶贫大数据平台，推动数据信息共享，减少基层填表报数。市级层面每年只开展1次脱贫攻坚成效考核、1次专项督查巡查，减轻基层迎评迎检负担。发至区县的规范性文件79件、减少33%，开至区县的工作会议10个、减少30%。

（二）坚持高位推进，自上而下建立对口帮扶体系

在加强攻坚深度贫困的组织领导上，重庆采取"定点包干"方式，形成了"市领导＋市级责任单位主要负责人＋区县党政主要负责人＋深度贫困乡镇党政主要负责人"的指挥体系和"驻乡工作队＋驻村工作队"的落实体系。具体来说，每个深度贫困乡镇由一名市级领导挂帅任指挥长，明确一个市级包干责任部门，由部门主要负责领导担任常务副指挥长，所在区县的党委书记和区县长任副指挥长，明确市级总体责任，区县主体责任、乡村两级直接责任，层层压实责任、传导压力。

1. 开展市领导蹲点"促改督战"和党员干部"访深贫、促整改、督攻坚"活动，做到"用力做起来"。陈敏尔同志、唐良智同志带头，22位市领导深入18个贫困区县、156个乡镇、261个村蹲点，传导责任、指导工作、督导落实。陈敏尔同志专程到市扶贫办机关调研指导。全体市领导赴石柱县开展主题教育脱贫攻坚集体调研，召开脱贫攻坚现场工作会议。市委常委会班子、市政府党组带头，33个区县、32个市级部门召开专题民主生活会，主动认领问题，深刻剖析根源，狠抓工作落实。20余万干部开展为期一年的"访深贫、促整改、督攻坚"活动，点对点推动脱贫攻坚政策措施"户户清"。

2. 以上率下推动责任落实。陈敏尔同志、唐良智同志带头履行"双组长"职责，召开市委常委会会议 14 次、市政府常务会议 12 次、市扶贫开发领导小组会议 7 次，亲力亲为研究推动脱贫攻坚。陈敏尔同志到贫困县随访暗访，唐良智同志就易地扶贫搬迁问题整改"解剖麻雀"。市领导认真履行"定点包干"责任，市委、市政府分管领导每周至少调度推进一次工作。贫困区县以脱贫攻坚统揽经济社会发展全局，签订责任书，开展脱贫攻坚专项述职，攻坚责任全面压紧扣实。

3. 强化督查推动工作落实。市委分两轮对 46 个单位脱贫攻坚工作进行巡视，区县巡察基层党组织 861 个。组建 16 个由正厅局级干部任组长的常态化督查巡查组，持续开展脱贫攻坚"增强 CT"。实施全覆盖扶贫专项审计。完善定性与定量、第三方评估与部门对账、集中考核与平时工作相结合的考评机制，提高脱贫攻坚在经济社会发展实绩考核中的权重，以最严格的考评确保脱贫质量过硬。出台《重庆市扶贫领域监督执纪问责七项制度》，市纪委监委设立第八纪检监察室专司以脱贫攻坚为重点的民生监督工作。约谈区县负责人 17 人，调整不适宜的市管领导干部 9 名，查处扶贫领域形式主义、官僚主义问题 992 件 1417 人。

二、坚持精准聚焦，加大投入

（一）坚持精准聚焦

为了啃下深度贫困这块硬骨头，重庆市坚定不移攻城拔寨，扎实推动深度贫困攻坚走深走实。

1. 紧盯 4 个未摘帽县。4 县投入市级以上财政专项扶贫资金 16.7 亿元，整合财政涉农资金 34.4 亿元、落实国企帮扶资金 4 亿元用于深度攻坚。33 个贫困村实现 100% 通硬化路，村民小组通达率、通畅率分别达到98%、90%。

2. 紧盯 18 个深度贫困乡镇。每个乡镇由一个市领导挂帅、一个市级部门牵头负责、一个扶贫集团对口帮扶、派驻一个驻乡工作队，围绕深度改善生产生活生态条件、深度调整农业产业结构、深度推进农村集体产权制度改革、深度落实各项扶贫惠民政策"四个深度"发力。累计开工项目

2209 个，贫困发生率从 18.24% 下降到 0.33%。石柱县中益乡等形成一批可复制可借鉴的经验。

3. 紧盯 13.9 万未脱贫人口。加大贫困病人、残疾人、老人、失能人员等精准帮扶力度，开展农村留守儿童"合力监护、相伴成长"行动，建立农村特困失能人员集中供养模式，落实低保渐退期和分户制度，确保脱贫路上一个不少。

（二）坚持加大投入

1. 用好财政扶贫资金。重庆市投入市级财政专项扶贫资金 19.2 亿元、区县资金 17 亿元，较中央资金安排重庆市增幅高 5.2 个、1.3 个百分点。完善涉农整合资金方案审查反馈、部门季度联席会议制度，整合资金 102.8 亿元，直接用于贫困区县农村基础设施和扶贫产业发展。

2. 建好脱贫攻坚项目库。设立项目库负面清单，委托第三方机构对入库项目逐一审查，强化项目带贫绩效，建立政府采购"绿色通道"，对项目库建管实行全程动态监管。2018—2020 年共纳入扶贫项目 4.2 万个、计划投资 581 亿元，其中 2019 年项目 1.6 万个、投资 195 亿元。

3. 强化日常监督管理。制定《关于进一步加强行业主管部门脱贫攻坚监管责任的意见》《重庆市扶贫资金监督管理办法》，健全财政部门牵头、行业部门主管、区县党委政府主抓、第三方经常性核查评估相结合的扶贫资金项目监管机制。建立资金支出进度月排位通报制度，建设脱贫攻坚项目"三账一表"监管系统，建立扶贫审计常态化监督机制，全面落实公告公示制度，确保资金使用精准、项目安排精准。

三、深化东西部扶贫协作和定点扶贫

陈敏尔、刘家义同志分别率队互访。落实援建资金 6.63 亿元，是协议额的 1.4 倍，较去年增长 25.2%，资金拨付率达 84%。33 家山东企业来渝实际投资 3.43 亿元，吸纳贫困人口就业 457 人，带动 4305 名贫困人口增收。转移我市贫困人口到山东就业 531 名、就近就地就业 2268 名，是协议目标的 265%、162%。组织"十万山东人游重庆"，开通 4 条航线、2 个旅游扶贫专列。互派挂职干部 107 名、专业技术人员 1161 名，组织 100 名贫困村党支部书记赴山东挂职学习。在京召开中央单位定点扶贫工作座谈会，9 家中央单位投入帮扶资金 1.96 亿元、引进帮扶资金 10.83 亿元（其中包括水利部定点帮扶 5 区县的水利行业倾斜资金 8.56 亿元），较去年分别增长 211.1%、99.8%，实施扶贫项目 135 个；帮助培训基层干部 4986 名、技术人员 12812 名；采购贫困地区农产品 2230 万元，帮助销售 1406 万元。

重庆市组织 437 家市级单位组建 18 个市级扶贫集团，结对帮扶 18 个深度贫困乡镇及所在贫困区县。组织 38 家市属国有企业帮扶 4 个未摘帽县。主城区都市圈 18 个区县结对帮扶 14 个国家贫困区县，落实对口帮扶实物量 4.2 亿元。

四、因地制宜依托行业制定扶贫策略

重庆市以习近平总书记关于扶贫工作的重要论述为指导，因地制宜依托行业制定相应的扶贫政策。中益乡是全市 18 个深度贫困乡镇之一。2017 年 8 月以来，按照市委、市政府统一部署，中益乡围绕深度改善生产生活生态条件、深度调整产业结构、深度推进农村集体产权制度改革、深度落实各项扶贫惠民政策持续发力，脱贫攻坚取得明显成效，贫困人口由 539 户 1838 人减少至 46 户 120 人，贫困发生率降至 1.72%，基础设施、村容村貌、群众精神面貌等发生显著变化。

（一）"三创"注重长远发展

一是创建入户指导体系。全区由 69 名农业专家组成柑橘、茶叶、小水果、中药材、特色水产、畜禽、蔬菜、粮油等 8 个方面的产业专家组，镇乡（街道）选派 192 名农技师联系全区 192 个村，构建了"8 + 192"入户指导体系。二是创建专业合作示范社。优选班子思路活能力强和产业发展基础实、前景好的专业合作社，创建培育区级以上示范社 84 个、市级示范社 63 个、国家级示范社 13 个，引导示范社发挥优势，带动更多贫困农户实现脱贫增收。三是创建利益联结机制。加强扶贫产业与村集体和贫困户的利益联结，帮助贫困村创新股权设计，扶持壮大集体经济，让贫困户获得分红收益，形成稳定收入来源。

（二）"三帮"强化产销服务

一是帮助制定发展规划。开展专项调查研究，结合全区贫困村实际，因地制宜科学规划，为其制定有特色、可操作、能实现的产业发展路径和模式，真正实现以产业振兴引领脱贫攻坚。二是帮助改造传统产业。开展科技试验示范推广工作，结合现有产业，筛选推广一批适应当地种、养、加工等短平快发展项目，加快农业科技成果在农村的转化运用。三是帮助销售农特产品。大力发展电商扶贫，利用村级电商服务站，农技师们对贫困户从思想上加以引导、技术上加以指导、智能上加以扶持，帮助打通线上销售渠道。

（三）"三讲"树立发展信心

一是讲政策。农业专家和农技师到各贫困村广泛宣传产业结构调整、产业链条培育、实施农旅融合等产业扶贫政策，鼓励贫困群众用好政策，积极参与产业发展，通过"造血"实现脱贫致富。二是讲技术。区级专家组累计开展农业技术指导 2387 次、培训"土专家"及新型农民 1900 余人，乡镇农技师累计走访贫困户 32433 户次、开展技术指导 8756 次。三是讲典型。讲述身边发展产业实现脱贫致富的生动案例，开展贫困农户互学互帮活动，激发贫困群众发展产业的激情，树立发展产业脱贫致富的信心。

五、"五定法"精准解决突出问题

重庆市坚持把学习贯彻习近平总书记在深度贫困地区脱贫攻坚座谈会上的重要讲话精神作为首要政治任务，把解决"两不愁三保障"突出问题、打赢脱贫攻坚战作为"不忘初心、牢记使命"主题教育的重要实践载体，把习近平总书记在深度贫困地区脱贫攻坚座谈会上的重要讲话精神转化为工作思路、具体抓手和发展成果。在工作中，坚持定标施策、定向发力、定点消除、定网监测、定责问效，以精准精细的政策措施，确保"两不愁三保障"落地落细，推动脱贫攻坚走深走实。

（一）定"标"施策，精准确定政策标准

把解决"两不愁三保障"突出问题作为基础性战役、底线性任务、标

志性指标，对标对表中央要求，确保到 2020 年稳定实现农村贫困人口吃穿不愁，义务教育、基本医疗、住房安全有保障。5 月 20 日至 21 日召开市委五届六次全会，审议市委、市政府《关于贯彻落实习近平总书记在解决"两不愁三保障"突出问题座谈会上重要讲话精神的实施意见》，出台155 条工作措施。围绕产业发展，重庆市专门成立了 18 个深度贫困乡镇产业扶贫工作指导组，立足资源禀赋、生态条件和市场需求，深度调整产业结构，突出产业发展重点，全力推进一乡一业特色产业发展。在产业培育上，重庆还注意突出资源优势，培育生态产业。充分运用贫困地区良好生态优势，按照产业生态化、生态产业化的基本思路，突出乡村特点，坚持走差异化、特色化、生态化发展路子。

（二）定"向"发力，精准聚焦薄弱环节

重庆市采取专项调研、联合调研、督查调研等方式，多轮次开展 4 个未摘帽县、33 个未脱贫村、18 个深度贫困乡镇"两不愁三保障"专题调研，累计走访 96 个乡镇 249 个村 6239 户，实地查看项目 245 个，查找出影响解决"两不愁三保障"突出问题的 7 大类 24 个方面薄弱环节。在深入调研的基础上，对照国家指导意见，制定出台实施方案，优化政策供给。

（三）定"网"监测，精准实施动态管理

准确领会把握习近平总书记"解决'两不愁三保障'突出问题，摸清底数是基础"的要求，加强动态监测和信息共享，真正做到底数清、情况明。线下，建立常态化核查机制，组织各级帮扶干部对贫困户"两不愁三保障"情况进行全面摸排、签字背书，乡镇党委政府建立工作台账，区县主管部门逐户核实销号，市级抽查验收确认，每月比对一次动态变化，全面掌握未脱贫、已脱贫、临界户三类群众"两不愁三保障"状况。线上，依托全市精准扶贫大数据平台，开发"两不愁三保障"子系统，分级、分行业建立"两不愁三保障"监测平台，实现基本信息动态化、数字化管理。

（四）定"点"消除，精准落细攻击点位

准确领会把握习近平总书记"要加大工作力度，聚焦突出问题，逐村逐户逐项查漏补缺、补齐短板"的要求，动员 10 多万干部对所有贫困人口"两不愁三保障"情况进行拉网式排查，通过 APP 适时上传数据，做到户户上门、人人见面。在全市建档立卡的 185.1 万贫困人口中,"两不愁三保障"已解决 177.16 万人、占 95.68%,有 79898 人未实现完全保障、占 4.32%。组织开展脱贫措施"户户清"行动,对没有完全实现"两不愁三保障"的贫困人口,定出时间表,建立问题台账,定人、定责、定目标、定标准。建立市级部门、区县、乡镇、村"四级联动"工作机制,实行问题整改签字背书制度,逐户逐项限时解决,明码结账销号。

（五）定"责"问效,精准压实工作责任

准确领会把握习近平总书记"解决'两不愁三保障'突出问题,理顺'两不愁三保障'工作机制"的要求,以责任倒逼推进工作落实。落实"六个责任",即:市委、市政府的政治责任,市委书记陈敏尔、市长唐良智亲力亲为推动责任、政策和工作落实;市扶贫开发领导小组办公室的"统筹责任",建立"两不愁三保障"工作协调推进机制,每月召开工作联席会议,共享信息、对账数据、分析问题、完善措施、推进工作;市级行业部门的"主管责任",市级层面成立产业扶贫、就业扶贫、安全饮水、义务教育、基本医疗、住房安全等 6 个专项小组,明确工作标准和支持政策,指导区县抓好落实;区县党委、政府的主体责任,全面落实政策措施,进村入户解决具体问题;纪委监委机关的"监督责任",将解决"两不愁三保障"突出问题作为扶贫领域腐败和作风问题专项治理的重点内容,今年以来查处扶贫领域腐败和作风问题 1447 件,处理党员干部 2095 人;党员干部的"帮扶责任",把"两不愁三保障"落实情况作为帮扶干部履职的基本内容,制定帮扶干部管理和考核办法,建立经常走访、定期回访、突击专访等制度,确保工作措施精准落实到位。

六、消除精神贫困,激发群众内生动力

激发群众内生动力是打赢打好脱贫攻坚战的先决条件。在脱贫攻坚中,重庆市各个深度贫困乡镇始终注重消除农民的精神贫困,通过喜闻乐见、通俗易懂的宣传教育形式,强化扶智和扶志,拔去思想穷根,激发其以主人翁的责任感主动积极参与,通过对贫困群众的宣传引导和职业技能培训,彻底斩断"贫困代际传递"链条。"致富道路千万条,总能适合我一条。这么多挣钱的机会，我不想向前跑都不行。"重庆市石柱县中益乡华溪村脱贫户谭登周说，"即使我跑不快，只能养点中蜂，但也要努力向前跑。"

重庆市城口县鸡鸣乡、沿河乡在脱贫攻坚中尤其注意将扶贫与扶志、扶智相结合，采取"六进六扶"提振群众脱贫信念和能力，激发他们"我要脱贫"的内生动力。"六进六扶"分别是理论政策进农家"扶思想"，组织宣讲队以院坝会等形式讲贴近群众的脱贫政策和故事，在群众心里种下了冲破思想藩篱的种子，汇聚成"我要脱贫"的磅礴力量；典型示范进农家"扶志气"，通过连续3年评选表彰县级脱贫致富光荣户，以及孝老爱亲、勤劳致富等各类典型榜样，让群众有了身边的鲜活榜样，极大地鼓舞了群众脱贫士气；干部专家进农家"扶人才"，选派优秀中青年干部到乡镇进村社，多种方式引进各领域专家型紧缺人才462名，回引大学毕业生200余名、外出务工能人400余名，逐步破解农村人才短缺问题；致富本领进农家"扶技能"，通过统筹全县资源深入实施"1户1人1技"工程，开展实用技能培训2.5万人次，确保了每个贫困家庭至少有一人掌握一门实用技能；和美人居进农家"扶环境"，通过整体推进全县农村人居环境整治；文明实践进农家"扶新风"，通过综合采取法律规范、规约约束、村民自治等系统举措，深入整治办酒风、赌博风、慵懒风、脏乱风，农村歪风邪气得到根本扭转，大家将精力集中到发展产业、脱贫致富上来。

第五节　攻坚之制：重庆市脱贫地区稳定脱贫的长效机制

深度贫困地区脱贫攻坚目标任务完成后，将转入主要针对相对贫困问题的解决及实现脱贫攻坚与乡村振兴相结合的新阶段。如何在"后扶贫时代"继续巩固脱贫成果、防止返贫，并建立健全稳定长效的脱贫机制、推动脱贫攻坚与乡村振兴有效衔接是新时代的重要任务。深度贫困地区构建稳定脱贫长效机制面临着资源禀赋条件差、后续发展乏力，基础设施建设不足、公共服务缺失，精神贫困问题突出、人力资本薄弱等现实困境。应以政府为主导，以多方协作、市场化、利益联结为原则遵循，加强脱贫监测预警、发展地区特色产业、坚持绿色发展道路、保障易地扶贫搬迁、解决精神贫困问题，切实提高深度贫困地区群众的可行能力，实现稳定脱贫和长效发展。重庆市根据深度贫困地区的具体情况进行了切实可行的制度和机制设计。

一、六强化五提升六机制巩固脱贫成果

为进一步提高脱贫质量，有效防止返贫，重庆市深刻领会习近平总书记指出的"多管齐下提高脱贫质量，巩固脱贫成果，把防止返贫摆在重要位置，减少和防止贫困人口返贫""探索建立解决相对贫困长效机制"重要指示精神，一手抓贫困人口如期脱贫，一手抓脱贫成果巩固拓展，高质量打赢打好脱贫攻坚战。

（一）"六强化"巩固贫困户脱贫成果

1. 强化义务教育保障，持续改善贫困地区办学条件，强化控辍保学，精准落实资助政策，确保已脱贫和未脱贫家庭子女全覆盖持续享受教育保障政策。2. 强化基本医疗保障，深入实施大病集中救治、慢病签约服务、重病兜底保障"三个一批"行动，已脱贫和未脱贫人口全部纳入基本医疗保险、大病保险和医疗救助等制度保障范围，常见病、慢性病能够在区县、乡镇、村三级医疗机构获得及时诊治。3. 强化住房安全保障，对动态新增的建档立卡贫困户等4类重点对象的住房全面进行安全等级鉴定，跟踪脱贫户住房安全，及时动态消除脱贫户、未脱贫户动态产生的C级、D级危房。加大建新拆旧工作力度。4. 强化饮水安全保障，动态掌握农村饮水安全现状，及时消除饮水安全问题，保障农村人口喝上"放心水"，饮水安全达到农村饮水现行标准。5. 强化稳定增收成果，完善新型农业经营主体与贫困户联动发展利益联结机制，选聘产业发展指导员1.58万人，提高产业带贫益贫能力。6. 强化基本生活兜底保障，完善农村最低生活保障标准动态调整机制，逐步提高农村低保保障水平。

（二）"五提升"巩固贫困村脱贫成果

1. 提升基础设施。加快推进农村交通、水利、电力、通信等建设，健全建管制度，促进农村基础设施建设以建为主转到建管并重。2. 提升产业发展。强化以"山地农业、山地旅游"为主导的特色扶贫产业覆盖带动，引导2093家龙头企业参与产业扶贫，健全股份合作、订单帮扶、产品代销等带贫益贫方式，实现有劳动能力、有产业项目的贫困户全覆盖。3. 提升集体经济。加快村级集体经济发展，切实加强农村集体经济组织资金、资产、资源管理，强化对贫困户的利益联结。4. 提升人居环境。扎实推进农村人居环境整治三年行动，加快实施农村"厕所革命"，实现农村人居环境明显改善，村民环境与健康意识普遍增强，实施农村旧房整治，推动农户住房由"住得安全"向"住得舒适"提升。5. 提升治理水平。持续整顿软弱涣散村党组织，实施农村带头人队伍整体优化提升行动。健全党组织领导的自治、法治、德治相结合的乡村治理体系，完善"四议两公开"制度，发挥村民议事会、红白理事会等社区社会组织作用。开展国家级乡村治理试点示范区县、村镇创建，同步开展市级试点示范。开展民主法治示范村创建，加强平安乡村建设。

（三）"六项机制"建立健全防止返贫机制

1. 建立健全动态监测机制。紧盯建档立卡贫困人口、脱贫不稳定人口、边缘户，对返贫致贫趋势进行预警和提前干预。2. 建立健全持续帮扶机制。扎实开展脱贫攻坚"回头看"，全面排查脱贫人口脱贫质量是否可靠、增收渠道是否稳定、帮扶政策是否精准落实等。3. 建立健全"志智"双扶机制。积极培育文明乡风、优良家风、新乡贤文化，加强贫困农村移风易俗工作。4. 建立健全扶贫项目运管机制。建立脱贫攻坚资产台账，明确扶贫项目建设管理责任，加强后期管理维护，持续发挥好项目效益。5. 建立健全社会力量帮扶机制。脱贫攻坚期后，持续推进市级扶贫集团和区县结对帮扶。继续实施"万企帮万村"行动。6. 建立健全脱贫攻坚与乡村振兴有效衔接机制。把脱贫攻坚作为优先任务，以乡村振兴巩固脱贫成果，开展脱贫攻坚与乡村振兴专题调研，制定《关于加强脱贫攻坚与乡村振兴衔接的指导意见》。

二、"三保"联动构筑防贫保障线

2013 年起,重庆市扶贫办在国务院扶贫办的指导下,采取先试点后推行的方式,通过政府购买服务,与商业保险机构合作,初步形成了"精准脱贫保 + 产业脱贫保 + 防贫返贫保"三保联动的保险扶贫格局。重庆市保险扶贫工作受到国务院扶贫办、国家保监委肯定,3 次在国家有关会议上交流发言,《人民日报》等媒体进行宣传报道。

(一)分类施策定制参保方案

1. 精准脱贫保。参保对象为全市建档立卡贫困户,以个人为单位参保。保费 100 元 / 人 / 年。具体包括五大保险责任。2. 产业扶贫保。在全市"产业精准脱贫保"综合保险框架方案下,由区县政府结合扶贫产业发展实际,为贫困户量身定制具体投保产业项目清单;贫困户根据自身产业发展情况,在清单范围内选择主要产业项目进行投保。3. 边缘人群防贫保。采取无固定对象集体打捆购买方式,参保对象为常住农村的非建档立卡农村人口且非四类人员(同建档立卡,无商品房、车、经商办企业、公职人员)。具体包括三大保险责任。

(二)整合资源提升保障能力

1. 加强沟通协调,形成工作合力。与中国人寿保险重庆分公司、中国财产保险公司签订战略合作协议,明确合作意向。每年下发相关文件,召开工作会议,安排布置保险扶贫工作。2. 不断总结经验,优化保险方案。按照群众欢迎、机构保本、财力可承受的原则,以群众需求为牵引量身定制保险产品,从保费投入、责任范围、起付标准、计算方式和总体赔付率等方面,持续优化调整保险方案。3. 坚持便民利民,简化理赔程序。充分预想贫困群众发生保险赔付事宜后可能面临的情况,创新先行赔付机制、快速赔付机制、集中赔付机制,开辟绿色通道,最大限度让利于民。

(三)着眼持续建立调节机制

为推动保险扶贫工作持续健康发展,提高财政资金使用绩效、实现保费投入收支平衡、承保机构保本微利、贫困群众得到实惠,综合考虑资金核算的统筹性、理赔标准的不确定性、未决事项的延展性、承保服务的连续性和保险公司成本构成要素等因素，建立风险调节机制。

三、"两防两促"提升脱贫质量

创新开展"两防两促"工作，把解决"两不愁三保障"突出问题摆在突出位置，探索建立"定期排查、适时更新、动态管理、限期销号"的长效机制，分级处置、挂单销号，全面巩固脱贫成果、全力提高脱贫质量。紧盯已脱贫户防返贫。针对已脱贫人口，由帮扶责任人负责，每月入户跟踪回访核查，全面监测"两不愁三保障"情况。对排查发现的疑似问题户，根据致贫原因，有针对性地制定巩固脱贫成效的具体措施限时解决。紧盯边缘户防新增。由驻村工作队和村"两委"负责，以重病户、重残户、精神病户、低保户、危房户、无房户、老人户、低收入户、外出回流人口等群体为重点，摸清边缘农户底数和短板情况，按照"一户一策"原则落实帮扶措施，加大教育扶持和医疗保障力度，对教育医疗支出导致家庭负担过重的农户，采取教育差异化资助、医疗救助、社会帮扶等措施予以保障，对住房不安全的边缘户和"无房户"，采取修缮加固、补助建房、易地扶贫搬迁等措施，确保住房保障，实现"零漏评"。

四、分类施策的脱贫稳定性保障机制

随着脱贫攻坚走深走实，贫困户与非贫困户的发展差距正在逐渐缩小，有的地方甚至出现部分脱贫户生活水平超过非贫困户的现象。政策受益不均等与预期发展的现实差异，导致部分非贫困户对脱贫攻坚的精准性、连续性、公正性产生怀疑，并随着扶贫政策含金量的不断提升而愈加强烈。为切实解决这一难题，涪陵区在对脱贫户实施精准分类的基础上，探索建立后续施策帮扶机制，既有效保障了贫困户稳定脱贫，又消除化解了非贫困户心中的不满情绪，广大群众对扶贫工作的满意度、认可度明显提升。

（一）开展"画像识别"，防范脱贫户管理"一刀切"风险

为准确掌握脱贫户基本情况，实现因类施策、因户施策的动态管理，涪陵区在大顺乡探索试点，从精准识别入手，采取"六看六问"方式，将

797 户脱贫户按照稳定、巩固、临界 3 个类别精准分类为 616 户、162 户、19 户。1. 建立排查指标，确保精准分类。对标脱贫标准，结合涪陵实际，根据脱贫户的生产生活等情况，将排查指标主要分为保障类和成效类 9 项指标。2. 筑牢工作支撑，完善识别机制。为确保对象识别更加精准，涪陵区进一步加强组织、队伍建设，着力构建高效识别机制。一是坚持部门联动。二是精准摸底到户。三是落实双向确认。3. 打通分类调整，实现动态管理。进一步畅通脱贫类型的调整渠道，对脱贫户实施动态监测。一是常态化跟踪走访。二是绩效化考核推进。

（二）精准"量身定制"，破解脱贫户帮扶"悬崖式"效应

在对脱贫户实施有效分类的基础上，涪陵区坚持以脱贫户家庭成员实际需求为依据，下足"绣花"功夫，逐户逐人逐项量身定制帮扶措施，通过梯次化、类型化扶持实现帮扶精准化、发展协同化。1. 保留到户联系机制，建立反哺社会机制。稳定脱贫户具有家庭收入水平较高、"两不愁三保障"致贫因素完全消除的特点。针对这一群体，涪陵区在维持常态化入户走访、随时掌握其发展状况的基础上，鼓励引导稳定脱贫户充分发挥典型示范作用，以实际行动回馈社会、反哺乡里。一是培育致富带头人。二是化身脱贫先进典型。三是担当村务热心人。2. 按需制定帮扶措施，着力挖掘内生动力。巩固脱贫户已经具备一定的发展基础，但家庭总体水平不高，究其原因或是医疗、教育等方面经济负担仍然较重，或是缺乏一技之长，或是内生动力不足。针对这一群体，涪陵区重在调动其主动脱贫、争先脱贫的自觉性和积极性。一是坚持因户施策，解决后顾之忧。二是开展"志智"双扶，激发内生动力。3. 强化政策保障力度，提升风险抵御能力。临界脱贫户虽然达到"两不愁三保障"脱贫标准，但其自身发展基础十分薄弱，高度依赖政策扶持和外部帮扶。针对这一群体，涪陵区注重培育抵御风险机能，逐步夯实发展基础。一是维持全部政策。二是拓宽增收渠道。三是深化带贫机制。

五、云平台返贫致贫监督保障机制

为认真贯彻落实习近平总书记关于扶贫工作的重要论述，探索建立解

决相对贫困长效机制，兑现"全面建成小康社会一个不能少，共同富裕路上一个不能掉队"的庄严承诺，璧山区借力"互联网+"，依托"区—镇—村—扶贫对象"四级网格化监测预警"云平台"，建立贫困人口和边缘人口集数据采集、实时更新、监测预警、研判处置为一体的干预返贫致贫机制，巩固脱贫攻坚成效。

（一）采集核准基础数据

深入全区贫困户、脱贫监测户和边缘户家中，采集常住地址、家庭成员、健康状况、结对帮扶、就业情况、产业发展、小额信贷、住房保障、医疗保障、教育保障、出行道路、农村低保等第一手资料，建立可视化数据分析库和展示平台。

（二）实时录入常态更新

通过工作平台的移动化改造，用手机向下采集数据和向下输出服务。建立监测对象数据更新"三级管理"责任体系，区攻坚办、各部门（镇街）、三级帮扶人各司其职、各负其责。

（三）监测评估预警提示

针对贫困人口"两不愁三保障"和收入"一达标"情况进行实时监测，将住房、医疗、教育三项基本保障以及劳动力状况、就业情况、教育医疗支出、月收入来源及构成等10余项因素作为主要分析指标和预警来源。建立"三色"预警，一旦监测对象有返贫致贫风险发生，根据返贫致贫风险程度，实时提示"红""黄""蓝"三种颜色（"红"色代表风险极高、"黄"色代表风险较高、"蓝"色代表风险较低），同时云平台立即向PC终端管理员和帮扶责任人发送预警信息。

（四）实施返贫致贫干预

根据监测预警云平台相关信息，每月组织相关部门镇街进行会商研判，有针对性地精准制定干预措施。

（五）有效对接乡村振兴

试点将农村低保人口、农村特困人员和年度大病支出较高人员家庭纳入监测对象，将各村集体经济收入、贫困人口利益联结机制、行政村生活垃圾治理情况、软弱涣散党组织整顿、村级后备力量等指标纳入云平台监测，有效扩大监测范围，提高数据分析质量。

　　总之，重庆市针对 18 个深度贫困乡镇巩固脱贫攻坚的具体任务，健全完善稳定脱贫长效机制，将有序抓好政策衔接、规划衔接、产业帮扶衔接、就业帮扶衔接、基础设施建设衔接、公共服务提升衔接、重点县衔接、考核衔接等，清单式全面梳理市级脱贫攻坚政策，建立乡村振兴重点支持机制，分类全面推进乡村振兴，为实施乡村振兴战略奠定坚实基础。

　　林移刚，四川外国语大学西部反贫困与乡村治理研究中心主任、教授

第六章　脱贫攻坚与绿色发展

第一节　绿色发展与脱贫攻坚的内在关联

一、绿色产业、绿色发展及其特征

（一）绿色产业、绿色发展及其特征

"绿色产业"这一概念发源于 20 世纪 70 年代末的欧洲，1989 年加拿大环境部长在政府官方文件中提出"绿色计划"，第一次在宏观层次上把绿色同整个社会经济的发展规划结合起来①。联合国工业发展组织（UNIDO）表明，绿色产业的发展不是以自然体系的健康发展为代价来获取人类的健康发展，从产业角度来看，此处的绿色概念相当于新建产业体系，增添绿色产业这一产业。International Green Industry Union（国际绿色产业联合会）认为："如果产业在生产过程中，基于环保考虑，借助科技，以绿色生产机制力求在资源使用上节约以及污染减少（节能减排）的产业，我们既可称其为绿色产业。"绿色产业基础是绿色资源开发和生态环境保护，其宗旨是实现经济和社会的可持续发展。

狭义上讲，"绿色产业"就是环保产业，是国民经济结构中以防治环境污染、改善生态环境、保护自然资源为目的所进行的一系列活动的总称。广义上，绿色产业是指用绿色生命力和绿色方式生产和提供绿色产品或绿色劳务的产业，泛指各种对环境友好的产业，即产品和服务符合防治环境污染的要求，可改善生态环境、保护自然环境，有利于优化人类生存环境

---

① 臧红印 . 央企绿色产业发展的经验模式与建议 [J]. 企业文明 ,2018,9:27-29.

的新兴产业。因此，绿色产业并不是指独立于传统的第一、二、三产业之外的第四产业，也不是单指环保产业，而是泛指企业采取了低能耗、无污染的技术导致产品在生产、使用和回收等过程中不含对环境造成污染、破坏，这样的企业联合体就构成了绿色产业。综上，绿色产业定义为是指在满足经济社会发展有效需求的前提下，按照生态文明建设、绿色发展的具体要求，符合国家和区域产业发展基本阶段特征，以较少的资源消耗、合理的资金投入、明显的科技贡献性、较高的经济产出和社会贡献性，并能够与生态环境进行良好互动且可持续发展的所有产业业态①。

绿色产业的特征有以下 3 点：（1）必须保持"绿色"特征；（2）必须使用绿色生产力，在生产过程和经营管理中具有绿色品质，尤其强调绿色产业的自然环境必须是绿色的；（3）产业评价必须从产业的经济指标、生态指标与社会指标三个方面对区域产业发展是不是属于绿色进行评价。

以绿色产业为核心的社会经济发展模式称为绿色发展。在绿色发展主导下，以保护生态环境为主题的产业发展理念和经济模式正在兴起，产业的绿色化发展已成为绿色革命的主动力，绿色化已经成为影响甚至决定我国经济社会能否实现可持续发展的一种重要理念，可持续发展的理念也深入到各行各门类产业发展内涵和体系之中。绿色发展是一个循序渐进的过程，产业发展前期不一定是绿色产业，而在发展过程中不断变化成了绿色产业。目前，传统产业发展方式逐步向绿色方向转变的趋势，绿色发展是当今社会的主流和发展方向，也是我国生态文明倡导的发展模式。

2019 年 3 月，国家发展改革委、工业和信息化部、自然资源部、生态环境部、住房和城乡建设部、中国人民银行、国家能源局联合印发了《绿色产业指导目录（2019 年版）》，提出了绿色产业发展重点：节能环保产业、清洁生产产业、清洁能源产业、生态环境产业、基础设施绿色升级、绿色服务等。据悉，《目录》将作为各地区、各部门明确绿色产业发展重点、制定绿色产业政策、引导社会资本投入的主要依据，统一各地方、各部门对

①"绿色产业"有了明确界定.经济日报,2019-03-19 (http://www.gov.cn/xinwen/2019-03/19/content_5374901.htm).

"绿色产业"的认识，确保精准支持、聚焦重点。

（二）绿色产业与生态文明

建设生态文明是关系人民福祉、关乎中华民族伟大复兴，关系到子孙后代未来的大计，是实现两个百年目标和中国梦的重要内容。党的十九大报告明确提出，建设生态文明是中华民族永续发展的千年大计，包括贫困地区在内的全体中国人民要实现可持续发展，必须树立和践行"绿水青山就是金山银山"的生态文明理念。"绿水青山就是金山银山"理念是习近平生态文明思想的重要组成部分，其核心要义在于坚持人与自然和谐共生，构成了新时代坚持和发展中国特色社会主义的基本方略之一[①]。"绿水青山就是金山银山"理念深刻阐明了生态环境与经济发展之间的辩证关系，即在追求经济效益的同时尊重自然和敬畏自然，在高效利用自然资源的同时重塑经济发展方式。这一理念历久弥新，焕发着新的时代光辉，不断推动生态文明建设、美丽中国建设迈向新台阶[②]。

在习近平总书记"绿水青山就是金山银山"理念的引领下，我国提出了新的发展理念，走出了一条生产发展、生活富裕、生态良好的绿色发展之路，"两山理论"成为绿色发展理念的理论之基。党的十九届五中全会强调要"推动绿色发展，促进人与自然和谐共生"。绿色发展是党和国家提出的"五大发展理念"之一，是中华民族实现可持续发展的时代条件，其本质内蕴着人与自然和谐共生，以及实现绿色发展的根本要求。在未来5–15年中，构建绿色发展格局要坚持以下两个原则：一是坚持保护生态环境和建构高质量现代经济体系的辩证统一；二是坚持美丽中国建设与以人民为中心发展的有机统一。

《国民经济和社会发展第十三个五年规划纲要》也将"绿色"作为重要发展理念进行了部署和安排，将"绿色"作为国家和社会永续发展的必要条件和人民对美好生活追求的重要体现。经济发展、社会建设必须坚持节约资源和保护环境的基本国策，必须坚持可持续发展，必须坚定走生产

---

① 雷明.两山理论与绿色减贫[J].经济研究参考,2015,64:21-22,28.
② 肖芳.习近平关于生态扶贫的重要论述研究[D].江西理工大学，2020.

发展、生活富裕、生态良好的文明发展道路，加快建设资源节约型、环境友好型社会，形成人与自然和谐发展现代化建设新格局，推进美丽中国建设，为全球生态安全作出新贡献，这是作为世界第二大经济体在未来 5 年全球发展体系框架下作出的重大承诺。

要按照绿色发展理念，产业发展必须建立新常态下绿色化的大局观、长远观、整体观，必须坚持产业发展与生态环境保护优先相协调，必须坚持产业发展与节约资源和保护环境这一基本国策相一致，把产业发展的绿色化纳入生态文明建设体系之中，融入经济建设、政治建设、文化建设、社会建设各方面和全过程，将绿色产业发展作为建设美丽中国的重要组成部分，作为努力开创社会主义生态文明新时代的核心动力之一。

二、绿色发展与脱贫攻坚的内在关联

2020 年是决胜全面建成小康社会、决战脱贫攻坚之年。党的十八大以来，中国共产党领导中国人民成功地走出了一条具有中国特色的脱贫攻坚道路，取得了辉煌的减贫成就。一方面，我国提前 10 年完成了联合国的减贫目标，兑现了让贫困人口和贫困地区同全国一道进入全面小康社会的庄严承诺，在中国大地上书写了人类减贫史上的"中国奇迹"。另一方面，我国不断创新脱贫攻坚的方法和路径，在脱贫攻坚伟大实践中积累了许多宝贵经验，既保证了脱贫攻坚任务的高质量完成，使贫困地区"脱真贫、真脱贫"，又推动了贫困地区的永续发展。其中践行绿色发展理念，实施生态扶贫工程是重要的经验之一。

从绿色发展特征来看，脱贫攻坚与绿色发展有着内在关联[①]。我国脱贫攻坚既与经济的高质量发展密切相连，又与人民对美好生活的向往息息相关。因此，一方面，将绿色发展理念贯彻到扶贫工作中，可以探索出一种绿色发展与脱贫攻坚相互促进、良性互动的发展模式。正确处理好发展与生态的关系，关键要充分认识到，"要正确处理好经济发展同生态环境保

---

① 刘红梅. 在脱贫攻坚中绿色发展在绿色发展中脱贫攻坚 [J]. 柴达木开发研究，2019(2):19-24.

护的关系，牢固树立保护生态环境就是保护生产力、改善生态环境就是发展生产力的理念"。另一方面，我国脱贫攻坚实践取得的重大突破，又进一步将我国绿色发展的时代任务继续推进向前。进言之，以绿色发展推动脱贫攻坚，就是要处理好脱贫攻坚与绿色发展之间的关系，建立健全绿色脱贫工作机制，推进贫困地区新型工业化、信息化、城镇化、农业现代化的同步发展。在绿色发展理念引领下，构建系统的脱贫攻坚策略和措施，以破解致贫难题，增强贫困地区发展动力和内生活力，进而筑牢脱贫成果且有效防止返贫现象发生[①]。

国家发展改革委、国家林业和草原局、财政部、水利部、农业农村部、国务院扶贫办等六部委共同发布的《生态扶贫工作方案》（以下简称《工作方案》）提出，坚持扶贫开发与生态保护并重，采取超常规举措，通过实施重大生态工程建设加大生态补偿力度大力发展生态产业、创新生态扶贫方式等切实加大对贫困地区、贫困人口的支持力度，推动贫困地区扶贫开发与生态保护相协调、脱贫致富与可持续发展相促进，使贫困人口从生态保护与修复中得到更多实惠。《工作方案》的发布实施，不仅是贯彻落实新发展理念的根本举措，而且是推进脱贫攻坚与生态文明建设同步发展的关键举措。

（一）脱贫攻坚中实现绿色发展

贫困地区绿色产业基础优势明显，绿色发展可以率先在贫困地区实现[②]。

首先，树立绿色发展的理念意识，全面理解"两山理论"的丰富内涵，深入挖掘绿色发展对于脱贫攻坚的实践意义，树立贫困地区脱贫致富的绿色信念。一方面，应该充分认识生态环境就是生产力。历史上只顾"金山银山"，而侵害侵占"绿水青山"，导致自然环境发生变化，形成恶劣生态局面，这是贫困地区共有的历史根源之一。另一方面，一定要遵循"既要绿水青山，也要金山银山"的理念，保护生态环境就是提高生产力，改善

---

① 马文顺. 积极探索绿色产业扶贫路径 [J]. 社会主义论坛，2018,8:47.

② 陈湘海. 基于绿色发展的产业精准扶贫问题研究 [D]. 长沙理工大学，2017.

生态环境就是发展生产力。自然环境是人类生存、发展的前提基础与价值归宿，片面追求 GDP 的增长，走粗放型、消耗型的发展模式，必然会给长远发展留下隐患，短期脱贫必然在将来出现再次返贫。巩固脱贫成果、实现可持续脱贫必须坚持生态优先，切实增强生态环境保护意识，努力形成人与自然和谐共生的扶贫局面。

其次，要大力发展绿色经济，坚持因地制宜，以创新带动发展，推动产业转型升级。贫困地区各自的自然地貌、资源环境、民族习俗、历史文化都有差异，致贫原因各有不同，但基本的症结都是对自身资源的科学创新利用不足。要深刻理解习近平总书记的"两山理论"内涵和关于精准扶贫、精准脱贫的重要指示精神，坚持发展绿色创新经济，以科学技术支撑引领，立足本地资源，积极发挥比较优势，大力发展绿色种植和科技养殖。积极发展文化旅游，重点打造现代生态农业、现代特色服务业等，形成基于绿色理念和自身优势的特色经济结构，构建理念相同而形式各异的脱贫模式。

（二）以绿色发展推动脱贫攻坚

贫困区一般是生态脆弱区，大多位于生态过渡区和植被交错区，处于农牧、林牧、农林等复合交错带，是目前生态问题突出、经济相对落后和人民生活贫困区。生态脆弱区还带有环境承载力低、基础设施落后等特点，更是限制当地农牧业产量，使地方经济难以得到发展，贫困户收入无从提高。生态脆弱所形成的生态型贫困带有持续性、反复性、顽固性特征。在贫困地区，生态环境脆弱和贫困互为因果。生态环境脆弱是导致贫困的重要原因，同时贫困也加剧了生态环境的破坏。贫困与生态环境破坏往往是密不可分的，如果采取不适当的扶贫措施也会加剧生态破坏，而生态环境的破坏最终仍然会重新导致贫困。要在生态脆弱地区扶贫，就必须探索保护环境与可持续扶贫相结合的模式。如果不秉持绿色发展理念，贫困地区发展会带来更为严重的环境问题，生态脆弱和生态功能重要性决定了扶贫必须走绿色扶贫的道路。粗放型发展尽管在一定程度上增加了贫困人口的经济收入，却降低了贫困人口的生态福祉，更破坏了这些地区实现可持续发展的根基，进而影响脱贫效果的持久性、稳定性和全面性。

推进绿色产业扶贫是提高贫困地区自我发展能力的根本举措，是夺取绿色精准脱贫胜利的关键所在。绿色产业扶贫可以帮助贫困地区解决生存和发展两个问题。绿色产业是绿色精准扶贫的动力源泉，较之于国家政策支持、生态补偿、财政转移支付等外在的"输血式"扶贫，贫困地区只有发展好绿色产业才能获得地区发展的内生动力，以"造血式"实现绿色精准扶贫，实现脱贫的可持续。

在脱贫攻坚中绿色发展，在绿色发展中脱贫攻坚，其核心就是要处理好保护和发展的关系。面对严峻复杂的贫困现状和贫困群众的急切需求，追求经济层面的单方面脱贫显然不能满足当下的脱贫目标，实现区域的绿色发展才是最终目的，所以，大力推广绿色脱贫，实施生态和谐的绿色扶贫相当必要。

（三）脱贫攻坚和绿色发展共融

把脱贫攻坚和绿色发展融会贯通，实现同频共振，是我们在发展实践中的一项重大创造性工作。从可持续发展和循环发展的方式来讲，在扶贫工作中注入绿色发展理念具有其特殊的必要性和重要性。用绿色发展理念指导扶贫开发，既是贯彻落实党中央精神的重大举措，又是推动贫困地区实现长效发展的"一剂良方"[1]。

在绿色发展理念下，我国已实行最严格生态保护机制及损害责任追究机制，规制和监督贫困区以绿色发展理念脱贫，有效杜绝任何污染产业进入、严防未富先污情况的发生。该制度的改革与创新，为生态脆弱区带来巨大政策红利。例如，在生态保护中，生态公益岗的设立发挥了直接的扶贫作用，建档立卡的贫困户被聘为护林员，直接参与环境保护活动，并获得工资收入。打赢脱贫攻坚战，在实施扶贫的实践过程中，无论是所采取的扶贫举措，还是具体的扶贫项目，一旦没有充分考虑绿色发展和生态保护，就容易导致贫困地区生态破坏问题。

因此，要以习近平生态文明思想为引领，践行"绿水青山就是金山银

---

① 张琦，史志乐.以绿色减贫推动精准扶贫实现民族地区可持续发展[J].中国民族,2020,582(04):25-27.

山"理念，在系统论引导下树立绿色发展理念，推动绿色发展经济，形成脱贫攻坚强大的推动力，胜利完成脱贫攻坚的宏伟目标，从而百尺竿头更进一步，实现乡村振兴和打造美好新生活。以绿色发展推动脱贫攻坚工作顺利展开，既体现了经济发展和环境保护相统一的脱贫理念，又体现了以人民为中心与美丽中国建设相统一的脱贫经验。此外，以绿色发展推动脱贫攻坚取得实效，为全球减贫事业贡献了中国智慧和中国方案①。

第二节　重庆市在脱贫攻坚中的绿色发展举措和经验

　　产业扶贫是促进贫困地区产业经济结构调整、增强其自身造血功能的根本途径，也是重庆扶贫政策的核心。绿色产业扶贫是产业扶贫中具有重要地位，重庆市委市政府重视绿色产业在扶贫中的作用。2017 年 7 月以来，重庆市研究下发《关于深化脱贫攻坚扎实推进产业扶贫的实施意见》（渝农发〔2017〕267 号）、《关于进一步深化产业扶贫工作的通知》（渝扶组办发〔2019〕29 号）等文件，持续推动产业扶贫工作；下发《关于进一步推进乡村旅游扶贫工程的通知》（渝扶办发〔2018〕48 号）等文件，持续推动乡村旅游扶贫工作；下发《重庆市推进生态扶贫工作实施意见》（渝林产〔2018〕86 号）、《生态扶贫工作方案》（发改农经〔2018〕124 号）等文件，持续推动生态扶贫工作。重庆市发改委在《关于打赢打好脱贫攻坚战三年行动的实施意见》（渝委发〔2018〕51 号）明确指出，在加强生态保护的前提下，突出山地农业、山地旅游为主导的特色产业发展，充分利用贫困地区生态资源优势，结合国土绿化提升行动和农村产业结构调整，大力发展特色种养业、特色经果林、生态发游等产业，大力发展农村电商，深入推进农村"三变"改革试点，扎实推进"三社"融合发展，大力发展新型村级集体经济，推动"产业扶贫"逐步转向"产业振兴"①。

通过脱贫攻坚的持续扶持，如今重庆市县县有主导产业、乡乡有产业基地、村村有增收项目、户户有脱贫门路，小水果变成了"致富果"，小手艺变成了"大买卖"，"一片红叶"变成了增收产业，闲置农房变成了"网红"民宿。贫困区县农业产业结构有效调整，产业聚集度明显提升，每个贫困区县培育1个以上扶贫主导产业，新发展柑橘、榨菜、中药材、茶叶等扶贫产业2151万亩，其中18个贫困区县843万亩。目前，重庆市已经构建了以"山地农业、山地旅游"为主导的扶贫产业发展布局，推动人口下山、产业上山、游客进山、产品出山，18个贫困区县创建市级以上特色农产品优势区21个、现代农业产业园11个、"一村一品"示范村433个。培育乡村旅游扶贫示范乡镇75个、示范村（点）453个。认定涉贫农业龙头企业998家，创建国家和市级示范合作社733个，发展家庭农场2.3万个，培育致富带头人7208名，直接带动贫困户2.2万户。选聘2.87万名产业发展指导员到户指导产业发展。探索试点"产业村长"带领产业发展新路径。全市扶贫产业到户46.7万户，覆盖90%以上贫困户。

在绿色产业发展的同时，统筹推动脱贫攻坚与生态保护双赢。加大贫困地区生态保护修复力度，支持33个有扶贫任务区县实施国土绿化提升行动等建设2055万亩，其中退耕还林还草481万亩。大力发展森林康养等生态产业，推动产业生态化、生态产业化，实施林业科技扶贫示范项目46项，落实森林生态效益补偿资金24亿元，开展区县横向生态补偿交易19.2万亩、4.8亿元，建成森林康养基地31处、森林乡村1449个、森林人家3751家。2.6万贫困群众当上生态护林员，守护绿水青山，换来了金山银山。经过"8年精准扶贫、5年脱贫攻坚"，重庆市彻底改变了贫困地区的面貌，极大地改善了生产生活条件，显著提高了群众生活质量，"两不愁三保障"全面实现，"两个确保"顺利完成，交出了脱贫攻坚的硬核答卷。

在重庆市脱贫攻坚战中，主要的绿色产业发展措施如下：

---

① 龙粤泉,乔彦斌.重庆精准扶贫工作实践与启示[J].中国发展观察,2019,223(19):33+64-66.

一、大力发展绿色产业，实现脱贫攻坚总体目标

重庆市制定了《"十三五"脱贫攻坚规划》《产业精准扶贫"十三五"规划纲要》《"十三五"产业扶贫规划》《旅游扶贫发展规划》等总体规划和多个专项扶贫规划。筛选出来的深度贫困区县为了推进项目落地，也制定了各自的"十三五"特色产业精准扶贫规划，最终形成了"上下一体、多方联动"的扶贫规划体系。按照产业"分门别类、到村到户"的要求，各县编制了包括乡村旅游、特色产业、高山移民、扶贫培训、基础设施、公共服务、科技支撑等七大类规划，做到"一户一业"、"一户一策"①。

重庆市近年来立足生态资源禀赋，坚持绿色、生态、有机发展方向，大力发展现代山地特色、绿色、高效产业，把产业扶贫作为根本之策，完善贫困人口与产业发展的利益联结机制，将贫困人口嵌入绿色产业链发展各环节参与发展，切实做到户户有增收项目、人人有脱贫门路，让贫困户实现多渠道稳定增收，建立起以绿色产业精准扶贫为核心的稳定脱贫长效机制。把绿色产业发展、生态经济建设和脱贫攻坚相结合，走"特色、绿色、健康"三合一的扶贫路子，以实现特色产业扶贫建设有发展、带动群众有增收、巩固脱贫有成效。2018 年，重庆市委、市政府联合印发《重庆市实施生态优先绿色发展行动计划（2018—2020 年）》，到 2020 年，将初步构建起节约资源和保护环境的空间格局，形成绿色产业结构和生产生活方式，生态文明建设水平与全面建成小康社会相适应，生态文明建设工作走在全国前列，筑牢长江上游重要生态屏障，彰显浑然天成的自然之美和悠久厚重的人文之美取得积极成效。同时，从"生态系统得到全面保护""城乡环境质量持续改善""绿色发展水平显著提升""多方联动格局基本形成""生态文明体系加快形成"等五个方面提出系列定量指标和工作目标。

（一）发展生态农业，促进增产增收

在耕地面积比较少的山区，发展生态农业与水土保持相结合，通过高

---

① 高兴明．重庆市扶贫攻坚的做法与经验：政策落地、创新驱动、产业扶贫到村到户．农民日报,2016-12-04，11:36.

科技手段发展特色农业，促进贫困地区增产增收[①]。重庆市发改委在《关于打赢打好脱贫攻坚战三年行动的实施意见》（渝委发〔2018〕51 号）明确要求在确保耕地保有量和基本农田保护任务的前提下，将 25 度以上坡耕地、重要水源地 15—25 度坡耕地、陡坡梯田、严重石漠化耕地、严重污染耕地、移民搬迁撂荒耕地纳入新一轮退耕还林还草工程范围，对符合退耕政策的贫困村、贫困户实现全覆盖。

在部分山区，开展产业扶贫绿色发展高标准农田建设"七化"示范区建设，通过整修山坪塘、新建蓄水池、管道安装、新建沟带路、新建机耕道、建设生产便道、土地平整、人行道等，形成高标准农田。

（二）打造生态旅游业，带动地方经济

重庆市山清水秀，境内有众多的旅游景点，通过旅游业带动地方经济发展和脱贫致富。重庆市近年来在贫困山区倡导乡村旅游、农家乐和生态旅游康养发展，贫困区县创建全国休闲农业和乡村旅游示范区县 6 个，培育乡村旅游示范乡镇 55 个、示范村点 254 个，乡村旅游带动贫困人口 33 万人。如 2014 年，市林业局安排了 500 万元专项经费，帮扶 100 户森林人家。森林人家的兴起以及森林公园的打造，也带火了山区的森林旅游。2014 年重庆市森林旅游人数近 6000 万人（次），旅游收入大幅增长。2016 年，实施乡村旅游扶贫工程，8 个贫困区县创建为全国休闲农业与乡村旅游示范县，建成乡村旅游扶贫村 201 个、美丽乡村精品线路 131 条、避暑休闲点 539 个，1.5 万贫困户成为"大巴山森林人家"等乡村旅游户，乡村旅游年实现收入 250 亿元，近 10 万贫困人口受益。不断增强以"山地农业、乡村旅游"为主导的特色扶贫产业覆盖带动力，新培育农业产业和乡村旅游经营主体 1634 个，引导 2093 家龙头企业参与产业扶贫，探索建立土地流转、资金入股、房屋联营、务工就业、保底分红、产品代销等带贫益贫机制，带动贫困户 20 余万户，让贫困群众从产业链上受益。

以武隆区为例，全区按照全域乡村旅游景区的理念，根据"因地制宜，

---

① 李玉邦,胡鹏,陈海东,等.以绿色农业为特色的生态扶贫实践经验和启示 [J].农村经济与科技 ,2018,29(19):13-15.

突出特色"的基本原则，围绕"一片一特、一村一品、一户一策"的思路，编制了《武隆区乡村旅游发展总体规划》，赋予贫困户比较集中的五大贫困片区不同的发展定位：仙女山片区打造国家级旅游度假区和大仙女山旅游集散地、白马山片区打造高山森林休闲度假区、芙蓉湖片区打造滨水休闲旅游区、桐梓山片区打造科考探险民俗旅游区、弹指山片区打造生态观光人文旅游区，推动全区乡村旅游扶贫产业规范化、精品化、差异化、特色化发展。武隆区围绕全市"山水之城·美丽之地"目标定位和"行千里·致广大"价值定位，按照"深耕仙女山，错位拓展白马山，以点带面发展乡村旅游"的部署，把乡村旅游作为打赢扶贫攻坚战的重要抓手，大力发展生态旅游产业，加速绿色崛起、富民兴区，探索出一条贫困山区生态旅游扶贫的新路子。发挥地域优势，构建五大模式。一是景区配套型。将景区"大旅游"与乡村"小旅游"有机结合，鼓励和支持贫困地区群众依托景区（点）发展种植养殖、提供餐饮住宿服务、特色旅游商品销售等增收致富。二是农家休闲度假型。以小型"农（林）家乐"为代表，以一家一户为经营主体，依托良好的自然乡间风光、淳朴的乡土人情和诱人的风味特餐，从吃、住、游等方面满足游客休闲度假需求。三是生态观光体验型。坚持农旅融合，采取"公司＋基地＋农户""公司＋专业合作社＋农户"等模式，以体验农业、观光农业和休闲农业为主导，培育发展乡村旅游，贫困农户通过直接参与旅游经营、提供接待服务、出售土特产品、收取土地租金、入股分红等途径实现脱贫。四是民族民俗特色村寨型。依托独具特色的山水风光、人文风情和民俗民族文化，打造了后坪天池坝苗寨、浩口田家仡佬村寨、石桥八角等三个少数民族特色村寨，让游客充分享受民族民俗风味，体验民族民俗风情。五是传统村落型。将传统村落保护与生态文明建设、乡村旅游发展、农户脱贫致富有机结合，打造了土地犀牛寨、沧沟大田古村落、文复冉家湾古村落、仙女镇庙树村古村落等一批传统村落。2017年新增农家乐320家，建成乡村旅游示范村15个，涉旅农户达到1.8万户，扶持发展乡村旅游接待户2452户，全年接待游客760万人次，收入14亿元，带动2万多名贫困人口实现脱贫。

开州区发掘狮子包、龙洞、地下溶洞、悬崖天路、石林、夫妻树、森林氧吧等旅游资源，对有发展乡村旅游意向的贫困户进行种植养殖等技能培训，发展家庭规模农场 15 家，种养大户 23 家，优先聘请贫困群众为农家乐服务员、景区保洁员 180 余人。将土豆、蜂蜜、党参、天麻等土特产包装注册"满月山货"商标，收购加工高山松子等系列产品从无到有，充分挖掘本地产业资源，提高了农产品附加值。实施旅游扶贫新模式。一是资产收益模式。在区委、区政府的引导下，成立"公司＋村集体＋农户"专业合作社，实施财政资金资产收益扶贫模式，帮助失能弱能贫困户增收。二是能人带户模式。宣传引导 53 名本土能人回村创办农家乐，充分发挥能人带户示范带动作用，采取经营农家乐、收购农产品、加工松果等方式带动贫困群众致富。三是协会带户模式。将单个农家乐串起来成立乡村旅游协会，统一提升管理规范，利用财政扶贫资金，实施资产收益扶贫模式，让失能弱能群众每年定期分红，既反哺了农家乐，提升了档次，又让失能弱能贫困群众得到了实惠，用好盘活了财政扶贫资金。

（三）依托生态工程，发展生态林业

重庆市坚持产业生态化、生态产业化，将生态保护、产业发展与脱贫攻坚有机结合，做好总体规划、突出工作重点、细化实现路径。紧紧围绕"实现森林资源增长、林业产业发展、林农持续增收、生态受保护、林农得实惠"的目标，在推进林业体制改革过程中，严守生态与发展两条底线，因地制宜发展与壮大林业，实现了生态美与百姓富的有机统一。加大生态保护与修复力度，加强天然林保护、退耕还林还草等生态工程建设，推动生态保护和脱贫攻坚双赢。

1. 实施重大生态工程，保护生态环境

在生态工程建设中，重庆市规划重庆市不少于 60% 的重点生态工程指标安排到贫困区县，并允许向有条件实施的贫困乡村和贫困户倾斜。新增生态护林岗位开发指标，优先支持居住在自然保护区核心区和缓冲区、属于易地扶贫搬迁并具有护林能力和愿望的建卡贫困人员护林。《重庆市脱贫攻坚总攻"十大"专项行动方案》（渝扶组发〔2020〕7 号）中明确要求采取专业合作社、村民自建和以工代赈等方式，组织贫困人口参与退耕还林还草、天然林保护、石漠化治理等生态工程，提高贫困人口参与度。政府投资实施的重大生态工程，优先吸纳具有劳动能力的贫困人口参与工程建设。支持在贫困区县增加开发生态公益性岗位，以森林和湿地为重点，帮助能胜任岗位要求的贫困人口参与生态管护工作。

重庆市林业局还通过实施退耕还林等工程，大力扶持贫困区县发展特色效益林业产业。重庆市 2019 年完成退耕还林栽植任务 35.3 万亩，还草任务 0.8 万亩。直补资金兑现覆盖 90 个贫困村，10127 户贫困户。大力推进国家储备林建设，2019 年完成集体林收储 5.9 万亩，农户林地流转资金 295 万元。重庆市共实施退耕还林工程 113.5 万亩，其中 18 个贫困区县实施面积约占重庆市的 81%。

重庆市将天然林资源保护公益林建设、森林抚育、大力实施长江流域防护林体系建设三期工程等林业项目建设交由村集体经济组织实施，优先吸纳辖区贫困户务工，增加贫困农户工资性收入。大力实施新一轮退耕还林、天然林保护和长防林三期等造林绿化工程，开展"我为祖国植 10 棵树"活动，全年完成营造林 17.1 万亩，新增核桃、柚子、柑橘等特色经济林 1.8 万亩，实现大地增绿、贫困户增收。落实生态效益补偿 2115 万元，新增生态护林员岗位 982 个、补助资金 480 万元。新增退耕还林 5 万亩，落实生态效益林补偿 330 万亩，覆盖贫困村 135 个，贫困户 12076 户，贫困人口 46000 人。2020 年，支持有扶贫任务的 33 个区县实施营造林 627 万亩、岩溶治理 280 平方公里、水土流失治理 580 平方公里；选聘使用生态护林员 25000 人；推动非国有林生态赎买试点 10000 亩。精准选聘和规范管理生态护林员，强化上岗技能培训，推进生态护林员规范管理，2020 年在建卡贫困户中精准续聘生态护林员 19000 名、精准开发生态护林岗位 6000 个。

在实施生态林业中，进行生态补偿措施，提高农民收入水平。重庆市制定《关于统筹解决生态保护和脱贫双赢的指导意见》，实施退耕还林 2.2 万亩，落实 495 万亩管护责任，落实生态护林员 19035 人，探索生态补偿机制，落实生态综合补偿和生态保护奖励政策。落实补偿资金 2.25 亿元。新建森林人家 45 家，成立造林合作社 15 个，带动 152 户贫困户参与生态工程建设。仅 2019 年，补偿生态公益林面积 240.67 万亩、兑现生态效益补偿资金 3068 万元，涉及农户 52063 户。选用建档立卡贫困人口生态护林员 2573 人，带动 2573 户 9262 名贫困人口增收，实现户均增收 5000 元。

2. 探索开展非国有林生态赎买改革试点

重庆市完成非国有林生态赎买 22924 亩，其中：2018 年 3007 亩，2019 年 19917。涉及重点贫困县赎买面积 6007 亩，赎买资金 603 万元；涉及贫困户 360 人，其中 2018 年 101 人，2019 年 259 人。2018 年，在石柱、武隆开展非国有林赎买改革试点，共完成 3007 亩赎买任务，增加农民收入 297.4 万元，受益贫困人口 101 人。2019 年共完成非国有林赎买试点面积 19917 亩，其中：北碚区 1000 亩、长寿区 9117 亩、綦江区 6800 亩、彭水县 3000 亩。重点贫困县彭水县在润溪乡干溪村、麻池村开展赎买面积 3000 亩，赎买资金 306 万元；涉及户数 195 户，830 人，其中贫困户 72 户，259 人，贫困户赎买资金 113 万元。

3. 森林覆盖率横向生态补偿机制扶贫

2019 年开展提升森林覆盖率横向生态补偿机制，共成交 2 单，总成交面积 9 万亩，2.25 亿元，都是主城都市圈经济发达的区向贫困县购买。其中：3 月 27 日，渝东南武陵山区城镇群国家级贫困县酉阳县与江北区签订了横向生态补偿协议，购买 7.5 万亩森林面积指标，成交总额达到 1.875 亿元，标志全国首创横向生态补偿机制正式实施。11 月 5 日，渝东北三峡库区城镇群贫困县城口县与九龙坡区签订了购买协议，完成 1.5 万亩森林面积交易指标，交易金额 3750 万元。

4. 国家储备林建设推动增绿增收助推扶贫攻坚

城口县结合国家储备林建设推动扶贫增绿增收，将 8.34 万亩国有商品林作价入股到重庆林投公司，组建重庆林投公司首家区县分公司，并成立国储林收储公司，通过市场化手段，依靠村集体经济组织，动员引导贫困农户将林地入股村集体经济组织，再流转到收储公司收取流转费用，并组织农民参与国家储备林项目经营管理。收储公司按照 50 元 / 亩 / 年的标准，每年度向村集体经济组织和贫困农户支付流转费用。同时，对流转林地成材林木进行经营性采伐时，按 50 元 / 立方米的标准，向租地农民支付林木采伐分红，优先雇佣租地贫困农民参与项目实施，真正实现了资源变资产、农民变股民。通过项目实施，到 2020 年城口县将流转 50 万亩集体商品林建设储备林，惠及 13 乡镇 90 个村 6000 户贫困户 20000 人以上；每年解决就业 3000 人，当地村集体经济组织和贫困农户获得土地流转费 2500 万元、获得劳动报酬 1800 万元，还可获得经营林木采伐分红 1000 万元以上。

5. 构树产业扶贫示范县（区）建设

《关于加快推进构树扶贫工程的通知》（渝扶组办发〔2018〕73 号）规划着力培育一批构树产业扶贫示范县（区），推动构树扶贫产业示范乡（镇）、示范村、示范基地建设，力争到 2020 年重庆市达到 50000 亩规模。综合运用贷款贴息、经费补助、奖励等多种方式，制定构树产业扶持办法，支持构树产业链发展。对开展构树扶贫产业并有一定规模的区县，市级在切块安排扶贫专项资金上给予重点倾斜。对龙头企业、专业合作社、村集体经济、家庭农场、农民个体等市场主体发展构树产业，财政资金在种苗培育、基地种植、饲料加工、设施设备配置等涉及全产业链的各个环节，给予重点支持，并运用好股权量化、资产收益扶贫等模式，建立带贫减贫机制。

6. 发展特色林业

贫困地区往往也是森林资源丰富的地区。近年来，重庆市林业局充分利用森林资源优势，结合高山扶贫搬迁，大力扶持贫困区县发展森林旅游、木本油料、干果、笋竹、中药材等产业，鼓励林业龙头企业到贫困地区建立林产品加工基地。近 3 年来，重庆市林业局共投入产业资金 15380 万元发展特色效益林业产业，建立林业贷款贴息制度，优先安排贫困区县的特色产业项目，优先解决贫困区县的林业贷款贴息，确保林业特色产业补助资金 65% 以上投入到贫困区县。

（四）立足地方特色产业，乡村经济发展促脱贫

大力发展特色扶贫产业，确保持续稳定增收。出台特色产业扶贫指导意见，推动柑橘、榨菜、生态渔业、草食牲畜、茶叶、中药材、调味品等 7 大特色产业链向贫困地区延伸。2016 年实施产业扶贫项目 5432 个，在贫困区县培育市级以上农业产业化重点龙头企业 422 家。秀山金银花、酉阳

青花椒、彭水油茶、石柱黄连、武隆猪腰枣、云阳油桐、城口核桃、奉节油橄榄、开州区云木香、巫山脆李等特色效益林业产业基地已初具规模。重庆市深入实施核桃、中药材产业扶贫行动计划，建设核桃、中药材产业扶贫基地37个。到2020年，全市打造了巫山脆李、奉节脐橙、涪陵榨菜、丰都肉牛、汇达柠檬等扶贫特色产业品牌，产业到户46.7万户、贫困户覆盖率90%。14个国家贫困区县农村常住居民人均可支配收入由2014年的8044元增加到2019年的13832元，年均增长11.7%。

奉节县是全国著名的柑橘产区之一，脐橙树是奉节人民心中的"幸福树"，更是贫困户心中的"摇钱树"。种植面积达已到35万亩（其中贫困户种植4.07万亩），年产量33万吨，综合产值25.67亿元，实现了"一棵树致富30万人"。贫困户参与园区管理和采摘、包装务工1.8万人次/年，年均实现务工收入2700万元，2019年脐橙产区贫困户户均收入已达2.48万元，脐橙产业带动全县7006户贫困户28460人实现了稳定脱贫。

贫困乡镇以绿色产业为核心实现脱贫。石柱县中益乡打造"花卉种植＋中蜂养殖＋精深加工""观赏作物＋乡村旅游＋民宿""农副产品＋电商＋物流配送"等绿色产业链条，打造中华蜜蜂小镇，把生态优势转化为绿色产业优势，带动贫困群众保护绿水青山，创造金山银山。彭水县三义乡助推龙头企业和村集体经济共同发展，通过打造绿色产业发展示范户，大力宣传特色产业收益等方式，强化利益链接，将贫困户与广大普通农户动员起来，不断扩大特色产业规模，提高产业效益，推动扶贫产业持续发展、贫困群众持续增收。2019年，在产业村长的带领下，全乡中药材种植面积已超6000亩，新发展中蜂养殖2600多群，辣椒和高淀粉红薯扩大到了1200余亩。食用菌基地在实现产销"两旺"的情况下，莲花村食用菌加工基地成功创建成为市级食用菌加工扶贫车间。

（五）深化跨区域绿色产业合作

重庆市委、市政府与山东省进行协作，成立山东·重庆扶贫协作产业合作联盟，引导106家山东企业到重庆贫困区县投资兴业，完成投资14.23亿元，建设产业园区和现代农业、文旅产业示范基地69个。山东省威海市坚持帮扶与合作相融、"输血"与"造血"并重，投入资金1.51亿元，帮助云阳县成功打造阳菊、柑橘等五大特色产业基地 1.9 万余亩，带动 1.69 万人脱贫增收，协调引进 7 家企业到云阳县投资 1.08 亿元。

二、发展生态环境保护产业，造就美丽乡村

重庆市近年来完善农村生活垃圾治理长效管理机制，优先推进乡镇垃圾处理设施和服务向贫困村延伸，探索建立村级保洁员制度，形成"户分类、村收集、镇运输、县处理"的城乡统筹垃圾处理模式。建立和完善农村再生资源回收利用网络体系。落实"能喝上水、喝放心水、持续喝水"政策，强化饮水安全有保障。制定农村贫困人口饮水安全保障工作实施方案，分类明确工程措施。加快推进农村饮水巩固提升工程，2019 年开工建设集中和分散供水工程项目 2695 个，农村集中供水率达 87.5%，自来水普及率达 80.5%。印发建立健全农村供水工程实行管护长效机制的意见，落实农村饮水工程维修养护财政资金 2 亿元，加快建立长效管护机制，确保工程建得成、管得好，长期发挥效益。针对贫困人口开发水利设施管护公益岗位，吸纳 2862 名贫困人口参与水利设施管护，确保有人管、管得好。到 2020 年，实现重庆市乡镇和常住人口 1000 人以上的农村居民聚居点集中式污水处理设施和配套管网全覆盖，生活垃圾有效处理行政村比例达到 95% 以上。实施农村"厕所革命"，向有旅游资源的贫困村倾斜，提高农村卫生厕所普及率。

重庆市涪陵区深入推进"三清一改"农村人居环境整治，完成村庄公共场所绿化 60 公顷，实施农村"三类"贫困人员改厕 9050 户，农村生活垃圾有效治理行政村比例达 100%，贫困村和贫困户生产生活条件显著改善。实施水利扶贫大攻坚，2017 年整治山坪塘 2.6 万口，建设小型水库 15 座、中型水库 23 座，受益贫困人口 65 万人。

三、严守生态红线，严审项目和企业进准入

在扶贫攻坚中，实施绿色发展同时，也加强生态环境保护，严守生态红线，严禁破坏环境的项目和企业进入。2007 年，包括武隆在内的"中国南方喀斯特"被列入《世界遗产名录》，武隆旅游迎来爆发式增长。一些人

认为这是搞开发的"好机会"，武隆却反其道而行，将遗产地核心区60平方公里以及周边320平方公里划入生态红线给予保护，还给自己上了一道"枷锁"，所有新项目要经过当地世界自然遗产管委会前置生态审批许可。同时采取国际通行的"反规划"建设理念：先确定禁止、限制开发区域，再确定开发区域。杜绝一家大型房企曾计划在遗产地一线之隔打造"俯瞰世界遗产、最美后花园"的大型悬崖别墅群建设。在世界自然遗产保护区范围内，武隆先后拒绝了100多项各类商业投资建设项目，涉及资金上百亿元。在保护中发展旅游，旅游发展的成果又"反哺"保护。对于生活在保护区范围内的原住民，武隆在保护区外建立商贸市场，景区公司优先聘用当地居民，通过多种方式既增加群众收入，又提高其保护生态的自觉性。目前武隆区发展成为"自然的遗产、世界的武隆"著名旅游目的地，旅游综合收入对GDP贡献率近40%，2017年全区实现脱贫摘帽，2018年12月入选生态环境部"绿水青山就是金山银山"实践创新基地。

四、典型绿色产业脱贫县案例

石柱县是重庆市典型贫困县。石柱县大力发展以绿色有机为核心的现代山地特色高效农业、特色生态工业、康养休闲生态旅游业，加快一二三产业深度融合发展，实现有条件的贫困户的产业覆盖率100%。

石柱县是"中国黄连之乡""中国辣椒之乡"，曾经也是"中国长毛兔第一大县"。2017年后，石柱县进行深度的产业结构调整，产业结构由原来主要生产粮食为主，转变为"3+3"的现代高效特色农业体系，即以中药材、干鲜果和休闲乡村旅游三大主导产业，以辣椒为主的调味品、以莼菜为主的有机蔬菜、以中蜂养殖为主的生态养殖三大特色产业。"3+3"的结构贯穿着生态振兴。目前，全县发展李子、木本中药材等长效增收产业面积15.2万亩，推行林下套种草本中药材、蔬菜、辣椒等一年生经济作物5万多亩。石柱县创建有机农业示范基地县，制定绿色有机农产品生产技术规程22个，建立有机绿色康养农产品基地36个，上报通过有机转换认证产品9个。开展莼菜、夏草莓、马铃薯、辣椒、黄连等良种繁育和品种选育。石柱县注重提升加工能力，石柱县新研发上市莼菜面膜和饮料等产品；建成辣椒干制加工生产线13条，年加工能力8400吨以上；建成中药材初加工生产线11条，年加工能力20000吨以上。石柱县努力创建农产品品牌，宣传推介"源味石柱"区域公用品牌，全县"三品一标"累计达到216个。石柱县拓宽销路，推进"互联网＋农业"，建成并投入使用益农信息社5个，扶持本土农产品电商平台。

石柱县以实现旅游快速发展向优质旅游转型为目的，以发展全域旅游、康养旅游、乡村旅游、四季旅游、节气旅游为引领，正积极打造黄水国家级旅游度假区、大风堡—太阳湖国家5A级旅游景区、国家康养旅游示范基地、国家全域旅游示范区等品牌创建。强化建设，精准营销，把康养旅游产业作为助推经济发展的新型支柱产业。近年来，石柱县康养生态休闲旅游业的发展成绩斐然，也在很大程度上带动促进了脱贫攻坚。石柱县建设"全国著名康养休闲生态旅游目的地"。2017年，接待游客850万人次、旅游综合收入达55亿元以上；2018年，年接待游客1000万人次，其中过夜率达50%，旅游综合收入达100亿元以上；2020年，力争接待游客1200万人次、旅游综合收入120亿元以上，旅游增加值占GDP的比重达到10%以上。"黄水人家"如今已经成为石柱县康养休闲旅游的一大品牌，它经历了由一个乡村旅游合作社到石柱康养品牌的转变。"黄水人家"乡村旅游专业合作社自成立以来，累计接待游客18万余人次，户年均收入8.1万元。"黄水人家"乡村旅游专业合作社的成立与运行，较好地解决了"游客住宿难、移民增收难、行业管理难、手续办理难、小户经营难"等黄水旅游发展的突出问题。

石柱县的"康养生态休闲旅游业"建构起全域旅游，全域旅游具有全空间、全天候、全产业的特点，它与脱贫攻坚无论是在目标上、时机上还是资源配置方面，都具有一定的耦合性和互动性。2016年11月，国家旅游局公布了全国第二批"国家全域旅游示范区"创建名单，石柱县榜上有名。

第三节　重庆市在脱贫攻坚中绿色发展启示

绿色产业在重庆市脱贫攻坚战中起到引领作用，这与重庆市自然生态环境密切相关。人不负青山，青山定不负人。在脱贫攻坚进程中，重庆市市坚守绿色生态底线，坚持向绿色发展要脱贫实效[①]。

一、发挥绿色产业发展引领作用

重庆市制定了有助于推进绿色发展促进扶贫的政策措施，深入推进贫困地区绿色发展，让贫困人口从生态建设与修复中得到更多实惠。在生态种植养殖、有机农业、生态旅游与污染治理和生态保护密切相关的领域，打造能够惠及贫困人口的服务点和着力点。加强了与地方财政、农业、林业等部门横向合作联动，引导社会各界资源积极参与绿色环保扶贫。生态建设保护、易地搬迁和绿色产业发展三个因素构成了绿色减贫的主题内容。政府主导、企业运作和农民参与构成了绿色减贫的三个主体。

二、力求地域资源禀赋转变为绿色产业优势

重庆市是典型的西部高山、高寒、连片特困和民族地区，具有典型的地域性、资源型特征。重庆市依托于自身地域资源禀赋，寻找市场发展的契合点，追求特定资源环境形塑优势产业，形成了山地特色高效农业＋康养休闲生态旅游业。首先，大力发展已经很有地理适应性、市场适应性的产品，例如黄连、莼菜的生产等。其次，将资源劣势转变为资源优势，并形成产业优势。重庆多山区，海拔在 1500 米，夏凉冬冷，这样的气候条件对于传统的农业生产环境来说，相对而言是"恶劣"的。但是这些年，发

---

① 张斌璟.重庆打赢脱贫攻坚战的重要经验和深刻启 [N].重庆日报，2021-04-27,https://www.cqrb.cn/content/2021-04/27/content_315441.htm.

展的康养产业，不断地吸收着市区的民众前来"避暑"康养，"避暑"康养既促进当地农牧产品的生产，也使得乡村旅游成为货真价实的旅游，这就全方位地使得康养产业带动更多的贫困人口脱贫致富[①]。

三、多种举措促进绿色产业发展

重庆市除了政府投资生态工程项目，通过支付劳务报酬增加贫困人口的收入外，还采取以工代赈的形式，组织了贫困人口参与生态工程建设，提升了贫困地区劳动力的参与度与参与能力。在贫困地区设立生态管理员岗位，以森林、草地、湿地等管护为主，实施退耕还林、水土保持工程，让足以胜任这些工作的劳动者参与管理工作。实施了"互联网＋扶贫"，拓展生态扶贫绿色平台，推进了新型资源的市场发育，支持了贫困地区发展适合当地资源禀赋的经济活动。探索了生态补偿机制、碳汇交易机制等，并且将扶贫的目标纳入这种市场机制中。拓宽了贫困地区农产品的流通渠道，支持贫困地区发展无公害农产品的生产，并完善市场渠道。完善了生态补偿机制，坚持绿色减贫的绿色机制制度，推进生态旅游、特色林业、生态农业等一批绿色产业发展。总之，重庆市逐渐形成绿色产业发展机制，支持了生态产品的发展，并使贫困人群受益，扩展了劳动力就业空间，实现了本地绿色发展脱贫。

四、实现绿色产业发展与生态文明建设的良性循环

绿色产业是生态文明建设的重要途径。全面管理扶贫与生态发展资金，实现生态保护和扶贫发展的融合。对于生态功能和贫困重叠区域，保证生态建设任务中生态补偿和本地扶贫活动之间的紧密联系，完成绿色扶贫目标任务，积极提升绿色扶贫资金的现实效益。许多贫困地区也是生态脆弱地区，坚持连片贫困区生态项目资金渠道固定、用途固定，创建健全、标准的资金整合制度。在绿色产业发展中，推进生态保护工程，保护

[①] 高兴明.产业扶贫到村到户——重庆市扶贫攻坚有真招见实效 [J].农村工作通讯,2017(05):51-53.

生态多样性，促进居民居住环境质量，促进生态文明建设。实现绿色产业发展与生态文明建设良性循环①。

第四节　未来继续加快绿色产业，推进乡村振兴的建议

实施乡村振兴战略，是党的十九大作出的重大决策部署，是决胜全面建成小康社会、全面建设社会主义现代化国家的重大历史任务，是新时代"三农"工作的总抓手。为实施乡村振兴战略，国家先后出台《关于实施乡村振兴战略的意见》《乡村振兴战略规划（2018 — 2022 年）》《关于促进乡村产业振兴的指导意见》政策。乡村振兴需要发展兴农、立农、兴农产业，产业兴旺是乡村振兴的基础，需要大力发展乡村绿色产业，助推乡村振兴。

（一）坚持绿色发展为乡村振兴基本原则

实现脱贫之后，下一步目标是继续发展，将绿色发展理念与乡村振兴充分结合在一起，进而逐步实施绿色产业举措。在落实乡村振兴过程中，切忌将提升经济发展水平当成唯一的目标，还应当密切关注贫困地区的生态环境状况。就当下而言，大部分贫困地区均处在生态环境较差的区域，这些地区的生态较为脆弱，当然这也是造成当地贫困状况较为突出的重要因素。比如水土流失地区、自然保护区等，这些地区生态环境较为复杂且重要，所以在该区域开展乡村振兴，不可以单纯追求经济效益的增长，还应该密切关注对当地生态环境的保护。

（二）深化绿色生态产业

实施乡村振兴，需要放大区域资源禀赋优势，唤醒各地发展特色产业的积极性，做好绿色产业发展这篇大文章，将有效增强贫困地区获得持续

---

① 张琦，史志乐.以绿色减贫推动精准扶贫实现民族地区可持续发展 [J].中国民族,2020,582(04):25-27.

发展的动力。绿色产业扶贫要以扶贫地的自然条件、要素禀赋以及经济水平等为基础。要培养绿色产业造血的功能，最终促使实现"输血型"向"造血型"功能的转变。重庆的绿色产业扶贫还属于起步阶段，今后要重视产业融合，保障可持续性，践行"链条式"延长扶贫策略，推进"特色旅游+""绿色林业""生态农业"等扶贫攻坚行动。另外，绿色产业扶贫具有长效性，工作不会随着 2020 年脱贫任务完成而终止，这就要使得绿色产业具备生态可持续发展能力，形成贫困区域乡村振兴的动力，要让农民深入参与到乡村振兴项目中，全面掌握绿色产业发展的技能与知识，形成乡村振兴的长效机制。

因地制宜地发展生态产业，利用优的生态环境提供高品质的生态服务，运用生态技术将丰富的生态资源转化为高附加值的生态产品，能够将生态优势变成经济优势。将生态保护与产业建构相结合，全力打造绿色生态产业，从而适应区域乡村振兴和经济发展现实需求。从贫困地区资源实际出发，转变当前治理模式，大力发展绿色生态经济，培育新的生态经济产业链增长点，培育发展生态产业。充分利用地区优势条件，发展开放式生态经济，尽早培育符合生态与环境标准的产业，发展符合各地优势条件的林业经济、特色种养业、生态旅游等。就生态基础较好的贫困地区而言，应充分发挥生态资源禀赋优势，研发与培育"绿色、高质、安全、高产"产品，建设规模化、标准化、专业化、生态化的农牧业示范中心。培育并壮大生态产业，通过帮扶、合作经营、劳动就业等手段，促进区域企业生态化专业化发展，引进生态化新型企业，拓宽区域收入渠道。

绿色产业是与生态环境相适应的产业，产业发展不仅为贫困人口增加了收入，而且改善了生态环境。寻找推动从"输血式"到"造血式"经济发展模式的动力源，新的资源开发给区域地区的发展提供了新途径，使这些地区摆脱传统的发展方式成为可能。

（三）发展光伏新能源产业

光伏扶贫是我国能源扶贫的新型路径，通过在光能丰富的贫困地区建设光伏发电站，将所得收益用于建档立卡的贫困地区和贫困人口脱贫，实现贫困人口有稳定、可持续的资产性收益的一种脱贫方式，尤其对于无劳动能力的贫困人口更是一种长期的保障。电商扶贫是利用新技术、新模式构建"互联网+"扶贫模式的新举措，打通了贫困地区农产品销售的"最后一公里"。电商扶贫一般通过直接到户帮助贫困人口实现增收，或者带动贫困人口参与电商产业链，从而达到减贫脱贫效果。从重庆市脱贫攻坚战经验看，光伏产业重视不够。作为一种绿色能源，未来可以结合地方特点，发展光伏扶贫。

（四）发展绿色教育产业

扶贫先扶智，教育扶贫，是根治贫困的途径。要从基础教育抓起，通过人才引进或者派人外出学习培训等方式，构建技术、技能、思想、心理培育的职教体系，切实把贫困地区的居民用技术、科技和知识武装起来。

（五）发展绿色金融产业

对贫困区域开通绿色资金通道，提供金融资金扶持，从而保证贫困地区绿色产业顺利拓展，并且带动当地贫困居民和周边地区居民脱贫致富，绿色金融产业中的金融工具不仅仅局限于绿色信贷，还应包括更多的金融衍生工具和金融政策工具，比如绿色扶贫产业基金、绿色扶贫贷款贴息、绿色扶贫政府担保机制、绿色扶贫产业债券、绿色扶贫产业保险等。

总之，绿水青山既是自然财富，又是经济财富。决胜脱贫攻坚和乡村振兴，必须牢固树立和践行"绿水青山就是金山银山"理念，念好"山水经"、走稳"生态路"。事实上，加快推行乡村绿色发展方式和生活方式，努力把短板补得再扎实一些、把基础打得再牢靠一些。未来生态优先、绿色发展是新时代推动长江经济带高质量发展的行动指南。

在未来乡村振兴中，重庆市要在生态建设和环境保护的同时，要把"绿色+"融入经济社会发展各方面，因地制宜选择发展产业，深化供给侧结构性改革，加强大数据智能化创新，大力推进产业绿色化发展，大力推进大数据、大健康、绿色环保等三大特色产业，推动传统装备制造业生产方式的智能化、集约化，减少其能源消耗与废物排放，达到"绿色生产"，实现乡村全面振兴。

李春晖，北京师范大学环境学院教授、博士生导师

第七章　构建大扶贫格局

　　习近平总书记指出，"坚持社会动员，凝聚各方力量。脱贫攻坚，各方参与是合力。必须坚持充分发挥政府和社会两方面力量作用，构建专项扶贫、行业扶贫、社会扶贫互为补充的大扶贫格局，调动各方面积极性，引领市场、社会协同发力，形成全社会广泛参与脱贫攻坚格局。"构建大扶贫格局通过联结多元扶贫主体、挖掘多方扶贫资源、创新扶贫机制成为推动我国贫困治理发展的关键要素，是打赢脱贫攻坚战、全面建成小康社会的重要前提，更是体现中国特色、凝结中国智慧、展示中国力量的贫困治理实践。

　　重庆牢牢抓住脱贫攻坚这一历史机遇期，立足本土实际和资源禀赋，通过构建脱贫协作行动网络，深化东西部扶贫协作和"扶贫集团＋国企定点＋区县结对"帮扶机制，创新扶贫开发社会参与机制和参与方式，打造多元主体扶贫参与平台，激发和培育社会扶贫力量，形成了以定点扶贫、东西部扶贫协作、市内对口帮扶为示范引领，各民主党派、工商联和无党派人士、企业、社会组织和公民个人积极参与的良好格局，营造了"人人愿为、人人可为、人人能为"全社会合力脱贫攻坚的良好氛围，用实际行动彰显了中国人民守望相助、扶贫济困、自强不息的精神风貌，推动了贫困地区脱贫致富和全市经济社会的全面发展。

第一节　构建大扶贫格局的重大意义

重庆市作为全国决战贫困的"主战场"和"攻坚区"，其扶贫成效事关全国扶贫攻坚成败和全面建成小康社会的全局。在构建大扶贫格局中，重庆以本土实际情况为基础，以创新工作思路为关键，以凝聚扶贫合力为手段，有力驱动专项扶贫、行业扶贫、社会扶贫三驾"马车"，对于彰显我国政治和制度优势、奠定脱贫奔小康坚实基础、广泛动员社会扶贫力量和积极探索可持续帮扶机制具有重要的历史意义和现实意义。大扶贫格局改变了贫困治理中单兵作战、政策和资源自上而下层层传递的传统治理模式，采取运动式治理的方式，为实现减贫目标广泛动员政府、市场和社会的各项资源，突破各部门、各扶贫主体间的壁垒，形成了多主体协同参与、多方资源汇聚投入的良好局面。

一、充分彰显我国政治和制度优势

动员和凝聚全社会力量广泛参与脱贫攻坚，是我国扶贫事业的成功经验，是中国特色扶贫开发道路的重要特征。习近平总书记强调，"我们最大的优势是我国社会主义制度能够集中力量办大事。这是我们成就事业的重要法宝。"在政府的主导下，庞大的人力、物力、财力等资源向贫困地区聚集，各方力量积极投入脱贫攻坚战，充分展现了党的政治优势和社会主义的制度优势，并将其转化为贫困治理的效能和动力。通过动员社会力量参与扶贫，政府部门、市场主体相互补充、协同合作，推动资源集聚和人力汇聚效应的最大化。

重庆在脱贫攻坚中发挥了全市人民团结协作的奋斗精神，展示了凝心聚力的协作力量。以深入推动东西部扶贫协作、加强定点扶贫为契机，推动区域间在产业发展、旅游开发、生态建设等方面进行深度合作，优势互补，共同发展。引领市场、社会协同发力，引导脱贫攻坚干部、社会企业、贫困群众在脱贫攻坚前线勇于担当、攻坚克难，为打赢脱贫攻坚战注入强劲动力。形成了广泛参与、合力攻坚、线上线下相结合的跨部门、跨区域的扶贫协作参与机制，将中国特色社会主义制度优势中组织动员群众和优化资源配置的功能充分转化为带领群众脱贫致富的不竭动力。

二、有力奠定脱贫奔小康坚实基础

贫困是一个具有历史性、复杂性和社会性的问题，贫困问题的解决在于多方面力量共同的努力。只有建立同心治贫的大扶贫格局，才能奠定脱贫奔小康的坚实基础，才能实现共享发展的重要目标。贫困地区尤其是深度贫困地区，内生脱贫的要素、结构尚未健全，需要较长时间去完善和构建，经济、社会较为发达的地区、市场主体和社会慈善组织等都能够为其提供坚实的力量，通过相互协作共同实现贫困地区脱贫的目标。大扶贫格局中内外部资源的联动，成为快速有效缓解贫困问题的关键要素。

重庆作为脱贫攻坚任务较重、难度较大的地区，全市人民不畏艰难险阻，充分发挥艰苦奋斗、自立自强的精神，努力克服脆弱的生态环境限制，极力改善落后的生产生活条件，引援借力深化鲁渝协作和定点扶贫机制，内外结合完善"扶贫集团＋国企定点＋区县结对"帮扶机制，加强供需对接建设重庆馆网上社会扶贫平台，为打赢脱贫攻坚战、整体消除贫困地区千百年来存在的绝对贫困注入了强劲的动力。重庆走出了一段极具本土特色的贫困治理之路，脱贫攻坚取得显著成效，为共同迈向全面小康、共享改革发展成果奠定了坚实基础。

三、广泛动员全社会扶贫力量

习近平总书记2015年在中央扶贫开发工作会议上强调，"扶贫开发是全党全社会的共同责任，要动员和凝聚全社会力量广泛参与。"改革开放后，企业、社会组织等慈善力量在扶贫解困等领域逐步发挥作用，但由于参与时间短、基础较为薄弱，且囿于传统扶贫思维观念，社会力量参与的范围、深度及作用有限。广泛动员社会力量是大扶贫格局的本质意涵和基本内核。大扶贫格局具有广泛动员各类社会主体、高效整合社会资源、创新扶贫方式的显著优势，是推进脱贫攻坚进程的强力支撑。减贫目标的实现是行业扶贫、专项扶贫、社会扶贫共同作用的结果，构建政府、市场、社会协同推进的大扶贫格局，对于弘扬中华民族扶贫济困的传统美德，培育和践行社会主义核心价值观，动员社会各方面力量共同向贫困宣战具有重要意义。

重庆通过构建强有力的作战指挥体系推动扶贫队伍和扶贫资源下沉，党员全员参与，干部尽锐出战。同时，加大统筹力度，创新协作机制，积极进行社会动员，充分挖掘社会扶贫的潜在力量和优势资源，汇聚攻坚合力，进一步巩固专项扶贫、行业扶贫、社会扶贫同向发力的大扶贫格局，充分激发各主体参与脱贫攻坚的活力，形成政府、市场和社会相互协作、共同发力、协同治理贫困的良好氛围。

四、积极探索可持续帮扶机制

"大扶贫格局"是党和国家在新时期探索贫困治理机制、解决我国贫困问题的理论精华和重要经验。大扶贫格局打破了传统的主要依靠政府、自上而下政策资源单向传递的模式。在精准扶贫的基础上，大扶贫格局强调大格局、多主体、宽思路，构建了扶贫主体和资源纵向到边、横向联结、相互交流的立体化、动态化治理模式。大扶贫格局不仅推动了扶贫政策的精准落实，释放精准扶贫的政策红利和扩大扶贫政策的溢出效应，也在各地立足实际、各具特色的实践中探索出了可借鉴推广的丰富经验，逐渐形成了可持续的帮扶机制，在后扶贫时期以及乡村振兴时期都将继续发挥重要作用，推动我国贫困治理体系和治理能力的现代化发展。

重庆在构建大扶贫格局中，采取了"扶贫集团＋国企定点＋区县结对"内外结合整态化的扶贫模式。在帮扶主体上，不仅主动争取外部力量，同时也注重挖掘内部持续性扶贫力量和潜在性扶贫资源；在帮扶资源中，不仅注重物质资源的投入，也注重人才、技术资源的作用；在帮扶手段中，在满足地区基础设施和个体生产生活环境改善的基本性需求后，重点推动地区产业发展、教育资源优化、贫困群体技能培训等方面，提升贫困地区和群体可持续发展能力。通过完善帮扶机制和制度体系设计，搭建社会扶贫协作网络和信息共享平台，为扶贫主体创造良好的政策环境和实践环境，提升大扶贫格局扶贫的整体效益，也为其他地区构建可持续帮扶机制、推动后续发展提供了宝贵的实践经验。

第二节　重庆构建大扶贫格局的生动实践

地处西部的重庆市，贫困面较广，贫困任务较为艰巨。重庆市充分利用鲁渝协作契机，大力加强与对口帮扶城市和中央定点单位的沟通联系，积极争取对口帮扶地区和单位的帮扶支持，进一步动员市内各部门各单位积极完成所承担的对口扶贫任务，引导企业发挥社会价值，鼓励、支持、帮助各类群团组织、社会组织、个人采取多种形式参与扶贫，广泛、有效地动员和凝聚各方面力量，构建了"多主体参与、多领域合作、多思路发展"的大扶贫格局，形成了脱贫攻坚的强大合力，也展现了各方力量积极参与脱贫攻坚的生动画面。

一、中央单位定点扶贫

中央单位定点扶贫是我国扶贫事业一支不可或缺的重要力量，自中央单位定点扶贫开展以来，重庆市主动对接，强化保障，聚焦重点，不断创新，积极争取水利部、致公党中央、中央外办、中国法学会、中国核工业集团有限公司、中国长江三峡集团公司、中国农业银行、中国进出口银行、中信集团等9家中央单位从资金、项目、人才等方面给予倾力帮扶、倾情支持，极大推动重庆市14个区县脱贫攻坚的进程。9家中央单位投入帮扶资金23.47亿元，引进帮扶资金45.14亿元，精准实施各类项目1277个；帮助培训基层干部17174名、技术人员44104名；采购贫困地区农产品6965.1万元，帮助销售3.1亿元；选派扶贫干部52名。

专栏 7-1 中央单位定点扶贫的重庆实践

重庆市与定点帮扶单位双方主动进行高频次、全方位沟通对接，有效借力，严格落实党中央关于定点帮扶决策部署，在智力帮扶、人才支持、产业扶贫等方面发挥重要作用，形成了具有重庆特色的中央单位定点扶贫地方实践。

中信集团创新"345"定点帮扶机制

中信集团、黔江区充分发挥党建引领、领导带动、人才帮扶"三大效应"，全面打通基础设施、产业发展、公共服务、消费扶贫"四条渠道"，创新探索金融服务、项目合作、企业上市、招商引资、风险防控"五种模式"，聚力打造央企走进贫困山区、少数民族地区、革命老区，推进社会、企业、百姓多赢的帮扶示范。

中核集团助力"三星香米"打造有机食品"新名片"

为把"三星香米"产业打造成为一个产业链完整、脱贫增收带动力强劲的示范性扶贫产业，中核集团把地方党委政府组织体系、村集体经济组织、农业产业公司、重庆西南大学高校和重庆市农科院专家团队、广大稻农等六方力量有效凝聚起来，形成了促进产业发展"六方支撑"的强大力量，开展"田间课堂"有机水稻技术培训，强化科技支撑助农增收。与三星乡党委政府完善"村集体＋合作社＋农户"利益联结机制，利用帮扶资金在6个行政村分别成立了有机香米专业合作社，为村集体经济从无到有、从弱到强注入了源头活水。引入"有机水稻＋"新发展理念，推行"稻田养鸭、有机循环、一地双收、价值倍增"的"稻鸭共生"新模式，打造"生态稻田鸭"品牌。同时，为解决劳动力不足的问题，中核集团与三星乡利用帮扶资金采购了12台中小型自动化收割设备和30台微耕机，组建起了三星乡农机服务队，提高了产业机械化、标准化生产水平。

三峡集团帮扶巫山奏响分期见效"四步曲"

三峡集团与巫山县本着"真诚帮扶、注重实效、长期合作、共同发展"的原则，坚持"扶基础、扶产业、扶项目、扶智力"四大板块环环相扣，助力巫山县整体脱贫摘帽，持续巩固脱贫成效。一是扶基础补短板，助力集中安置点建设、"四好农村路"建设和饮水工程建设。二是扶产业添后劲。支持全域旅游，开启"三峡坝区—巫山"旅游线路，支持125户贫困户实施分布式光伏项目，援助创建巫山妇女创业基金，扶持75名带动力强且以女性为主体的小微企业。三是扶项目谋长远。不断加强生态、新能源等重大项目的规划布局和新能源项目合作开发，将巫山高唐片区城市污水管网改造提升、早阳旅游新城基础设施建设纳入长江大保护工程项目。四是扶智力激活力，实施"同舟工程救急难"行动，帮助困境家庭90余个。援建巫山职教中心科技图书楼、巫山妇女儿童活动中心，扩展兴隆中学教学阵地，新建和排危改建20所中小学校，将"三峡娃娃行"公益活动覆盖到巫山。

中国法学会帮扶开州区紫水乡雄鹰村实施电商扶贫

中国法学会帮扶开州区紫水乡雄鹰村实施电商扶贫，由雄鹰村运营电商平台，其他村的专业合作社和农户将优质农产品挂在平台上统一销售，推行联动发展、共同致富的电商运营新模式，最终实现资源共享、互利互赢。参与定点扶贫的中央单位通过发挥行业优势、资源优势，成为重庆市脱贫攻坚的强劲后盾和助力。

资料来源：重庆市扶贫办：《重庆市定点扶贫典型案例汇编》

二、鲁渝东西部扶贫协作

东西部扶贫协作政策是一项旨在鼓励支持东部沿海发达地区对口帮扶西部内陆贫困地区的创造性脱贫战略，是统筹地区协调发展、极具中国特色的扶贫开发战略，与共同富裕思想前后相继、一脉相承。开展东西部扶贫协作，抓住鲁渝协作契机，对于重庆市推进全市脱贫攻坚进程、推动经济社会发展具有十分重要的意义。

鲁渝扶贫协作自 2010 年全面启动以来，特别是脱贫攻坚战以来，两省市始终把东西部扶贫协作作为推动区域协调发展、协同发展、共同发展的大战略，作为加强区域合作、优化产业布局、拓展对外开放新空间的大布局，作为实现先富帮后富、最终实现共同富裕目标的大举措。两地在教育、农业、劳务等多个领域开展深入协作，帮扶领域不断拓展，形成了多方力量参与、多种举措有机结合、互为支撑的脱贫攻坚强大合力。重点围绕项目合作、园区建设、产业开发、基础设施、干部交流培训等方面不断寻找扶贫协作的契合点，先后印发《建立鲁渝扶贫协作对接机制的实施意见》《完善鲁渝扶贫协作对接机制的实施意见》，制定了《鲁渝扶贫协作三年行动计划》《支持鲁渝扶贫协作若干政策》等文件，为两地协作提供了明确的制度指引和行动指南。

山东省累计向重庆提供财政援助帮扶资金 21.9 亿元，实施援建项目1281 个，动员社会力量捐款捐物近 4 亿元。成立山东·重庆扶贫协作产业合作联盟，引导 106 家山东企业到重庆贫困区县投资兴业，完成投资14.23 亿元，建设产业园区和现代农业、文旅产业示范基地 69 个。开展"十万吨渝货进山东""十万山东人游重庆"行动，消费扶贫协作帮助销售重庆扶贫产品 8.5 亿元，山东省来渝旅游260.32 万人次。共建扶贫车间136 个，通过劳务协作累计帮助重庆 1.1 万余名贫困人口转移就业或就近就地就业。两地互派挂职和交流党政干部 225 名，互派教师、医生、农技人员等专业技术人员 3761 名，培训各类专业技术人员 15.8 万余人次。

专栏 7-2 重庆携手山东依托扶贫协作买渝货邀来客共推消费扶贫

重庆市和山东省紧紧依托东西部扶贫协作，坚持政府引导、社会参与、市场运作、机制创新，牵手共推"十万吨渝货进山东"

和"十万山东人游重庆"两大活动，积极引导和发动社会各界力量参与消费扶贫。

一、实施"十万吨渝货进山东"，为山区农货找销路

针对重庆贫困地区产品销路窄、组织化程度低、增产不增收等突出问题，积极引导当地农特产品、畜产品、旅游产品、劳务服务与市场需求有效对接，有效促进贫困地区产品变商品、收成变收入、服务变劳务，带动贫困人口脱贫增收。截至11月底，重庆14个贫困区县依托鲁渝扶贫协作机制，已向山东结对销售特色农产品3.13亿元。

一是搭平台，提品质。充分利用第二届"中华老字号（山东）博览会"、全国农商互联暨精准扶贫产销对接大会、西部畜牧业博览会等国家级、省级展销平台，组织鲁渝两地农业龙头企业开展合作交流。发挥山东省农产品外经外贸优势，探索"借船出海"合作模式。同时，积极引进山东改良技术，"量身定制"有机生物肥，着力打造"脐橙提质增效示范园"和"蔬菜产业示范园"；二是补短板，畅流通。支持贫困区县农产品集配中心、冷链物流项目、电商配送站点建设及电商人才培训，着力培育骨干企业，实际支持14个贫困区县冷链物流项目80个，资金3536.8万元；三是强对接，促销售。开展"重庆万吨脐橙进山东""重庆贫困乡村优质农产品进入省会大型超市销售""巫山脆李进烟台"等活动，推动重庆农特产品进入山东批发市场、大型超市、商圈社区，专柜（专卖店）实现重庆14个对口区县主要农特产品全覆盖、山东14个协作市助销全覆盖；四是借网络、扩销路。依托山东电商优势，深入开展"重庆电商扶贫爱心购""寻味武隆4·26电商日暨消费扶贫"、电商消费扶贫"赶年节"等活动，支持"舜网"、多多果园等山东知名电商平台开设重庆农特产品专区。支持搭建"鲁渝协作——重庆地理标志产品质量溯源服务云平台"，与区县60余家经营单位达成供货协议，163款产品纳入平台销售，实现销售2320万元。

二、开展"十万山东人游重庆",借山区旅游促消费扶贫

经过鲁渝两地不懈努力,"十万山东人游重庆"从单一的文旅营销活动转化为鲁渝扶贫协作品牌,成为两省市开展东西部扶贫协作的重要抓手。一是广泛举办推介活动,围绕文化旅游产业,开展"壮美长江、诗画三峡""畅游三峡、万州出发""万里长江•天生云阳"等多种形式的宣传推介活动;二是深度挖掘文旅资源,举办"十万山东人游重庆——鲁渝一家亲,自驾心连心"宣传推广及踩线活动,推动山东人对新开发的扶贫旅游产品咨询量、旅游团队预约量大幅增长;三是开通旅游包机和专列,新开通旅游包机航线 4 条和旅游扶贫专列 2 列,打通了贫困地区交通不便的障碍;四是加强文化旅游政策引导,制定《鲁渝扶贫协作组织山东游客赴重庆贫困区县旅游奖励办法(试行)》,为"十万山东人游重庆"创造宽松活跃的市场环境,推动山东省风向标旅游联盟与重庆市龙头寺旅游集散中心签订合作协议,向重庆输送游客逾万人,实现旅游收入 1000 万元。

资料来源:重庆市扶贫办:《重庆市打赢脱贫攻坚战典型案例汇编》

三、市内对口帮扶

在充分借助外力的同时,重庆市也积极挖掘本土的扶贫力量和扶贫资源。通过市级扶贫集团结对帮扶和区县对口帮扶来扩充脱贫攻坚帮扶队伍的力量,提升点对点资源汲取和资源配置的效率,加快脱贫攻坚进程。重庆充分发挥集团帮扶的组织优势、管理优势、科技优势以及区县结对、村企结对帮扶的经济优势、市场优势、综合优势,多层次、宽领域、立体化助力脱贫攻坚,积极探索以城带乡、以工补农机制。

1997 年重庆市创新探索集团扶贫模式,市级扶贫集团在对口帮扶工作中,广泛动员和组织所属成员单位发挥优势,聚焦聚力,有力地推动和促

进了结对帮扶区县经济社会的快速发展。2017年8月，重庆市组织375家市级单位组建18个市级扶贫集团，由市领导挂帅结对帮扶18个深度贫困乡镇及贫困区县，采取联系市领导定点包干、集团定点到乡镇、成员单位结对帮扶到村到户的方式，确保了集团扶贫责任更明确、机制更健全、措施更精准、效果更明显。市级扶贫集团累计投入帮扶资金50.63亿元，充分发挥了政府部门的组织管理优势、较发达地区的经济优势、科研单位和大专院校的科技信息优势、工商企业的市场优势，充分体现集团扶贫的整体效益和规模效益。

"经济发达区县"结对帮扶"经济滞后区县"，形成"兄弟连"、结下"战友情"，集中力量解决深度贫困问题，是重庆市加大扶贫开发力度、统筹城乡区域协调发展的一项战略举措。区县对口帮扶自2007年初全面启动，2007年至2020年由21个经济较强县按不低于上年本级地方财政一般预算收入的1%安排帮扶实物量用于支持17个经济相对滞后的区县，落实帮扶资金实物量22.7亿元，其中2020年落实帮扶资金3.5亿元，累计协助引进项目落地145个。2017年，重庆市印发了《关于优化区县对口帮扶机制的实施意见》（渝府办发〔2018〕46号）明确了2018—2020年区县对口帮扶的总体要求，提出了优化对口帮扶结对关系、加强产业链帮扶协作等8个方面的重要任务，建立完善了区县（自治县）党政领导互访协商、工作部门对口衔接、目标任务层层分解、帮扶信息沟通共享、帮扶资金（物资）的使用监管以及援建项目管理等多项制度，并综合运用考核、通报、表彰、媒体宣传等多种形式建立工作激励机制，有效地调动了区县（自治县）及参与各方的积极性。2018年下发了《关于做好2018年度区县对口帮扶工作的通知》（渝发改地〔2018〕595号），就帮扶区县间建立对口帮扶协调联络机制、编制对口帮扶三年实施规划等7个方面任务作出具体安排部署。江北区、酉阳县积极创新结对共建路径，通过强化顶层制度设计、创新生态横向补偿、开展村企结对帮扶精准实施项目帮扶，探索了对口帮扶共赢模式。

四、市场主体扶贫

经济贫困是贫困的关键要素，贫困地区的企业和群众常常由于发展设施和条件落后、市场信息滞后、可持续发展能力薄弱等原因在市场竞争中处于不利位置。要从根本上解决贫困问题则需要用市场的视角、遵循经济发展的脉络，才能帮助贫困地区和贫困群体获取参与市场的机会，提升经济发展能力。因此，企业作为市场主体，是构建大扶贫格局、推动贫困地区经济发展的重要力量。一方面，企业能利用敏锐的市场洞察力和科学的市场思维对深度贫困地区的扶贫进行科学目标定位，深入推进产业项目落实落地，推动资金、人才、技术有效传递到村、到户、到人，真正实现贫困地区引援借力，摆脱贫困困境。另一方面企业能够通过丰富的物资援助、人才交流与培训，有针对性地化解贫困村、贫困群体最急切的需求，缓解需求对象困境，提升贫困村和贫困群体的可持续发展能力。

"万企帮万村"既是市场主体承担社会责任的重要举措，更是实现企村双赢、共同发展的创新之举。广大企业以强烈的责任担当，精准对接贫困地区实际需求，发挥资金、技术、管理、市场营销等优势，充分利用贫困地区资源禀赋，兴产业、建基地、办车间、搞旅游，带动贫困地区整体发展。在帮助贫困地区脱贫致富的同时，帮扶企业也不断发展壮大，实现企村双赢，成为社会力量参与脱贫攻坚的"突出样板"。广大民营企业采取"公司＋基地＋专业合作社＋农户"等方式，带动贫困村、贫困户产业发展。通过定向招收贫困劳动力、兴办扶贫车间、开展技能培训等方式，帮助贫困劳动力就近就业。通过"以购代捐""以买代帮"等方式采购和销售贫困地区扶贫产品4亿多元。依托"联成e家"消费扶贫平台，建立6个扶贫馆。大力支持重庆市消费扶贫馆建设和运营，建成面积1.5万平方米，拥有11个西部省区馆＋33个区县馆，全力打造中国西部消费扶贫中心。金科集团主动投入5.38亿元，开展产业扶贫、消费扶贫、就业扶贫、教育扶贫、公益慈善扶贫、医疗扶贫等，辐射带动11个区县近3万名群众脱贫增收，荣获全国脱贫攻坚先进集体荣誉称号。截至2020年9月30日，重庆全市有2299家民营企业参与"万企帮万村"精准扶贫行动，结对帮扶1975个村，投入资金30.97亿元，帮助1161个贫困村整村脱贫，带动6.8万贫困户稳定脱贫。

五、社会组织扶贫

在大扶贫格局的建设过程中，各个社会组织在不同的领域进行了多种多样的扶贫实践，为贫困群众生活的改善提供了极大的帮助。与政府正式性、大规模、强力度的扶贫行动相比较，社会组织的扶贫行动更具有专业性、灵活性和针对性，在扶贫资金募集、项目实施、教育培训、调查研究、政策宣传等方面具有专业优势。重庆高度重视发挥社会组织的优势和力量，大力支持和引导社会团体、基金会、民办非企业单位等各类社会组织积极参与扶贫开发，加强对社会组织开展扶贫活动的信息服务、业务指导和规划管理，鼓励社会组织承接政府扶贫开发项目，打造优秀扶贫公益品牌和平台。重庆全市社会组织累积捐赠资金26.77亿元，开展各类公益扶贫项目及活动4700多个，惠及困难群众274万人次。

此外，重庆支持参与社会扶贫的各类主体通过公开竞争的方式积极承接政府扶贫公共服务、承担扶贫项目的实施。推进社会工作服务"411"示范工程和社会工作专业人才服务"三区"计划，逐步形成"以城乡社区为平台、以项目购买为手段、以全职社工为支撑"的扶贫济困社会工作实施方式，利用专业手段推动传统粗放型、救济式扶贫向现代精准性、增能型扶贫转化，推动形成贫困地区政府主导与社会参与结合、政府行政功能和社会自治功能互补、政府管理力量与社会调节力量互动的基层社会治理新格局。

六、社会公众扶贫

20世纪80年代以来，随着我国公共产品的私人提供问题开始进入人们的视野，公益慈善也越来越多地参与到政府的扶贫工作中，并且越来越受到政府和社会的重视，在扶贫进程中发挥愈来愈显著的作用。社会组织以外的公众也以个体的方式加入扶贫公共产品和公共服务的提供主体中，在资源配置、平台建设、模式开发、完善监管举措等方面已取得较大成效。

重庆市通过搭建平台和拓宽参与渠道，广泛动员社会公众通过公益慈善、志愿者网络、消费扶贫等方式参与到脱贫攻坚当中。发挥工会、共青团、妇联、残联、侨联等单位组织动员优势，依托各类社会组织，创新服务支撑体系，建立爱心平台，鼓励和引导广大社会成员和港澳同胞、台湾同胞、华人华侨及海外人士捐助款物，开展助教、助医、助学、助残等扶贫活动。将8个民主党派市级机关纳入市级扶贫集团，分别对口帮扶1个贫困县和1个深度贫困乡镇，支持民主党派围绕脱贫攻坚开展重点民主监督。同时，积极倡导扶贫志愿者行动，构建扶贫志愿者服务网络，重庆团市委充分发掘团内外资源，广泛凝聚社会力量，深入推进"脱贫攻坚青春建功行动"，鼓励和支持青年学生、专业技术人才、退休人员和社会各界人士参与扶贫志愿者行动。深化"我们一起奔小康"扶贫志愿服务行动，发布扶贫志愿服务项目1.5万余个，发动1.4万多个志愿服务组织和爱心企业参与，开展志愿服务活动9.15万场次，受益贫困群众570万人次。通过有组织的技术推广、紧急援助、现场传授、示范演示、远程支持等方式，向贫困地区派遣志愿者并定期轮换，为贫困地区提供基础教育、医疗卫生、科技推广、文化下乡和农业技术等方面的志愿服务。

第三节　重庆构建大扶贫格局的特点与成效路径

由于具有主体多元化、举措丰富化、效果精准化等特点，大扶贫格局成为推动脱贫攻坚取得实效最具潜力、最有活力的部分。重庆市集大城市、大农村、大山区、大库区、大少数民族地区和大成片贫困区于一体，基础条件和资源禀赋比较薄弱，重庆市将"大扶贫"与"精准扶贫"相结合，从中央国家机关到东部发达省市，从18个市级帮扶集团到区县结对帮扶、万企帮万村等，重庆市形成了横向到边、纵向到底的扶贫网络，构建了多主体多领域全方位参与的大扶贫格局，取得了良好的扶贫效果，助推全市脱贫攻坚战取得全面胜利。

一、重庆构建大扶贫格局的特点

重庆市以可持续发展理念为指引，注重源头治理和内源发展，以整体性治理和协同治理思维，通过内外结合，在引援借力的同时注重内部发力，充分挖掘各方扶贫资源，开展特色扶贫品牌活动，构建政府、市场、社会协同推进、互为支撑的社会扶贫新常态，营造"人人皆愿为、人人皆可为、人人皆能为"的大扶贫环境，形成定点扶贫、对口帮扶、社会各界全面参与的社会扶贫大格局，推动重庆市脱贫攻坚高质高效向前推进。

（一）政府主导，制度先行

政府是参与脱贫攻坚各方力量的统筹者和协调者，需组织、动员、协调更多的市场主体和社会力量参与其中。动员社会力量参与扶贫开发工作是政府的重要任务，重庆市坚持政府主导、部门支持、全社会共同参与的大扶贫思路，建立起"政府负总责、扶贫开发领导小组统筹协调、区县分管领导牵头负责、各部门各司其职、镇村社抓落实、绩效考评挂钩、群众主体参与"的社会大扶贫管理体系。各级扶贫部门把大扶贫格局构建纳入重要工作议程。同时，加强组织动员，落实工作责任，形成市负总责、区县抓落实的扶贫开发工作机制，做到分工明确、责任清晰、任务到人、考核到位。

重庆从地方实际出发，建立机制，主动作为，确保扶贫工作责任到部门、任务到个人，财政、税务、金融部门负责落实财税和金融支持政策措施。人力资源社会保障部门负责落实挂职扶贫干部、驻村帮扶干部和专业技术人员的相关待遇。民政部门负责将扶贫济困作为促进慈善事业发展的重点领域，支持社会组织加强自身能力建设。工会、共青团、妇联、残联、工商联、省中华职业教育发挥各自优势积极参与扶贫工作。以中央相关文件精神为指导，通过细化和完善相关政策设计，奖惩结合发挥制度在鼓励多主体参与扶贫以及约束扶贫主体扶贫行为中的正向激励作用和负向惩戒作用，为建立具有重庆特色的大扶贫格局提供制度保障。

（二）广泛动员，凝聚合力

重庆注重培育多元参与主体，不断深化定点扶贫、持续强化对口帮扶、大力倡导民营企业扶贫、积极引导社会组织扶贫、广泛动员个人扶贫，切实加强与各类扶贫主体的沟通联系与密切合作。在广度和深度上不断拓展和深化大扶贫格局的构建，充分利用脱贫攻坚良好的政策契机和历史机遇，主动对接，通过定期沟通和联络机制加强与外部帮扶主体的交流，积极推进定点扶贫、鲁渝协作等，形成可持续的良性互动机制。

在充分利用外部帮扶支持的同时，广泛动员市内各界社会力量积极参与到脱贫攻坚当中，引导帮扶企业、社会爱心人士、本土优秀人士对接联系贫困村或者贫困户，分管领导、扶贫专干、帮扶责任干部负责具体对接落实。充分发挥各扶贫主体在人才、信息、资源、资金等方面的优势，重点围绕国家普惠性政策难以覆盖的情况，开展结对帮扶志愿扶贫行动，进一步提高贫困户脱贫质量。同时，建立多元主体参与扶贫的联动机制，构建多元主体相互协调、优势互补、互动合作的参与机制，通过资源集聚、人才集中、政策执行等方式发挥扶贫合力效能的最大化。

（三）创新机制，示范引领

机制创新是推动贫困治理的动力源泉，而示范引领是提升减贫成效的重要途径。重庆市创新扶贫开发社会参与机制和社会参与方式，大力拓展社会力量参与扶贫开发的便捷通道，按照公开竞争、择优确定的原则，将适合采取市场化方式提供且社会组织有能力承担的扶贫项目交由社会扶贫主体实施。充分发挥 "扶贫志愿者行动计划"等扶贫公益品牌效应，引导和鼓励青年学生、专业技术人才、退休人员和社会各界人士参与扶贫志愿行动，引导社会资源向贫困地区聚集，同时结合本地区实际情况，切实打造本地扶贫公益品牌。完善经济强县对口帮扶发展困难县的市内对口帮扶机制和"党政领导、部门负责、群众主体、社会参与"的集团帮扶模式，发挥"领导推动、产业带动、部门联动、干群互动"的作用，整合市内党政机关、高等院校、科研院所、军队、大中型国有企业等扶贫资源，合力推动定点帮扶乡（镇）整体脱贫。

在创新机制为大扶贫格局构建提供制度性引领的同时，还为社会主体的参与搭建起通道。重庆市建立多元主体参与扶贫平台，拓展多元主体参与渠道，用好用活"互联网＋"平台，"线上""线下"同步发力，深度挖掘社会扶贫潜力，充分释放社会扶贫动能。同时，发挥典型示范作用，推动大扶贫工作上台阶。全市各级各部门充分挖掘典型，首先积极培育社会力量参与脱贫攻坚，在其中树立典型，充分发挥其示范作用。其次是及时总结并推广社会扶贫实践中创造的经验。例如山东科技有限公司在黑溪镇成功探索的"公司＋专业合作社＋精准贫困户"模式，在太极、黄溪等乡镇得以推广，并在此基础上延伸出了"以养放贷、以养还贷""香猪代养"等扶贫模式。最后是大力宣传社会各界支持脱贫攻坚的先进事迹，更好地引导和动员力量参与到扶贫开发中来。通过集中力量打造社会扶贫示范点，在示范点召开脱贫攻坚现场培训会，以点带面，全力推进全市脱贫攻坚工作。

（四）集团作战，协同参与

重庆市采取整体性贫困治理的思路，改变以往单兵作战的模式，通过扶贫单位力量"大集中"，实现扶贫资源的优化组合，并通过集团作战合作扶贫的方式，打破部门作战壁垒和传统的科层运作方式，形成条块结合、多部门协同参与、扁平化沟通的贫困治理局面，提升了多主体参与扶贫的整体效能。重庆通过挖掘扶贫集团潜力，建立完善定点扶贫集团考核、督促、绩效评估等机制，广泛开展"结对帮扶"活动。通过完善扶贫集团协同参与机制，构建帮扶责任"一条线"。明确县领导包点带片、乡镇主抓、部门帮扶、集团对口、企业携手、干部包户的责任，形成了"上下联动、齐抓共管"的攻坚格局。

市级扶贫集团充分发挥行业部门优势，科学谋划，统筹安排，精心组织，狠抓落实，有序推进，全市对口帮扶深度贫困乡镇脱贫攻坚工作取得了显著成效。2017年以来，全市18个市级扶贫集团共筹集帮扶资金23.1亿元，有力有效地支持了全市18个深度贫困乡镇脱贫攻坚工作的深入开展。扶贫集团坚持因地制宜、因势利导，结合对口帮扶乡镇优势资源禀赋，有计划、有针对性地制定帮扶措施、安排帮扶项目，以消费扶贫为重要抓手，以产业扶贫为关键手段，以基础设施建设为重要内容，最大限度地发挥帮扶政策、资金、项目的使用效益。

（五）拓展渠道，深化合作

构建大扶贫格局，不仅要增量，也要提质。脱贫攻坚时期，在国家强有力的政策支持和资源动员中，各主体积极参与到扶贫行动中，力度之强、参与之广、影响之深是历史上前所未有的。作为运动式贫困治理方式的脱贫攻坚战略，短期内能够较快完成减贫目标，但政策依赖性较强，只有拓展和深化扶贫主体与客体间的合作，才能够有效应对高福利、暂时性政策退出后的发展疲软以及返贫现象。

重庆市健全推进机制，完善结对帮扶，加大资金支持，深化产业协作，推动就业帮扶，加强人才支援，拓宽合作领域，加强农业产业基础设施及配套建设，在乡村旅游、教育扶贫、人才智力等方面积极争取支持。同时拓宽合作渠道，推动帮扶主体和帮扶地区各部门各领域的深度合作，发改、人社、教育、卫计、妇女、共青团和台办等多个部门互相对接落实行业帮扶工作。推动就业扶贫，开展劳动力异地就业，启动劳动技能专项培养和劳务定向输出，实现就业岗位和劳动力资源的双向合作。同时，通过搭桥牵线，助推相关单位和企业对接，开展村企产业合作，以其先进技术理念和市场优势帮助贫困地区挖掘资源潜力和潜在市场，带动贫困地区的产业发展，构建特色产业品牌。同时，通过加大扶贫宣传推动协作发展，鼓励更多社会人士通过慈善捐赠、志愿服务等方式参与到帮扶援助当中。

二、重庆构建大扶贫格局的成效

在近30年的扶贫实践中，重庆不断探索尝试，社会扶贫的观念日渐增强，大扶贫格局初步形成且不断完善，社会扶贫的实际成效日益显现，大扶贫格局以其不可替代的优势，在扶贫开发中发挥着越来越重要的作用。

在大扶贫格局的推动下，重庆已投入行业和社会扶贫资金172亿元，派出驻村工作队2451个，帮扶资源覆盖全部贫困户。14个国家扶贫开发工作重点区县、4个市级扶贫开发工作重点区县全部脱贫摘帽，1919个贫困村脱贫出列，累计动态识别（含贫困家庭人口增加）的190.6万建档立卡贫困人口全部脱贫，所有贫困群众实现"两不愁"真不愁、"三保障"全保障。区域性整体贫困得到有效解决，武陵山、秦巴山集中连片特困地区涉及重庆市的12个区县加快发展，全市"一区两群"协同发展格局基本形成，18个市级深度贫困乡镇发生根本性变化。

（一）强基固本，夯实脱贫发展的硬件平台

基础设施建设是地区经济社会发展的重要前提和有力助推器。重庆市通过构建大扶贫格局，充分利用多元主体的资源优势，开展基础设施和环

境医疗条件扶贫，着力改善基础设施建设，全力夯实贫困地区脱贫发展的硬件平台。通过交通、水利、电力、教育、卫生、社保等专项资金，调整市级交通、水利、电力等专项资金结构，全市特别是贫困地区交通条件明显改善，水利设施建设和医疗事业快速发展，农村电网改造升级，乡村环境日益美丽。农村生产生活条件极大提升，全市新修建农村公路 8.4 万公里，农村公路通车里程超过 16 万公里，所有行政村通上硬化路，村通畅率由 2015 年的 87% 提高至 100%。建成农村供水工程 44.9 万处，农村集中供水率达 88%、自来水普及率达 86%，农村贫困人口供水入户比例达 99.7%。完成贫困人口易地扶贫搬迁 25.2 万人，改造农村危房 30.9 万户，贫困户危房实现动态清零。建成村卫生室 9914 个，农村 5230 所义务教育阶段学校全部达标。所有贫困村通宽带、4G 信号全覆盖，农村电网供电可靠率达99.8%。

（二）多点发力，推动贫困地区的全面发展

多元主体在参与重庆市的脱贫攻坚中，通过产业扶贫、就业扶贫、文化扶贫、教育扶贫等多种方式，推动贫困地区的经济社会全面发展，基础设施建设和公共服务水平快速提升，乡村面貌明显改善。在"社工人才助力脱贫攻坚"系列活动的推动下，传统粗放型、救济式扶贫向精准性、增能型扶贫转化。贫困地区发展明显加快，"十三五"时期，14 个国家扶贫开发工作重点区县、4 个市级扶贫开发工作重点区县 GDP 年均增速 7.6%，比全市平均增速高 0.4 个百分点，农村常住居民人均可支配收入由 2014 年的 8044 元增加到 2019 年的 13832 元，年均增长 11.7%。每个贫困区县培育1 个以上扶贫主导产业，产业结构有效调整，产业聚集度明显提升，新发展柑橘、榨菜、中药材、茶叶等扶贫产业 2151 万亩，其中 18 个贫困区县843 万亩。18 个贫困区县创建市级以上特色农产品优势区 21 个、现代农业产业园 11 个、"一村一品"示范村 433 个。培育乡村旅游扶贫示范乡镇75 个、示范村（点）453 个。基层治理能力有效提升，派出 5800 个驻乡驻村工作队、5.71 万名驻村工作队员（含第一书记）、回引本土人才 1.59 万名，20 余万名干部参与结对帮扶，党在农村的组织动员和社会治理能力明显加强，党群干群关系日益密切，群众满意度显著提升。在解决上学、看病、住房、就业、增收、社会保障上持续发力，基本公共服务保障水平明显提升。

（三）志智双扶，提升贫困人口的内生动力

重庆将智志双扶作为激发贫困地区和贫困群体内生动力和助推脱贫攻坚的重要政策抓手和有力政策载体，探索出了一条激发内生发展动力、以外力带动内力的扶贫路线。通过政府、驻村工作队、社会组织、企业等多主体共同施力，以政策宣传、技能培训、带头人激励、规则规范等多种方法和手段，引导贫困群众形成脱贫认识，提升贫困群众脱贫信心，拓宽贫困群众脱贫思路。

通过科技培训和其他脱贫致富技能培训，提升贫困群众自主脱贫能力，就业一人、致富一户、带动一片。同时，教育扶贫推动贫困地区教育资源逐步向均等化、优质化发展，教师队伍素质能力不断提高。集中与分散、动态与静态、阶段性与长期性、普遍性与精准性全面结合的宣传教育机制鼓励贫困群众向身边人身边事学习，营造了光荣脱贫、勤劳致富的良好氛围。帮助贫困群众进一步破除"等、靠、要"思想，激发改变贫困面貌的干劲和决心，增强"弱鸟先飞"的思想自觉和行动自觉。经过脱贫攻坚的洗礼，各级干部锤炼了作风，提升了能力，干事创业精气神积极向上，在实践锻炼中不断成长，真正实现了以扶志带动扶智，以扶智带动扶贫，打通了激活贫困群众内生发展动力的生命线，凸显贫困群众脱贫致富的主体性，提升贫困群众"自主脱贫"的成就感，也为防止返贫现象的发生做足了准备。在智志双扶的推动下，贫困群众收入水平大幅提升，14个国家扶贫开发工作重点区县建档立卡贫困人口人均纯收入由2014年的4697元增加到2020年的12303元，年均增幅17.4%，工资性收入和生产经营性收入占比逐年上升，转移性收入占比逐年下降。

重庆市统一战线在对口帮扶的巫溪县天元乡、红池坝镇中岗村等地深入推动开展晒政策、晒党恩、晒奉献、晒努力的"四晒"活动，着力推进"强化政策公开透明、引导群众知恩感恩、树立干部良好形象、激发脱贫内生动力"，持续增强主动脱贫积极性、创造力的新途径。

（四）优势互补，建立互利共赢的合作关系

贫困地区虽然发展基础薄弱，但是具有丰富的人力资源和自然资源禀赋，产业发展潜力和消费市场空间较大，这正是帮扶地区和企业较为缺乏的，可以通过其成熟的发展理念和先进的生产技术，建立贫困户持续增收和企业发展的结合点，实现资源互补，为帮扶地区和企业进一步拓展发展空间，从单向的帮扶转向双向共赢，形成可持续的良好合作局面。

重庆市和山东省坚持区域协调发展理念，充分发挥各自在政策、产业、科技、人才等方面的比较优势，突出重点领域，深化优势战略产业合作，提升合作层次和质量，促进生产力布局优化，建立互利共赢、持续发展的合作关系，推进鲁渝协作向全方位多层次合作跃升。围绕山东"十强"现代优势产业集群和重庆先进制造业中心、数字经济创新发展试验区建设，共建一批特色产业基地和示范园区，深化新一代信息技术、人工智能、大健康、文化旅游等领域合作。引导两省市高校联合办学，推动山东优质职校到重庆发展。加强双方在特色高效农业产业、农业品种品质品牌等方面合作，共建一批优质特色产品出口基地及绿色农畜产品直供基地。推动两省市建立自贸试验区创新发展合作机制。深化文化旅游交流合作，推动沂蒙精神与红岩精神等红色文化相互交流，共同打造精品旅游项目和线路，推动客源互送、资源共享。开展人才交流，坚持互派党政干部挂职锻炼的做法，探索开展农村党组织书记、国有企业班子成员学习交流，在人才培养、转型发展、"双一流"学科建设等方面开展战略合作。

（五）同心治贫，营造社会扶贫的良好氛围

创新扶贫开发社会参与机制，离不开良好的社会氛围，通过氛围的营造和共同奋斗目标的设立，调动起各主体主动关心和积极参与贫困治理的热情，为各扶贫主体开展贫困治理集体行动建立坚韧的联结。重庆市创新扶贫宣传形式，有效开展扶贫宣传活动，宣传报道社会扶贫先进事迹与先进人物，倡导社会扶贫理念，弘扬了中华民族扶贫济困、助人为乐、崇德敬善、乐善好施的传统美德，营造了浓厚的扶贫济困氛围。

重庆市通过发挥传统媒体与新媒体的舆论引导作用，在社会扶贫公益广告、脱贫攻坚典型案例库，编写脱贫攻坚大事记，拍摄"1+18"脱贫攻

坚纪实专题片中，讲好脱贫攻坚重庆故事，展示了大扶贫格局多元主体的共同努力。推进脱贫攻坚奖和脱贫攻坚模范评选表彰工作，以市委、市政府名义在"10·17"期间隆重表彰一批先进典型，以点带面引领社会关注脱贫攻坚。加强对参与扶贫开发企业的信贷支持和政策扶持，鼓励有条件的企业自主设立扶贫公益基金，定期开展社会扶贫表彰活动，有效保障各类社会扶贫主体的政治荣誉、事业发展和社会尊重。加强社会扶贫资源筹集、配置和使用的规范管理，推动建立科学、透明的社会扶贫监测评估，提高了社会扶贫工作的管理服务能力，增强了社会扶贫的公信力和影响力。通过激励与约束并行，大力推动贫困地区内生动力与外部帮扶的有机结合，提高了贫困地区和贫困群众的自我发展能力。

第四节　重庆构建大扶贫格局的特色经验

重庆市统筹专项扶贫、行业扶贫、社会扶贫等各方力量，着力构建"三位一体"大扶贫格局，中央定点单位和山东省倾情帮扶、鼎力支持，市内结对帮扶，扶贫集团组队帮扶，尽锐出战，帮扶主体与贫困地区共同发展，各主体齐心协力、共同担当、资源共享、信息互通，强担当聚合力打硬仗，形成了"千军万马战脱贫、万众一心思脱贫"的生动局面。

一、以组织领导为重点创新帮扶机制

加强领导，压实责任，坚持把调动多元扶贫主体力量、构建大扶贫格局作为打赢脱贫攻坚战的重要任务，着力提高政治站位，强化责任担当，迅速部署推进。一是领导高度重视，市委、市政府主要领导担任，靠前指挥，亲力亲为；二是责任分解到位，每年初召开联席会议，压实攻坚责任，细化具体措施，明确帮扶资金任务；三是紧密配合高效协作，围绕发挥各主体资源优势，明确各部门责任，组织动员爱心企业、爱心人士参与。在鲁渝协作中，鲁渝双方党政主要领导亲自推动，分别率队互访，区县、市级部门主要负责同志每年赴山东开展对接。市委、市政府专题研究鲁渝扶贫协作工作 42 次，召开高层联席会议，听取东西部扶贫协作情况汇报，共同研究部署工作。签订东西部扶贫协作协议，印发《2020 年重庆市东西部扶贫协作工作要点》，进一步强化制度保障，明确责任部门，压实工作责任。14 个区县党委、政府和 17 个市级部门主要负责同志带队赴山东调研对接，推动鲁渝协作全方位开展。

同时，创新帮扶机制，建立适应精准扶贫的合作与对口扶贫方式，实现开放式扶贫。深化集团扶贫、区县结对、定点扶贫、东西协作等对口帮扶机制，探索"项目＋资金＋政策＋人才＋服务"的综合模式，调动更多力量参与扶贫开发。完善对口帮扶工作机制，巩固中央国家机关定点帮扶制度，深化渝鲁东西扶贫协作，发挥市级扶贫集团牵头部门统筹协调作用，充实帮扶力量。采取产业基地＋贫困村、产业园区＋贫困村和家庭农场＋贫困户、龙头企业＋贫困户、农民专业合作社＋贫困户、资金互助社＋贫困户、电商＋贫困户等多种产业带贫模式，建立贫困户与市场主体共同发展的密切稳定利益连接机制，实现互利双赢，让贫困农户分享产业发展收益。

二、以内外结合为手段形成帮扶合力

反贫困实践的过程是促进整个社会系统功能有效发挥的过程，重庆市在反贫困实践的整个过程中，充分整合内部资源，有效利用外部资源，促成反贫困内部帮扶系统和外部帮扶系统的形成，最终呈现出内外联动、多主体参与帮扶的大格局。打破了单打独斗局面，有效整合各方力量与资源。

重庆市通过内部资源有效整合和外部资源及帮扶力量强力注入，在实践中形成了内外结合、主体多元、资源丰富的反贫困系统。首先通过整合本土资源，促进内部帮扶系统的形成。内部帮扶系统包括人才帮扶系统和组织帮扶系统。领导干部、挂职第一书记和农业科技人员是人才帮扶系统的主要构成元素，他们深入基层将信息、资源、技术传递到村到户，保障各项扶贫政策的顺利落实。组织帮扶系统由帮扶部门、驻村帮扶工作队、社会组织、企业构成，这些组织对接贫困群众，带动贫困群众参与企业生产、开展扶贫济困和慈善捐赠等活动，推动产业扶贫和社会扶贫的开展。

人才帮扶系统和组织帮扶系统共同发挥作用，激发当地力量汇聚，推动反贫困实践的进程。其次是跨区域合作与帮扶，推动外部帮扶系统的产生。外部帮扶系统主要指的是中央单位通过定点扶贫对该区的资源注入以及东西协作中跨区域的帮扶系统。资金的有效注入和跨区域的合作帮扶使外部帮扶系统的功能得到了充分发挥。

三、以鲁渝协作为契机深化合作效应

重庆市和山东省坚持政府引导、社会参与、市场运作、机制创新，充分依托双方比较优势，统筹脱贫攻坚与乡村振兴有效衔接，着眼于强能力、添活力、挖潜力、增动力，总结经验、开拓创新，突出重点领域，提升合作层次和质量，促进生产力布局优化，推动鲁渝交流合作向纵深发展。山东动员各方力量，聚焦重庆 18 个深度贫困乡镇、77 个定点攻坚村，从资金投入、产业合作、招商引资、消费扶贫等方面切入，形成了多层次、广渠道、大范围的帮扶体系，助力重庆市深度贫困地区如期高质量打赢脱贫攻坚战。牵手共推"亿元渝货进山东"和"十万山东人游重庆"两大品牌活动，积极引导和发动社会各界力量参与消费扶贫，将重庆贫困山区的"绿水青山"真真切切地变为"金山银山"，使贫困群众从"望天吃饭"实实在在地走向"靠山致富"。

重庆市抢抓东西部扶贫协作历史机遇，从相互探讨到深层谋划，从政府援助到联动社会，从人才扶持到人才交流，从单向扶贫到共赢发展。以东部先发优势带动西部后发崛起，以大范围的资源整合和互补最终实现共同发展，展现了解决贫困问题的"中国智慧"。面对疫情挑战，化危为机创新实施"1333"工作法，助推劳务扶贫协作稳步前行。以化解扶贫产品滞销卖难问题为消费扶贫工作中心，运用扶贫产品供应量、销售额、带贫数三项指标，畅通电商扶贫、产销对接、专销渠道、直采直供四条渠道，筑牢组织保障、扶贫产业、产品流通、品质管控、利益连接五大基础。开展"支书赴鲁挂职取经"活动，培养一支懂扶贫、会帮扶、作风硬的农村党组织带头人队伍。成立山东烟台·巫山产业园，培育产业园双创中心，积极推进东部产业、技术向巫山转移。鲁渝两地工商联以"万企帮万村"精准扶贫行动为载体，以村企签约结对为主要手段，全力助推鲁渝两地扶贫协作。

四、以协同参与为关键打造特色品牌

脱贫攻坚工作是一个长期、系统的大工程。重庆从扶贫格局的系统性出发，从多领域多角度确保精准扶贫覆盖范围，逐步形成一个完整的、多主体共同施力的良性系统，在这个系统中，扶贫工作从点到线，汇线成面，越来越全面地覆盖贫困地区和贫困群众。在大扶贫格局中对贫困群众的扶贫也从传统的单向扶持变成了双向合作，使得系统中的主体在围绕"精准扶贫"这个轴心公转的同时，还能以激活自身动力进行自转，协同参与，打造工作品牌，推动扶贫系统的良性发展。

重庆秉承"一盘棋"理念，发挥集中力量办大事的优势，建立多元扶贫主体联动扶贫机制。通过联席会议等交流机制的建立和常态化执行，加强多元主体间的合作，形成优势互补、资源集聚，提升多元主体协作参与扶贫的效能。同时，结合本土实际情况和发展基础，充分挖掘当地自然禀赋和发展潜力，全方位动员社会力量打造社会扶贫公益品牌。大力支持和引导社会团体、基金会、民办非企业单位等各类组织积极从事扶贫开发事业，加强对社会组织、企业等开展扶贫活动的信息服务、业务指导和规划管理，鼓励社会组织承接政府扶贫开发项目，打造优秀扶贫公益品牌。

五、以网络平台为助力促进有效对接

重庆根据本市实际情况创新思路，勇于实践，在发挥当地资源优势的基础上，充分发挥互联网在动员社会力量助推脱贫攻坚方面的作用，加快中国社会扶贫网的推广与应用，将中国社会扶贫网的优势与地方特色进行深度融合，创新探索出具有"重庆特色"的"互联网+"社会扶贫的新模式。截至 2020 年 11 月底，重庆市在中国社会扶贫网注册爱心人士 285.8 万人，其中贫困户 49.3 万人、管理员 1.44 万人，贫困户发布需求 38728 个、需求资金 2568.6 万元，落实爱心捐赠 860.2 万元。

重庆将贫困村、贫困户的需求信息与社会各界的扶贫资源、帮扶意愿进行有效对接，为社会各界参与扶贫、奉献爱心搭建平台，促进了社会扶贫与精准扶贫的有效结合，提高了社会扶贫资源的配置与使用效率。截至2020年12月31日，重庆馆入驻商家1900家，上架产品20000余款，注册用户320万人，销售金额2.01亿元（销售扶贫产品1.8亿元、贫困户产品2,190万元），覆盖33个贫困户区县（含18个重点贫困区县），带贫益贫75.5万人。按照"政府搭台、市场主导、社会参与、企业运营、互利共赢"的原则，打造特色、塑造品牌、持续用力。坚持政府引导与市场机制相结合、产品展示与产品展销相结合、卖全国与买全国相结合，坚持产品认定到位、组织保障到位、市场拓展到位、政策支持到位、数据监测到位、监督管理到位、管理运营到位，立足直辖市的平台优势、市场优势、热度优势，展现直辖市的担当与责任，坚持以一域服务全局。

同时，为促进深度贫困地区产业发展，重庆市强化措施有效链接"供应"与"需求"两端，利用互联网拓销路，加大产销对接力度。深化"互联网＋就业"服务，帮助更多贫困群众外出务工、贫困大学生就业。进一步优化升级网络扶贫工程，提升网络扶贫的基础性、先导性、牵引性作用。推进网络覆盖工程，实施农村电商工程，塑造区域农产品品牌；建设信息服务工程，完善大数据平台"七个一"网络扶贫信息服务体系；通过网络公益工程搭建供需对接、精准参与服务平台和体系。重点开展"渝爱同行·E起脱贫"网络公益工程，带动更多贫困群众用好手机新农具、干好直播新农活。

六、以可持续发展为目标提升发展能力

重庆注重贫困地区和贫困群体在脱贫攻坚中的主体性，通过产业扶贫、旅游扶贫、教育扶贫、文化扶贫等方式提升贫困地区和贫困群体的发展能力，增强扶贫对象的内源发展动力。

首先是着力培育支柱产业，增强贫困地区"造血功能"，积极发展生态、绿色、效益农业，探索龙头企业与贫困农户建立利益联结机制，促进贫困农户稳步增收。其次是大力发展特色旅游产业。整合旅游、扶贫、民族发展等资金，扶持贫困地区乡村旅游、生态旅游、休闲旅游发展，形成

开发一片景区、带动一方发展的格局，将贫困区县旅游业成为当地经济的支柱产业。三是积极培育新型科技产业，完善科研院所与贫困区县对接机制，支持市内外科研院所、高等院校在贫困区县建立分院和试验站，支持贫困区县技术推广和品种改良，选派科技特派员团队，培育科技型小微企业，推进农村信息化建设。四是教育文化扶贫与资助就业扶贫，开发贫困地区人力资源，促进就业。坚持治穷与治愚、扶贫与扶智结合，推动教育资源向贫困区县倾斜，推动城市优质教育资源对口帮扶贫困地区农村薄弱学校，整合扶贫、农业、移民等职业培训资源，推广职业教育培训，加强贫困区县优质特色职业学校建设，促进职业学校错位发展、创新发展。

第五节　重庆构建大扶贫格局的主要启示

脱贫攻坚涉及基础设施、产业发展、劳动力培训、社会公用事业建设、文化提升等诸多方面，需要调动一切可以利用的资源，完善大扶贫格局的构建。重庆市充分利用国家脱贫攻坚历史机遇，广泛动员社会力量，推动政府、市场、社会相互协作，为打赢脱贫攻坚战提供了重要保障，为重庆经济社会发展注入了强大的动力，也为贫困治理多元主体协同参与机制的建立提供了丰富且宝贵的经验。在完成脱贫攻坚任务目标后，贫困治理的重点从绝对贫困转向相对贫困，如何加强巩固拓展脱贫攻坚成果与乡村振兴的有效衔接、助力欠发达地区和低收入水平的群众致富奔小康成为重要议题。

结合重庆构建大扶贫格局的举措与经验，要更有效地利用业已形成的大扶贫格局力量，推动脱贫地区的可持续发展，从而促进全市经济社会的全面发展，则需要从统筹处理好政府和社会两方面力量、处理好外部借力与内部发力之间的关系、推动扶贫主体与扶贫对象共赢、巩固拓展脱贫攻坚成果与乡村振兴有效衔接、推动贫困地区的可持续发展入手，不断完善大扶贫格局的构建，凝聚全社会力量与资源参与扶贫与乡村振兴，进一步发挥我国的政治优势和制度优势，在继续释放政策红利的同时增强其扶贫政策的辐射效应和溢出效果，推动贫困治理的现代化发展。

一、统筹好政府和社会两方面力量

在脱贫攻坚阶段，大扶贫格局构建仍是以政府主导的专项扶贫为主，辅之以行业扶贫与社会扶贫，社会扶贫的作用逐渐受到重视，但是对其潜力的挖掘并不充分。政府能够以其强大的凝聚力、动员力和组织性快速推动扶贫工作的开展，并确保各项扶贫政策顺利落地，但为能够覆盖更大范围的普适性政策和措施也常常容易忽略扶贫实践中的特殊情况和差异化需求，对精准性的提升有较大挑战。而一些企业、社会组织等力量以其草根性和基层性，贴近贫困群体的优势促使其更加了解贫困群体的需求，更容易实现精准扶贫的目标。因此，如何统筹好政府与社会两方面力量，对于进一步完善大扶贫格局，调动各方面积极性，促使政府、市场与社会协同发力，推动全社会力量广泛参与扶贫行动，对于2020年后巩固拓展脱贫攻坚战成果具有重要意义。

统筹政府和社会两方面力量，一方面要厘清政府与社会的权限与边界，明确政府与社会各自在扶贫开发工作中的地位、作用和角色，政府向社会适当放权，培育市场与社会主体力量。另一方面要加强政府与社会力量的协作互动，实现相互配合、相互促使，共同完善大扶贫格局的构建。以政府为主导，撬动更多的社会扶贫资源流向贫困地区，挖掘社会扶贫潜力，持续完善定点扶贫，深化东西部扶贫协作等机制，实现在产业发展、教育提升、吸纳就业、人才交流等方面的沟通协作，达到合作双赢。将政府的调控、市场的效率和社会的资源有效结合，通过政策调适、资源支持、宣传引导等方式，促进各方主体的参与。

二、处理好外部借力和内部发力间的关系

精准扶贫的终极目的是坚持群众主体，激发内生动力，贫困地区依靠自身的力量实现长足的发展。这一目标的达成必须要理解社会扶贫主体与对象的内外因关系。要正确处理好外部援助和内源发展的关系，推动内外减贫力量的共识合作，才能确保贫困群体自我发展能力的提升，实现贫困

群体主体能动性和外部扶贫政策的有效衔接，形成内外部相结合，共同开拓贫困地区经济社会发展新局面，增强扶贫工作的有效性和持续性，助力乡村振兴的发展。

在打赢脱贫攻坚战的过程中，大量的人力、物力、财力投向贫困地区，为贫困地区的经济社会发展注入了强大的动力，也极大地改变了重庆地区贫困落后面貌。而大量资源投入容易受国家以及市等各级政策调整的影响，且持续性也存在很大的问题。只有在依靠外界帮助的基础上，以增强自身发展能力为重点才是脱贫的重要途径。重庆在借助外力发展中进一步挖掘内部发展潜力，激发内部发展活力，形成内外结合协同发力的局面。要在外部资源的支持下，坚持贫困对象自身的主体地位，发挥自力更生、艰苦奋斗精神，增强贫困地区和贫困群众自我发展能力才是实现长久脱贫的重要保障。拓展外部帮扶的内容，改变单向提供资金和物资帮助模式，注重利用帮扶地区和单位的先进人才、技术，突出扶贫扶志扶智的重要性，提升帮扶地区的人才素养。

三、推动扶贫主体和扶贫对象合作共赢

实现共同富裕的政治承诺，拓展经济发达地区与欠发达地区之间的合作空间，深化社会扶贫主体与对象之间的共赢关系，是扶贫格局持续发展的根本保证，有助于提升扶贫行动、扶贫项目的可持续性。在目前重庆市构建大扶贫格局中，扶贫对象的主体性作用还未充分发挥。此种状况导致一方面扶贫主体难以精准把握扶贫对象的最迫切的需求，扶贫措施的针对性和有效性还需增强；另一方面扶贫主体与扶贫对象之间的沟通联结机制并未充分发挥应有的作用，难以形成扶贫主体与扶贫对象间的有效互动与合作。

西部经济发展落后地区不仅需要东部发达地区反哺，而且还需要其充分发挥自身的资源优势，实现双向互动，合作共赢。对于受帮扶地区来说，在东部城市对口帮扶工作中，不能简单地通过引入东部地区资源以及东部城市的帮扶，而是要发挥自身的主动性与积极性，将自身脱贫需求与帮扶城市的特点与优势相结合，引入帮扶城市的资金、技术、人才、市场

等要素的同时利用自身的资源、劳动力等优势，形成优势互补、共同发展、合作共赢的局面。鼓励引导企业在参与扶贫的过程中，准确认知企业的定位与角色。企业作为市场盈利主体，在履行自身社会责任的同时，也应遵循市场运行规律，在保证社会效益的同时也需要关注经济效益，建立企业与欠发达地区以及低收入人口的利益联结机制，双方合作共赢确保扶贫项目持续运行，为大扶贫格局的完善提供保障。

四、巩固拓展脱贫攻坚成果与乡村振兴有效衔接

精准扶贫战略和乡村振兴战略都是我国实现"两个一百年"奋斗目标的重要战略，是化解发展不平衡不充分突出问题、不断满足人民日益增长美好生活需要的重要途径。精准脱贫与乡村振兴相互支撑、协调推进才能更好地促进"两个一百年"奋斗目标的实现。虽然通过脱贫攻坚，乡村发展的配套基础设施和公共服务都得到了快速发展，但是由于劳动力的外流导致乡村的空心化和发展主体缺位，且集体经济和特色产业发展尚在起步阶段，如何巩固拓展脱贫攻坚成果与乡村振兴有效衔接，是参与大扶贫格局中的多元主体继续开展工作的重点。

重庆已经选择武隆、云阳2个已摘帽2年以上的区县开展建立解决相对贫困长效机制研究，制定试点方案，开展试点工作。在武隆、云阳、潼南3个区县、18个深度贫困乡镇、18个村开展脱贫攻坚与乡村振兴衔接试点，积极推动脱贫攻坚与乡村振兴衔接试点。在此基础上，重庆要进一步统筹脱贫攻坚与乡村振兴的有效衔接，通过发展特色产业、做强集体经济、抓牢乡村治理全力打造"百姓富、生态美、产业强"的现代乡村。同时，通过在贫困治理当中的创新性实践和多样性方式及手段参与乡村建设，推动乡村治理，为构建现代社会治理体系以及社会治理共同体奠定坚实基础。

五、推动欠发达地区和低收入群体的可持续发展

贫困的长期性、艰巨性和复杂性，客观要求社会扶贫克服短期行为，一以贯之地推进和完善大扶贫格局。从短期来看，通过物质、资金等资本

要素直接输入来扶贫的方式能够有效改善贫困地区公共物品缺乏的现状，增加公共物品以及公共服务的提供。但是打赢脱贫攻坚战后，应激发低收入群体持续脱贫的内生动力，不断推动低收入群体转变发展观念，通过一系列综合性的举措，建立可持续长效脱贫机制，实现自身造血式发展，而不是陷入只能依靠外部资源的输入才能发展的困境。

对于欠发达地区而言，应积极进行结构调整、促进产业发展和内涵式城镇发展，大力发展教育事业、加强医疗卫生和住房保障建设，在事关长远、根本的问题上不断用力。对于低收入群体而言，物质层面的需求已经逐渐开始转向自身能力提升、文化以及精神发展层面的需求，要积极支持新型经营主体发展，增加其可持续生计来源。注重教育发展和技能培训，提升群体素质，满足其精神文化需求。要平衡好输血式扶贫与造血式扶贫间的关系，加大市场信息、人才、技术等多种资本要素的投入，以此推动欠发达地区和低收入群体增强其自我发展能力，防止返贫，实现长久脱贫的目标。

向德平，华中科技大学减贫发展研究中心主任、教授、博士生导师

罗珍珍，武汉大学社会学院博士研究生

第八章　激发脱贫内生动力

党的十九大报告明确提出，坚决打赢脱贫攻坚战，要注重扶贫同扶志、扶智相结合。习近平总书记多次强调，要"治贫先治愚""加强扶贫同扶志、扶智相结合""扶贫既要富口袋，也要富脑袋"，这一系列激发脱贫内生动力的新观点新论述为全国各地贫困地区脱贫攻坚提供了根本遵循和实践指引。重庆市立足实际，探索创新开展了一系列"志智双扶行动"，不断激发脱贫内生动力，为实现稳定脱贫奠定社会文化基础。本章从现实背景与政策设计、实践探索与主要成效、基本经验与启示、展望与建议等层面系统而全面地呈现了重庆市激发脱贫内生动力的历程、过程、做法与经验等。

第一节　重庆市激发脱贫内生动力的
现实背景与政策设计

脱贫内生动力不足制约了脱贫攻坚的成效，激发贫困人口的内生动力和自我发展能力既是打好打赢脱贫攻坚的关键，也是脱贫攻坚战中必须攻克的难点。重庆市面临着贫困人口主体性缺失、市场化背景下贫困人口应对能力不足、文化心理因素致使主动脱贫意愿不强等制约脱贫内生动力的困境和挑战。为此，重庆市结合国家相关政策和脱贫攻坚工作实际，探索创新政策设计，有效激发脱贫内生动力。

一、重庆市在激发内生动力上所面临的困境与挑战

随着脱贫攻坚的不断深入，贫困治理的深层次问题日益凸显出来，尤其是脱贫内生动力不足的问题愈发显现，这也成为全面打赢脱贫攻坚战面临的主要困境与难题，重庆市在脱贫攻坚实践过程中在激发内生动力上所面临的困境与挑战主要表现在贫困人口的主体性缺失、贫困人口的能力不足、贫困人口的脱贫意愿不强等方面。

（一）贫困人口的主体性缺失

自上而下的目标考核体系让地方在精准扶贫过程中形成了扶贫资源的单向度传递，贫困人口被动接受的局面。贫困人口作为扶贫开发对象和脱贫致富主体，在精准扶贫精准脱贫过程中成为被动接受的帮扶对象，贫困人口的主体性在这一过程中被忽略。贫困人口主体性的缺失所导致的是一种惰性思想，主要表现为缺乏自力更生、艰苦奋斗的精神，甚至把自身脱贫认为是国家的事情、政府的事。在政策制定和实施层面上，为了完成既定目标任务，帮扶项目选择和措施制定实施基本上都是在基层政府的主导下自上而下传递，更多的是从基层政府、帮扶干部的完成角度考虑；在帮扶措施的制定过程中，未能精准了解和充分尊重贫困群众自身对挣钱和脱贫的想法，贫困人口的需求表达和公共参与往往不够充分，导致群众对帮扶项目、措施消极被动应付，积极性不高。这种外部力量帮扶政策和贫困群众自身需求之间的错位，所呈现出的一方面是帮扶措施的针对性、实效性不足，另一方面是帮扶资源难以真正发挥功效，同时，也不利于调动贫困群众的自主性、自觉性和能动性，激发贫困人口的内生动力，脱贫攻坚就难以与贫困群众形成共鸣。

（二）贫困人口的能力不足

贫穷与市场关系密切，在现代社会中，贫穷的产生及其程度和深度的差异主要取决于与市场的结合情况，农民与市场的衔接历来成为农民无法实现自身飞跃式发展的一个门槛，而贫困人口又是农民中的弱势，本身处于市场边缘之边缘，所面临的是市场及其相关发展资源的缺乏、不足或疏离，这不仅是造成贫穷的重要因素之一，更是加深贫困的根源。市场化对

于贫困人口而言具有双重效应，市场化可以为贫困人口带来全新的发展机遇，但是贫困人口认识和把握发展机遇的能力有限，在市场以利益最大化为目标，贫困人口由于地理环境、区位、资源等因素制约，在市场竞争中难以真正获益，仅仅依靠自身能力难以融入市场化进程，而且面临不断被市场边缘化的风险，贫困人口应对市场能力不足。另一方面，市场化给贫困人口带来巨大挑战，主要体现在能力和心理上，在能力层面，随着市场化、农业现代化、信息化的快速发展，对从业者的技术能力提出了更高的要求，贫困人口的自我发展能力无法满足市场行业的需求，"能做的事情做不好，想做的事情做不了"，容易产生安于现状、自卑等被市场边缘化的心理状态。在心理层面上，由于能力难以适应市场的需求，发展能力的缺乏，必然会引起心理的变化，贫困人口面临可持续生计难以维持的危机，面对全新的市场发展理论和框架的不适感、无力感、被剥夺感以及更巨大、更深层的生存发展风险，因此贫困人口在应对市场风险时，表现出了明显的自我发展能力的脆弱性。在当前的脱贫实践中，还未能引导与带动贫困人口提升自我发展能力和对接上的市场化进程，还未能从根本上实现由被动脱贫向主动脱贫的转变，其"造血"功能也亟须激发。

（三）贫困人口的脱贫意愿不强

贫困是由多重因素共同作用的结果，既有历史、经济、社会，也有文化、心理等因素。文化和心理因素是持久的、深层次的，对贫困人口具有潜移默化和深远持久的影响，致使贫困人口在心理和观念上将自己主动视为"穷人"。文化心理因素导致贫困人口脱贫意愿不强、内生动力不足，可以从内部和外部两个方面分析。从内部看，贫困人口在心理上往往有一种自卑感、疏离感，这种心理不仅会在个人和家庭成员之间打上烙印，而且会通过代际产生传递给下一代。因此，在一个家庭中，贫困心理或者文化一旦出现或存在，家庭成员必然会受贫困心理和文化的影响。此外，对于缺乏内生动力的贫困群众，简单贴上"等靠要"、观念落后保守、心理失衡的标签，这不但不能激发出他们脱贫的动力，反而可能强化其既有价值观念和心理。从外部看，贫困地区往往地理位置偏僻，自然条件、生存环境比较恶劣，并且生活生产环境相对封闭，现代化的文明程度、思想传播影响力有限，形成了贫困心理或文化弥漫的固定文化圈。此外，贫困人口内生动力不足、脱贫意愿不强具有历史文化的根源。传统落后、愚昧的文化和伦理道德对贫困人口的思想观念和行为方式产生极大的负面影响。区位劣势与贫困文化的交织，让激发内生动力面临严峻的现实困境。

二、重庆市激发脱贫内生动力的政策设计与创新

脱贫攻坚向纵深推进过程中，制约脱贫深层次因素愈发凸显，不仅需要改善深度贫困地区和贫困人口的发展条件，更需要激发贫困地区和贫困人口的内生动力。为此，中共中央和国务院联合发布的《关于打赢脱贫攻坚战三年行动的指导意见》、国务院扶贫办等 13 个部门联合发布的《关于开展扶贫扶志行动的意见》等文件，对坚持扶贫同扶志扶智相结合以及开展扶贫扶志行动提出了明确要求和行动方案。重庆市针对脱贫内生动力不足的问题，在深入调研、认真研究、反复酝酿的基础上，结合国家相关政策和重庆市脱贫攻坚工作实际，出台一系列具有针对性、创新性的政策和措施，有效激发脱贫内生动力。

2018 年，重庆市出台了《关于打赢打好脱贫攻坚战三年行动的实施意见》（渝委发〔2018〕51 号）明确指出，开展"铭记党恩、主动脱贫"面对面扶志教育活动。创办脱贫攻坚"农民夜校"。广泛开展"身边的脱贫故事"微访谈、"榜样面对面"基层宣讲活动，用榜样的力量激发脱贫志气。健全宣讲队伍，及时解读脱贫攻坚热点难点问题。统筹开展生态文明村镇、文明家庭、星级文明户等创建活动。建立脱贫荣誉制度，对主动脱贫、积极脱贫、脱贫效果显著的脱贫户颁发脱贫光荣证书，并与相关扶贫政策挂钩。针对开展扶贫扶志行动出台了《关于深入开展扶志扶智工作激发贫困群众内生动力的意见》（渝委办发〔2018〕66 号），《意见》进一步明确指出，深入实施雨露计划培训；选好选准农村致富带头人，建立以减贫带贫实效为导向的激励措施；用好农村"一站一室一广场"文化设施资源，发挥好村村响工程、农村文化墙、宣传公示栏阵地，编印好宣传手册、政策口袋书。在 18 个深度贫困乡镇建立"新时代农民讲习所"，在每个贫困村设立"新时代农民讲习点"；统筹开展生态文明建设示范村镇、文明家庭、

脱贫光荣户等创建活动，组织开展农村道德模范、感动人物、重庆好人以及好婆媳、好夫妻、好妯娌、好邻居等评选。以"身边的脱贫故事"为主题，深入开展"脱贫攻坚微访谈""乡村振兴榜样面对面"活动，组织群众身边的脱贫典型、致富带头人等先进典型巡回宣讲。深入开展"我们一起奔小康"扶贫志愿服务行动；加强对高额彩礼、薄养厚葬、子女不赡养老人等问题的专项治理。建立健全村民议事会、红白理事会、道德评议会等自治组织等一系列激发脱贫内生动力的具有明确指向性和可操作性的激发贫困群众内生动力的意见。

2019 年，重庆市出台《关于进一步做好雨露计划培训转移就业扶贫工作的通知》（渝扶组办发〔2019〕3 号）明确了雨露计划的实施具体方案，为贫困群众开展高效实用的技能培训，实现就业增收，稳定脱贫。2020 年发布了《重庆市脱贫攻坚总攻"十大"专项行动方案》（渝扶组发〔2020〕7 号），明确了举办"身边的脱贫故事"微访谈、"榜样面对面"宣讲活动、农村实用技术培训等行动目标。同时，出台《关于认真做好 2020 年贫困群众扶志扶智工作的意见》（渝扶组办发〔2020〕21 号），更深入地明确扶志扶智工作任务，为高质量全面完成脱贫攻坚任务提供强大精神动力。

为激发贫困人口内生动力，重庆市各级各部门积极把"扶志"与"扶智"相结合，做到同安排、同部署、同落实。市委宣传部、市文化委围绕精神扶贫出台《移风易俗文明乡风》《贫困村文化事业建设意见》，市人社局、市农委、市扶贫办围绕提升致富就业技能、产业技术出台《做好就业扶贫的意见》《贫困群众参与产业扶贫的意见》，积极引导贫困群众增强脱贫信心，转变落后思想观念，激发贫困群众内生动力，提升脱贫能力素质。奉节县出台《关于激发贫困户内生动力的实施意见》，加强正确舆论导向，创新灵活宣传方式，强化思想引导，破除"等靠要"心理，激励贫困群众"想脱贫""愿脱贫"，树立脱贫光荣导向，弘扬自尊、自爱、自强精神，提高贫困群众自我发展能力。

第二节　重庆市激发脱贫内生动力
的实践探索与主要成效

脱贫攻坚以来，重庆市坚持以习近平总书记关于扶贫工作重要论述为根本遵循和行动指南，通过加强思想引领、开展扶志教育、实施技能培训、强化典型示范、推进移风易俗、探索法治扶贫等多样化的方式、多元化的路径积极探索开展扶贫扶志行动，激发脱贫内生动力，在精神扶贫中成效显著，让贫困群众实现稳定长效脱贫。

一、加强思想引领

党的十八大以来，以习近平同志为核心的党中央，按照全面建成小康社会的要求，将脱贫攻坚工作纳入"五位一体"总体布局和"四个全面"战略布局，作出了一系列重大部署和安排，打赢脱贫攻坚战提供了根本遵循。2015年以来，习近平总书记就打赢脱贫攻坚战召开了7个专题会议，并多次到贫困地区调研，实地了解情况，听取基层干部群众意见，根据了解到的情况，召集相关省份负责同志进行工作部署，充分体现了习近平总书记对脱贫攻坚工作的高度重视。2019年4月15日至17日在重庆市考察，并主持召开解决"两不愁三保障"突出问题座谈会并发表重要讲话，为重庆市如期实现脱贫攻坚目标注入了强大动力。

行动以理念为先导。脱贫攻坚以来，重庆市高度重视提升全市党政干部对脱贫攻坚战重大意义的认识和政治站位，以思想为引领，不断加强理论学习，提高政治站位，提升干部认识，进而推动干部作风和能力建设等精准扶贫的先导性工作，确保将脱贫攻坚各项工作任务、举措落到实处。一是扎实组织专题学习。市委理论学习中心组带头示范学习，围绕学习贯彻习近平总书记关于扶贫工作重要论述、在解决"两不愁三保障"突出问题座谈会上的重要讲话和视察重庆系列重要讲话精神，开展个人自学、蹲点调研、专题辅导报告、集体学习研讨等，帮助干部统一认识，鼓舞干劲，做到科学认识入脑入心。各区县党委、政府中心组开展专题学习661 次，市级各部门中心组学习 930 次，实现学习全覆盖。二是广泛开展宣讲活动。脱贫攻坚要激发干部干事业的激情，提升对脱贫攻坚的深刻认识。重庆市、区县成立宣讲团，分别开展集中宣讲 172 场次、1.24 万余场次，开展基层微宣讲 2.39 万余场次。市委宣传部部务会成员带头参加市委宣讲团宣讲 12 场次。将习近平总书记关于扶贫工作重要论述和视察重庆重要讲话精神纳入"不忘初心、牢记使命"主题教育，推动学习贯彻往深里走、往心里走、往实里走。三是深化理论研究阐释。推出系列重点理论文章，以市委理论学习中心组、市政府党组理论学习中心组等名义在重庆日报连续刊发《坚持以总书记关于扶贫工作重要论述为指引　大力度高质量如期打赢打好脱贫攻坚战》《高质量高标准做好巡视"后半篇文章"》《深刻认识习近平总书记关于扶贫工作重要论述的重大意义》等理论文章。在《人民日报》刊发《为乡村振兴注入文化动能》《赋权赋能脱贫攻坚保障贫困人口尊严》；在经济日报刊发《解决"两不愁三保障"突出问题需"对症下药"》《微商经济助力脱贫攻坚大有作为》；在《红旗》文稿刊发《牢牢把握脱贫攻坚的三个关键》。

脱贫攻坚以来，重庆市坚持以习近平新时代中国特色社会主义思想为指引，以习近平总书记关于扶贫工作重要论述为行动指南。通过全面深入的学习，形成明确的认识，有效提升了干部和贫困群众综合能力，特别是驻村干部对精准扶贫精准脱贫基本方略的理解。

二、开展扶志教育

习近平总书记多次强调"贫困群众是扶贫攻坚的对象，更是脱贫致富的主体。"因此不仅要激发干部帮扶的激情，更要激发贫困群众主动脱贫意识，提升脱贫信心。重庆市立足帮助贫困群众摆脱思想贫困、树立主体意识，将开展扶志教育作为激发内生动力的有效举措之一。

一是以新时代文明实践中心为载体，树立群众主动脱贫意识。重庆市按照中央统一安排部署，搭建区县新时代文明实践中心、乡镇新时代文明实践所、村社新时代文明实践站三级组织架构，将把开展宣传教育与引导农民实践参与相结合、理论宣讲与技能传授相结合、群众点单与志愿者接单相衔接，使新时代文明实践中心发挥示范引领、辐射带动的作用。在脱贫攻坚实践中，新时代文明实践中心发挥了实践科学理论学习、宣传宣讲党的政策、培育践行主流价值、丰富活跃文化生活持、续深化移风易俗和实施关爱帮扶等主要功能，引导贫困群众明白脱贫攻坚的方针政策、目标举措、自身责任，让贫困群众思想认识由"要我脱贫"转变为"我要脱贫"。以新时代文明实践中心为载体，助力脱贫攻坚成效显著。例如，石柱县将设立嘉许激励基金，对积极主动参与、活动效果明显的志愿者给予物质激励；依据群众参与度给予相应积分，以积分换物品，充分调动群众参与文明实践活动的积极性。奉节县将由理论宣讲、教育科技、文化体育、媒体传播等多个县级新时代文明实践分中心分别牵头，在现有阵地资源对应成立 6 个平台，根据全县文明实践工作需要，合理调度、统筹使用、协同运行。同时，将新时代文明实践工作与脱贫攻坚、乡村振兴、创建全国文明城市等 3 项工作融合，并从线上和线下两个方面整合资源。

二是以新时代农民讲习所为平台，培养脱贫自主精神。重庆市按照相应政策部署在 18 个深度贫困乡镇建立"新时代农民讲习所"，在每个贫困村设立"新时代农民讲习点"，通过讲理论、讲政策、讲法规、讲技术、讲事迹，更好地宣传群众、凝聚群众、服务群众，激发了贫困群众主动脱贫的内生动力。同时，充分挖掘农村"一站一室一广场"文化设施资源，发挥好"村村响"工程、农村文化墙、宣传公示栏阵地作用，编发宣传手册、政策口袋书，为贫困群众精神脱贫搭建活动平台，培养脱贫自主精神，助推基层宣讲接地气、聚民心。就实践操作层面而言，第一，搭建讲习平台。按照有阵地、有人员、有课程、有制度、有保障的"五有"标准，建设规范化固定讲习所。第二，选育讲习人才。精心组织县、乡、村三级党组织书记上讲堂，注重从领导干部、专家学者、先进人物、党校教师、电台主播和乡土人才中择优选任讲习员，为讲习活动提供强有力的人才支持。第三，丰富讲习菜单。围绕习近平新时代中国特色社会主义思想和党的十九大精神，整合脱贫攻坚技能培训，研究制定讲习大纲，细分时事政策、法律法规、实用技术等开展讲习。第四，做足讲习功课。按照"要什么、讲什么"的原则，结合区域党员群众特点，确定讲习计划和课程表。第五，确保讲习效果。以讲释惑，采取集中授课、互动答疑等方式，让贫困群众全面知晓扶贫政策，确保政策到户、落实到人。通过新时代农民讲习所弘扬正能量、传递好声音，不断激发贫困群众主动脱贫内生动力，引导贫困群众破除"等靠要"的落后思想观念，为激发脱贫攻坚的内生动力营造浓厚的舆论氛围。

三、实施技能培训

对于贫困人口而言，增强其生存技能是实现稳定脱贫的关键。习近平总书记在陕甘宁革命老区脱贫致富座谈会上讲话时指出："家有良田万顷，不如薄技在身。要加强老区贫困人口职业技能培训，授之以渔，使他们都能掌握一项就业本领。"贫困人口实现稳定脱贫，只依靠外力的帮扶难以持久，更应立足"长远"，增强"造血功能"，提升贫困群众脱贫致富的内生动力，改进帮扶方式，转变传统的帮扶观念，不再是给钱给物的救助，而是引导贫困群众发展产业，强化技能培训，切实让参训人员学有所用，学以致用，实现持续增收，稳定脱贫，真正达到培训的最终目的，回应培训的初心。

一是实施雨露计划培训，提升就业技能。重庆市围绕贫困群众发展产业和就业需要，针对贫困劳动力的年龄、文化程度、健康水平就业技能、就业意愿等条件努力开展雨露技工转移就业示范培训，让贫困户通过学习获得一技之长，从而增加就业机会。重庆市印发《关于深入开展扶志扶智工作激发贫困群众内生动力的意见》（渝委办发〔2018〕66号），强调要深入实施雨露计划培训，每个扶贫开发工作重点区县确定1—2所雨露技工培训基地校，在此基础上确定一批雨露技工就业培训示范校，实行"订单式""定向式"培训，每年培训5000人，培训学员转移就业率达到80%以上，就业家庭稳定脱贫率达到80%以上。为加强雨露计划的贯彻落实，鼓励贫困户参加培训，重庆市出台激励政策，在《关于进一步做好雨露计划培训转移就业扶贫工作的通知》（渝扶组办发〔2019〕3号）指出，要科学合理地设置雨露技工培训专业，每个专业原则上培训时间不低于30天、每天不少于8个课时。建卡贫困户参加"雨露计划"技能培训免培训费、住宿费，按规定补助生活费、交通费并给予务工补贴。对参加全市雨露技工转移就业扶贫培训的建档立卡贫困人口，每人每天按40元发放误工补贴。此外，每个扶贫开发工作重点区县确定1—2所"雨露技工"和新型农民培训基地校，市级确定一批"雨露技工"示范校，抓好"雨露技工"转移就业示范培训，积极探索"订单式""定向式"培训模式，每年培训5000人。

二是开展致富带头人培训，发挥带动效应。重庆市积极开展创业致富带头人培训，鼓励支持一批能人创业，带动一批贫困劳动力就业。始终把致富带头人扶贫创业培训的立足点和着力点定在对贫困人口的带动作用上，转变"重自然资源开发、轻人力资源开发""重就业技能培训、轻致富带头人培训"的观念，从个人素质、创业能力、课程设置、培训效果等方面突出对贫困群众的带动效应。首先，挑选思想素质好、群众认可度高的学员，主要选择那些社会责任感强、有爱心、愿做慈善的贫困地区群众，确保培训后能自觉自愿带领周围贫困群众一起创业、一起致富。其次，挑选已经创业和有创业基础及创业条件的人员，尤其是那些希望回乡创业的人员，他们普遍有创业条件，又热衷于返乡干一番事业，加之他们对家乡情况熟悉，创业相对更加容易。再次，突出对培训学员如何履行社会责任、怎样做慈善事业等方面的培训课程设置，引导大家更好地弘扬中华民族"扶贫济困"优良传统。最后，从培训项目的申报、论证、实施、验收的每个环节，贯穿到对贫困村、贫困户脱贫致富的带动上，把他们的带动成果作为评定培训效果的标准。

截至2020年6月底，重庆市贫困劳动力职业技能培训开班3.7万人次，培训完成2.2万人次，落实培训补贴3255.8万元。截至2020年10月底，新培训8.09万人，确保有培训需求的贫困劳动力至少掌握一项技能。重庆市积极开展技能培训，在解决贫困群众迫切生产生活之需的同时，形成了激发内因、强化外因、自立自强的社会氛围，使有培训需求的贫困人口有技术、有能力，实现稳定脱贫。

四、强化典型示范

要激发贫困群众内生动力，最直观有效的方式就是通过身边人的真实、鲜活的事例、故事、案例来感染与带动。在精准扶贫精准脱贫的过程中，重庆市涌现出一批脱贫典型和脱贫致富能手。为深学笃用习近平总书记关于扶贫工作重要论述和党中央关于脱贫攻坚工作的决策部署，重庆市聚焦脱贫攻坚一线，大力开展脱贫攻坚先进典型学习宣传活动，凝聚起精神力量，为高质量打赢打好脱贫攻坚战营造良好氛围，汇聚脱贫精神力量，实现物质与精神"双脱贫"。

一是树立标杆，分层选树脱贫攻坚先进典型。建立"市、区（县）、乡镇"三级联动工作机制，点面结合选树脱贫攻坚先进典型。其一，精心选树市级典型，从点上立起标杆。重庆市开展"感动重庆十大人物""富民兴渝贡献奖""中国好人"等评选活动，推出扶贫脱贫典型"中国好人"22个、"重庆好人"107个，并且印发《关于深入开展向"时代楷模"毛相林同志学习活动的决定》，号召全社会学习毛相林同志先进事迹和崇高事迹。举办"身边的脱贫故事"微访谈2.45万场，开展"决战决胜、奋斗有我"脱贫攻坚故事征集宣讲活动，营造学先进、当先进的浓厚氛围。其二，广泛选树基层典型，从面上塑造品牌。聚焦33个有扶贫开发工作任务区县和18个深度贫困乡镇，分层分类从帮扶干部、驻村第一书记、脱贫户、致富带头人、深度贫困乡镇干部、贫困村"两委"主要负责人中广泛发现、推出1000余名脱贫攻坚身边榜样，覆盖近10个行业类别。同时，开展"爱心进农家"文明单位扶志扶智行动，综合运用产业、就业、文教、捐赠等手段，实施项目1100余个，开展活动7.7万场，受益群众72.5万人次。在全市上下塑造脱贫攻坚先进典型的特色品牌，形成群体性示范带动效应。

二是多渠道展示，深入宣传脱贫攻坚先进事迹。在媒体开设"脱贫攻坚进行时"专栏，深入宣传报道脱贫攻坚先进典型先进事迹，持续放大先进典型的影响力带动力。首先，组织媒体协同发力。组织全媒体持续开展报道，对5名"脱贫攻坚先锋"进行集中宣传，《重庆日报》头版刊发评论员文章《用榜样精神汇聚脱贫攻坚力量》，《重庆日报》《重庆新闻联播》相继推出专题人物通讯，新华网、光明网和市属、区县新闻网站转发相关新闻稿件180余篇次，总阅读量达60万人次。做好"微"字文章，对18个扶贫集团牵头单位和33个有扶贫开发工作任务的脱贫攻坚榜样进行互动宣传，各区县以"1篇通讯报道、1则专题报道、1个短视频、1个H5"等"四个一"形式，累计推出宣传报道248篇。其次，运用故事叙述方式。华龙网以H5形式讲述脱贫攻坚先锋魏宗平带领3万乡亲赴疆务工脱贫致富的故事，在新重庆客户端和华龙网官网阅读量近60万人次。云阳县推出H5《有事就找毛幺爸》，采用模拟多次来电提醒的方式，以第一视角展现扶贫干部毛海生在脱贫攻坚一线上忙碌的每一天。上游新闻创新采用手绘漫画的方式，推出H5《一颗"脐橙"的甜蜜独白》，以脐橙第一视角讲述奉节脱贫攻坚实绩，点击量已超30万人次。最后，注重内涵凝练精神。《重庆日报》推出长篇通讯报道《二十载绝壁开路 他带领下庄人走出大山》，通过讲述毛相林带领村民在绝壁中凿开天路的故事，展现出"不等不靠、迎难而上、自力更生"的精神；通过讲述带领村民种出"摇钱树"的故事，展现出"艰苦奋斗、埋头苦干"的精神，通过讲述小山村走出文旅融合路的故事，展现出"与时俱进、勇于创新"的精神，新华网、人民网、光明网等中央、市属新闻媒体先后转载报道。

三是"榜样面对面"，激发汇聚脱贫攻坚精神力量。积极组织开展"榜样面对面"脱贫攻坚先进典型宣讲活动。第一，用好先进典型组建宣讲队伍。从受全国、市级表彰的脱贫攻坚先进个人中遴选9名先进典型，组建"榜样面对面"脱贫攻坚先进典型市级宣讲团，深入18个深度贫困乡镇开展集中宣讲活动。参照市级标准，33个有扶贫开发任务的区县遴选本区县表彰的脱贫攻坚先进个人组建宣讲分团。累计参与宣讲的扶贫先进典型675人、现场宣讲超过2566场次、直接受众近48万人次。第二，结合亲身经历讲好脱贫故事。675名先进典型从亲身经历出发，用事实说话、用案例说话、用故事说话，交流扶贫工作思考、分享扶贫工作经验，用"扶贫干部日常工作"的小切口反映"脱贫攻坚宏伟事业"的大主题。第三，丰富宣讲形式深入交流互动。宣讲活动采取"1+5+1"的形式进行，"1"即1名主持人串讲，"5"即5名先进典型宣讲，"1"即1个氛围营造。宣讲现场须悬挂"'榜样面对面'脱贫攻坚先进典型市级宣讲团深度贫困乡镇集中宣讲活动"主题横幅或背景板；摆放一套习近平总书记关于扶贫工作重要论述展板；为参与群众发放一套扶贫政策解读手册；运用网络直播、微信公众号等方式推送活动内容，扩大传播面和影响力。

五、推进移风易俗

对于深度贫困地区来说，脱贫攻坚的难度不仅在于物质上的帮助，更重要的是要消除贫困人口的精神贫困。对贫困群众来说，要改变其传统的生活陋习，提高其发展能力，激发其内生动力；对贫困地区和贫困村来说，需要改变弥漫在贫困村的相互攀比、铺张浪费、大手大脚的不良风气。要移风易俗，提倡科学文明的生活方式，让现代文明不断渗透，营造积极向上的文明乡风。脱贫攻坚不断深入的过程，也是物质扶贫向精神扶贫逐步扩展的过程，为此，要根除不良风气和陈规陋习，引导贫困群众树立自力更生、争先创优的观念，培养现代文明生活习惯，促使贫困群众追求美好幸福，最终摆脱物质贫困和思想贫困。重庆市将移风易俗，培育社会文明新风尚作为激发内生动力的主要手段之一。

一是整治农村人居环境，转变村庄面貌。农村人居环境改善，不仅有效提升农村人居环境水平，而且有助于推进宜居宜游美丽乡村建设，为此，重庆市委、市政府印发了《重庆市农村人居环境整治三年行动实施方案（2018—2020年）》。在实践中主要体现为：把农村生活垃圾污水治理、"厕所革命"、村容村貌提升作为主攻方向，促进农村人居环境更加整洁优美；在常态化实施村庄清洁行动的基础上，开展以清理"蓝棚顶"、无人居住废旧房、房前屋后杂物堆、田间地头废弃物、管线"蜘蛛网"、农村爱国卫生运动为主要内容的"五清理一活动"专项行动；在已建成示范点的基础上，串点成线、连线成片，成片推进农村人居环境整治，每个片区不少于20平方公里，同时积极推进宜居村庄建设；实施美丽巴蜀宜居乡村"双百工程"（重庆市100个示范村、四川省100个示范村），开展成渝毗邻地区"四好农村路"互联互通试点示范，建设沿线、沿江、沿界美丽巴蜀宜居乡村示范带，确保农村人居环境整治的深入开展。

二是推进移风易俗，树立文明乡风。重庆市各区县在扎实开展农村环境综合整治的基础上，修订完善村规民约，严厉打击"黄赌毒"和封建迷信。对照乡村移风易俗"十抵制十提倡"工作要求，进一步加大对铺张浪费、炫富攀比、封建迷信、赌博败家等行为整治力度，结合新时代文明实践中心建设，建立文明积分制度，激励诚信守法行为，约束失信败德行为。开展"我们的乡贤我们评、评好乡贤我们学"主题活动 3000 余场次。举办"新农村新生活"培训 1.2 万余场。开展移风易俗和违规敛财婚丧礼俗专项治理行动、"孝善巴渝"主题活动，各地农村依托村民自治组织发布失信败德黑名单 1991 起。重庆市在推进移风易俗，培育文明乡风民俗上取得了阶段性成效。例如，秀山县积极倡导"婚事新办、丧事简办、其他不办"的理念，引导群众树立正确的人情观念；云阳县设置"红黑榜"，引导村民自我约束，将自力更生主动脱贫的贫困家庭在"红榜"上公开表彰，对好吃懒做、不尽孝尽责等家庭在"黑榜"上曝光，起到了较好的警醒作用；巫山县开展乡风文明"十个一"行动，大力弘扬文明新风；巫溪县出台《关于进一步深入治理红白喜事大操大办和借机敛财不正之风的通知》，有效遏制农村地区的请客送礼怪象，中央电视台对其进行了宣传报道。此外，重庆市以经济手段激发贫困群众内生动力，推进移风易俗。2020 年通过"五改"补助到户资金 30.93 亿元。武隆区财政每年设立 200 万元奖励基金，评选 20 个"公序良俗建设示范村"、100 户"最美家庭"、1000 户"清洁卫生示范户"，引领贫困群众见贤思齐、崇德向善。

三是加强基层文化服务，增强文明素养。在脱贫攻坚实践中，重庆市完善农村文化设施建设，创作《第一书记》《变迁》《薪火》等扶贫题材文艺作品 300 余件，优化贫困地区群众文化供给。组织市、区县两级红色文艺轻骑兵赴贫困地区及深度贫困乡镇送演出，开展各类文化文艺活动 500 余场、参与群众 40 万余人。为贫困区县建成 200 个室内固定电影放映厅，放映惠民电影 5.9 万余场。传承乡土文化，为贫困区县建成乡情陈列馆 34 个，打造 30 个乡村文化乐园，新建非遗扶贫工坊 5 个，帮助 532 名贫困群众实现就业。将贫困区县的 24 个旅游项目纳入市级重点项目，向国家推荐上报 64 个乡村旅游扶贫示范点，带动 33 万贫困人口脱贫增收。

六、探索法治扶贫

法律知识的匮乏和思想精神的贫瘠，也是贫困地区不少群众致贫的原因之一。一些贫困地区特别是深度贫困地区的法治现状仍不容乐观，多数农民思想观念守旧，权利义务意识、法律知识和法治意识比较淡薄，且乡村邻里间的矛盾纠纷频发使村民难以凝心聚力致富脱贫，矛盾纠纷依然十分突出。教育引导贫困地区干部群众办事依法、遇事找法、解决问题用法、化解矛盾靠法，逐步构建"法治扶贫"工作长效机制，既是现实需要，又具长远意义。重庆市委政法委扶贫集团充分发挥政法资源优势，在对口帮扶的武隆区运用法治思维、法治方式推进脱贫攻坚工作，以"法治扶贫"为载体，不断探索创新，着力加强贫困地区基层社会治理，促进贫困地区自治、法治和德治融合发展，使人民群众尊法学法守法用法意识明显增强，乡村治理法治化水平明显提高，为决战决胜脱贫攻坚、全面建成小康社会提供坚强的法治保障。

一是注重法治宣传教育助力脱贫，晒出最亮"风景线"。统筹法律服务志愿者、律师、人民调解员等组成"法治服务乡村振兴"队伍，开展"法治进村居"法治讲座，以干部带农民、骨干带群众的方式提升干部群众法治素养，推动形成办事依法、遇事找法、解决问题用法、化解矛盾靠法的良好环境。开设"问哈村长"热线通，武隆区法律援助中心工作人员和值班律师座席值守，平均每月接线 100 余次、答疑解惑 100 余条，发现案例主动实施法律援助 560 余件。建设"法润乡村"阵地，目前武隆区已建成 445 个农村法治宣传专栏、214 个农村法律图书室、428 幅乡村法治墙头标语。坚持用身边案、新发案、典型案制作警示教育片，开展警示教育会 200 余场次、受教育人数达 10 万余人次，有效地解决了贫困地区农民思想观念守旧，权利义务意识、法治意识淡薄等问题，潜移默化地让老百姓主动通过法律政策来找思路、谋出路，不懂法、不守法等状况大为改观。

二是注重基层社会治理助力脱贫，夯出最强"防火墙"。认真落实社会面巡查、巡逻、巡防工作，武隆区各乡镇（街道）均建立治安巡逻队伍，各类群防群治人员达 9000 余人，实现了"三巡"全覆盖。严厉打击农村地区违法占用耕地林地、阻挠扶贫项目施工或强揽工程等违法犯罪行为，特别是针对贫困地区发生的重大恶性案件和侵财性案件，坚持做到快侦快破。针对贫困地区信息不畅、交通不便、社会治安防控体系薄弱的现象，重点围绕群众反映强烈的"盗抢骗、黄赌毒"等治安问题，切实开展挂牌整治，挤压犯罪分子的案发区、隐身区、窝点区，为脱贫攻坚营造良好治安环境。加强特殊人群服务管理工作，及时发现解决问题，努力将安全隐患消灭在萌芽状态。研究出台《未成年人保护工作机制》《关于进一步加强未成年人法治教育的实施意见》等系列文件，全面加强未成年人司法保护，实现未成年人违法犯罪案和未成年人受非法侵害案"双下降"目标。

三是注重矛盾纠纷化解助力脱贫，打出最优"组合拳"。认真落实"枫桥经验"重庆实践十项行动，加强诉源治理，畅通和规范群众诉求表达、利益协调、权益保障通道。针对贫困地区老人赡养、基础设施建设、产业发展、人居环境整治等领域矛盾多发，特别是家庭婚姻矛盾、邻里纠纷以及生活无来源、长期患病、精神失常、失能人员矛盾突出的问题，落实专人专班，实行重点关注、滚动排查、跟踪化解、动态管控。对信访积案较多、矛盾问题突出的贫困村，实行挂单整治，限期销号，切实将矛盾化解在基层，确保"小事不出村、大事不出乡、矛盾不上交、服务不缺位"。创新设立人民调解委员会驻各景区（点）调解室，加强涉旅纠纷多元预防调处，有效维护游客和景区（点）经营户合法权益。2019年武隆区排查矛盾纠纷1626件，化解1431件，化解率88%；各级人民调解组织共调解案件6844件，调解成功6669件，调解成功率97.4%。

四是注重三治融合发展助力脱贫，跑出最快"加速度"。以加强自治建设为基础，以加强法治建设为保障，以加强德治建设为支撑，积极推进自治、法治、德治三治融合发展，推动贫困地区形成文明乡风、良好家风、淳朴民风。推行村级重大事项决策"四议两公开"制度，健全群众说事、干部问事、集中议事、合力办事、民主评事的"五事工作法"协商制度。加强"法治大院"建设，抓小院治大村，以自治促进基层善治，化解矛盾于局部，解决问题在基层。积极推进平安乡镇（街道）、平安村（社区）建设，开展突出治安问题专项整治，引导广大农民群众自觉守法用法，用法律维护自身权益。深入开展法治示范创建，已创建全国民主法治示范村2个，市级民主法治示范村（社区）48个，区县民主法治示范村（社区）162个，区级模范守法农户50户。积极推进以"孝贤洁序"为重点的公序良俗工程建设，发挥身边榜样示范带动作用，发挥乡贤道德感召力量，促进农村地区社会和谐稳定，涵养守望相助、崇德向善的文明乡风。

五是注重政法公共服务助力脱贫，画出最美"同心圆"。公安机关组织民政、车管、出入境等部门，到贫困地区集中办理身份证、车辆上户、出入境证件活动。审判机关建立扶贫案件绿色通道，发挥"车载法庭"巡回审判车优势，送法下乡，就地开庭、就地调解、就地宣判，切实解决司法服务群众"最后一公里"。加大对因案致贫、因案返贫的困难群众司法救助力度，对符合司法救助条件的建档立卡贫困户优先救助，对符合救助标准的建档立卡贫困户遭受犯罪侵害的，主动告知救助权利，及时予以救助。落实贫困村法律顾问制度，深入开展"法律顾问进乡村"活动，积极为贫困乡村经济社会发展和贫困群众提供全方位、多层次的法律服务。探索成立"让一让"调解工作室，"易法院"扶贫工作室。2019 年，武隆区法院为 21 位困难群众、7 家企业缓交诉讼费累计 21.7 万余元；区法律援助中心共受理法律援助案件 855 件，办结 941 件，为受援人挽回和避免经济损失1588.13 万元，为农民工挽回和避免经济损失 1047.93 万元。

专栏 8-1 "既然党的政策好，就要努力向前跑"
——中益乡华溪村村民谭文质从争当贫困户到致富带头人的转变

谭文质是石柱县中益乡华溪村先锋组村民，2019 年他的人生轨迹转了个弯儿，实现了从争当贫困户到致富带头人的蝶变。

创业失败后，他争当贫困户

谭文质结婚后南下广东，进厂务工。干了十几年，谭文质觉得打工挣钱又慢又辛苦，便动起了养猪的主意。刚养一年，2008 年金融危机席卷全球，谭文质的猪肉最高只卖到了 2.9 元 /斤。20 万元的本钱变成了 2 万元，他只好回到老家。谭文质在老家没有房子，带着一家人住进了弟弟的房子，整天无所事事。

脱贫攻坚开始后，谭文质看到贫困户帮扶政策十分眼红，隔三岔五就找村支书王祥生，要求当贫困户。华溪村村支部书记王祥生回应："别人是真贫困，你是'争贫困'。"谭文质却说"我哪里不符合标准了，一大家子人连个住处都没得。而且，收入也不稳定，娃儿又要读书……"2017 年，经过自主申请、入户调查、民主评议、公示公告等流程后，谭文质被精准识别为建卡贫困户。

成为贫困户后，谭文质发现并没有想象中那么多"好处"，有些失望。教育、医疗、住房等扶贫政策都极有针对性。当时，谭文质的大女儿和儿子均已成家，一家人都健健康康，唯有 8 岁的小女儿享受到了教育资助政策。谭文质的日子没有多大起色。相反，周围不少村民依托好的政策和勤劳的双手，日子越过越好，其中不乏过去生活水平远在谭文质之下的村民。这让他心理落差更大，开始到处挑刺，"反正就是看什么都不顺眼。村里修的公路，要挑点毛病出来，发展什么产业也要指手画脚。"

激发脱贫内生动力，"刺头儿"当选组长

"谭文质致贫的深层次原因是内生动力不足。"中益乡华溪村第一书记汪云友说，"他在外打工十多年，见过世面，脑瓜子灵活，不像有些村民那样'老实'，可他行动又跟不上想法，让人觉得眼高手低。"为了将谭文质的精神"扶"起来，汪云友那段时间几乎天天上门，和他促膝长谈，给他讲"既然党的政策好，就要努力向前跑"的道理。一来二去，两人成了好朋友。

渐渐地，谭文质的思想观念有了转变。"那些干部白天跑田坎，晚上开会，没日没夜地干。我屋头这些事，自己没想到的，他们都帮我想到了。"谭文质感慨。尤其是 2019 年 4 月，习近平总书记到华溪村视察后，当地把总书记的重要指示精神通过各种形式进行宣传，提振干部群众的精气神和脱贫致富的信心决心。尽管谭文质没亲眼看到总书记，但小女儿在中益乡小学见到了总书记，回家兴奋得很，一直念叨总书记如何和蔼可亲，如何关心他们的学习生活。

自此，谭文质的思想彻底转变，"总书记那么忙，还千里迢迢

地到我们这个小山村来激励我们。如果我还继续懒下去，还要没事找事，哪个都说不过去了。"谭文质开始出工又出力，还利用闲暇时间打些零工，终于摘掉了贫困帽。有感于谭文质的变化，汪云友决定再激励他一把。2019年华溪村先锋组组长人选调整，汪云友向村里推荐了3个候选人，谭文质便是其中之一。最终，谭文质当选。"他过去是有些懒，但后来勤快了，而且脑壳灵光。这些我们都看到的，所以愿意选他。"村民花仁叔坦言。

带动村民脱贫，自己生活也变了样

2019年，为增强村民责任感，华溪村探索出黄精产业发展新模式——将集体流转土地种植的220亩黄精，返包给村民管护。参与返包的村民，不但有管护工资，黄精卖出后，村里还会拿出20%的收益给他们分红。村民还在犹豫时，谭文质就带头返包了9.7亩黄精，还给大家做工作："背靠大树好乘凉，我们集体种植的黄精，既可食用又可药用，亩产量能达到3吨，价格也不低，肯定能挣钱！"

就这样，大家纷纷与村集体经济组织签了返包合同，220亩黄精被"瓜分"一空。谭文质的弟弟谭文权也是贫困户，50岁了还是个单身汉，常说自己这辈子就这样了。别人在地里忙时，他靠着墙根晒太阳，谭文质为此没少数落他。如今，在哥哥的带领下，谭文权也变了，返包了7亩黄精，不再浑浑噩噩过日子。黄精要3年才有产出，为了让村民短期有收益，村集体又在黄精地里套种木瓜，谭文质又是最早一批响应的村民。作为村民小组组长，谭文质自然而然地成了村集体经济组织中益旅游开发有限公司先锋组的"片区经理"，不仅要组织生产，还要帮助销售。2019年，全村实现农产品销售收入220万元，农户分红18.2万元，这里面也有谭文质的一份功劳。

带动村民发展产业的同时，谭文质自己的生活也是芝麻开花节节高。2019年，他打零工挣了5850元，黄精基地返包收入9700元，妻子在建筑工地务工挣了2.7万元，还搬进了位于乡政府附近的柿子坝居民安置点，有了自己的房子，"政策硬是好，算上补助后，我自己没花多少钱，基本上只掏了个装修费。"生活的巨大变化，让谭文质萌生了入党的想法。他说："没有共产党，没有脱贫攻坚，就没有现在的华溪村，也没有现在的我。"

第三节　重庆市激发脱贫内生动力的基本经验与启示

重庆市认真贯彻落实党中央有关激发脱贫内生动力顶层设计，结合重庆市实践开展"志智双扶行动"，通过加强思想引领、开展扶志教育、实施技能培训、强化典型示范、推进移风易俗、法治扶贫等方式将精准扶贫工作与扶志扶智紧密结合，贫困群众内生动力明显提升，干部群众的精神面貌焕然一新，脱贫成效显著。在其脱贫攻坚实践过程中形成了物质激励与精神激励兼顾、正向激励与负向惩戒结合、行为调适与能力建设统筹、组织化与主体性并重的基本经验启示，为进一步打赢脱贫攻坚战、接续推进乡村振兴战略凝聚起强大的精神动力和发展动力。

一、物质激励与精神激励兼顾

习近平在河北省考察时指出："消除贫困、改善民生、实现共同富裕，是社会主义的本质要求。"以精准扶贫精准脱贫为基本方略的新时代扶贫开发实践是实现共同富裕的起点。打赢脱贫攻坚战是事关国计民生和全面建成小康社会的大事，脱贫攻坚之所以称之为"攻坚战"，是因为如期实现目标，必须真扶贫、扶真贫，付出艰苦卓绝的努力，着力解决好物质贫困和精神贫困两大难题，破除制约发展过程中的核心和关键要素。

激发脱贫内生动力坚持物质激励与精神激励并重。对于扶贫干部而言，他们是打赢脱贫攻坚战的主力军、突击队，因此应建立健全扶贫干部激励机制。一方面，拓宽基层扶贫干部的晋升渠道，提高扶贫战线干部的政治待遇和经济待遇。另一方面，选树先进扶贫干部典型，开展扶贫干部评优评先活动，激发各级帮扶干部在脱贫攻坚战场上干事业的激情与热情，为贫困地区的发展注入活力与动力。对于贫困群众而言，激发脱贫内生动力应尊重贫困人口的主体性、自主性和能动性，帮扶政策的制定和实施应该让贫困群众真正回到贫困治理的中心位置，尊重贫困群众的需求。但是对贫困群众诉求的满足，不包办代替，不简单的给钱给物，把救急纾困和内生脱贫动力相结合，把物质激励与精神激励相结合，着力转变帮扶方式，坚持物质帮扶同精神激励相结合，提升贫困人口对脱贫的认识，引导贫困人口主动脱贫。重庆市在探索激发脱贫内生动力的实践过程中，通过创建脱贫攻坚"爱心"超市、"道德银行"等形式，在脱贫攻坚中将贫困群众个人行为品德与积分兑换直接挂钩，将产业发展、脱贫典型、公益道德、村庄建设等纳入评选活动，让贫困群众积极参与到村庄集体的组织和发展中，激发贫困群众脱贫致富的内生动力，既让贫困群众获得了实惠，满足了物质需求，同时也在精神和心理上获得满足、尊重与重视，有效提升贫困人口参与脱贫的自觉性、积极性、主动性。对于贫困人口而言，比物质激励更重要的是在实践过程中获得精神激励，让他们获得主体意识，深刻意识到自觉地辛勤劳动可以自主地摆脱贫困，激发内生动力和自我发展的能力。因此，物质激励与精神激励兼顾有机结合是激发贫困群众内生动力的关键之举。

二、正向激励与负向惩戒结合

在脱贫攻坚中，相当多的贫困人口存在着思想贫困和精神贫困的问题，积极、主动脱贫的意愿不强，自我发展能力不足，从而使扶贫的成效大打折扣。为此，贫困治理的根源应从主观层面入手，增强贫困人口自我脱贫精神，加强扶贫扶志教育，尊重贫困群众的首创精神和主体地位，发挥贫困群众的主体作用，努力改变贫困群众与脱贫致富不相适应的思想、观念和意识。对贫困人口而言，社会的排斥感、疏离感以及文化习俗的影响，脱贫意愿和对脱贫认识难以真正地激发。为此，在激发内生动力的过程中，需要坚持正向激励和负向惩戒有机结合，激励和惩戒作为一种规训人们思想的有效机制，能够对正确的思维和行为方式进行强化，对错误的思维和行为方式进行弱化，同时有利于将人的思想和行为放置于一个合理的框架之中。所以，建立既有激励又有惩戒约束的体制机制，形成有奖有罚的新模式，鼓励和支持主动脱贫行为。

重庆市针对贫困人口主观层面上安于现状、发展意愿不强、脱贫信心不振等内生动力不足的问题，探索聚焦于开展扶志教育、实施技能培训、强化典型示范、推进移风易俗、法治扶贫等方面，但是对于不思进取、动力不足、不愿脱贫的贫困人口来说，正面的引导与激励远远不够，为此重庆市建立约束和制约机制，通过负向惩戒转变贫困人口思维，倒逼贫困人口提高脱贫的积极性、主动性、自主性。在扶贫扶志实践中，重庆市建立了"一会一榜一奖惩"（即政策宣讲会、红黑公示榜、奖惩明细单）正向激励与负向惩戒相结合的帮扶机制，在帮扶方式上，采用入户宣讲、政策上墙的方式，实现了由灌输式向互动式转变；在帮扶形式上，建立以奖代补激励机制，在技术培训、资金援助、就业指导等方面，重点倾斜"想脱贫"的贫困户，统筹教育劝导、舆论约束、物质奖惩三管齐下，倒逼贫困群众比学赶超；在效果上，对先进典型亮"红榜"表彰奖励，对后进典型亮"黑榜"批评帮教，把"等靠要""争访闹"置于道德评判和公众监督之下，以评明真伪，从而激发贫困户内生动力，实现自我"造血"。

脱贫攻坚坚持正向激励与负向惩戒相结合，应将脱贫事业融入乡村治理和话语体系下。一方面，运用村规民约以强化贫困人口的自我治理，传承艰苦奋斗、勤俭节约、勤劳致富、自尊自强、孝亲敬老、遵纪守法等优良传统，引导贫困群众自觉遵守、自我约束。另一方面，利用农民的面子观念等乡土伦理，实现村内贫困人口之间的相互监督与制约，从而在提升基层治理水平的基础上，建立起一套乡村社会内部有效脱贫机制。负向惩戒不是为了惩戒，也不是不帮，而是为了更好地帮，通过加强教育管理约束，转变贫困群众的思想，告诫贫困户不要只想着"等着扶，躺着要"。惩戒与反面警示教育，目的是激发贫困户的内生动力，只有其内生动力真正激发出来了，脱贫成效才能持续巩固，脱贫质量才能持续提升。

三、行为调适与能力建设统筹

习近平总书记指出："我们坚持开发式扶贫方针，把发展作为解决贫困的根本途径，既扶贫又扶志，调动扶贫对象的积极性，提高其发展能力，发挥其主体作用。"新时代扶贫事业坚持开发式扶贫，将贫困群众引入扶贫开发的中心位置，贫困治理理念不仅要减少贫困人口数量，还要提高贫困人口发展能力，促进贫困人口融入社会；不仅要帮助贫困人口摆脱贫困状态，还要降低人们陷入贫困的风险；不仅在经济意义上使贫困人口摆脱了贫困，而且在社会层面使贫困人口远离贫困。贫困人口内生动力的培育和激发是精准扶贫精准脱贫的重点和难点。

重庆市在激发内生动力的实践探索中，坚持行为调适与能力建设统筹，提升贫困人口自我发展能力是其基本经验启示之一。贫困群众由于对脱贫攻坚认识的不足，自我脱贫意愿不强，在其行为上主要表现为消极、抵触。重庆市通过"榜样面对面"活动、宣传宣讲典型人物事迹、人居环境改善等多种举措，让贫困群众对脱贫致富有直接的、直观的认知，并且在实践中对其自身的行为不断调适，自主、自愿投入到脱贫攻坚事业中，实现稳定脱贫。此外，致贫因素的不同，有的贫困群众由于能力匮乏难以适应农业现代化和市场化的进程，进而陷入贫困状态。针对于此，重庆市积极探索实施雨露计划培训提升贫困人口技能，开展致富带头人培训发挥示范带动效应，让有劳动能力的贫困群众有一技之长，能自主脱贫致富。

在脱贫攻坚和脱贫攻坚同乡村振兴衔接中，激发贫困群众脱贫发展内生动力，需要关注的是，在思想层面，注重引导教育转变旧思想、旧观念，因时因地探索提升内生动力的方式方法，创新激发内生动力体制机制，切实转变贫困群众思想观念，不断调适其行为方式。在能力方面，重视贫困人口能力建设，将其能力提升纳入帮扶的全过程。贫困群众发展产业实现就业是摆脱贫困的治本之策。技能培训与提升要坚持实用性和易操作性并重，同时，在后续帮扶上重视项目引导、技术指导和信息共享，做到"扶上马，送一程"。将行为调适与能力建设统筹激活贫困群众的发展能力，实现稳定脱贫奔小康。

四、组织化与主体性并重

以精准扶贫精准脱贫为基本方略的新时代农村扶贫开发事业显著的特征是，不再单纯地依靠政府帮扶和政府救济的模式实现脱贫，而是将外在帮扶与内生动力有效结合，充分激发农民的主体性，构建以贫困群众为主体的参与式的贫困治理模式。

贫困人口内生动力不足在很大程度上是一项社会性难题，是剧烈的社会转型和变迁导致其被剥夺感、被抛弃感、挫折感和自卑感等多种心态杂糅的结果。为此，通过组织再造和创新，重建低收入人口与乡村社会之间的社会联结是一条可行途径。一方面，利用当前的帮扶资源，建立稳定的合作组织，将农民组织起来发展产业进入市场。例如，产业合作社、"产业 +"模式、扶贫车间等，通过组织化的形式，让贫困人口不仅获得经济收入，同时乡村社会组织化程度得以重塑。另一方面，利用乡村自治性组织，加强对贫困群众的教育引导，重塑其价值观，激发自立发展能力，转变其精神观念。例如，扶贫理事会、村民议事会、乡贤理事会等形式将贫困群众组织起来，调动起脱贫致富的主动性。建立通过益贫性机制和利益联结形式，重构乡村社会的组织性，提升贫困人口的组织化程度。同时，提升乡村治理的公共性，建构自治、法治、德治"三治"融合的治理体系，促进贫困治理与社会治理的有机衔接。

在脱贫攻坚中，如果贫困群众的主体性缺失，即使外力帮扶力度再大，脱贫成效也不具有稳定性、可持续性。因此，应建构贫困群众的主体性，进而激发贫困群众可持续脱贫的内在动力。激发贫困群众的内生动力要坚持贫困人口在扶贫中作为目标主体、行动主体和受益主体的地位，尊重贫困人口的主体地位，发挥其创造性，切实实现贫困群众的主体地位需要权利、组织和制度保障。从目标主体看，应注重提升贫困群众农业和产业经营的策略和能力，以及非农就业技能，让贫困群众具有可持续生计的基本技能；从行动主体看，应转变发展的观念，让贫困群众自觉、自愿地参与脱贫攻坚事业，形成双向互动的扶贫模式。提升贫困群众的组织化程度与主体性的重塑，二者有机结合有效应对多维贫困视角下贫困群众内生动力不足的难题，实现长期、持续、稳定脱贫，为乡村振兴提供动力。

第四节　展望与建议

2020 年，中国脱贫攻坚战取得了全面胜利，区域性整体贫困得到解决，困扰中华民族几千年的绝对贫困问题得到历史性解决。"脱贫摘帽不是终点，而是新生活、新奋斗的起点。"在脱贫攻坚同乡村振兴衔接阶段、全面实施乡村振兴战略阶段，内生动力不足问题的复杂性、长期性仍将影响巩固拓展脱贫攻坚成果，因此，激发脱贫发展内生动力仍是一项重要议题。本节基于重庆市的实践创新和经验启示，从政策设计、贫困文化、城乡公共服务一体化探寻激发脱贫发展内生动力的发展趋向与创新路径，进而在能力提升、政策执行、精神文化、社会治理等层面为相关部门决策参考提供政策性建议。

一、重庆市激发内生动力的发展趋向与创新路径

首先，以低收入群体为核心创新政策设计，构建差异化内生性能力建设。在巩固拓展脱贫攻坚成果的过渡期内，国家继续实行"四个不摘"，即摘帽不摘责任、摘帽不摘政策、摘帽不摘帮扶、摘帽不摘监管。但在帮扶政策的制定、实施以及监管上，将低收入群体纳入政策体系的中心位置，重视低收入群体的内生性需求，将帮扶政策项目与低收入群体的需求有机结合，调动参与性、积极性和主动性。通过多元化形式、多种途径针对多维贫困视角下内生动力不足问题找寻有效的解决路径，构建差异化的内生动力建设体制机制，实现低收入群体的可持续生计目标。此外，对低收入群体增权赋能，即从内部挖掘低收入群体潜能，激活低收入群体的发展能力，改变其精神观念，增强其权能感和实践能力，同时也包括经济权利、参与权利以及社会保障权利等。增权不仅是低收入群体脱贫发展路径，也将作用于占据更大比例的其他农民群体，将实现贫困治理

乡村社会治理从被动到主动，从单一传递到双向互动，实现主体与客体的循环互动。

其次，消解贫困文化影响，增强低收入群体自我发展认知。低收入群体发展内生动力不足的因素具有多样性、动态性和复杂性。在脱贫攻坚阶段，注重培育贫困群众主体意识，注重改进帮扶方式，注重营造健康文明新风，激发贫困群众脱贫的信心和决心。在实现脱贫攻坚任务目标后，贫困治理理念、重心和方式的转变，更应关注到文化因素对低收入群体内生动力的影响。贫困人口长期在特定的、封闭的区域环境生活，形成特定的行为规范、价值观念和生产生活方式，弥漫着一种缺乏动力、能力和目标的文化氛围，不仅影响自身生计，而且会将这种文化得以传递延续，因此应注重消解或摒弃贫困文化的影响，摆脱精神贫困。一方面，持续加大教育资源投入，阻断贫困的代际传递。教育扶贫是精准扶贫的重要手段，国家对欠发达地区教育条件的改善持续加大，同时推进城乡教育资源的合理配置，推动教育资源的流动。另一方面，对于不再接受义务教育的低收入群体来说，通过讲习所、技能培训、农民夜校等方式为其提供切实的知识资源与积极的精神引领，使得自力更生、艰苦奋斗的优秀文化精神在欠发达地区和低收入群体广泛传播。利用文化下乡、政策下乡等加强乡风文明和精神文明建设，培养低收入群体对于优秀文化的强烈认同感、依赖感，将主动脱贫的精神内涵生动地纳入乡村社会的文化伦理之中，切实提升内生脱贫致富动力，激励低收入人口勤劳致富。

最后，推进城乡公共服务均等化，完善公共参与机制。实现共同富裕，是社会主义的本质要求。新中国成立后长期存在的城乡二元结构和体制，导致城乡公共服务差距较大。通过脱贫攻坚、乡村振兴战略目的是推动农业农村现代化，实现城乡融合发展。从内生发展视角看，由于就业服务、社会保障、公共服务、公共文化、环境保护等方面城乡的差距，低收入群体获得感和参与感较低，缺乏发展的主动性和创新性。在巩固拓展脱贫攻坚成果同乡村振兴衔接阶段，应推进城乡基本公共服务均等化、全覆盖，更公平地享受改革发展成果，增强低收入群体的获得感、幸福感、安全感。在乡村公共事业发展过程中，扩大低收入群体的参与范围，完善公共参与机制，建立低收入群体与乡村社会联结，提升其发展的动力。此外，注重提升低收入群体、边缘户的风险防范能力，强化社会保障的防贫减贫功能。增强乡村社会的扶贫济困功能，强化邻里互帮互助、患难相恤的传统，发挥社会资本在减贫中的作用，做好脱贫攻坚与实施乡村振兴战略的有效衔接。

二、重庆市激发内生动力的政策建议

（一）能力提升层面：优化益贫带贫机制，强化公共参与机制，实现低收入人口的可持续生计

生计的可持续性程度和水平是影响低收入人口和困难群体是否以及在多大程度上陷入或摆脱贫困的关键因素，可持续生计为切实而有效地建立扶志扶智长效机制奠定了扎实、稳固的基础和保障。发展产业、实现就业"两业"是实现欠发达地区和低收入人口减贫发展的重要举措。因地制宜地发展产业和实现就业，一方面可以直接增加低收入人口的经营性收入和工资性收入，有效解决"看得见"的贫困和"看不见"的贫困，实现低收入人口愿脱贫、想脱贫、能脱贫；另一方面优化欠发达地区的产业结构和经济结构，为高质量发展搭建有效实现平台，统筹贫困治理、城乡融合与区域经济社会发展。为此，通过支持发展特色产业，转移就业、提供公益性岗位等方式，确保有劳动力的低收入人口及其家庭至少有一项稳定增收发展项目，引导其争做美好生活的创造者。同时，进一步创新和优化产业益贫带贫机制，在扶贫龙头企业、农民专业合作社、创业致富带头人产业、扶贫公益性岗位的运行和监管中，探索益贫带贫的有效实现机制。

（二）政策执行层面：聚焦低收入人口需求，调整帮扶方式，提升减贫发展政策与欠发达地区实情的契合度

在贫困呈现多维性、动态性和相对性等的新背景下，低收入人口和困难群体的个体性需求与差异化诉求应引起密切关注，并保持减贫发展政策措施的灵活性与针对性。为此，需要对贫困治理和基层发展的政策执行过

程进行调适与重构。一方面，调整以前不利于调动贫困人口积极性的帮扶方式，摒弃直接发放扶贫物资、慰问金等帮扶方式，创新具有激励、带动作用的政策措施，提倡采取以工代赈、生产奖补、劳务补助等方式，根据各地的资源禀赋等实际情况，重点组织实施产业扶贫、小额信贷和资产收益扶贫等项目，将低收入人口和困难群体的发展意愿、经济收益与扶贫资源、脱贫项目及其运行机制有机关联起来，建立具有可持续性的利益共同体。另一方面，聚焦低收入人口的致贫返贫原因、资源禀赋和发展需求，提升扶贫发展政策的针对性和有效性。不同致贫返贫原因的农户，其资源禀赋和发展需求是不同的，其内生动力和发展意愿也是有很大差异的。为此，需要对低收入人口和困难群体进行精细化分类，并建立差异化的政策清单，精准辩证施策。在实践层面，可划分为稳定脱贫的"示范户"、脱贫有一定困难的"中间户"和脱贫问题较大的"困难户"三个类别，按照"稳定示范户、提升中间户、攻坚困难户"的原则，建立分类管理的贫困治理体系。对自我发展能力较强、脱贫成功率较大的示范户，鼓励其自主创业，落实帮扶措施和脱贫政策，重点在产业扶贫、金融扶贫等方面给予帮扶支持；对有一定劳动能力、就业愿望而无技术无门路的"中间户"，及时调整帮扶力量，抽调精兵强将，进行点对点、人对人、面对面精准帮扶，重点实施技能培训和就业扶贫，探索电商扶贫模式，实现低收入人口就近就业；而对内生动力和自我发展能力不足、脱贫难度大的困难户，针对住房、饮水、收入等方面的"硬伤"，逐户落实帮扶工作组和责任人，集中力量攻坚，对于因病致贫、因老致贫和丧失劳动能力的农户，重点实施兜底保障和孝善扶贫。

（三）精神文化层面：教育培训与行为干预并重，激发低收入人口脱贫致富的自主性与能动性

贫困并不纯粹是一种实在化、客观化的经济社会现象，也与贫困者自身的情感经历、人生体验、价值观念、认知体系以及社会归属感、社会剥夺感、生活幸福感等精神状态与心理机制密切相关。为此，通过扶观念、扶思想、扶信心，改变低收入人口的精神面貌，帮助他们树立起追求美好生活的信心和勇气。同时，实施"扶志扶智"行动，淡化低收入人口的贫

困意识，帮助他们克服自卑心理，提高他们发家致富的能动性与创造性。其一，通过科学的人生观和价值观教育，唤醒低收入人口脱贫致富的自主意识，增强其自觉性。依托农民夜校、农民讲习所和道德讲堂等载体和平台，开展细心、耐心的思想沟通、道德教育和培训活动，引导低收入人口树立起"苦熬不如苦干"的观念和"勤劳致富光荣"的思想，逐渐改变"等着扶，躺着要"的生活状态。其二，建立分类干预、奖勤罚懒的行动策略，激活低收入人口脱贫致富的内生动力。脱贫攻坚成果巩固拓展，必须建立以"救穷不救懒"为目的的激励机制，对勤劳致富、自主脱贫的农户实施正向激励，并对那些"等要靠"者、"好吃懒做"者实施"负向激励"，破除"福利依赖"和"观望心态"等难题，确保扶贫资金不打水漂、扶贫干部扶出实效，真正激发低收入人口的主动脱贫志气和发展动力。其三，通过脱贫致富典型的"现身说法"，增强低收入人口的主动性和能动性。将有代表性的脱贫致富农户和个人树立为典型，大力开展脱贫致富典型人物、事迹评选活动，并建立宣传宣讲平台，促进脱贫致富典型与其他低收入人口和困难群体的深入交流互动，激发低收入人口和困难群体的致富意愿和内生动力，为其脱贫致富提供思想和精神引领。

（四）社会治理层面：依托基层社会组织，重建低收入人口与乡村社会的社会联结

低收入人口内生动力不足问题在很大程度上是一项社会性难题，是剧烈的社会转型和变迁导致其被剥夺感、被抛弃感、挫折感和自卑感等多种心态杂糅的结果。为此，通过组织再造和创新，重建低收入人口与乡村社会之间的社会联结是一条可行途径。一是以党建扶贫、干部队伍建设、定点帮扶等为依托，配强农村基层干部队伍，激发基层党组织、驻村干部、"第一书记"的执行和动员能力，发挥基层党组织和村民自治组织的领导和带头作用，使之成为带领低收入人口脱贫致富的领路人和带头人。二是借助于扶贫理事会、农民合作社、红白理事会以及其他村庄组织等，将农民尤其是低收入人口组织起来，调动其生活积极性和脱贫致富主动性，实现低收入人口与其他村民、乡村社会体系之间的有效社会联结，重建村落共同体，提高低收入人口的社区认同感。三是从整体协同和均衡发展的角度，

将贫困治理与基层治理有机关联起来，保持政策关照、资源配置、项目管理和利益分享等方面的张力，优化扶贫发展资源配置，有效化解不同人群之间的心理不平衡和相对剥夺感，规避区域性的发展不均衡和基层治理危机。

李海金，中国地质大学（武汉）马克思主义学院教授、博士生导师

第九章　实现巩固拓展脱贫攻坚成果同乡村振兴有效衔接

第一节　脱贫攻坚与乡村振兴有效衔接的内在逻辑

一、脱贫攻坚与乡村振兴有效衔接的历史逻辑

从历史逻辑来看，脱贫攻坚与乡村振兴具有延续性。

一是两者都统一于社会主义本质要求。社会主义的本质是解放和发展生产力，消灭剥削，消除两极分化，最终实现共同富裕[①]。脱贫攻坚是为了摆脱贫困、增进人民福祉，全面建成小康社会。乡村振兴是为了共同富裕，解决发展中不平衡不充分的矛盾，建成社会主义现代化强国。两者都是通过发展农村生产力，减小城乡差距，从而达到共同富裕的目标，是对社会主义本质要求的具体化和系统化[②]。因此，在社会主义的本质要求上两者具有统一性。[③]二是两者都统一于"两个一百年"奋斗目标。脱贫攻坚和乡村振兴都是国家为实现"两个一百年"奋斗目标作出的重大战略部署。推进脱贫攻坚与乡村振兴的有效衔接是顺利实现"两个一百年"奋斗目标

① 邓小平. 邓小平文选（第3卷）[M]. 北京：人民出版社，1993：373.

② 刘焕，秦鹏. 脱贫攻坚与乡村振兴的有机衔接：逻辑，现状和对策[J]. 中国行政管理，2020(1).

③ 豆书龙，叶敬忠. 乡村振兴与脱贫攻坚的有机衔接及其机制构建[J]. 改革，2019，299(01):19-29.

交会过渡的战略选择^①。脱贫攻坚属于短期性减贫策略，而乡村振兴属于中长期宏观战略。在两个"一百年"奋斗目标中，二者相互配合、互为补充。三是两者都统一于我国三农减贫事业。从总体上看，我国"三农"工作的开展遵循着完成三个重大任务的历史逻辑，一是解决全国的温饱问题，二是解决农村绝对贫困问题，三是解决城乡差距的相对贫困问题^②。经历了民主革命时期的土地革命减贫、新中国成立后的生产扶助式扶贫、改革开放时期的开发式扶贫、党的十八大以来的精准扶贫^③。脱贫攻坚的伟大胜利标志着我国绝对贫困问题的解决，而乡村振兴则是对相对贫困问题解决的延续，两者都是我国"三农"减贫事业发展的不同阶段。

二、脱贫攻坚与乡村振兴有效衔接的理论逻辑

从理论逻辑来看，脱贫攻坚与乡村振兴具有共同的价值取向和理论渊源。

一是两者都坚持以人民为中心的价值取向。脱贫攻坚和乡村振兴的价值取向都是为了让广大人民群众过上好日子，坚持了马克思主义的人民立场，彰显了以人民为中心的发展思想，凝结着中国共产党人的初心和使命^{④⑤}。两大战略无论在目标群体、制定主体、实施主体抑或参与主体层面均具有共通性^⑥。无论是在脱贫攻坚中还是在乡村振兴中，农民都是社会历史的主体、社会实践的主体、社会价值的主体，必须强化广大农民的主动参与和责任意识，从而激活乡村发展的内生动力。二是两者都以马克思

---

① 陈明星. 脱贫攻坚与乡村振兴有效衔接的基本逻辑与实现路径 [J]. 贵州社会科学，2020, No.365(05):151-157.

② 张青，郭雅媛. 脱贫攻坚与乡村振兴的内在逻辑与有机衔接. 理论视野，2020(10): 55-60.

③ 姜正君. 脱贫攻坚与乡村振兴的衔接贯通：逻辑，难题与路径 [J]. 西南民族大学学报（人文社会科学版），2020, v.41;No.352(12):111-117.

④ 姜正君. 脱贫攻坚与乡村振兴的衔接贯通：逻辑，难题与路径 [J]. 西南民族大学学报（人文社会科学版），2020, v.41;No.352(12):111-117.

⑤ 曹立，王声啸. 精准扶贫与乡村振兴衔接的理论逻辑与实践逻辑 [J]. 南京农业大学学报（社会科学版），2020(4).

⑥ 豆书龙，叶敬忠. 乡村振兴与脱贫攻坚的有机衔接及其机制构建 [J]. 改革，2019, 299(01):19-29.

主义反贫困理论为指导。推进脱贫攻坚与乡村振兴有效衔接，既是巩固提升脱贫攻坚成果的需要，也是根据形势变化进一步推动贫困治理实践创新和理论创新的迫切需要，是对马克思主义中国化的延续和发展[①]。

三、脱贫攻坚与乡村振兴有效衔接的实践逻辑

从实践逻辑来看，脱贫攻坚与乡村振兴具有衔接的必要性和可行性。

从实践的必要性来看，脱贫攻坚与乡村振兴"两张皮"运作的现象日益凸显[②]。脱贫攻坚与乡村振兴如何衔接仅停留在宏观政策及理论讨论层面，不少地方政府仍然没有正确理解和吸收有关巩固脱贫攻坚成果同乡村振兴有效衔接的战略要求。地方政府的实际工作仍然停留在脱贫攻坚完成后的空白期，没有根据当地实际需要，形成有关两者衔接的具体发展目标及规划。从实践的可行性来看，一是脱贫攻坚为乡村振兴奠定了坚实的物质基础和组织前提，脱贫攻坚是"三农"工作的首要任务，而乡村振兴是其深化和继续。习近平总书记在 2018 年十九届中央政治局第八次集体学习时讲道："打好脱贫攻坚战是实施乡村振兴战略的优先任务。2020 年全面建成小康社会之后，我们将消除绝对贫困，但相对贫困仍将长期存在。到那时，现在针对绝对贫困的脱贫攻坚举措要逐步调整为针对相对贫困的日常性帮扶措施，并纳入乡村振兴战略架构下统筹安排。"脱贫攻坚解决了贫困户生存和发展的最基本需要，农民的生存和发展的基本需要得到了保障，乡村振兴才具有充分的物质、技术、组织、群众等基础[③]。二是脱贫攻坚所形塑的组织载体和运作经验可为乡村振兴提供借鉴，脱贫攻坚能够利用乡村振兴机遇实现成果巩固和纵深发展[④]。由于乡村振兴战略出台不久，制度框架、政策体系和运作实务等仍在完善当中，而精准扶贫战略实

① 张青，郭雅媛. 脱贫攻坚与乡村振兴的内在逻辑与有机衔接. 理论视野，2020(10): 55-60.

② 豆书龙，叶敬忠. 乡村振兴与脱贫攻坚的有机衔接及其机制构建 [J]. 改革，2019，299(01):19-29.

③ 姜正君. 脱贫攻坚与乡村振兴的衔接贯通：逻辑，难题与路径 [J]. 西南民族大学学报（人文社会科学版），2020,v.41;No.352(12):111-117.

④ 谢撼澜，谢卓芝. 中国特色扶贫开发道路研究 [J]. 探索，2017（5）：142-150.

施在前，加之在工作方面与乡村振兴有一些相通之处，因此精准扶贫的一些运作方式和具体做法，对于乡村振兴有直接的借鉴意义。三是乡村振兴为脱贫攻坚提供了动力和保障。乡村振兴所规定的标准、目标、思想与原则可以优化充实到脱贫攻坚的行动中，而乡村振兴所匹配的政策、资源和项目均可为决胜脱贫攻坚提供物质保障，从而有利于将乡村振兴与脱贫攻坚有机结合起来，打好"组合拳"①。

第二节　重庆脱贫攻坚与乡村振兴有效衔接的机制探索

一、做好规划衔接

2020年3月6日，习近平总书记在决战决胜脱贫攻坚座谈会上讲道："要接续推进全面脱贫与乡村振兴有效衔接。脱贫摘帽不是终点，而是新生活、新奋斗的起点。要针对主要矛盾的变化，理清工作思路，推动减贫战略和工作体系平稳转型，统筹纳入乡村振兴战略，建立长短结合、标本兼治的体制机制。"重庆市在深入学习习近平总书记重要讲话精神和党中央关于脱贫攻坚与乡村振兴有效衔接的总体工作要求的基础上，提前谋划重庆扶贫—乡村振兴大局，坚持走从源头上解决贫困问题，从目标上稳步迈向全面小康，从路径上创新探索的高质量、高标准乡村振兴路线。

一是深入学习党中央精神和政策，打好理论基础。深入学习党中央精神以及国家大政方针是重庆市走好规划衔接的第一步。在以习近平同志为核心的党中央坚强领导下，重庆市委、市政府坚决按照学懂、弄通、做实的要求，坚持把深入学习党的政策方针作为头等大事，深入领会习近平总书记关于扶贫工作的重要论述，并将其与重庆实际相结合，开展多样化的

---

① 豆书龙，叶敬忠.乡村振兴与脱贫攻坚的有机衔接及其机制构建[J].改革，2019，299(01):19-29.

学习培训实践，各级干部政治自觉、思想自觉和行动自觉持续增强，为扎实推进脱贫攻坚与乡村振兴有效衔接奠定了理论和思想基础。2016 年，重庆市委、市政府认真贯彻党的十八大和十八届三中、四中、五中、六中全会以及中央扶贫开发工作会议精神，以习近平总书记关于扶贫工作的重要论述、习近平总书记视察重庆重要讲话特别是有关脱贫攻坚重要指示精神为依据，形成了思想认识更统一、政策措施更精准、责任体系更明确、社会动员更有效、脱贫成效更显著的工作格局。2017 年，党的十九大胜利召开，学习党的十九大精神、习近平总书记关于扶贫工作的重要论述及视察重庆重要讲话精神成为重庆市扶贫工作开展的首要政治任务，重庆市先后召开学习贯彻党的十九大精神中央宣讲团报告会、市委常委会会议、市政府常务会议、市扶贫开发领导小组会等 20 余次会议进行深入学习，深刻领会中央对脱贫攻坚工作的新部署、新要求。2018 年，市委、市政府把学习贯彻习近平总书记关于扶贫工作的重要论述同习近平新时代中国特色社会主义思想、中央关于脱贫攻坚的决策部署以及习近平总书记对重庆工作重要指示精神结合起来，旨在从理论层面深入领会、寻找和判断正确的重庆扶贫道路方向。2019 年，市委、市政府又将习近平总书记关于扶贫工作重要论述和视察重庆重要讲话精神纳入中心组学习重点内容和党建考核重要内容，召开集中学习 988 次，分级分类培训党员干部 17.8 万人次。2020 年市委、市政府第一时间传达学习贯彻习近平总书记在决战决胜脱贫攻坚座谈会上重要讲话精神、在全国"两会"和在陕西、山西考察时关于脱贫攻坚系列重要指示精神。重庆市第一时间深入、全方位地学习党中央的最新精神和政策，对标党中央、国务院部署以及国务院扶贫办工作要求，研究推动脱贫攻坚工作是重庆市扶贫工作少走弯路，实现高质量脱贫的根本原因。2021 年市委、市政府将围绕《中共中央关于制定国民经济和社会发展第十四个五年规划和二〇三五年远景目标的建议》《中共中央 国务院关于全面推进乡村振兴加快农业农村现代化的意见》，特别是《中共中央 国务院关于实现巩固拓展脱贫攻坚成果同乡村振兴有效衔接的意见》展开学习和讨论，在深刻理解党中央精神和政策的基础上做好巩固脱贫攻坚成果同乡村振兴有效衔接的规划工作。

二是制定脱贫攻坚与乡村振兴有效衔接的长期政策规划。2016年，为巩固提升脱贫攻坚成果，重庆市率先制定《关于巩固提升脱贫攻坚成果完善统筹城乡扶贫开发长效机制的指导意见》，从扶贫对象动态管理、持续增收、保障政策等8个方面建立统筹城乡扶贫开发长效机制，确保贫困群众得到持续有效扶持，构筑了城乡联动扶贫、制度保障与开发造血"两轮"驱动、政府主导行业协同社会参与"三位一体"等统筹城乡扶贫开发长效机制。2017年，重庆市将"高一格脱贫快一步致富"定位重庆扶贫工作的基本目标，进一步完善城乡融合发展体制机制。先后编制"十三五"脱贫攻坚规划、秦巴山片区区域发展与脱贫攻坚"十三五"规划、武陵山片区区域发展与脱贫攻坚"十三五"规划、深度贫困地区脱贫攻坚规划、扶贫产业发展规划、旅游扶贫发展规划等总体规划和行业扶贫规划近10个，为精准扶贫精准脱贫提供强有力支撑和引领。同时，紧扣脱贫攻坚新形势、新任务、新要求，研究出台《精准脱贫攻坚三年行动计划》《关于深化脱贫攻坚工作的意见》《调整我市国家扶贫开发工作重点区县脱贫摘帽计划的方案》《深度贫困乡（镇）定点包干脱贫攻坚行动方案》和《全市脱贫攻坚问题整改工作方案》等系列政策，全面构建起了"1+1+3+N"深化脱贫攻坚政策体系。2019年，重庆市开展脱贫攻坚与乡村振兴专题调研，制定《关于加强脱贫攻坚与乡村振兴衔接的指导意见》，围绕抓好巩固扩大脱贫攻坚成果、发展壮大乡村产业等8项重点任务在潼南、武隆、云阳等3个区县、18个深度贫困乡镇、18个村进行试点，旨在对脱贫攻坚到乡村振兴有效衔接机制进行探索，在规划、政策、工作等方面的衔接上，形成一批符合重庆实际的推进措施、总结一批可推广示范的典型经验、建立一批科学可持续的有效机制。同年出台《关于巩固拓展脱贫成果建立防止返贫机制的实施意见》，深入实施贫困村提升工程，统筹推进贫困区县与非贫困区县、贫困村与非贫困村协同发展。2020年制定《开展脱贫攻坚与乡村振兴有机衔接试点工作方案》《关于实现巩固拓展脱贫攻坚成果同乡村振兴有效衔接的实施意见》，建立健全动态监测、持续帮扶、"志智"双扶、扶贫项目运管、社会力量帮扶、脱贫攻坚与乡村振兴衔接等巩固成果、防止返贫六大机制，扶上马送一程。深化贫困村提升工程，统筹推进重点区县与非重点区县、贫困村与非贫困村帮扶发展，一体解决区域性整体贫困和插花贫困。从精准扶贫政策到巩固脱贫攻坚成果政策再到衔接乡村振兴政策，环环相扣，层层递进。重庆市委、市政府始终高瞻远瞩，能够采取试点等方式先行制定符合当地实际的政策目标，既保障了扶贫和乡村振兴工作的全面推进，又有效解决了脱贫攻坚同乡村振兴如何衔接的实践难题，为全面推进乡村振兴指明了发展道路和前进方向。

三是构建全方位可持续高质量扶贫—乡村振兴协作体系。我国在脱贫攻坚中形成了集专项扶贫、行业扶贫、社会扶贫、东西部扶贫、定点扶贫、企业扶贫等多种扶贫方式相协作的"全国一盘棋"大扶贫格局。为了巩固脱贫攻坚成果同乡村振兴有效衔接，重庆市在脱贫攻坚的经验中根据地域特点继续推进集区县结队帮扶、川渝跨区域联动发展、鲁渝扶贫协作为一体的全方位可持续高质量扶贫—乡村振兴协作体系。受历史和地理条件因素的影响，重庆市区域经济发展水平呈现出"18个主城区都市圈+14个国家贫困区县"的中心—边缘格局。为了打破这一经济发展不均衡现状，重庆市探索创造出"区县结对帮扶机制"，即由主城区都市圈18个区县对口帮扶14个国家贫困区县的省域内跨区域协作扶贫模式，帮扶区县每年需拿出财税收入的1%对口支持14个贫困区县组织发达区县对口帮扶国家贫困县，同时通过产业协作、劳务对接、技能培训、共建园区等方式，吸纳贫困人口转移就业，仅2019年就落实对口帮扶实物量4.2亿元。在区县结队帮扶的基础上，成渝经济圈作为国家重大区域发展战略、西南地区经济腾飞的增长极，成渝强强联手，共破贫困顽疾，携手推进川渝地区乡村全面振兴是必然选择和趋势。重庆市深入贯彻落实习近平总书记关于推动成渝地区双城经济圈建设的重要讲话精神，与四川省扶贫开发局签署《川渝扶贫领域合作框架协议》，协同推进川渝两地就业扶贫、产业扶贫、消费扶贫、乡村旅游扶贫、教育和健康扶贫、扶贫总结宣传研究，建立健全联系联络、政策衔接、交流交往机制，为全国跨区域联动扶贫减贫创造经验；与此同时，继续加强鲁渝扶贫协作，出台《关于进一步加强鲁渝扶贫协作的意见》，明确协作目标任务，创新协作形式，其中，仅2019年就落实援助资金6.63亿元，开办扶贫车间47个，两地干部、人才挂职交流

500 余人次，近 1000 名贫困人员到山东就业，并开通 4 条航线、2 个旅游扶贫专列，组织"十万山东人游重庆"，东西方协作扶贫效果显著。全方位可持续高质量扶贫—乡村振兴协作体系不仅仅在脱贫攻坚中发挥重要的作用，也将持续成为重庆推进乡村全面乃至区域经济增长的引擎。

二、做好工作衔接

习近平总书记在 2021 年全国脱贫攻坚总结表彰大会上说道："胜非其难也，持之者其难也"，强调要切实做好巩固拓展脱贫攻坚成果同乡村振兴有效衔接各项工作，让脱贫基础更加稳固、成效更可持续。如何保障衔接工作的平稳运行，需要建立科学高效的工作机制，围绕脱贫工作经验，重庆市从科学搭建工作组织机制、持续完善工作推进机制、严格执行工作监管机制三个层次出发构建了一整套巩固脱贫攻坚同乡村振兴有效衔接工作机制。

一是建立科学的组织，形成高效的工作机制。在工作组织体系的构建上，重庆市根据扶贫效果不断调整和优化工作组织机制。2016 年，重庆市严格落实脱贫攻坚"一把手"责任制，由党政主要领导靠前指挥，形成了全市上下一盘棋、四级书记一起抓、"一票否决"责任制的工作格局。2017 年，按照中央统筹、省负总责、市县抓落实的责任机制要求，重庆市迅速调整领导小组，及时落实市委书记、市政府市长"双组长制"，5 名市领导担任副组长、41 个市级部门主要负责人为成员，同时 33 个有扶贫开发工作任务的区县和各乡镇同步落实"双组长制"，全面加强组织领导，层层签订脱贫目标责任书和脱贫成果巩固责任书，形成了四级书记齐抓共管，一抓到底的工作机制。2019 年，在以往经验的基础上，为了进一步压实扶贫责任，重庆市开始实施扶贫包干责任制，即由市委、市政府领导和市人大、市政协主要领导逐一定点包干，担任指挥长，实行市领导包县、县领导包乡、乡领导包村，构建"市领导挂帅 + 市级责任单位主要负责人 + 区县党政主要负责人 + 深度贫困乡镇党政主要负责人"的指挥体系，明确市级总体责任，区县主体责任、乡村两级直接责任，层层压实责任、传导压力。以江津为例，一方通过"联席式"工作部署压紧部门履责；另一方面，在"双组长"统筹指挥、党委政府定期研究脱贫攻坚工作的基础上，成立了区委专职副书记、扶贫工作分管领导为召集人的脱贫攻坚机制，定期研究分析、细化落实脱贫减贫进度、整改任务销号、突出问题解决等脱贫攻坚具体工作任务，将"攻坚指挥部"向一线前移。在工作组织体系的稳定上，首先是保持贫困区县党政正职稳定，落实深度贫困乡镇1名领导班子成员专职分管脱贫攻坚工作；其次是加强以村级党组织为核心的基层组织建设，按照"因岗定人、人岗相适"原则，分类选派贫困村"第一书记"和大学生村官，同时调整作风漂浮、不在状态的驻村工作队员；最后是打破行政区域屏障和传统党组织设置模式，实行党员联管、人才联动，实现资源共享、信息互通、产业互助，不断提高基层组织工作的效率和质量。

二是持续完善工作推进机制。在任务划分阶段，将规划目标进行细分，逐个击破。围绕脱贫攻坚总目标，编制"规划图"、落实"任务表"、控制"时间点"，将脱贫工作任务和目标进行精准划分，落实到具体单位和个人是重庆扶贫工作得以高效完成的具体办法。2016年，围绕攻坚总目标，在市级层面，重庆市将年度脱贫目标细化分解为65项具体工作，逐一明确市级牵头部门、责任单位和完成时限。在区县层面坚持"一村一策""一户一法"，逐村逐户制定村规划、户办法，实施脱贫项目清单管理，做到精准施策。在工作细分的同时，定期组织召开项目进展会，随时掌握扶贫工作进度，对工作滞后、效果较差的，派出专门工作组"点对点时间"督导，确保各项工作任务跟上进度、达到标准。在项目推进阶段，建立健全发现问题准和解决问题的工作推进机制。坚持精准到户到人头，逐村逐户核实摸排、补齐短板。首先是组织干部开展以"两不愁三保障"为重点的拉网式排查，推行"到户看院子、抬眼看房子、进门开柜子、伸手开管子、走近问身子、坐下问孩子"的工作方法。针对聚焦排查发现的突出问题，建立问题清单，明确具体项目、锁定整改时间，定人、定责、定目标、定标准，建立市级部门、区县、乡镇、村"四级联动"工作机制，实行问题整改签字背书制度。针对问题突出或工作滞后的，开展实地抽查核查，派出蹲点督导组"一对一"指导，确保逐户逐人逐项对账销号。

三是严格执行工作监管机制。首先是严格扶贫责任考核和监管，2016 年《脱贫攻坚工作监督执纪问责意见》的出台基本构建起集内部监督、审计监督、纪检（监察）监督和群众监督为一体的多位监督体系，层层签订扶贫领域党风廉政建设责任书，全面落实扶贫资金项目十项监管制度，扎实开展扶贫领域腐败和作风问题专项治理。组建 16 个由正厅局级干部任组长的常态化督查巡查组，持续开展脱贫攻坚"增强 CT"，通过多渠道收集发现扶贫领域各类违规违纪违法线索，将扶贫政策落实、扶贫资金使用管理、扶贫项目实施、党员干部履职等情况列入监督检查重点。其次是落实扶贫资金和项目监管，深入落实扶贫项目资金"十项监管制度"，强化贫困区县资金整合、使用、监管主体责任，加强对扶贫资金的统筹使用、监督指导和跟踪问效，严肃查处违规违纪违法行为。设立项目库负面清单，委托第三方机构对入库项目逐一审查，强化项目带贫绩效，建立政府采购"绿色通道"，对项目库建管实行全程动态监管。制定《关于进一步加强行业主管部门脱贫攻坚监管责任的意见》《重庆市扶贫资金监督管理办法》，健全财政部门牵头、行业部门主管、区县党委政府主抓、第三方经常性核查评估相结合的扶贫资金项目监管机制，建立资金支出进度月排位通报制度，建设脱贫攻坚项目"三账一表"监管系统，建立扶贫审计常态化监督机制，全面落实公告公示制度，确保资金使用精准、项目安排精准。最后是扎实推动问题真改实改，研究出台区县党委和政府扶贫开发工作成效考核办法，通过区县自评、第三方评估、量化打分、综合评价、结果反馈等环节，确保考核结果公正性和公信力。制定问题、任务、责任"三个清单"，建立市、区县、乡镇、村"四级联动"机制，开发整改工作信息管理平台，实行市委整改工作办公室每周调度、市委市政府分管同志半月调度、整改完成情况每季度评估调度机制。紧盯易地扶贫搬迁、扶贫资金使用管理、扶贫产业发展及利益联结机制、生态保护与脱贫攻坚双赢等重难点问题，挂牌督办、实地抽验，确保真改实改、全面改。对于未完成年度减贫任务、违反扶贫资金管理使用规定、脱贫退出弄虚作假搞"数字脱贫"、扶贫领域存在违法违纪行为的，坚决"一票否决"。

三、做好保障衔接

脱贫攻坚和乡村振兴都是我国在实现农村现代化，中国人民走向共同富裕的阶段性任务，两者在内容上具有共融性，即打好脱贫攻坚是实施乡村振兴战略的内在内容。同时两者在目标群体、制定主体、实施主体抑或参与主体层面均具有一致性，体现为脱贫攻坚为乡村振兴奠定了坚实的物质基础和组织前提①。重庆市从脱贫攻坚的经验出发，通过在内部盘活农村资源，在外部探索资金统筹整合机制，创新使用金融产品为乡村振兴做好保障衔接。

一是继续推动农村"三变"改革，盘活农村内部资源。重庆整体经济呈现出"中心强、边缘弱"的特点，远离主城区的偏远区县受到交通和资源利用的限制长期处于经济停滞的状态，如何有效地盘活村庄已有的人力资本、物质资本、金融资本、自然资本、社会资本成为激发村庄内生动力源泉的关键问题。2017 年以来重庆市大力实施"三变"改革。坚持把资源变资产、资金变股金、农民变股东"三变"改革作为深化农村改革的总抓手，出台《关于开展农村"三变"改革促进农民增收产业增效生态增值的指导意见》，以"股份农民"为核心，按照"清产核资、确权确股、市场对接、合股联营、按股分红"的模式，采取村民联动、村社共建、股份合作等形式，扎实推动资源变资产、资金变股金、农民变股东，促进农民增收、产业增效、生态增值。2017 年累计清理核查农村集体资产 804.8 亿元，完成土地承包经营权确权颁证 640.2 万户，在 2183 个村、9853 个组开展集体资产量化确权，组建新型农村集体经济组织 443 个，培育农民专业合作社 3 万个，形成了"农户＋合作社＋村集体经济组织""农户＋合作社＋龙头企业"等多元化经营模式，带动贫困户 17.9 万户。2018 年在此基础上，盘活闲置土地 3.8 万亩，组建新型农村集体经济组织 21 个，落实财政资金股权化改革 1.6 亿元，带动贫困群众 6000 余户。涪陵区在"三变"扶贫改

---

① 豆书龙，叶敬忠. 乡村振兴与脱贫攻坚的有机衔接及其机制构建 [J]. 改革，2019，299(01):19-29.

革中，利用城市资本下乡，对农村现有闲置宅基地、闲置土地等进行收储回购，采取对外招租、合作共建、联合经营等方式，打造"一庄一园"，增加临界脱贫户财产性收入。

二是探索资金统筹整合机制，创新使用金融产品。脱贫攻坚是一项巨大的系统工程，强有力的资金保障是保持该系统正常运行的动力源泉。近年来，为保障扶贫资金供给顺畅，重庆市加大财政资金投入力度和各类资源统筹调度力度，支持贫困区县财政涉农资金统筹整合使用。重庆市按照"五年政策、三年到位"的速度全面整合财政资金，构建了"多个渠道引水、一个龙头放水"的扶贫投入新格局，根据时序进度和区县实际，同时创新推出"扶贫贷""贫困扶助贷"等30多个精准扶贫金融产品，提高财政资源、金融资源、社会资源整合使用效率。在财政资金的整合上，建立支持区县统筹整合使用保障机制，规定市级部门不得阻碍区县级统筹资金，不得因区县级统筹资金减少或变相减少其资金分配额度，对继续限定财政涉农资金具体用途或干扰统筹整合使用的坚决查处。2016年通过加大对贫困区县转移支付、集中各类专项资金、提前安排调度、调整区县财政支出结构、建立过渡期补偿机制等措施，统筹整合各类财政资金直接用于贫困区县农村基础设施和扶贫产业发展，18个试点区县整合资金91.6亿元，平均每个区县达5.1亿元，有效增强了区县脱贫攻坚资金统筹能力。在金融产品的创新上，重庆市积极用好用活政府和社会两方面资源，充分发挥金融扶贫的助推作用，实施金融精准扶贫行动。2016年出台32条金融精准扶贫政策，组织农行、邮储银行、重庆银行等5家涉农或地方法人银行对18个贫困区县进行划片包干，承担大数据、主推进、全服务、总托底等职能，创建金融扶贫示范村（点）50余个，建立贫困户金融服务档案40多万户。同时与农发行、国开行等签订战略合作协议，创新推出"扶贫贷""贫困扶助贷"等30多个精准扶贫金融产品，金融机构扶贫贷款余额达200亿元。安排财政资金8850万元，建立区县风险补偿基金，发放扶贫小额到户贷款20亿元。在1162个贫困村发展互助资金组织，互助资金规模达2.9亿元，入社农户16.4万户，发放借款7.4亿元，有效满足了贫困户发展产业临时资金需求问题。

第三节　重庆脱贫攻坚与
乡村振兴有效衔接的重点工作

一、夯实乡村振兴发展基础

（一）建立贫困监测预警"云平台"

2020年5月25日重庆市精准扶贫大数据平台正式通过专家组验收。平台围绕解决"扶持谁、谁来扶、怎么扶、如何退"四个方面的问题，设置9个子系统，贯通国家、市、区县、乡镇、村五级扶贫网络链接，基本实现了对贫困户动态信息、产业项目、扶贫资金、帮扶过程的全流程实时监督。借助精准扶贫大数据平台，重庆市已实现全贫困动态监测，建成集贫困人口和边缘人口集数据采集、实时更新、监测预警、研判处置为一体的干预返贫致贫机制。重点监测对象主要包括农村低保人口、农村特困人员和年度大病支出较高人员家庭。监测指标从个人和家庭扩大到各村集体经济收入、贫困人口利益联结机制、行政村生活垃圾治理情况、软弱涣散党组织整顿、村级后备力量等。在数据的使用上，一是实现扶贫、民政、教育、卫生健康、医疗保障等部门和单位相关数据互通共享，有效衔接。二是利用云平台数据分析功能，在制定各类基础设施建设规划和专项资金使用计划时，充分考虑该村贫困人口具体情况，实现项目安排、资金使用、帮扶成效更加精准，巩固脱贫攻坚成果。璧山区根据监测预警云平台相关信息，2019年新识别贫困户24户73人，边缘户24户72人，干预并整改落实问题169个，有效防止121户农户致贫。璧山区通过大数据平台建立"红黄蓝"三色预警防止致贫返贫，对贫困户"两不愁三保障"情况进行实时监测，设定预警标准，一旦发现贫困户或"边缘"户有返贫迹象，通过"红""黄""蓝"三色提醒，按"一户一策"方式制定帮扶或兜底方案。

（二）建立健全"边缘户"兜底保障机制

在"边缘户"的兜底保障中，重庆市将贫困病人、残疾人、老人等失能特困人员集体纳入低保保障，推行农村失能半失能特困人员集中供养，落实低保渐退期和分户制度，确保低收入"边缘户"得到精准帮扶。巫溪县对特殊困难贫困户实行"双兜底"。在全覆盖落实低保兜底政策的基础上，累计投入4200万元开展资产收益扶贫，1693户特殊困难贫困户通过低保、产业双重兜底，每户每年可实现收入2000元以上。武隆区在全市率先研究制定"边缘户"扶持办法，出台《边缘户管理办法》，配套了干部结对帮扶、大病医疗救助、医疗保险参保、购买防贫保险、产业扶持补助、小额信贷贴息、教育资助等7类帮扶措施，强化对"边缘户"的监测预警，有力地预防了新生贫困的发生。黔江区聚焦边缘群体，创新出台"收入水平略高于建档立卡贫困户群体"政策筑牢返贫防线，印发《关于加强收入水平略高于建档立卡贫困户群体帮扶工作的通知》，落实170万元试点防贫保险，及时识别贫困边缘群体，按照缺什么补什么原则，及时增手段、补措施，确保一般群众不因病、因灾、因房致贫。

二、从产业扶贫走向产业兴旺

（一）找准定位，强化优势产业向纵深发展

重庆市地形以山地为主，具有鲜明的地域特征，民居依山而建，产业依山而立。依据地理区位条件，重庆市强化以"山地农业、山地旅游"为主导的特色产业扶贫模式，从市到区县到乡镇再到村，实现了"村村有产业，产业各不同"的差异化产业化发展格局，支持每个有劳动能力和发展意愿的贫困户发展1个产业增收项目，统筹引导贫困户通过市场主体参与中长期产业，兼顾推动小养殖、小买卖、小作坊、小庭院"四小经济"等短平快产业，长短结合发展产业。2017年通过制订"菜单式"产业项目清单，组织、培育3626家龙头企业参与产业扶贫，落实现代特色效益农业专项资金4.4亿元，推动柑橘、生态渔业、草食牲畜等七大特色产业链覆盖带动贫困人口65万人。因地制宜发展林果药桑菜、鸡牛羊兔蜂和电商、乡村休闲旅游"10+2"特色扶贫产业，覆盖带动贫困人口近100万人。

（二）完善产业扶贫利益联结机制

巩固产业扶贫成效的关键环节便是完善产业扶贫利益联结机制，发挥

产业的带贫益贫性。重庆市探索推广"龙头企业＋合作社＋基地＋农户""创业致富带头人＋农户互助合作"等模式，强化在产业发展过程中龙头企业、合作社、创业致富带头人等带贫主体的带动作用。为了提高带贫主体的带动效果，在实践中，重庆市开展系列培训，培训致富带头人、劳务经纪人的创业和带贫能力，到 2020 年底，一般贫困村每村培育 3 名以上、深度贫困乡镇贫困村每村培育 5 名以上致富带头人。与此同时，引导龙头企业参与产业扶贫，通过选聘产业发展指导员、完善股权收益扶贫、基金收益扶贫、信贷收益扶贫等利益链接机制，不断提升扶贫利益联结机制的稳定性。涪陵区依托产业优势，支持榨菜集团、太极集团等龙头企业牵头组建以榨菜、中药材为核心、贫困户为主体的股份合作社，股份合作社分别与脱贫户、龙头企业签订生产订单和保护价收购协议并缴纳一定比例的诚信保证金，全面推行"龙头企业＋股份合作社＋贫困户"产业带贫链条。截至 2019 年，全区新发展以榨菜、中药材为主导的股份合作社 255 个，吸纳贫困户加入合作社成为会员 5678 户，包括临界脱贫户在内的脱贫户实现优先务工、保底收入"双重"收益。

（三）利用电商、消费扶贫拓宽销售渠道

产业扶贫始终需要受到市场经济的影响，如何保障产业扶贫的效益，关键在于提高产业的质量，解决产品的销售问题。一方面依靠电商深化消费扶贫。2019 年重庆市成立电商扶贫联盟，当年贫困区县实现农产品网络销售额增长 74.16%。璧山区创新实施"龙头＋电商"利益巩固联结机制，由区属国有企业（国隆公司）牵头建立"统一收购、统一销售"农副产品销售服务平台。各镇街成立农产品生产销售专业合作社，各村设立贫困户农产品收购点，打造"三级"服务平台，不断拓宽农产品销售渠道。另一方面，在全社会参与扶贫的大扶贫格局下，重庆市大力推动消费扶贫的全面实施，2020 年组织认定 4 批次扶贫产品，共认定产品 2042个、供应商 1025 个，产品价值约 70.27 亿元，不断加大力度，提升贫困地区农产品供给水平和质量，增加重庆消费扶贫产品的经济效益和社会效益。通过试点先行、分步推进的方式，强力推进消费扶贫专柜落地落实，2020 年落实 1 万台投放任务。强化消费扶贫对口帮扶、协作，进一步发挥鲁渝东西部扶贫协作、中央单位定点扶贫、市级扶贫集团结对帮扶、区县对口帮扶等平台作用。广泛动员社会力量参与消费扶贫，不断创新形式、扩大影响，大力推广应用中国社会扶贫网，深化开展线上线下产销对接活动，推动扶贫产品销售、带动贫困户增收。

（四）用好金融工具，有效防范产业风险

相比于其他产业，农业风险具有多样性、分散性、季节性的特点。首先是多样性，除市场风险外，农业生产还面临自然风险以及政策风险。其次是分散性，其一是农业经营多以家庭经营为主，不可能制定统一的衡量风险的标准和操作规范；其二是农业风险被千家万户分散承担，而单个农业经营者很难抵御农业频繁的风险袭击；其三是农业风险还具有十分明显的地域性。最后是季节性，农业风险多伴随着不同的季节出现和发生。这主要表现在：一是农业生产风险的时间性，错过季节，将给农业造成巨大损失；二是农业风险的集中性，受季节的影响，农产品进入市场表现出很强的集中性，同一品种的农业产品基本都在同时上市和下市，容易造成市场季节性饱和及季节性短缺，给农业经营者带来市场风险[①]。有效降低农业风险对于巩固脱贫攻坚成果，防止返贫致贫至关重要。为降低产业风险，重庆市利用金融工具，打造全方位农业产业风险防控体系。一是建立扶贫小额信贷风险补偿金，健全"政府＋银行＋保险＋助贷员"风险防控体系，探索"一自三合"金融扶贫试点，实现贷前贷中贷后风险防控。建立贫困户产业发展动态监测、季度更新机制，创新设立"产业精准扶贫保"，防范产业发展风险。二是建立"精准脱贫保＋产业脱贫保＋防贫返贫保"三保联动的保险扶贫格局。通过政府购买服务，为所有贫困人口购买"精准脱贫保"，为深度贫困乡镇有产业项目的贫困户量身定制"产业扶贫保"，为农村边缘人群打捆购买"防贫返贫保"，从人身健康、产业发展、财产等方面构建防止返贫致贫风险保障机制。

---

① 梁兆基，冯子恩，叶柱均等. 农林经济管理概论 [M]. 广州：华南农业大学出版社，1998：309.

三、促进乡村治理有效

（一）选好配强基层治理领导班子

选好配强基层治理领导班子对于构筑现代化治理体系最为重要，领导班子的优良作风可以带动村庄整体治理环境的提升。为选好配强基层领导干部，重庆市采取了以下几项措施：一是深化扶贫领域腐败和作风问题专项治理，出台《重庆市扶贫领域监督执纪问责七项制度》，查处扶贫领域腐败和作风问题。二是全覆盖开展贫困区县·深度贫困乡镇·村"两委"班子回访研判，集中整治软弱涣散村党组织。三是建立"选训管"一体化驻村干部机制，坚持"双向选择、供需对接""领导干部驻偏村、党群部门驻弱村、经济部门驻穷村、综治部门驻乱村"和"集团式""菜单式"精准选派驻村干部。黔江区创新"三联三促"机制为驻村帮扶赋能增效，作为全国三个区县代表之一在全国驻村帮扶工作培训班上交流发言。四是为切实减轻基层负担，使其能全心全意投入到乡村建设中，重庆市特下发《关于进一步加强扶贫干部队伍建设的通知》，强调落实提拔重用脱贫攻坚一线干部，提高村党组织书记·村委会主任补贴标准，用好精准扶贫大数据平台，减少基层填表报数，缓解基层工作压力。

（二）全方位提升干部基层治理能力

"上面千条线，下面一根针"是农村基层治理的显著特点，基层事物繁杂，不仅需要掌握基层治理知识，还需要将治理与中国传统乡土文化、仪式相结合。基层干部农村基层治理能力不一，对基层干部进行在岗培训、竞赛、考核等多层次、多样化培养，有助于快速提升基层治理能力。重庆市采取市级示范培训、区县集中轮训、乡镇常态集训等方式实现在岗驻村干部培训全覆盖，建立到岗签到、在岗抽查、工作例会、工作纪实、双向考勤等制度，确保驻村干部在村在岗、履责有为。云阳县开展系列培训增强基层干部工作能力，效果显著。一是组织贫困村驻村工作队开展"双赛"活动，印发《脱贫攻坚政策手册》口袋书，帮助驻村干部经常性学习掌握脱贫知识。二是采取"课堂教学＋实地操作"的模式对驻村干部全覆盖分四期开展柑橘、中药材、花椒管护、畜牧养殖等技能培训。三是县农委为每村安排 1 名农技专家建立"师徒帮带"关系，开展常态化指导服务，要求驻村干部普遍掌握一门以上农业实用技术。四是建立示范基地，在各村流转 1–2 亩产业基地作为驻村工作队的"试验田"。五是成立 5 支常态化督导组，每月不定期对驻村工作队任务完成情况进行过程督导，对驻村工作队掌握扶贫政策、技能技术情况进行随机测试；年终开展技能比武，县委组织部牵头组成评审团，对各驻村工作队年初申报的任务事项开展绩效评价。六是"经验总结 + 典型宣传"评先进，分片区组织开展现场观摩交流会，实地参观产业基地，交流工作经验，开展互评互议。

（三）创新治理手段推进基层治理现代化

在乡村振兴的总要求中，治理有效是基础。必须把夯实基层基础作为固本之策，建立健全党委领导、政府负责、社会协同、公众参与、法治保障的现代乡村社会治理体制，坚持自治、法治、德治相结合，确保乡村社会充满活力、和谐有序。重庆市围绕重要乡村治理有效重点工作，开展国家级、市级、区县级村镇乡村治理示范点，探索多样化的现代化乡村治理体系创新。具体体现在持续整顿软弱涣散的村党组织，实施农村带头人队伍整体优化提升行动。探索推广"贵和工作法 + 乡村智能化防控""和美工作法"、乡风文明积分制等一批基层社会治理新经验，使基层治理能力和水平全面提升。在具体案例中，城口县、奉节县、秀山县、合川区都有所创新和突破。城口县推行网格化管理制度。各乡镇街道以村（社区）为单位，按照地域相近、规模适当、便于管理的原则合理划分网格，明确具体管理区域和管理人口，实现辖区内贫困户、非贫困户网格管理一网覆盖。建立健全"乡镇总网格长 + 村级网格长 + 网格管理员"的网格责任体系，推动脱贫攻坚网格管理到户到人，各项工作任务落地落实。奉节县利用"四访"工作法提高满意度。深入开展干部走访、教师家访、医生巡访、农技随访，成为新时代基层治理现代化创新探索。秀山县制定《乡村治理实施意见》等文件，持续开展"红白喜事"大操大办整治行动，乡风民俗焕然一新。扎实推进农村环境综合整治，形成"户分类、村收集、乡（镇）转运、县处理"机制，纳入全国农村生活垃圾分类和资源化利用示范县建设。合川区建成重庆首个就业创业服务超市。在区行政服务大厅落实 1000 余平方米场地，建立 4 个信息化招聘展位，针对贫困户、高校毕业生等重点群体落实登记、培训、代理、推介等服务功能。

四、推进城乡基本公共服务均等化

（一）落实"看得好病、看得起病、方便看病"政策，实现基本医疗有保障

因病返贫是农村贫困家庭中最常见的致贫因素，受到医疗设施、家庭经济情况以及地方习俗的影响，很大一部分农村人口缺少相应的医疗知识储备，"小病拖成大病"，最后不是因巨额医疗费用而致贫，就是迫于经济压力而放弃治疗。为了进一步提高农村基本医疗水平，降低因病致贫的发生率，重庆市主要从以下两方面着手：一是建立以基本医保、大病保险、医疗救助为基础，商业补充保险、疾病应急救助、扶贫济困医疗基金、健康扶贫医疗基金为补充的"三保险""两救助""两基金"多重医疗保障体系，贫困人口大病救治率、家庭医生慢病签约服务管理率、重病兜底保障率分别达到 100%。全面实施分级诊疗、"一站式"结算和"先诊疗后付费"，贫困人口县域内就诊率达 96.96%。二是建立扶贫济困医疗救助基金，推行贫困人口在定点医疗机构"先诊疗后付费"。三是对患重病、慢性病的贫困人口实施集中医治、实施家庭医生签约服务、电子健康档案建设全覆盖。四是提高贫困区县人民医院和中医院医院标准，实现远程医疗服务全覆盖。五是针对少数慢性病贫困患者用药需求，采取医疗机构按需定期配送药物、签约医生和帮扶干部送药上门等方式提供医疗服务。

忠县每年设立 2500 万元健康扶贫医疗救助专项兜底资金，构筑商业保障线—应急保障线—兜底保障线—源头保障线四道扶贫医疗救助保障线。一是商业保障线，将全县建卡贫困人口全部纳入"精准脱贫保"范围进行医疗救助。二是应急保障线，对因家庭成员突发重大疾病住院治疗的特困人员给予一定比例的应急救助。三是兜底保障线，筛查农村贫困人口因病致贫对象，住院个人支付费用超过 10% 的部分费用仍较大的，由县医疗救助资金、县级帮扶集团、乡镇街道予以统筹解决。四是源头保障线，每年免费开展产前无创基因检测、新生儿耳聋基因筛查、新生儿遗传代谢疾病

筛查，从源头上阻断贫困代际传递。

（二）落实"控辍保学、资助上学、就近入学"政策，实现义务教育有保障

教育扶贫对于地方发展至关重要，提高贫困地区教育水平，阻断贫困的代际传递是消除贫困最有效的途径。为提高农村地区教育水平，重庆市一是投入专项资金 8.33 亿元，改善农村义务教育学校办学条件，新增寄宿制学位 5242 个，投入资金 2648 万元完成 248 所中小学旱厕改造任务，建成贫困地区农村教师周转房 140 套，实施"全科教师"、农村"特岗"教师、"三区"支教等计划，推动"有地方上学"向"上好学"提升。二是制定《重庆市家庭经济困难学生认定办法》，建立"1+N"联控联保辍学保学责任体系，即每一个辍学学生，精准对应"N"个由有关部门、责任学校、所在乡镇、村组组成的具体责任人，定期督导检查，逐人逐项对账销号，确保劝返复学学生劝得回、留得住、学得好。江津区创新运用"点名式"教育资助方式杜绝漏扶漏助，优化义务教育阶段建卡贫困户子女教育资助政策审核程序，将传统的"学生申报—学校受理—部门审核"程序大幅精简，效果显著。三是精准实施贫困学生资助，开发重庆籍建卡大学生学费资助管理系统、高校大学生资助统发管理系统、中小幼学段学生资助跟踪管理系统，建立特殊困难群体学生数据库，资助建档立卡贫困家庭学生，落实资助资金。

（三）落实"关心老人、关爱老人、服务老人"政策，实现农村养老有保障

受城乡二元经济结构的影响，农村呈现出老龄化现象，但是大量青壮年在经济压力的影响下不得不外出务工，由此传统的家庭养老结构难以为继。面对农村旺盛的养老需求，如何有效解决农村"空巢"老人、"留守"老人的养老问题迫在眉睫。面临日益严峻的农村养老问题，中央政府层面多次出台相关政策要求构建多层次的农村养老服务体系，以此来加强农村养老供给。《乡村振兴战略规划 2018-2022 年》明确提出要"适应农村人口老龄化加剧形势，加快建立以居家为基础、社区为依托、机构为补充的多层次农村养老服务体系"和"推进农村幸福院等互助型养老服务发展，建立

健全农村留守老年人关爱服务体系"。2018 年中央一号文件也指出要"构建多层次农村养老保障体系，创新多元化照料服务模式。健全农村留守儿童和妇女、老年人以及困境儿童关爱服务体系。"2019 年中央一号文件进一步肯定要"完善农村留守儿童和妇女、老年人关爱服务体系，支持多层次农村养老事业发展。"为减缓农村养老问题，重庆市紧盯低收入农户重点帮扶，加大贫困病人、残疾人、老人等精准帮扶力度，推行农村失能半失能特困人员集中供养，落实低保渐退期和分户制度，确保贫困人口得到精准帮扶，实现精准脱贫。奉节县对智障、残疾等失能贫困人员实行集中供养，建成 3 个供养中心，供养失能人员 605 人次，失能家庭相继走出贫困，被国扶办、中残联、民政部、财政部四部委在全国推广。北碚区探索贫困家庭"政府兜底保障、释放劳动能力、助推脱贫攻坚"集中供养新模式，建立失能人员集中照护中心，设 33 个房间、74 张床位，配置营养餐厅、多功能活动室、公共洗浴间、医务室、护理站、室外活动场所等功能区，配备高中级医务人员 24 小时诊疗照护，定期安排医学专家和心理医师开展巡诊、咨询和治疗，实现了将贫困失能人员集中到一起"托管照料"，释放贫困家庭劳动力，彻底解决后顾之忧，又使入住人员获得优质的医疗和心理护卫，实现医养结合一体的健康养老。丰都县采取反面警示行动，发布《关于依法保护老人未成年人合法权益促进乡风文明的通告》，敦促有赡养或抚养责任的义务人主动履行赡养、抚养义务，切实保护老人、未成年子女合法权益，倡导孝老爱亲，促进乡风文明。截至目前，县法院审理判决了约 40 起涉及赡养纠纷案件，用法律的手段助推老有所依。

五、推进乡风文明

（一）推广"借款启动、奖补巩固、信贷提升"的金融 + 产业联动扶贫机制，将帮扶政策与贫困群众参与程度挂钩

如何提高乡村内生发展动力需要在扶贫模式上进行创新。重庆市自 2016 年起开始探索如何通过资金分配方式改革激发群众内生动力，坚持发挥财政资金撬动作用，建立以脱贫效果为导向的资金分配方式。从 2016 年的"借款启动、奖补巩固、信贷提升"的金融 + 产业联动扶贫机制，到

2017 年的"参股入社、配股到户、按股分红、脱贫转股"改补为投新机制，再到 2018 年推行的财政扶贫资金"五改"精准到户机制，即财政专项扶贫资金改"补"为"奖""贷""保""股""酬"，重庆市不断探索以扩大贫困群众在扶贫项目的决策、实施、监督等环节的参与度，变被动接受为主动参与。重庆市要求到户补助资金与贫困户参与生产经营活动挂钩并且确保有劳动能力的贫困家庭至少有一个产业项目，防止大水漫灌。同时改进宣传发动方式，建立正向激励机制，挖掘、树立、宣传贫困群众身边的脱贫先进典型，防止政策养"懒汉"。这些帮扶政策不仅解决了贫困户产业发展资金难题，而且激发了贫困群众的内生动力。

（二）强化移风易俗，强化典型引领

重庆市制定《深入开展扶志扶智工作激发贫困群众脱贫内生动力的意见》并且修订《村民自治章程》《村规民约》，通过开展系列讲座和培训移风易俗，树立典型，提高群众内生发展动力。一是大力推进以村风民俗、自立自强为重点的农村公序良俗建设，积极开展文明村镇创建，设立乡贤讲理堂、成立道德评议会、组建村民议事会，着力打造共建共治共享的社会治理新格局。二是评选表彰脱贫攻坚先进集体、先进个人，开展"身边的脱贫故事"微访谈活动，开展"榜样面对面"宣传活动，选择一批帮扶干部、驻村干部、村干部、脱贫致富能手及创业致富带头人优秀代表，进村入户开展巡回宣讲，同时在市级主流媒体开设"脱贫攻坚进行时"等专题专栏，深度宣传报道先进事迹和先进经验，用榜样的力量激发脱贫志气。丰都县以"理论 + 文艺"的方式，创作《懒汉脱贫》《扶贫百子歌》等励志作品 30 余件，将孝善人物事迹、身边的脱贫故事等"翻译"成群众通俗易懂的三句半、小品、相声、快板等艺术形式开展巡回演出 120 场，有效引导广大群众学模范、敬模范、做模范。巫山县通过设立脱贫攻坚"讲习所""乡贤讲理堂"，在双龙镇、抱龙镇、龙溪镇等地成立"惜福银行"，开展群众喜闻乐见的文艺演出、山歌对唱、典型引路等形式，激发群众内生动力。

第四节　重庆脱贫攻坚与
乡村振兴有效衔接的经验与启示

一、做好顶层设计

重庆市在实现巩固脱贫攻坚成果同乡村振兴有效衔接的过程中成果显著，一个重要原因在于重庆市委、市政府高瞻远瞩，提前谋划，为乡村发展做好顶层设计。首先构建了"市领导挂帅 + 市级责任单位主要负责人 + 区县党政主要负责人 + 深度贫困乡镇党政主要负责人"的指挥体系，为工作开展确定了稳定的工作组织形式；其次是通过试点的方式，形成一批符合实际的推进措施、可推广示范的典型经验以及科学可持续的有效机制，为如何落实巩固脱贫攻坚成果同乡村振兴有效衔接提供了第一线的战略经验；最后探索资金统筹整合机制，按照"五年政策、三年到位"的速度全面整合财政资金，构建"多个渠道引水、一个龙头放水"的资金投入新格局，为乡村振兴的全面启动提供了坚强的物质保障。正是在工作组织、实践经验、资金供给等方面的扎实推进，为实现巩固脱贫攻坚同乡村振兴有效衔接做好了顶层设计。

二、创新发展模式

任何一种发展模式如果难以适应快速推进的现实需求，就会在市场需求与公众需求的耦合中被淘汰。重庆市结合当地资源，不断创新发展模式，挖掘地方特色。首先是利用独具特色的丰富旅游资源，创造了"旅游 + 扶贫"的东西部扶贫协作新模式，开通 4 条航线、2 个旅游扶贫专列，成功组织了"十万山东人游重庆"系列活动。这不仅带动了重庆当地的文旅事业的创收，也打响了重庆"九 D 魔幻城市"的城市名片，打造出"现实版千与千寻 – 洪崖洞""李子坝轻轨穿楼""武隆天坑地缝"等网红旅游打卡地，推动重庆成为国内旅游热门城市。其次是利用成渝经济圈区域经济增长，与四川省扶贫开发局签署《川渝扶贫领域合作框架协议》，协同推进川渝两地就业扶贫、产业扶贫、消费扶贫、乡村旅游扶贫、教育和健康扶贫、扶贫总结宣传研究，建立健全联系联络、政策衔接、交流交往机制，为全国跨区域联动扶贫减贫创造经验。不断挖掘地方独特资源禀赋使得重庆经济快速增长，始终走在全国巩固脱贫攻坚同乡村振兴有效衔接的前列。

三、用好金融工具

2020 年中央一号文件中明确要求"要鼓励开发专属金融产品支持新型农业经营主体和农村新产业新业态。"2021 年 3 月 23 日公布的《关于实现巩固拓展脱贫攻坚成果同乡村振兴有效衔接的意见》中再次指出"要做好金融服务政策衔接，加大对脱贫地区优势特色产业信贷和保险支持力，鼓励各地因地制宜开发优势特色农产品保险。"重庆市积极与银行等金融机构协作，创新重庆本土金融产品，撬动金融资本和社会资本实现乡村振兴的全面风险防控，服务于巩固脱贫攻坚成果同乡村振兴的有效衔接。在具体的操作层面，一是健全"政府＋银行＋保险＋助贷员"风险防控体系，探索"一自三合"金融扶贫试点，实现贷前贷中贷后风险防控，降低金融风险的发生概率，保障农户创业的科学性与可持续性。二是建立"三保"联动保险扶贫机制，为所有贫困人口购买"精准脱贫保"，为深度贫困乡镇有产业项目的贫困户量身定制"产业扶贫保"，为农村边缘人群打捆购买"防贫返贫保"，从人身健康、产业发展、财产等方面构建防止返贫致贫风险保障机制，防止返贫致贫风险。金融扶贫在重庆脱贫攻坚同乡村振兴的有效衔接中发挥了独特作用，不仅有助于增强贫困地区的经济发展活力，而且有助于提高扶贫产业可持续发展能力。继续用好金融工具为乡村振兴的全面实施保驾护航是未来重庆工作的重点方向和手段！

四、用好本土人才

2021 年 2 月 23 日，中共中央办公厅、国务院办公厅印发了《关于加快推进乡村人才振兴的意见》，要求"坚持把乡村人力资本开发放在首要位置，大力培养本土人才，引导城市人才下乡，推动专业人才服务乡村，吸引各类人才在乡村振兴中建功立业，健全乡村人才工作体制机制，强化人才振兴保障措施，培养造就一支懂农业、爱农村、爱农民的'三农'工作队伍，为全面推进乡村振兴、加快农业农村现代化提供有力人才支撑"。受到二元经济发展格局的影响，城市发展优先于农村，城乡差异导致了大量农村劳动力的外流。与劳动力外流所相随的是农村人力资源和金融资源的外流以及农村整体发展的衰败。习近平总书记曾说过"农村是一片广阔的天地，大有可为"。伴随着农村公共服务的进一步提升，城乡差距将进一步减少，农村作为最具活力和机会的地方将成为年轻人大展手脚，创造辉煌的沃土。重庆市始终重视人才对于乡村发展的重要性。在推进乡村人才振兴的过程中，重庆市尤其注重本土人才回引，致力于打造一只不走的乡村振兴工作队。自 2016 年起，重庆市深入实施"本土人才回引工程"。针对贫困村近 10 年大中专生、外出创业人士建立本土人才库，围绕引得回、留得住、干得好"三个环节"，通过给待遇、给政策、给出路和"点对点"动员，每年回引万余名贫困村本土人才回乡挂职、创业，基本实现每村都有 1–2 名本土人才回村，有效破解了农村治理人才匮乏问题。

五、创新帮扶手段

如何激发贫困户内生发展动力一直是脱贫攻坚中难以解决的问题。扶贫是一项综合性、复杂性的系统工程。脱贫攻坚作为短期阶段目标服务于乡村振兴长期目标。在脱贫攻坚中通过对绝对贫困进行"输血式"扶贫，旨在为贫困户造血，走出贫困陷阱，获得发展条件。贫困户如何在已获得的物质基础之上，摆脱依赖思想，提高自身发展能力是保障乡村振兴得以实现的坚实精神堡垒。扶贫重在扶志，重庆市创新帮扶手段，不断激发低收入农户的内生发展动力。一方面从帮扶手段着手，探索推广"借款启动、奖补巩固、信贷提升"的"金融＋产业"联动扶贫机制。将帮扶政策与贫困群众参与程度挂钩，从门槛上杜绝了"等靠要"思想，增加群众的责任心和参与感，实现了"授人以渔"的根本目的。另一方面强化舆论宣传，为思想振兴提供舆论支持。重庆市紧抓农村工作特点，一是利用三句半、小品、相声、快板等农村群众喜闻乐见的乡村艺术形式进行宣传，营造全社会共同助力乡村振兴的社会氛围；二是通过积分制、道德模范评选等方式推动乡村精神面貌的改善，从思想上扫清障碍，助推乡村振兴的全面实施。

　　叶敬忠，中国农业大学人文与发展学院院长、教授、博士生导师

第十章　共同富裕进程中的重庆均衡发展战略

第一节　脱贫攻坚推动重庆均衡发展

一、重庆发展的非均衡特点

重庆集大城市、大农村、大山区、大库区和少数民族地区于一体，在国家区域发展和对外开放格局中具有独特而重要的作用。武陵山、秦巴山集中连片特困地区覆盖重庆市 12 个区县，区域性贫困与"插花"式贫困并存。

（一）大城市带大农村

重庆改为直辖市后，与京津沪三个直辖市相比，有一个显著的特点，就是辖区大、人口多，大城市带大农村。重庆市辖区面积 8.24 万平方公里，辖 38 个区县（市）。根据重庆市第七次全国人口普查结果，2020 年底重庆市常住总人口 32054159 人，其中居住在城镇的人口为 22264028 人，占 69.46%；居住在乡村的人口为 9790131 人，占 30.54%。[①]

所谓"大城市"是指重庆是全国重要的老工业基地，经历了百余年来的工业发展：清末洋务运动时期开始形成工业雏形，抗日战争时期沿海工业企业部分内迁重庆，工业基地初步形成。新中国成立初期，国家重点在

[①] 重庆市统计局：《重庆市第七次全国人口普查公报（第六号）——城乡人口和流动人口情况》，重庆市统计局门户网站，2021-05-13，http://tjj.cq.gov.cn/zwgk_233/fdzdgknr/tjxx/sjzl_55471/tjgb_55472/202105/t20210513_9277608.html.

重庆布局了一批重点项目，工业基地得到发展。"三线建设"时期国家在重庆布局了一批从常规兵器到尖端科学在内的军事科技工业。改革开放后，特别是直辖以来，重庆市工业得到跨越式发展。重庆市围绕国家重要中心城市、长江上游地区经济中心、国家重要先进制造中心、西部金融中心、西部国际综合交通枢纽和国际门户枢纽等国家赋予的发展定位，充分发挥区位优势、生态优势、产业优势、体制优势，谋划和推动经济社会快速发展，经济结构加快转型升级，老工业基地焕发生机活力，形成全球重要电子信息产业集群和国内重要汽车产业集群，战略性新兴产业蓬勃发展，大数据智能化创新驱动深入推进，两江新区、西部（重庆）科学城建设高标准实施，经济高质量发展的引擎动力强劲，是名副其实的现代化大都市。[①]

所谓"大农村"是指重庆农村面积广阔，人口众多，城乡发展差距大。重庆市总面积 8.24 万平方公里，所辖的 38 个区县大多数属于农村地区。2013 年底，重庆市有 824 个乡（镇）、8318 个行政村，192 个街道办事处、2721 个居委会，乡镇数量是街道办事处的 4.3 倍，行政村数量是居委会数量的 3.1 倍，农村的面积和行政建制远大于或多于城镇。从人口从业的角度看，重庆市大部分人口主要从事农业。2013 年重庆市从事农业的人口为 2014.37 万人，从事非农的人口为 1344.05 万人，从事农业的人口是从事非农职业人口的 1.5 倍。从农作物播种面积来看，重庆市农业种植面积大。2013 年重庆市农业有效灌溉面积 67.52 万公顷，农作物播种总面积 3515790 亩，其中粮食播种面积 2253905 公顷，油料播种面积 283508 公顷，蔬菜播种面积 681807 公顷，烟草播种面积 49323 公顷。从产值看，重庆市农业产值占比较高。2013 年重庆市农林牧渔业总产值 15137376 万元，其中农业 9091758 万元，林业 480170 万元，牧业 538155 万元，渔业 199249 万元，三产比重为 34.6:48.1:17.3。[②]

---

① 苏伟、崔如波、王小明：《掌握大城市带大农村战略思想体系——破解建构和谐重庆最大难题》，《探索》2005 年第 4 期。
② 重庆市统计局、国家统计局重庆调查总队：《重庆统计年鉴（2014）》，中国统计出版社 2014 年版。

（二）大山区与贫困人口众多

重庆市地域辽阔，地貌结构十分复杂。一是重庆市地势变化明显，地势起伏大。重庆东部、东南部和南部地势高，大多数是海拔1500米以上的山地，西部地势低，为海拔300-400米的丘陵。二是重庆市地貌类型复杂多样，以山地为主。重庆地貌形态类型中有中山、低山、高丘陵、中丘陵、低丘陵、缓丘陵、台地和平原等八大类型，其中山地面积6.24万平方公里，占辖区面积的75.8%；丘陵面积1.5万平方公里，占辖区面积的18.2%；台地面积2964.22平方公里，占辖区面积的3.6%；；平原面积仅为1976.15平方公里，只占辖区面积的2.4%。[①]重庆市土地类型多样，2016年重庆市土地资源总面积824万公顷，是全国土地面积最大的城市，但由于人口众多，人均占有量较小，人均土地面积0.27公顷，只相当于全国人均土地面积0.89公顷的30.3%；重庆市共有耕地面积256万公顷，占土地面积的31.07%。由于耕地面积有限，重庆市人多地少的矛盾突出。2016年，重庆市人均耕地面积0.084公顷，比全国人均少0.02公顷；人均林地0.1公顷，比全国人均少0.087公顷，人均草地0.007公顷，仅占全国人均草地的1/33。在耕地中，坡地多平坝少，坡耕地占95.3%，其中15度以上的坡耕地占48.2%，大于25度的坡耕地占16.1%，有水源保灌和灌溉设施的占36%。[②]

2015年中央吹响脱贫攻坚战冲锋号，坚持精准扶贫精准脱贫方略，动员全党全国全社会力量坚决打赢脱贫攻坚战，明确到2020年现行标准下农村贫困人口实现脱贫，贫困县全部摘帽，解决区域性整体贫困问题。重庆市地形地貌复杂，山区占比高，土地资源少，人地矛盾突出，农村贫困人口众多，贫困程度深，脱贫难度大。重庆有国家级贫困区县14个，分别是城口县、巫溪县、巫山县、奉节县、云阳县、开县、万州区、秀山县、黔江区、酉阳县、彭水县、石柱县、武隆区、丰都县，2014年底精准识别贫

---

① 重庆市地方志办公室：《重庆市志·综合卷：1986—2016》，重庆：西南师范大学出版社2019年版，第11—12页。

② 重庆市地方志办公室：《重庆市志·综合卷：1986—2016》，重庆：西南师范大学出版社2019年版，第15页。

困村 1919 个，贫困人口 169.5 万，贫困发生率为 7.1%。

二、脱贫攻坚与区域内共同发展

（一）扶贫集团引领深度贫困地区加快发展

深度贫困是贫困中的极端现象，为深入贯彻习近平总书记在深度贫困地区脱贫攻坚座谈会上的重要讲话，重庆市出台《重庆市深度贫困乡镇定点包干脱贫攻坚行动方案》，精准识别 18 个市级深度贫困乡（镇），启动深度贫困乡（镇）的脱贫攻坚工作，重点实施稳定脱贫提升行动、基础设施提升行动、产业扶贫提升行动、生态保护提升行动、人口素质提升行动、公共服务提升行动、村"两委"提升行动等 7 大攻坚行动，加快深度贫困地区发展，解决区域性整体贫困问题。

1. 成立市级扶贫集团

为推动深度贫困乡（镇）脱贫攻坚和加快发展，重庆市成立 18 个市级扶贫集团，市领导联系市级扶贫集团定点包干深度贫困乡镇，市级扶贫集团对口帮扶深度贫困乡镇，成员单位帮扶到村到户，建立"市级领导挂帅+ 市级责任单位主要负责人 + 区县党政主要负责人 + 深度贫困乡（镇）党政主要负责人"的指挥体系。市级扶贫集团设立深度贫困乡（镇）脱贫攻坚指挥部，指挥部下设脱贫攻坚驻乡工作队。

指挥部组成人员及职责包括：每个深度贫困乡（镇）由 1 名市领导挂帅担任指挥长，对深度贫困乡（镇）脱贫攻坚负总责，主要负责顶层设计、督促检查、考核问责、谋划思路、把握方向、统筹资源。每个深度贫困乡（镇）明确一个市级领导包干责任部门，由部门主要负责同志担任常务副指挥长，负责指挥部重大事项的协调和指挥。深度贫困乡（镇）所在区县党委书记和区（县）长担任副指挥长，负责编制落实深度贫困乡（镇）脱贫攻坚实施规划、工作方案，负责解决脱贫攻坚过程中的各种问题和困难，确保深度贫困乡（镇）所辖贫困村和贫困人口成功脱贫。由市级负责部门 1 名副厅级干部、深度贫困乡（镇）所在区县党委或政府分管领导、区县责任部门（与市级责任部门相对应）主要负责人和深度贫困乡（镇）党委、政府主要负责人组成。市级责任部门副厅级干部任指挥部办公室主任（兼驻乡工作队队长），负责指挥部日常工作。由市级责任部门选派 3 名以上干部（1 名副厅级干部、1 名处级干部、至少 1 名工作人员，可从扶贫集团成员单位中选派）、区县责任部门选派 3 名干部、深度贫困乡（镇）党委和政府班子成员、深度贫困乡（镇）所辖行政村党支部书记、驻村第一书记、村委会主任、驻村工作队员共同组成。市级负责部门处级干部任联络员，负责上下联络，做好信息收集归类和分析上报、监测反映工程进度、挂图作战完成情况、贫困退出有关数据指标提供等工作。

表 10-1　重庆市扶贫集团对口帮扶深度贫困乡镇

市扶贫集团名称	对口帮扶深度贫困乡镇
重庆市委办公厅扶贫集团	石柱县及中益乡
重庆市政府办公厅扶贫集团	奉节县及平安乡
重庆市农业农村委扶贫集团	巫溪县及红池坝镇
重庆市人大常委会办公厅扶贫集团	丰都县及三建乡
重庆市政协办公厅扶贫集团	云阳县及泥溪镇
重庆市经济信息委扶贫集团	城口县及鸡鸣乡
重庆市委宣传部扶贫集团	巫山县及双龙镇
重庆市委政法委扶贫集团	武隆区及后坪乡
重庆市纪委监委扶贫集团	城口县及沿河乡
重庆市教委扶贫集团	巫溪县及天元乡
重庆市委组织部扶贫集团	开州区及大进镇
重庆市科技局扶贫集团	万州区及龙驹镇
重庆市总工会扶贫集团	酉阳县及浪坪乡
重庆市住房城乡建委扶贫集团	彭水县及大垭乡
重庆市卫生健康委扶贫集团	黔江区及金溪镇
重庆市发展改革委扶贫集团	彭水县及三义乡
重庆市文化旅游委扶贫集团	酉阳县及车田乡
重庆市商务委扶贫集团	秀山县及隘口镇

2. 实施深度贫困乡镇区域发展七大行动

重庆市加快深度贫困乡（镇）发展推进实施稳定脱贫提升行动、基础设施提升行动、产业扶贫提升行动、生态保护提升行动、人口素质提升行动、公共服务提升行动、村"两委"提升行动等7大深度贫困地区区域发展行动。

实施稳定脱贫提升行动。重庆市聚焦深度贫困乡（镇）的贫困人口，落实帮扶措施。水利、交通等基础设施资源向贫困农户倾斜，危房改造、易地扶贫搬迁、生态保护等项目优先安排贫困人口。产业带动、资产收益、股权改革等模式要着力提高贫困人口参与度和受益水平。实施"互联网+"扶贫行动，开展深度贫困乡（镇）贫困动态监测，实行动态跟踪帮扶。

实施基础设施提升行动。强化深度贫困乡（镇）基础设施投入，实施脱贫巩固提升工程，加大"路、水、电、讯、房"等基础设施建设。构建深度贫困乡（镇）外联内通的交通网络体系。建设和改造深度贫困乡（镇）集中供水工程。引导鼓励电力、电讯等企业完成深度贫困乡（镇）农网改造。加强人居环境整治，优先安排深度贫困乡（镇）农村危房改造计划。

实施产业扶贫提升行动。立足资源禀赋、生态条件和市场需求，积极发展深度贫困乡（镇）特色产业。围绕"旅游+""生态+"推进第二、三产业向乡村深度融合，实施产业扶贫"五个一"模式，即选准一个好产业、打造一个好龙头、培育一个好市场、创新一个好机制、形成一个好链条。支持深度贫困乡（镇）培育新型经营主体，积极推行农村"资源变资产、资金变股金、农民变股民"改革，推广经营权股份合作、土地流转、联户经营、代养代管、订单生产等产业经营模式。积极发展深度贫困乡（镇）电商扶贫，实现电商平台服务在深度贫困乡（镇）行政村全覆盖。

实施生态保护提升行动。加强深度贫困乡（镇）生态保护修复力度，退耕还林、天然林保护、石漠化治理等生态工程向深度贫困乡（镇）倾斜。实施深度贫困乡（镇）易地扶贫搬迁，帮助符合条件、有意愿搬迁的贫困人口"应搬尽搬"。开发深度贫困乡（镇）生态公益岗位，优先安排贫困人口，发挥深度贫困乡（镇）生态优势，发展生态农业、生态旅游等生态经济。

实施人口素质提升行动。加强教育引导贫困人口，培育贫困人口发展生产和务工经商的基本技能。在深度贫困乡（镇）实施村风民俗、自立自强为重点内容的农村公序良俗建设工程，引导人们自觉承担家庭责任、树立良好家风，促进家庭老少和顺、邻里和谐。实施生产奖补、劳务补助、以工代赈等机制。

实施公共服务提升行动。改善深度贫困乡（镇）卫生院医疗条件，加强远程医疗能力建设，推行贫困人口"先治疗后付费"结算机制，实现基本医保、疾病应急救助、医疗救助等"一站式"即时结算。健全"三留守"人员和残疾人关爱服务体系。实施教育扶贫工程，完善深度贫困乡（镇）学前教育公共服务体系和寄宿制学校建设。落实贫困家庭子女从学前教育到高等教育各学段资助政策。加强深度贫困乡（镇）文化公共服务建设，增强公共文化产品和服务供给。

实施村"两委"提升行动。加强深度贫困乡（镇）农村基层组织建设，解决基层班子软弱涣散问题，抓好以村党组织为核心的村级组织配套建设，选好配强村"两委"班子。突出抓好村党组织带头人队伍建设，实施本土人才回引计划，培育党员创业致富带头人，组织有帮带能力的党员结对帮扶贫困户。

（二）区县结对帮扶推动县域协调发展

为贯彻落实党中央、国务院关于扶贫开发的决策部署和习近平总书记关于扶贫开发重要战略思想，重庆市坚持"政府推动、市场运作、尽力而为、量力而行、真情帮扶、精准帮扶、互惠互利、共同发展"的原则，整合资源要素，协同发挥市场机制和政府作用，以产业合作、劳务协作、人才支援、资金支持等为重点推动市内非贫困区县对口帮扶贫困县，助力脱贫攻坚战，推动区域协调发展。

1.建立区县结对帮扶关系

2018年重庆市对区县结对帮扶进行了优化，本着"聚焦脱贫、突出重点、力求均衡"原则，非贫困区县梁平区、垫江县不再纳入受助区县范畴，南川区、綦江区两个脱贫任务较重的区不再担任帮扶任务，已脱贫摘帽的原贫困区县脱贫政策不变，优化后的受助区县为15个、帮扶区县为18个。结合区县脱贫时序计划按2019年脱贫、2018年脱贫、2017年脱贫、已脱贫摘帽区县及市级贫困县五个档次调整结对关系，确保同一档次区县受助帮扶资金、实物量大体一致。区县结对每年实施 1 个以上产业协作项目，建立劳动力供应双向互动调配协作机制，每年互派教师或教学管理人数不少于 5 名、互派交流医务人员 5—10 名、互派 5 名以上青年后备干部或拟提拔干部交流挂职。年度帮扶资金纳入帮扶区年度财政预算并直接上报市财政，由市财政结算给对口受助区县，年度帮扶资金占比应不低于 2017 年水平。

表 10-2　重庆市区县帮扶名单

序号	受助区县	帮扶区
1	彭水县	两江新区
2	酉阳县	江北区
3	巫溪县	渝中区
4	城口县	九龙坡区
5	石柱县	南岸区
6	奉节县	沙坪坝区
7	云阳县	渝北区
8	开州区	江津区
		璧山区
9	巫山县	北碚区
		铜梁区
10	丰都县	长寿区
		大足区
11	秀山县	合川区
12	万州区	巴南区
13	黔江区	永川区
14	武隆区	涪陵区
15	忠县	大渡口区

2. 推进结对区县产业帮扶协作

结对区县搭建产业协作平台，加强信息互通交流，建立协作引导机制，每年实施 1 个以上产业协作项目。结对区县每年定期或不定期举办企业对接洽谈会、展示推介会以及组织相关企业实地考察，为两地企业合作创造条件。支持非结对区县建立引资协作关系，互荐引资项目并共享引资收益，每年协作引入市外规模以上项目 1 个以上，采取项目置换、资金补助等方式实现利益共享。具有产业互补或联动条件的结对区县共同编制产业协作指导规划，发布年度协作信息或指南。

帮扶区围绕受助区县的主导产业协助开展招商引资，帮助受助区县培育壮大主导产业，引导和鼓励行政区域内龙头企业、骨干企业与受助区县相关企业在农产品销售、旅游产品开发、零部件配套产品加工、外包生产服务、产业基地共建等方面开展协作。旅游产品营销协作和农副产品产销合作成为产业协作的重点。产业协作利用帮扶区优势条件帮助受助区县开展特色旅游路线景区营销、开设名优土特产销售窗口、建设农副产品直供市场或土特产品"同城购"。结对区县居民、帮扶协作企业职工等凭借有效证件销售互游景点门票、旅行社接待等折扣优惠，引导旅行社开展定向游客输送。

地域相近、产业相近的受助区县联合相关帮扶区实施产业协作配套项目。结对区县探索共建科技合作平台，共同培养人才、开展技术研发、培育科技产业，协作打造战略性新兴产业集聚区和科技成果转化产业基地，帮扶区组织科研人员结合"专家大院"等活动到受助区县开展科技服务、科技咨询等帮扶工作。

3. 实施结对区县劳动力转移协作

结对区县间建立劳动力供应双向互动调配协作机制，完善人力资源需求、农业转移人口信息数据库，推进就业信息资源共享。帮扶区向受助区县发布用工需求信息，委托受助区县开展定向招聘，每年为受助区县贫困家庭大学生提供 200 个以上的就业岗位。受助区县利用对口帮扶平台，及时掌握本区县建档立卡贫困户劳动力输出状况，衔接帮扶区通过定向招收高职学生、定向订单培训、企业定向招聘（培训）补助等方式加快新生代劳动力就业转移。结对区县联合建立孵化基地或众创空间，主动为双方人员提供创业咨询、创业培训、创业担保贷款等服务和政策咨询。帮扶区完善就业、定居、子女入学等方面的政策，吸纳受助区县贫困人口转移定居。帮扶区每年承受受助区县转移人口的规模，作为增加其市级财政均衡性转移支付和年度用地指标的重要因素。

4. 推动结对区县优质教育资源协同共建

结对区县双方遴选一批中小学建立结对关系，加强在教育基础设施建设、贫困生资助、师资互派、合作办学、远程教学互助、教师和学生交流等领域的帮扶和合作。双方鼓励教师到结对区县学校任教，每年互派教师或教学管理人数不少于 5 名。建立完善职业教育校企合作奖励制度，在经费安排上给予倾斜，对校企合作成绩突出的企业给予奖励。结合主导产业发展需求，科学设置职业教育专业，培育科技技能型人才。实施农村地区学生、贫困家庭学生就读职业院校扶持政策，推进职业教育资源和生源共享。开展助学活动，帮扶区每年资助受助区县生活困难学生或建档立卡贫困学生 500 名以上。

5. 推进结对区县医疗卫生服务协同共享

帮扶区帮助受助区县建立健全结对疾病预防控制、卫生应急、精神卫生、卫生监督和计划生育等公共卫生服务网络。帮扶区确定辖区医院与受助区县医院结对，通过管理输出、技术帮扶、人员培训、设备援助、学科建设帮助受助区县提高医疗卫生水平，同时探索建立结对区县门诊通用病历、双向转诊等合作机制，开展疑难疾病联合攻关和重大疾病联合会诊。帮扶区组织医疗专家组成医疗服务卫生队，开展医疗巡诊和培训活动，每年选派受助区县急需的医务人员到乡镇医院和贫困村卫生室挂职，为受助区县培养基层医护骨干。结对区县每年互派交流医务人员 5—10 名，帮助受助区县培训医务人员 20 名以上，支援贫困村卫生室和社区卫生中心医疗设备或药品。鼓励和动员社会各界，资助受助区县符合医疗救助条件的因病致贫对象参加城乡居民合作医疗保险。

6. 实施结对区县干部互派与培训合作

结对区县每年互派 5 名以上青年后备干部或提报干部交流挂职，充分发挥桥梁和纽带作用。帮扶区每年从其属地的大中型国有企业中选派 1—3 名优秀经营管理人才到受助区县骨干企业挂职，帮助受助区县培训基层干部和贫困村致富带头人。帮扶区从薪酬待遇、职称评定、选拔任用等方面出台激励机制，激励优秀人才到受助区县挂职或任职，对受助区县挂职1年以上的人才在职称评定、选拔任用上给予优先考虑。

7. 加强受助区县资金援助

2018—2020年帮扶区对口帮扶的年度资金最低额度以2013年帮扶资金量为基础确定，具体额度由结对区县协商确定。年度帮扶资金纳入帮扶区县年度财政预算并上报重庆市财政，由重庆市财政对口结算给受助区县。帮扶资金安排聚焦深度贫困乡镇，以贫困村、建档立卡贫困人口为重点，用于深度贫困乡镇和贫困村基础设施建设，易地扶贫搬迁群众后续发展的年度帮扶资金不低于60%，余下帮扶资金重点用于支持受助区县人口转移就业培训和就业指导、提升转移人口职业技能和就业能力等。

三、脱贫攻坚与跨区域共同发展

（一）东西部协作促进区域共同发展

东西部扶贫协作是指东部沿海较发达地区与西部欠发达地区结成对子，围绕西部扶贫开发开展协作，促进贫困地区脱贫进程，缩小东西部发展差距，实现共同发展、共同富裕。1994年，国务院颁布实施国家八七扶贫攻坚计划（1994—2000年），初步提出"北京、天津、上海等大城市，广东、江苏、浙江、山东、辽宁、福建等沿海较为发达的省，都要对口帮助西部一两个贫困省、区发展经济"。2002年国务院扶贫开发领导小组印发《关于厦门市、珠海市与重庆市建立扶贫协作的通知》，安排厦门市、珠海市与重庆市开展扶贫协作。2010年，国务院对部分省区市扶贫协作关系进行调整，确定了新的东西部扶贫协作关系，山东省与重庆市开展扶贫协作。

2016年7月20日，习近平总书记在银川主持召开东西部扶贫协作座谈会时指出："东西部扶贫协作和对口支援，是推动区域协调发展、协同发展、共同发展的大战略，是加强区域合作、优化产业布局、拓展对内对外、开放新空间的大布局，是实现先富帮后富、最终实现共同富裕目标的大举措，必须长期坚持下去"。① 按照国务院的统一安排，山东省对口帮扶重庆市，明确了 14 个地市对口帮扶重庆 14 个国家扶贫开发工作重点区县。2017 年以来，山东省、重庆市深入贯彻落实习近平总书记东西部扶贫协作座谈会重要讲话精神，全面落实党中央、国务院的决策部署，开展了多层次、宽领域、全方位的扶贫协作，逐步形成了以政府援助、人才支持、产业合作、劳务协作、社会帮扶为主要内容的工作体系。

　　1. 强化鲁渝扶贫协作的组织领导

　　山东省、重庆市党政主要领导率队互访，召开东西部扶贫协作联席会议，推动各项重点任务落到实处。如 2019 年，陈敏尔同志、刘家义同志以更高的政治站位亲自推动鲁渝扶贫协作，分别率党政代表团互访，召开鲁渝扶贫协作第十二次、第十三次联席会议，签署一系列扶贫协作项目协议，推动鲁渝扶贫协作重大事项落地落细。重庆市每年召开市委常委会会议、市政府常务会议、市扶贫开发领导小组会议研究部署东西部扶贫协作工作，并要求市委常委会会议、市政府常务会、市扶贫开发领导小组会议至少听取 1 次鲁渝扶贫协作工作汇报。14 个贫困区县党委常委会、政府常务会每季度至少研究 1 次鲁渝扶贫协作工作。2017 年以来，山东与重庆持续加强互访对接，顶层设计不断完善。印发了《建立鲁渝扶贫协作对接机制的实施意见》《完善鲁渝扶贫协作对接机制的实施意见》等多个文件，两地党政领导同志进行 9 次互访并召开 9 次高层联席会议。重庆市 14 个贫困县区县党委、政府和 15 个市级相关部门主要负责同志每年均带队赴山东调研对接，共同推动鲁渝全方位合作。重庆市委常委会会议、市政府常务会议、市扶贫开发领导小组会议等 42 次专题研究鲁渝扶贫协作，安排布置重点工作，制定《鲁渝扶贫协作三年行动计划》《支持鲁渝扶贫协作若干政策》等文件，每年签订扶贫协作协议，制定年度工作要点，累计确定100 余项重点工作任务，逐项逐条分解到市级相关部门和区县，确保每项协作事项落地落实。

---

① 中共中央党史和文献研究院：《习近平扶贫论述摘编》，北京：中央文献出版社 2018年版，第 101—102 页。

2. 加大帮扶资金投入力度

2012—2016 年山东省累计投入财政援助资金 5.3 亿元、社会款捐物折资 2567 万元。2020 年安排 6.8 亿元，协议任务 6.8 亿元，完成率 100%。2017—2020 年，山东省累计投入援助资金 21.9 亿元，支持重庆市财政援助项目 1315 个、总投资 30.5 亿元，动员山东各界社会力量捐款捐物折近 4 亿元。这 4 年的财政援助资金和社会捐赠资金分别达到重庆市 2002—2016 年这 15 年总量的 4 倍、9 倍以上，且呈逐年递增的态势，资金投入力度前所未有。面对突如其来的新冠肺炎疫情，山东省在自身防控压力巨大、防疫物资匮乏、物流运输不畅的情况下，仍然第一时间为重庆筹措善款，捐赠大量紧缺防疫物资，并积极组织相关企业供应物资生产原料，为重庆打赢疫情防控阻击战提供了坚强物质保障。山东提供批量生产防疫物资原材料 400 余吨，累计向重庆市贫困区县捐赠医用口罩 244.8 万只、防护服 1.2 万套、医用手套 18 万余只、消毒液 40 余吨、核酸检测试剂盒 2300 余个等，捐赠防控物资折款总额 1200 余万元。

3. 大力实施劳务协作

山东与重庆多方开辟工作岗位，架起劳务协作稳岗就业的"民心桥"。两地在职业技能培训、扶贫车间建设、就业信息动态互通、家庭服务业对接等方面开展"靶向式"合作。探索"行政+市场"的工作机制，在济南成立重庆农民工驻山东办事处，依托驻鲁川渝商会等优势资源，引导更多社会资源参与鲁渝劳务扶贫协作工作。组织线上线下联动的精准招聘，开设鲁渝劳务扶贫协作"线上"招聘专区，举办"线下"联合招聘会 100 余场。突出组织化劳务协作，山东帮助重庆市近 1.1 万余名贫困人口实现转移就业或就近就业。实施"春风行动"线上招聘和"百日千万网络招聘专项行动"，遴选 152 家山东企业 2 万余个适宜岗位定向发布、定向推送，引导企业和贫困户双向对接。优化鲁渝劳务协作支持政策，对贫困劳动力赴山东就业给予补助，其中最高可获得 11300 元就业补助，分别是：转移山东稳定就业补助最高 6000 元、以工代训补助最高 3000 元、一次性交通生活补助 1500 元、一次性求职创业补助 800 元。按照"分批有序错峰"要求，两地采取"点对点"包机、包车等方式，2020 年新增转移重庆市贫困人口赴山东就业 1056 人，返岗复工 162 人；开发公益性岗位、扶贫车间等途径新增解决贫困人口就近就业 3010 人；援建扶贫车间 84 个，已全部复工复产，吸纳贫困劳动力就近就业 981 人；引导 90 名学生赴山东就读和公司学习；组织 3000 余名贫困劳动力参加线上就业培训。

4. 深化产业合作

两地将产业发展作为长久脱贫的根本之计。重庆市政府出台《关于支持鲁渝扶贫协作的若干政策》，制定 15 条支持政策。两地成立山东·重庆扶贫协作产业合作联盟，设立鲁渝协作企业合作投资基金，投入产业协作投资基金 1 亿元，累计引导 106 家山东企业赴贫困区县投资兴业，完成投资 14.23 亿元，帮助建设产业园区和现代农业、文旅产业示范基地 69 个。先后在丰都、酉阳、万州等地实施脱毒马铃薯、黄河口大闸蟹、芦花鸡养殖等产业项目，有力推动重庆产业转型升级，增强贫困地区的"造血"功能和内生发展动力。山东省与重庆市大力实施消费扶贫行动，夯实贫困群众增收基础。将消费扶贫行动作为战疫战灾战贫、推动产业升级、巩固脱贫成果的重要抓手。认定巫山脆李、奉节脐橙、涪陵榨菜等扶贫产品 7095 个，价值 170 亿元以上，覆盖带动贫困人口 30 万余人。两地开展携手战"疫"、合力战"贫"消费扶贫行动。组织"十万吨渝货进山东"促销活动，开展山东百店联展、产销对接大会等系列专题推广活动，实施"十进十销"计划，在山东省设立重庆扶贫产品专区、专柜、专馆 162 家，扩大扶贫产品在山东市场覆盖面，山东累计采购、销售重庆市扶贫产品和贫困地区农副产品 8.5 亿元。

5. 互动交流促共赢

重庆市与山东省推动人才交流提质增效，通过建立"请进来、送出去"的人才交流机制和"取长补短共赢"的合作发展机制，促进观念互通、作风互鉴、技术互学，提升了干部人才的业务技能和专业素养，增强了贫困地区自我发展能力。2017—2020 年，山东选派 57 名党政干部到重庆市挂职帮扶，选派教师、医生、农技人员等专业技术人才 3761 名支援重庆市脱贫攻坚和区域发展，重庆市选派 168 名党政干部到结对地市挂职锻炼、800 余名专业技术人才到山东交流学习。同时，山东省为重庆市培训各类专业技术人员15万余人次，打造一支留得住、能战斗、带不走的人才队伍。另外，重庆市选派14个国家级贫困区县的240名贫困村党组织书记，到山东省结对市县综合实力较强的村社开展为期3个月的挂职学习、跟班锻炼。2017—2020年，山东省与重庆市积极开展携手奔小康行动，鲁渝两地市县结对14个、县镇结对130个、镇村结对106个、村企结对135个、社会组织结对贫困村10个、校校结对142个、医院结对65个，构建起全方位结对帮扶网络。

（二）中央单位定点帮扶助力贫困地区加快发展

按照国务院扶贫开发领导小组的统一安排，自2015年开始，水利部（含原国务院三峡办）、中央外办等9家中央单位定点帮扶重庆市。其中水利部、原三峡办定点帮扶重庆市丰都、武隆、城口、巫溪等区县，中国农业银行定点帮扶秀山县，中央外办定点帮扶彭水县，中国法学会定点帮扶开州区，致公党中央定点帮扶酉阳县，中国核工业集团定点帮扶石柱县，中国长江三峡集团定点帮扶巫山、奉节两县，中国进出口银行定点帮扶云阳县，中国中信集团定点帮扶黔江区。

1. 水利部、原三峡办定点帮扶

水利部、原三峡办组织定点扶贫县（区）充分利用水利部、原三峡办和原南水北调定点扶贫的好做法、好经验，聚焦重庆城口、巫溪、丰都、武隆、万州5个定点扶贫区县的贫困现状，与定点帮扶区县形成组团帮扶工作机制，以农村饮水安全巩固提升、千塘万亩特色产业支撑、小型水库水源保障、贫困户产业帮扶、贫困户转移就业技能培训、贫困学生勤工俭学帮扶、水利建设技术帮扶以及专业技术人才培训等"八大工程"为主要抓手，着力攻坚重庆市"水贫困"。2016—2018年间，累计向5个定点帮扶区县倾斜支持水利资金达37.68亿元。此外，水利部、原三峡办组织了230名专业技术人员分赴定点帮扶各区县开展技术帮扶，帮助定点扶贫区县开展前期工作18个，帮助编制规划16个，投入158万元对定点帮扶区县892名水利技术人员进行培训。

2. 中国农业银行定点帮扶秀山县

中国农业银行在贷款投放上将重点围绕巩固提升现有脱贫成果防止返

贫、支持帮助贫困户发展壮大特色产业等，积极投放精准扶贫贷款，服务带动建档立卡人口脱贫；在业务资源上，继续在固定资产计划、财务费用、网点建设、人口补充、经济资本等方面加大倾斜力度，对信贷业务审批开通绿色通道，实现优先办结；在产品创新上，大力推广"政府增信+银政共管"模式，针对贫困户推出"惠农 e 贷"产品，升级"金穗惠农通"，积极推进互联网服务三农一号工程。截至 2020 年底，中国农业银行累计为秀山县投放各项贷款 112 亿元，支持秀山县基础设施建设和产业发展，累计发放扶贫小额贷款 2.16 亿元，援助帮扶资金 5892 万余元，发放惠农 e 贷 2.6 亿元，为秀山县脱贫攻坚提供强大的金融支持。

3. 中央外办定点帮扶彭水县

中央外办支持重庆市"一带一路"、中国—新加坡（重庆）战略性互联互通示范项目等建设，更好地发挥其在区域发展和对外开放格局中的重要作用。借助高水平开放实现高质量发展，为彭水县脱贫攻坚提供坚实支撑。中央外办及时跟踪推进阿依河景区创 5A、争取农业综合开发资金、申报"农产品出村试点县"等工作，在资金、项目和政策等方面为重庆市和彭水县争取更多支持。2015—2020 年，中央外办累计帮助彭水争取资金 6373.5 万元，培训基层干部和技术人员 396 名，协调国家和相关部门支持彭水全域旅游、电子商务和农综项目等发展，助推彭水脱贫攻坚和经济社会发展。

4. 中国法学会定点帮扶开州区

中国法学会发挥法治智库作用，为开州区全面推进依法治区、依法治村提供咨询建议和法理支撑，助力法治开州建设。发挥高等法学院校作用，通过法律诊所、法律服务社等形式，积极参与开州区基层多元矛盾纠纷化解工作。依托重庆市法学会和开州区法学会，利用"青年普法志愿者法治文化基层行""百名法学家百场报告会"等普法平台，对贫困山区群众开展法治宣传、法治教育活动，提高贫困山区广大干群的法律素质，增强群众的法治观念。截至 2020 年底，中国法学会协调争取和捐赠物资帮扶开州区超过 1300 万元；帮助协调渝西高铁、跳蹬水库等重大项目，协调引进北京顺利办信息服务股份有限公司等多家企业助推开州区产业发展，购买农产品 40 余万元，帮助销售 300 余万元农产品，为开州区推广以产业推动脱贫致富、以产业带动扶贫开发、以产业巩固扶贫成效的绿色发展模式给予有力支持；设立法学会专项奖励金 100 万元，推动法治建设，培养法律人才；协调开展多场基层社会治理、专业技术等培训，帮助培训专业技术人员近 1000 名、基层干部近 2000 名。

5. 致公党中央定点帮扶酉阳县

致公党中央发挥致公党侨海优势，以接待海外侨团来访的契机组织他们赴重庆市酉阳县考察，对接提升酉阳相关产业发展，结合国家乡村振兴战略，搭建酉阳县和党员、侨团企业共同发展双赢的平台。2015—2019 年，致公党中央及各级组织为酉阳投入、引进定点扶贫资金 1847.3 万元，实施帮扶项目 46 个，完成职业技能、基层干部等各类培训 3020 人次，捐赠教育教学用品物资 433.24 万元、医药用品 80 余万元，开展送诊活动 8 次，接诊 1.8 万余人次。

6. 中国核工业集团定点帮扶石柱县

中国核工业集团充分发挥中核集团全产业链优势，与石柱县寻找发展契合点，在战略新兴产业和核技术应用等方面加强合作，使定点扶贫得以长期有效可持续发展。1995—2020 年，中国核工业集团累计向石柱县投入帮扶资金 6000 余万元，实施帮扶项目 120 个。其中 2019—2020 年累计投入资金 2300 余万元，实施帮扶项目 38 个，主要围绕强化人才智力支持、产业扶贫、完善基础设施、促进社会事业发展、拓展消费扶贫渠道、开展指导培训、助力石柱县打赢疫情防控阻击战等方面开展帮扶工作，为石柱县经济社会发展特别是脱贫攻坚工作做出了贡献。

7. 中国长江三峡集团定点帮扶巫山县和奉节县

中国长江三峡集团发挥挂职干部在宣传扶贫政策、落实扶贫项目、督促扶贫资金使用、引导和帮助群众拓宽脱贫帮扶新路子等方面的桥梁纽带、示范引领作用，调动各方积极性、主动性和创造性，为巫山县和奉节县打赢脱贫攻坚战和县域经济社会发展贡献力量。如三峡集团定点帮扶巫山县中，三峡集团旅游公司与巫山县旅发集团合资联合组建全景旅游运营公司，打造"水陆环线、直通车、自驾车"成熟产品链，实现长江三峡游两大核心景区三峡大坝与小三峡的"无缝衔接",构建"金三角"旅游环线,帮助巫山县补齐旅游短板,筑牢旅游市场。截至 2020 年底,中国长江三峡集团在教育、医疗、饮水、基础设施、产业发展等方面累计投入帮扶资金 2.3 亿元,援助项目 92 个,有力地促进了巫山经济社会发展。2002—2019 年底,中国三峡集团累计向奉节县投入帮扶资金 12758 万元,涉及帮扶项目 78 个,在教育、医疗、饮水工程、农村基础设施、农村产业发展等方面给予大力支持,有效助推奉节县打赢脱贫攻坚战,促进了县域经济社会发展。

8. 中国进出口银行定点帮扶云阳县

中国进出口银行发挥银行客户资源的优势,牵线搭桥组织沿海发达地区的农业产业化企业到云阳县投资,壮大云阳县域经济发展。同时,中国进出口银行定点帮扶将扶贫与扶志、扶智相结合,营造脱贫致富光荣的氛围,增强贫困群众脱贫致富的内生动力。2015—2020 年,中国进出口银行坚持"输血"和"造血"并举、"扶贫"和"扶智"并重,按其所需,尽其所能,助推云阳县脱贫攻坚和经济社会发展,累计为云阳县捐赠资金 3491.2 万元,援助项目 47 个,拨付资金 3283.38 万元。

9. 中国中信集团定点帮扶黔江县

中信集团高度重视定点帮扶工作,集团领导先后多次率队到黔江区考察调研,在市场化原则下与黔江区开展全方位深度合作。中信集团选派优秀挂职干部结对帮扶,为黔江区脱贫攻坚出谋划策。2015—2020 年中信集团在黔江区实施定点帮扶项目 24 个,中信集团相关企业累计为黔江区融资共 36.35 亿元,其中中信银行重庆分行发放贷款 16.71 亿元;产业扶贫方面,投资 170 万元建成木良村光伏电站,建成沙坝镇木良村万寿菊、沙坝镇脉东社区蔬菜基地等产业项目近 10 个;基础设施扶贫方面,建成两座便民桥,建成产业路 3.2 公里,对沙坝镇木良村人居环境进行整治,实施人饮到户工程;教育扶贫方面,投入 800 万元建设沙坝镇中心校科普楼,投入 80 万元开展致富带头人、农业实用技术、劳务就业、镇村两级干部综合能力提升、新型职业农民实用技术等各类培训班 20 期,惠及镇村干部、群众 1200 余人。另外,中信集团动员下属企业、关联企业及合作企业到黔江区开展消费扶贫。如通过组织"战疫助农"直播活动，为黔江带动销售农产品 1280 余单，销售金额 8 万余元，提供鸿联九五公司等企业的就业岗位 4000 余个；中信信托分别向鸿业集团、城投集团投放 3.5 亿元、5 亿元信托贷款；中信建投证券在黔江区设立营业部，2019 年交易量达 81.79 亿元；帮助黔江国资委推动国企整合改革，申报 2A 国企平台，推动生猪交割库和桑蚕交易市场，落地"期货保险"助推脱贫攻坚。

第二节　重庆均衡发展促进共同富裕的成效

一、贫困地区加快发展与区域发展差距缩小

（一）贫困地区经济发展明显加快

"十三五"时期，重庆市 14 个国家扶贫开发工作重点区县、4 个市级扶贫开发工作重点区县 GDP 年均增速 7.6%，比重庆市平均增速高 0.4 个百分点。区域性整体贫困得到有效解决，武陵山、秦巴山集中连片特困地区涉及重庆的 12 个区县加快发展，重庆市"一区两群"协同发展格局基本形成，深度贫困地区经济发展成效显著。贫困区县农业产业结构有效调整，产业聚集度明显提升，每个贫困区县培育 1 个以上扶贫主导产业，新发展柑橘、榨菜、中药材、茶叶等扶贫产业 2151 万亩，其中 18 个贫困区县 843 万亩。过去"养儿养女不用教、酉秀黔彭走一遭"，如今基础设施"巨变"、产业发展"蝶变"、农民生活水平"质变"、人居环境"嬗变"、思想观念"蜕变"。贫困地区干部群众认为，"脱贫攻坚使当地发展提前了 10 年"。

专栏 10-1　重庆市深度贫困地区加快发展

自 2017 年 8 月深度贫困乡（镇）脱贫攻坚工作以来，重庆市按照"五个一"推进机制，即每个乡镇由一个市领导挂帅、一个市级部门牵头负责、一个扶贫集团对口帮扶、派驻一个驻乡工作

队、制定实施一个脱贫攻坚规划、围绕"四个深度发力"，深度贫困地区经济社会发展明显提升。

一是基础设施明显改善。深度贫困地区新建改建农村公路1215公里，实施农村饮水、水土保持、小水电扶贫等水利工程项目489个，新修人畜饮水池1141口，新建及改造配变电设备301台，建成4G基站293个，实现4G网络信号全覆盖。

二是农业产业结构深度调整。深度贫困地区大力调整优化粮经结构，发展特色高效农林经济作物，粮经比例从2017年初的9:1提高到2020年的4:6，特色产业发展初见成效。石柱县中益乡围绕"中华蜜蜂小镇"发展定位，发展中蜂养殖8000群，开展科学规范田间管理，巩固提升1.8万亩特色产业，粮经比达到1:9，贫困户覆盖率100%。巫溪县天元乡按照"小规模、多品种、生态化、微田园"模式，因地制宜发展中药材种植12000亩，特色经果14000亩，栽种蜜源植物4000亩，养殖中蜂15000群、草食牲畜14000头，"四个万级基地"全面落地，"五个一万"的目标基本实现。

三是深度贫困地区农村集体经济加快发展。深度贫困乡镇积极探索资源变资产、资金变股金、农民变股民"三变"改革，建立"龙头企业＋村集体经济组织＋合作社＋农户"的发展模式和利益联结机制，带动农户7000余户。组建新型农村集体经济组织21个，成立农民专业合作社297个。黔江区金溪镇探索建立农户"流转土地收租金、进社务工领薪金、入股合作分利金"利益联结机制，因地制宜发展蚕桑2517亩，套种羊肚菌260亩、生姜110亩、蔬菜582亩、辣椒505亩、水果387亩，全部贫困户通过利益联结机制分享红利。

四是群众生活质量明显改善。深度贫困乡镇坚持把脱贫质量放在第一位，深度落实"两不愁三保障"政策，"两不愁"问题较好解决，人均可支配收入达到9952元，安全饮水保障率达到100%。"三保障"政策落实到位，没有因缺资金出现失学辍学现象，所有贫困村均有标准化卫生室和合格村医，贫困人口住院自付比例控制在10%以内，打造集中安置市级示范点7个，累计实施贫困人口易地扶贫搬迁9991人，危房改造5000余户。

　　资料来源：重庆市扶贫办：《重庆市打赢脱贫攻坚战典型案例汇编》

（二）贫困县和非贫困县的发展差距缩小

　　"十三五"时期，重庆市14个国家扶贫开发工作重点区县、4个市级扶贫开发工作重点区县GDP年均增速为8.2%。每个贫困区县培育1个以上扶贫主导产业，累计发展扶贫特色产业1300余万亩，创建市级以上特色农产品优势区21个、现代农业产业园11个、"一村一品"示范村242个，建立农业科技示范基地76个，创建全国休闲农业和乡村旅游示范县6个，培育乡村旅游示范乡镇55个、示范村（点）254个。经过脱贫攻坚，多数贫困县的经济实现了快速增长，与非贫困县经济差距有所缩小。特别是在2018年，重庆市14个国家级贫困县中有10个贫困县的经济增速超过了10%，其中经济增速最高的是巫山县，达到了22.75%，排在重庆29个非主城区县的第一位。尽管14个贫困县中各县的经济增速差异性较大，但多数贫困县在"十三五"时期的经济增速接近甚至超过了非贫困县的经济增速。

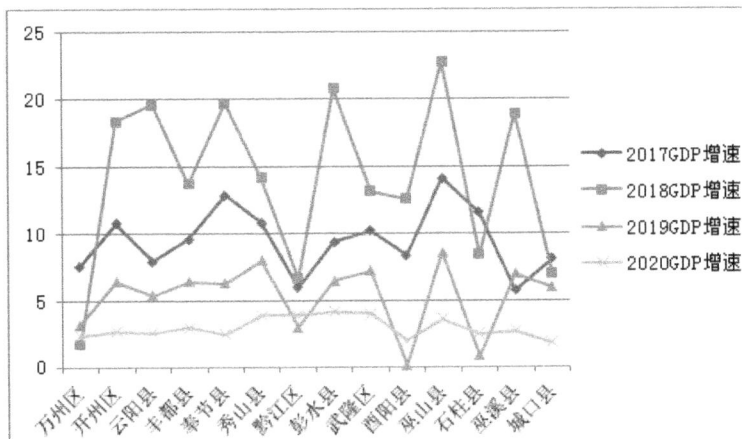

图 10-1　2017—2020 年重庆市 14 个国家贫困县区增速
（数据来源：根据重庆市统计年鉴数据整理而得。）

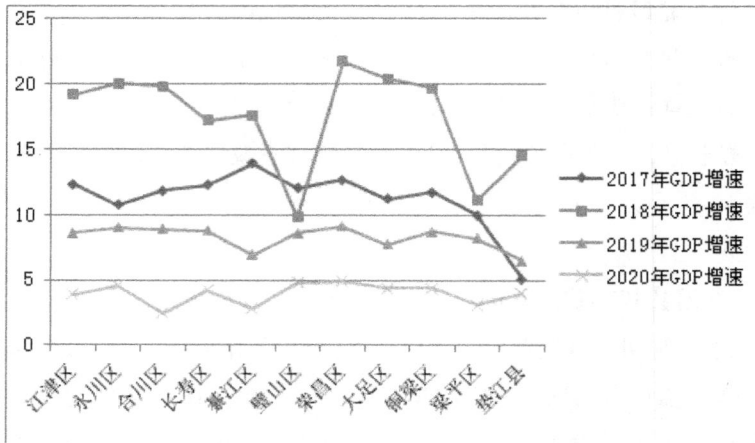

图 10-2　2017—2020 年重庆市 11 个非国家贫困县区增速

（数据来源：根据重庆市统计年鉴数据整理而得。）

二、农民生活显著改善与城乡发展差距缩小

（一）城乡居民收入差距缩小

在脱贫攻坚期间，重庆市各县区坚持以脱贫攻坚统揽经济社会发展全局，积极发展贫困乡村产业，促进贫困人口就业，精准有效推动政策落实，有力促进了贫困县农村人口收入持续增长。如在 2019 年，重庆市贫困县引导 2093 家龙头企业参与产业扶贫，选聘产业发展指导员 1.58 万人，成立电商扶贫联盟，培育农村电商带头人 4772 人，贫困县区实现农村产品网络零售额 134.1 亿元，增长 74.16%，举办产销对接消费扶贫活动 400 多场，组织购买贫困地区农副产品 23 亿元，培育乡村旅游示范点 254 个，带动 33 万贫困人口增收。14 个国家扶贫开发工作重点区县农村常住居民人均可支配收入由 2014 年的 8044 元增加到 2019 年的 13832 元，年均增长 11.7%，比同期全市、全国平均增幅分别高 1.6、2.5 个百分点。

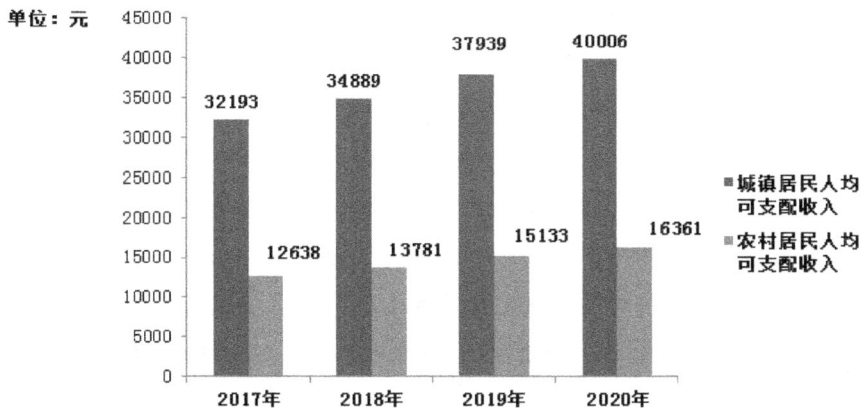

图 10-3 重庆市 2017—2020 年城乡居民人均可支配收入

（数据来源：根据重庆市统计年鉴数据整理而得。）

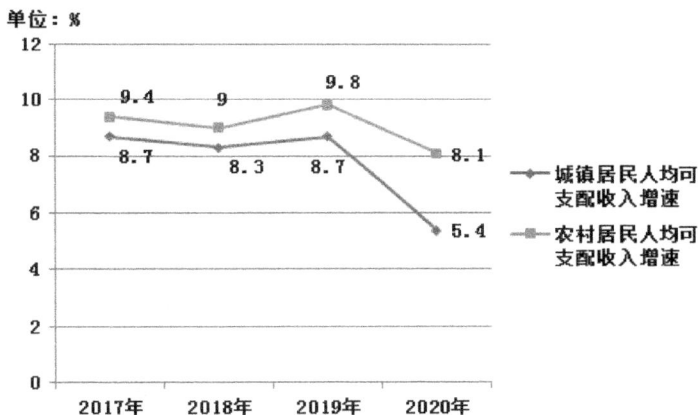

图 10-4 重庆市 2017—2020 年城乡居民人均可支配收入增速

（数据来源：根据重庆市统计年鉴数据整理而得。）

专栏 10-2 长寿区就业扶贫托起群众幸福梦

长寿区充分发挥就业扶贫在打赢脱贫攻坚战中的基础性、关键性作用，以更高标准、更大力度、更实举措推动就业帮扶有温度、有力度、有深度，让贫困劳动力端稳端牢"饭碗"，用双手托起"满满的幸福"。

一、抓基础，摸清工作底数。依托基层就业服务平台、一线扶贫工作人员力量，逐户逐人调查贫困劳动力就业失业状况，全面摸清摸准全区 12852 名 16 周岁以上贫困劳动力就业情况和需求，并每月动态更新，为开展针对性就业服务打下坚实基础。

二、抓对接，促进转移就业。为确保贫困劳动力就业规模不降低、数量有提升，突出"四个强化"，强化组织输出、强化人岗对接、强化岗位开发、强化稳岗帮扶。2020 年实现全区外出务工贫困劳动力 6544 人，是 2019 年外出务工人数的 103%，其中区内务工 3238 人，区外市内务工 2446 人，市外务工 860 人。

三、抓培训，提升就业能力。坚持从贫困劳动者实际需求和企业用工需求出发，开展家政服务、母婴护理、中式烹调师、重庆火锅调味、竹藤编技艺、长寿米粉等 16 个工种培训。根据贫困户生产特点，通过职业技能＋创业＋农技＋实用技术等方式开展复合型培训，努力实现每个有培训需求的贫困劳动力都有机会接受职业技能培训，以培训提技能，以技能促就业。2020 年已组织贫困人员开展各类技能培训 3481 人，培训后实现就业 868 人，培训后就业率明显提升。

四、抓统筹，规范公益岗位管理。充分发挥人社部门牵头作用，会同扶贫部门加强与财政、林业、残联等部门的协调沟通，按照"按需开发、人适其岗、岗尽其能、人岗匹配"的原则，合理开发劳动保障、公路养护、河库巡管、助残服务等公益性岗位。公益岗位已累计安置就业 2428 人，并创新开发农村服务型岗位安置大龄就业困难贫困人员 381 人，落实社保、岗位补贴 1500 余万元。

五、抓扶持，发挥扶贫车间作用。切实加强就业扶贫车间"建设前、建设中、认定后"的工作指导，认真做好扶贫车间的认定、管理及分类处置工作，第一时间掌握扶贫车间吸纳贫困劳动力的情况，核实人员到岗、工资发放情况，及时落实就业奖补、创业贷款、一次性建设补助等扶持政策，切实发挥政策带动作用。2020年以来，帮助3家就业扶贫车间全面复工复产，指导7个用工主体成功打造扶贫车间，累计吸纳贫困劳动力就业77人。

　　资料来源：重庆市扶贫办：《重庆市打赢脱贫攻坚战典型案例汇编》。

（二）基本公共服务均加快推进

脱贫攻坚以来，重庆市坚持把解决"两不愁三保障"突出问题作为最重要、最紧迫的任务。强化义务教育保障，在农村地区建立从学前到研究生各个教育阶段全覆盖、公办民办学校全覆盖、家庭经济困难学生全覆盖的资助政策体系，实施资助项目30多项，每年投入中央和市级资金逾50亿元，惠及贫困家庭学生400万人次以上；强化基本医疗保障，投入21.8亿元加强县乡村医疗机构设施建设，实现乡乡都有标准化卫生院，村村都有标准化卫生室、合格村医，贫困区县远程诊疗服务全覆盖；强化住房安全保障，实施建档立卡贫困户、农村低保户、农村分散供养特困人员、贫困残疾人家庭4类重点对象存量危房拉网式排查，完成住房安全等级鉴定84.8万户，动态改造农村危房30.9万户，实现"危房不住人，人不住危房"。

专栏10-3 万州区"三师入户"解决
"两不愁三保障"突出问题

为进一步加强脱贫攻坚到户到人政策落地见效，确保贫困群众稳定实现"两不愁三保障"，万州区创新开展"三师入户"活动（教师、医师、技师），巩固教育扶贫成果、提升健康扶贫质量、补齐产业发展短板、强化住房保障力度，取得良好成效。

一是医师入户助医，预防因病返贫。积极协调优势医疗资源下沉，将龙驹镇卫生院交由三级甲等医院——重庆三峡中心医院全面托管，挂牌成立重庆三峡中心医院（集团）龙驹分院。建立

"区级专家巡回指导、乡镇医生上门服务、村社医生全程管理"三级联动服务模式，联系 799 名具有处方权的医师担任 2355 户建卡贫困户专职医师，完善家庭签约医生"入户诊查＋电话回访"机制，打通医疗服务"最后一米"。组织专职医师每季度入户走访 2 次、乡镇医师每两月入户 1 次、乡村医生每月入户 1 次，动态筛查掌握贫困群众健康状况，精准建立"一户一档"健康档案。采取"特病慢病政策保障一批、参照政策救助扶助一批、整合其他政策解决扶持一批"的办法，综合施策，让贫困群众用足用够扶贫、医保等政策，做到因人施策、因病救治。

二是教师入户助学，阻断代际传递。将镇内 4 所学校分为 4 个责任区域，建立"校级领导包片、中层干部包村、任课教师包户"体系，全镇 394 名教职工中有 368 名参加"教师入户"活动，并建立入户数据台账，组织教师与 1255 名建卡贫困家庭在校学生结成帮扶对子，精准实施教师助学。启动"百师访千家"活动，组织 368 名教师利用节假日等休息时间，持续对全镇 6636 名在校生进行家访，精准摸清每个贫困学生的家庭情况，宣传教育扶贫政策，做好厌学学生劝返复学等工作，争取对口支援、扶贫等资金 2000 万余元，建成龙驹小学教学综合楼 3880 平方米、改造赶场小学食堂、新建龙驹中学五人制足球场，争取市级帮扶集团资金 115 万元，建成龙驹共享科技馆及 4 间简易录播教室。

三是技师入户助收，破解产业瓶颈。统筹市科技扶贫集团、区级帮扶集团、镇农技人员力量，选派各类农技人员 100 余名，采取产业基地现场技术指导与 24 小时微信、QQ 远程指导等方法，"一对一"对全镇 138 个产业项目进行"保姆式"服务。筛选一批适应当地种、养、加工等发展项目，帮助 100 余户有发展意愿的贫困户搞好产业发展规划，提供政策、资金、技术等服务，打通农产品生产、加工、销售等渠道。全镇可种植面积粮经比由 6∶4 调整到 2∶8。采取"请进来、送出去"等培训方式，累计组织 150 余名专业合作社负责人、产业业主和村社干部等到山东济宁、重庆江津等地考察学习食用菌、花椒、生态猪养殖等技术，创建龙驹镇返乡创业示范园，引进非遗项目"三峡绣"、广东东莞倍优电子等产业项目落户。

资料来源：重庆市扶贫办：《重庆市打赢脱贫攻坚战典型案例汇编》。

三、贫困人口全部脱贫与贫富发展差距缩小

（一）贫困人口全部实现脱贫和增收

经过脱贫攻坚，重庆市 14 个国家扶贫开发工作重点区县、4 个市级扶贫开发工作重点区县全部脱贫摘帽，1919 个贫困村全部整村脱贫，现行标准下重庆市累计动态识别的 185.1 万建档立卡贫困人口全部脱贫。90% 以上贫困人口得到产业和就业扶持，经营性收入明显增加。建档立卡贫困人口人均纯收入由 2014 年的 4697 元增加到 2020 年的 12303 元，年均增幅 17.4%。

（二）农村人口生活显著改善

脱贫攻坚极大地改善了农村生产生活生态条件。重庆市新修建农村公路 8.4 万公里，农村公路通车里程超过 16 万公里，所有行政村通上硬化路，村通畅率由 2015 年的 87% 提高至 100%。实施农村饮水安全巩固提升工程 2.1 万余处，农村集中供水率达 88%，自来水普及率达 86%，农村贫困人口供水入户比例达 99.7%。完成贫困人口易地扶贫搬迁 25.2 万人，改造农村危房 30.9 万户。所有贫困村通宽带，4G 信号全覆盖，农村电网供电可靠率达 99.8%。贫困群众出行难、饮水难、上学难、看病难、通信难等问题普遍解决，过去贫困地区"千面坡、万道梁，满山都是土坯房""吃水靠抬、煮饭靠柴、交通靠走、通讯靠吼"，如今已是"条条新路盘山梁、通组到户宽又畅、产业基地务工忙、户户住上安稳房""吃水不用抬、煮饭不用柴、小车开进来、雨天不脏鞋"的崭新面貌。

第三节　重庆推进共同富裕进程的经验与展望

一、重庆推进共同富裕进程的基本经验

（一）强化党对脱贫攻坚的全面领导

重庆市把打赢脱贫攻坚战作为增强"四个意识"、坚定"四个自信"、做到"两个维护"的政治检验，增强脱贫攻坚紧迫感、责任感和使命感，围绕高质量打赢打好脱贫攻坚战的总目标，聚焦重点、难点、薄弱点，坚持政府、市场、社会共同发力，统筹政策、项目、资金精准投入，狠抓责任、政策、工作全面落实。

1. 加强党对脱贫攻坚的全面领导

重庆市委召开五届六次、八次全会专题部署脱贫攻坚，先后召开全市深化脱贫攻坚工作电视电话会议、全市精准脱贫攻坚战动员部署会议、全市解决"两不愁三保障"突出问题暨巡视考核整改工作专题会议等重要会议，系统持续研究部署脱贫攻坚工作。研究出台《关于深化脱贫攻坚的意见》《重庆市精准脱贫攻坚战实施方案》《关于打赢打好脱贫攻坚战三年行动的实施意见》《关于贯彻落实习近平总书记在解决"两不愁三保障"突出问题座谈会上重要讲话精神的实施意见》《重庆市解决"两不愁三保障"突出问题实施方案》等29个重要文件。市扶贫开发领导小组及市级相关部门和单位研究制定产业扶贫、教育扶贫、健康扶贫、金融扶贫、易地扶贫搬迁、就业扶贫、扶贫队伍建设等政策文件100余个。各区县逐项细化落实政策措施和工作方案，构建系统设计、上下联动、配套完善的脱贫攻坚政策体系，各级党政干部开展"访深贫、促整改、督攻坚"行动。

2. 建立"市负总责、部门联动、区县主抓"工作责任机制

重庆市坚持以上率下，持续压紧压实市级总体责任、区县主体责任、乡村两级直接责任，形成纵向贯通、横向联动的责任链体系。一是书记市长亲力亲为。市委书记和市长担任"双组长"，率先垂范、以上率下，既挂

帅、又出征，真抓、实做、严督，常态抓、盯着抓、一抓到底，带领带动全市上下尽锐出战、攻城拔寨。党的十九大以来，累计召开市委常委会会议 52 次、市政府常务会议 51 次、市扶贫开发领导小组会议及市委落实中央脱贫攻坚专项巡视反馈意见整改领导小组会议 30 余次，其中 2020 年召开市委常委会会议 17 次、市政府常务会议 19 次、市扶贫开发领导小组及整改领导小组会议 8 次。二是四大班子领战督战。市委、市政府分管负责同志每周调度推进工作；市人大、市政协积极开展视察调研、民主监督，全力支持推动脱贫攻坚；22 位市领导持续深入蹲点"促改督战"，在脱贫攻坚一线发现问题、破解难题、推动工作。三是部门区县真抓实做。市级部门主动作为、履职尽责，深入开展行业扶贫，全面参与深度贫困乡镇帮扶行动，全力推进脱贫攻坚。贫困区县建立落实"双组长制"，坚持以脱贫攻坚统揽经济社会发展全局，逐级签订脱贫攻坚责任书，区县党政主要负责同志每月至少调研一次脱贫攻坚工作，区县党委常委会会议每月至少研究一次脱贫攻坚工作，区县党委政府每年向市委、市政府专项述职。深入开展书记遍访贫困对象行动，带领各级党员干部进村入户，有力推动各项工作落地落实。

（二）坚持共享发展推进区域全面协作

1. 以"扶贫集团+区县结对"机制促进区域内全面协作

重庆市结合直辖市体制特点，按照"一区两群"协调发展战略布局，建立健全"扶贫集团+区县结对"市内帮扶体系，广泛动员、统筹部署、协同发力，市级扶贫集团累计投入帮扶资金 187 亿元，区县对口帮扶累计投入资金 23 亿元，全方位、宽领域、大纵深助力脱贫攻坚。在市级集团对口帮扶方面，建立"市领导+集团+部门+区县+深度贫困乡镇+定点攻坚村"帮扶机制，375 家市级单位组建 18 个市级扶贫集团，由市领导挂帅结对帮扶 18 个深度贫困乡镇，累计投入资金 187 亿元，其中捐赠资金 40 亿元，帮扶项目资金 147 亿元，发挥部门优势，聚焦重点、因地制宜，在教育扶贫、法治扶贫、健康扶贫等诸多方面取得丰富的实践经验。在区县对口帮扶方面，组织主城都市区 18 个区结对帮扶 14 个贫困区县，累计落实帮扶资金 23 亿元，其中 2020 年落实 3.5 亿元，引进项目 145 个，开展就业培训 14 万人次，转移就业 14 万人次。

专栏 10-4 创新生态横向补偿，区县结对促共赢

在重庆市委、市政府统一部署安排下，江北区、酉阳县积极创新结对共建路径，探索对口帮扶共赢模式。江北区每年落实不低于 5000 万元的结对帮扶资金帮扶酉阳县脱贫攻坚。重庆市委、市政府立足全市经济社会发展和脱贫攻坚全局，建立完善区县结对帮扶制度体系，严格实行脱贫责任捆绑，明确江北区对口帮扶酉阳县脱贫攻坚，配套建立考核评价、工作督导、横向生态补偿等制度机制，重庆市委、市政府领导同志一线督导落实。江北区牢记脱贫攻坚"局内人"和结对帮扶"分内事"职责，区委、区政府主要负责人亲自挂帅，与酉阳县同心同向、携手协力，形成同心攻坚、同向致富的工作合力。酉阳县始终将社会扶贫摆在脱贫攻坚的重要位置，立足自身资源禀赋，突出区县结对帮扶制度优势，围绕贫困人口稳定脱贫、巩固脱贫成果、建立长效机制三大任务。

江北区和酉阳县坚持优势互补、互利共赢结对帮扶方向，两区县签订《实施横向生态补偿提高森林覆盖率协议书》，率先实施横向生态补偿，提高江北区森林覆盖率，助力酉阳县脱贫攻坚。酉阳县在确保交易后县内森林覆盖率不低于 60%（扣除交易指标）的前提下，将依法所持有的森林面积指标 7.5 万亩出售给江北区，获取生态横向补偿并按照以脱贫攻坚统揽经济社会发展全局的要求，负责森林培育管护，通过"生态补偿脱贫一批"实现生态保护与脱贫攻坚双赢。江北区按森林面积指标人民币 1000 元/亩、森林管护费（共计 15 年）人民币 100 元/亩·年的标准向酉阳县支付横向生态补偿资金共计 1.875 亿元，从 2019 年起按照 3∶3∶4 进度比例分三年付清，2019 年首期支付 5625 万元。

资料来源：重庆市扶贫办：《重庆市打赢脱贫攻坚战典型案例汇编》。

2.鲁渝勠力同心推动跨区域全面协作

重庆与山东自 2010 年开展扶贫协作以来，坚持守望相助、合力攻坚，开创跨区域全面协作新局面。创新实施"1333"工作法，深化两地劳务协作。面对新冠肺炎疫情带来的全新挑战，渝鲁两地人社部门化危为机，探索实施"1333"工作法，即出台一揽子支持政策，做好三项基础性工作，实施三项举措促进就地就近就业，优化三项服务促进转移山东就业；落实"1345"工作思路，深入推进鲁渝消费协作（消费扶贫）。重庆以化解扶贫产品滞销难卖问题为消费扶贫工作中心，运用扶贫产品供应量、销售额、带贫数三项指标，畅通电商扶贫、产销对接、专销渠道、直采直供四条渠道，筑牢组织保障、扶贫产业、产品流通、品质管控、利益连接五大基础，鲁渝消费扶贫取得明显成效，山东采购、销售重庆贫困地区农副产品4.06 亿元；开展"支书赴鲁挂职取经"活动，精挑细选 240 名村党组织书记到山东强村挂职学习，"一对一"安排挂职地点和岗位，激励贫困村干部能干事、干成事，深化干部互学互鉴；两地把产业合作作为工作的重中之重，成立山东·重庆扶贫协作产业合作联盟，引导 106 家山东企业到重庆贫困区县投资兴业，完成投资 14.23 亿元，建设产业园区和现代农业、文旅产业示范基地 69 个。创新产业合作模式，成立山东烟台·巫山产业园，建设了烟台·巫山现代农业产业园，培育产业园双创中心，积极推进东部产业、技术向巫山转移，促进产业深度融合。

（三）产业融合发展夯实脱贫致富基础

习近平总书记指出："产业扶贫是稳定脱贫的根本之策。"重庆市认真落实总书记重要指示，扎实推进特色产业精准扶贫，促进产业融合发展，夯实贫困群众脱贫致富基础。

1."三个统筹"培育壮大扶贫主导产业

一是统筹区域脱贫与贫困户脱贫。推动柑橘、榨菜、柠檬、生态畜牧、生态渔业、茶叶、中药材、调味品、特色水果、特色粮油等重点产业向贫困地区拓展，指导各区县重点培育 2—3 个扶贫主导产业，每个贫困村至少建设 1 个特色产业，贫困户发展 1 个增收项目，引导企业到贫困地区建基地、发展加工流通，采取"公司＋合作社＋农户"等方式，带动贫困户发展产业。二是统筹贫困地区与非贫困地区发展。在重点支持贫困地区产业发展的同时，统筹安排农业发展资金，支持非贫困地区农业产业发展和主导产业建设，带动零星分散贫困户发展产业增收脱贫。三是统筹当期脱贫与长期致富。既注重引导贫困户发展短平快项目，增加当期收入，更注重培育发展长效扶贫产业，促进贫困户持续增收、稳定脱贫。

2. "三个融合"延伸扶贫产业链条

一是开展农产品加工扶贫行动，推进产加销融合。财政农业发展资金每年安排 7000 万元支持重点农产品加工企业发展，并向贫困区县倾斜。开展农产品加工示范园区和示范企业创建活动，引领贫困地区农产品加工企业发展。创办扶贫车间 372 家，吸纳贫困人口就业 3412 人。二是开展乡村旅游扶贫行动，推进农文旅融合。在 18 个贫困区县创建 6 个全国休闲农业和乡村旅游示范县，培育乡村旅游示范乡镇 75 个、示范村（点）453 个。万盛经开区的贫困村关坝镇凉风村，充分利用鱼塘、山地、农林等资源发展生态旅游、休闲垂钓等乡村休闲旅游业，2017—2019 年累计接待游客 132 万人次，旅游综合收入 9600 余万元，村民人均收入由 2015 年的近6000 元提高到 10800 元。三是开展农产品电商扶贫行动，推进农业与互联网融合。14 个国家级贫困区县基本实现农村电子商务公共服务体系、物流配送体系、贫困村电商带头人、深度贫困乡镇产地集配中心、主打农产品质量追溯等全覆盖。建成乡镇村电商服务站点 3350 个，培育农村电商带头人 3900 余人。2019 年 14 个国家贫困区县实现农村产品网络零售额 134.1 亿元，增长 74.2%，2019 年 1—8 月，全市农产品网络零售额达 77.65 亿元，同比增长 30.5%。秀山县依托国家级物流园区，引进 324 家企业入驻电商产业园，建成 11 个乡镇电商服务中心、200 余个乡村服务站点，带动发展扶贫产业基地 241 个。

3. "四级指导体系"推动产业精准到村到户

重庆市级层面，组建 18 个产业扶贫工作技术指导组，定点联系指导33 个区县和 18 个深度贫困乡镇，实施"科技精准扶贫千村特派员工程"，选派科技人才 372 名。区县层面，全市建立区县级专家组 321 个，累计派出专业技术人员（科技特派员）2871 人，14 个国家贫困区县组建 101 个技术专家组、459 名专家包乡指导。乡镇层面，组织农技人员包村服务。农户层面，选聘 58296 名产业发展指导员到村到户帮助贫困户筛选产业、落实项目。开州区组织 14 名农业产业技术首席专家，研究推出 24 种增收模式，汇编成册印发给每个扶贫工作队和结对帮扶责任人，分类指导贫困户筛选增收模式和增收项目。黔江区针对每个产业遴选 100 个科技示范户、聘请 1 名技术指导专家及 10 名技术指导员，每名专家联系指导 10 个科技示范户，每个科技示范户联系帮扶 10 户贫困户发展扶贫特色产业。

4. 培育"四大主体"推进产业带贫益贫落地

一是大力培育龙头企业。先后开展农业龙头企业"精准扶贫库区行""渝东南精准扶贫行"和与 18 个深度贫困乡镇产业扶贫项目对接活动，组织贫困区县大力招商引资，鼓励龙头企业积极参与产业扶贫。二是规范发展农民专业合作社。在 18 个贫困区县创建国家级示范合作社 125 个，市级示范合作社 624 个。1919 个贫困村发展农民专业合作社 5217 家，入社贫困户 7.1 万户，带动贫困户 8.8 万户，基本实现贫困村农民专业合作社全覆盖。三是发展壮大村级集体经济，截至 2020 年累计整合各级财政资金33.845 亿元支持村级集体经济发展。四是培育发展农村致富带头人。培育认定农村致富带头人 7208 名，领办创办合作经济组织、小微企业 6810 个，发展家庭农场 2.3 万个，带动 2.2 万户贫困户增收。

5. 实施"五项改革"不断完善利益联结机制

重庆市在产业扶贫中主推资产收益、土地流转、资金入股、房屋联营、务工就业、产品代销、生产托管、租赁经营等八种利益联结方式，积极推进集体产权制度改革、"三变"改革、农业项目财政补助资金股权化改革、"三社"融合发展和财政扶贫资金"五改"（改补为奖、改补为贷、改补为借、改补为股、改补为酬）。开展农业项目财政补助资金股权化改革，将财政补助农业企业和农民专业合作社的产业发展资金部分量化给农村集体经济组织和农户持股，分享产业发展收益。

二、重庆推进共同富裕进程的展望

脱贫摘帽不是终点，而是新生活、新奋斗的起点。打赢脱贫攻坚战、全面建成小康社会后，我国进入全面建设社会主义现代化国家新征程。重庆市坚持共同富裕方向，要在巩固拓展脱贫攻坚成果基础上，做好乡村振兴，持续推进城乡区域均衡发展，持续推进共同富裕进程。

（一）持续促进区域互利共赢

1. 深化鲁渝协作，完善区域共同发展长效机制

打赢脱贫攻坚战、全面建成小康社会后，东西部扶贫协作目标也随着发生变化。巩固拓展脱贫成果，全面实现乡村振兴，成为东西部协作的中心任务，深化鲁渝扶贫协作，将坚持区域协调发展理念，充分发挥各自在政策、产业、科技、人才等方面的比较优势，突出重点领域，提升合作层次和质量，促进生产力布局优化，推动鲁渝协作向纵深发展。

一是深化巩固拓展脱贫成果。推进脱贫攻坚同乡村振兴的有效衔接，持续推动劳务协作、消费扶贫，加大优势产业合作力度，立足区域发展总体战略，强化两省市"十四五"规划对接，拓展合作领域，巩固协作成果，推进鲁渝协作向全方位多层次合作跃升。二是深化优势战略产业合作。围绕山东"十强"现代优势产业集群和重庆先进制造业中心、数字经济创新发展试验区建设，共建一批特色产业基地和示范园区，深化新一代信息技术、人工智能、大健康、文化旅游等领域合作。三是深化科技创新转化合作。引导两省市高校联合办学，推动山东优质职校到重庆发展，建立科研院所对接合作体系，推进双方重大科研基础设施、大型科研仪器以及科普资源的开放共享。四是深化乡村振兴战略合作。加强双方在特色高效农业产业、农业品种品质品牌等方面合作，共建一批优质特色产品出口基地及绿色农畜产品直供基地，加强双方在农业科研科技方面合作，支持山东农业科研机构在重庆建立科研基地，开展农业科技成果转化，加强双方农副产品生产流通领域合作，多渠道宽领域购销重庆特色农副产品。五是深化重点开放平台合作。抓住"一带一路"建设重大历史机遇，共享国家级开放平台建设、智慧口岸建设经验，促进两省市要素有序流动、资源高效配置、市场深度融合。六是深化文化旅游交流合作。推动沂蒙精神与红岩精神等红色文化相互交流，支持两省市合作举办系列主题展览、联展和巡展，加强旅游客源市场对接，开展红色旅游开发合作交流，共同打造精品

旅游项目和线路。

2. 以"一区两群"区县协同为抓手，不断深化区域协调发展

2019 年 4 月，习近平总书记视察重庆时，要求重庆市推动区域协调发展，促进各片区发挥优势、彰显特色、协同发展，为重庆市推动"一区两群"协调发展指明了方向、提供了遵循。建立"一区两群"区县对口协同发展机制，加大"一区"对"两群"的帮扶协作力度，是推动"一区两群"协调发展的现实需要。深化"一区两群"区县对口协作，要坚持优势互补、资源共享、互惠互利、协同联动，注重帮扶与协同并举、"输血"与"造血"并重，促进"一区"与"两群"在资源、市场、人力、资本、生态等多领域全方位对接互动，助推"两群"锻造特色产业长板、补齐基础设施短板、筑牢社会民生底板、巩固脱贫攻坚成果、全面推进乡村振兴。一是推进产业协同，找准产业协作的切入点、着力点，联手开展招商引资，联手抓好项目落地，联手完善产业配套，提升产业链、供应链现代化水平。二是推进城乡协同，聚焦基础设施补短板，聚焦公共服务提质量，聚焦乡村振兴强机制，加快形成工农互促、城乡互补、协调发展、共同繁荣的新型工农城乡关系。三是推进创新协同，以农业科技、推广应用、专技人才为重点，强化创新平台共建、创新资源共享、创新人才互动，促进"一区两群"创新要素流动。四是推进改革协同，进一步优化体制机制、政策措施、市场互动，深化土地资源、劳动力资源配置协作，建立横向生态补偿等机制，探索开展"飞地建园""景区共建"，加强结对区县产销对接。强化组织保障，压紧压实责任，完善"市级统筹、区县负责"工作机制，做好工作衔接，加强督查考核。①

（二）持续深化城乡融合发展

统筹乡村振兴和城市提升，推动城乡融合发展。围绕"城市让生活更美好、乡村让人民更向往"，全面推进乡村振兴，持续推进城市提升，构建城乡融合发展新机制，加快形成工农互促、城乡互补、协调发展、共同

---

① 《唐良智在"一区两群"区县对口协同发展会议上强调 强化产业城乡创新改革"四个协同" 推动我市区域协调发展向更高质量迈进》，《重庆市日报》2021 年 4 月 16 日。

繁荣的新型工农城乡关系。积极构建城乡融入发展新机制，打通城乡要素自由流动的制度性通道，促进要素更多向乡村流动，在乡村形成各类要素汇聚的良性循环。

一是全面深化农村改革。丰富完善承包地"三权分置"有效实现形式，探索建立进城落户农民依法自愿有偿转让退出农村权益制度，推进农村集体经营性建设用地就地入市或异地调整入市，加快培育新型农业经营主体，创新股权合作机制和农业经营模式，完善利益联结机制，实现小农户和现代农业发展有机衔接。二是加强农业农村发展要素保障。畅通城市人才加入乡村通道，健全科教文卫体等城乡人才合作交流机制，强化农业农村优先发展投入保障，鼓励工商资本投资适合产业化规模化集约化经营的农业领域，推动科技成果入乡转化，鼓励科研人员到乡村兼职和离岗创业，探索公益性和经营性农技推广融合发展机制。三是推动城乡融合改革试验。支持国家城乡融合发展试验区重庆西部片区建设，加强改革授权、项目牵引、政策集成，围绕城乡要素高效配置、公共资源均衡配置、产业协同发展等重点领域开展试验示范，规范引导小镇健康发展，培育精品特色小镇，建设农民工返乡创业园和孵化基地，打造城乡协同发展支撑平台。①

（三）继续加强脱贫人口帮扶

把巩固拓展脱贫攻坚成果摆在头等重要位置，按照中央要求设立过渡期，过渡期内继续落实"四个不摘"，保持主要帮扶政策总体稳定，确保投入力度不减、帮扶队伍不撤。健全防止返贫监测帮扶机制，对脱贫不稳定户和边缘易致贫户做到及时发现、快速响应、动态清零。加大就业帮扶，做好脱贫人口稳岗就业工作。提档升级扶贫产业，完善产业基础设施，强化产业技术指导，搞好扶贫产品销售。强化对易地扶贫搬迁脱贫人口的产业、就业帮扶，完善提升集中安置区配套设施和公共服务水平，加强社区治理和社会融入，确保稳得住、有就业、能逐步致富。健全完善农村低收

---

① 重庆市人民政府：《关于印发重庆市国民经济和社会发展第十四个五年规划和二〇三五年远景目标纲要的通知》（渝府发〔2021〕6号），2021年2月10日。

入人口常态化帮扶措施，重点关注农村低保户、农村特困人员、农村易返贫致贫人口，以及因病、因灾、因意外事故等刚性支出较大或者收入大幅缩减导致基本生活出现严重困难人口，切实兜住农村低收入人口基本生活底线。加强扶志扶智，激励和引导脱贫群众用自己的双手巩固脱贫成果，创造更加美好生活。加强扶贫资金资产项目管理营运，建立资产台账，完善营运机制，确保持续发挥作用。[①]

黄承伟，国家乡村振兴局中国扶贫发展中心主任、北京大学贫困治理研究中心主任，研究员、博士生导师

覃志敏，广西大学公共管理学院副教授

---

① 《市扶贫办党组书记、主任刘贵忠：紧扣三个关键词扎实做好巩固拓展脱贫攻坚成果与乡村振兴有效衔接》，《重庆日报》2021年1月15日。

后　记

重庆集大城市、大农村、大山区、大库区于一体，武陵山、秦巴山集中连片特困地区覆盖重庆市 12 个区县，区域性贫困与"插花"式贫困并存，脱贫攻坚"任务不轻"，是全国脱贫攻坚的重要战场。用理论武装头脑，以实干笃定前行。重庆上下深学笃用习近平总书记关于扶贫工作重要论述，全面贯彻落实中央决策部署，胸怀"国之大者"，始终坚持正确政治方向，严格落实主体责任，集全民之智、聚全市之力，谋脱贫之路、施治贫之策，大力开展精准扶贫、精准脱贫。

2020 年是脱贫攻坚的决战决胜之年，重庆切实增强脱贫攻坚紧迫感、责任感和使命感，把脱贫攻坚紧紧抓在手上、具体落实到行动上。人心齐，泰山移。在这场前所未有的脱贫攻坚战中，各地区各部门、各行各业、各条战线全面参与，大家心往一处想、劲往一处使，合力拔穷根、携手奔小康，以尺寸之力积千秋之功，举全市之力攻克千年贫困难题。

忠实、完整记录重庆脱贫攻坚取得的多方面巨大成就，展现重庆深学细悟笃行习近平新时代中国特色社会主义思想、深入践行中国特色反贫困理论、扎实贯彻精准扶贫精准脱贫方略，广泛凝聚共识、汇聚力量有力推进脱贫攻坚的历程和经验，并深入分析重庆脱贫摘帽案例的启示意义和借鉴价值，不仅是做好脱贫攻坚总结宣传、讲好中国脱贫故事的现实需要，对于全面建设社会主义现代化国家、不断开拓城乡融合高质量发展道路、全面推进乡村振兴亦具有突出重要意义。

受重庆市扶贫办委托，民生智库承担《书写人类发展传奇的重庆篇章》书稿的撰写。在国家乡村振兴局中国扶贫发展中心的指导下，民生智库精心组建了由行业内知名专家构成的图书编写小组，经过实地调研、专题研讨、征询意见等形式，结合前期分工和专家研究专长，形成了分工框架。第一章由中国扶贫发展中心主任黄承伟研究员，北京市普惠公益民生研究院院长、民生智库执行理事长、秘书长李小宁研究员，华中师范大学吕方教授共同完成；第二章由广东省委党校李良艳副教授负责；第三章由中国农业大学左停教授承担；第四章由北京师范大学张琦教授领衔；第五章由四川外国语大学林移刚教授主笔；第六章由北京师范大学李春晖教授承担；第七章由华中科技大学向德平教授负责；第八章由中国地质大学（武汉）李海金教授承担；第九章由中国农业大学人文与发展学院院长叶敬忠教授负责，最后一章由广西大学覃志敏副教授完成。民生智库办公室主任张客莉同志负责课题统筹和联络协调。

在准确认识重庆脱贫攻坚案例意义和价值的基础上，全面、深入地展现重庆脱贫攻坚取得的历史性成就，客观、完整地记录重庆脱贫攻坚的历程和做法，系统、深刻地分析重庆脱贫攻坚的经验与启示。基于上述认识，课题组形成了书稿编写的基本框架，全书共分为十个章节，包括：第一章为全书的导论，整体性介绍重庆脱贫攻坚案例的基本概况和价值与意义；第二章介绍重庆抓党建促脱贫的做法和经验；第三章梳理重庆以脱贫攻坚统揽经济社会发展全局的做法和经验；第四章介绍重庆全面落实精准扶贫精准脱贫方略的主要举措和方法，特别介绍重庆"六个精准""五个一批"，下足绣花功夫解决好"四个问题"的思路和部署；第五章讨论深度贫困攻坚和解决"两不愁三保障"突出问题，这两个问题对于重庆而言，具有独特重要的意义；第六章重点介绍重庆践行"绿水青山就是金山银山"的绿色发展理念，走山地特色高效农业产业化道路的做法和经验启示；第七章聚焦于重庆推动体制机制创新构筑"大扶贫"工作格局，形成最广泛攻坚合力的做法、成效与启示；第八章讨论了重庆在激发内生动力，挖掘内在动能方面的举措和经验；第九章展示了重庆接续推进巩固拓展脱贫攻坚成果与乡村振兴有效衔接的思路和探索；第十章具有一定的总结和展望性质，在梳理重庆脱贫攻坚推动城乡均衡发展、融合发展成绩与经验的基础上，讨论面向追求共同富裕的新时代重庆的新发展议题。

在课题研究和本书写作过程中，国家乡村振兴局中国扶贫发展中心领导给予了大力支持，重庆市委、市政府和重庆市乡村振兴局进行了全方位协助，中国言实出版社提出了有益建议，对本书的形成和完善起到了重要作用，在此一并表示诚挚的谢意。由于时间和课题组作者水平有限，本书对重庆市巩固脱贫攻坚同乡村振兴有效衔接经验总结在深度和广度上所存在不足之处，有待今后进一步研究。敬请读者对本书提出意见和建议，也期待与读者就重庆市脱贫攻坚和乡村振兴课题进行更多的交流。

民生智库课题组

2021 年 11 月